***ACCESO GRATIS** a la Lectura en la Nube*

Para visualizar el libro electrónico en la nube de lectura envíe junto a su nombre y apellidos una fotografía del código de barras situado en la contraportada del libro y otra del ticket de compra a la dirección:

ebooktirant@tirant.com

En un máximo de 72 horas laborales le enviaremos el código de acceso con sus instrucciones.

La visualización del libro en **NUBE DE LECTURA** excluye los usos bibliotecarios y públicos que puedan poner el archivo electrónico a disposición de una comunidad de lectores. Se permite tan solo un uso individual y privado

DESPLAZAMIENTO DE TRABAJADORES EN LA UNIÓN EUROPEA. BASE JURÍDICA, NATURALEZA Y CONDICIONES DE TRABAJO DE LA DIRECTIVA 96/71

Procedimiento de selección de originales, ver página web:
www.tirant.net/index.php/editorial/procedimiento-de-seleccion-de-originales

DESPLAZAMIENTO DE TRABAJADORES EN LA UNIÓN EUROPEA. BASE JURÍDICA, NATURALEZA Y CONDICIONES DE TRABAJO DE LA DIRECTIVA 96/71

JUAN PABLO PARRA GUTIÉRREZ
Inspector de Trabajo y Seguridad Social
Doctor en Derecho

tirant lo blanch
Valencia, 2025

La aceptación de la presente obra ha tenido en consideración la evaluación y calificación otorgada por los expertos componentes del tribunal calificador de la tesis doctoral en la que se basa, cumpliendo con el criterio correspondiente de los revisores externos y ofreciendo la calidad debida a la presente edición.

EDITA: TIRANT LO BLANCH
C/ Artes Gráficas, 14 - 46010 - Valencia
TELFS.: 96/361 00 48 - 50
FAX: 96/369 41 51
Email: tlb@tirant.com
www.tirant.com
Librería virtual: www.tirant.es
DEPÓSITO LEGAL: V-1443-2025
ISBN: 978-84-1095-711-4

Si tiene alguna queja o sugerencia, envíenos un mail a: *atencioncliente@tirant.com*. En caso de no ser atendida su sugerencia, por favor, lea en *www.tirant.net/index.php/empresa/politicas-de-empresa* nuestro procedimiento de quejas.

Responsabilidad Social Corporativa: http://www.tirant.net/Docs/RSCTirant.pdf

A Belén, Eloy y Victoria, por su paciencia ante mis "ideas geniales"

A mis padres Eloy y Luisa, que me transmitieron su devoción por el estudio

Índice

Capítulo III
EL ÁMBITO DE APLICACIÓN DE LA DIRECTIVA 96/71

Capítulo IV
LA NATURALEZA DE LA DIRECTIVA 96/71, NORMA DE DERECHO INTERNACIONAL PRIVADO

Capítulo V
LA LEY APLICABLE EN EL DESPLAZAMIENTO DE TRABAJADORES

Capítulo VI
CONDICIONES DE TRABAJO APLICABLES A LOS TRABAJADORES DESPLAZADOS CONTEMPLADAS EN LA DIRECTIVA 96/71

Capítulo VII
INSTITUCIONES JURÍDICAS AL MARGEN DE LA DIRECTIVA 96/71 APLICABLES A LOS TRABAJADORES DESPLAZADOS

Capítulo VIII
LA SEGURIDAD SOCIAL DE LOS TRABAJADORES DESPLAZADOS

Capítulo IX
REQUISITOS FORMALES Y CONTROL ADMINISTRATIVO DEL DESPLAZAMIENTO DE TRABAJADORES

Capítulo X
LA BASE JURÍDICA DE LA DIRECTIVA 96/71

Capítulo XI
EL EFECTO DE UNA BASE JURÍDICA BASADA EN LA LIBRE PRESTACIÓN DE SERVICIOS. EL DÉFICIT JURÍDICO LABORAL DE LA DIRECTIVA 96/71

ABREVIATURAS

AELC:	Asociación Europea de Libre Comercio
ALE:	Autoridad Laboral Europea
BOE:	Boletín Oficial del Estado
CAAS:	Convenio de Aplicación del Acuerdo de Schengen
CACSSS:	Comisión Administrativa de Coordinación de los Sistemas de Seguridad Social
CE:	Comunidad Europea
CECA:	Comunidad Europea del Carbón y el Acero
CEE:	Comunidad Económica Europea
CESE:	Comité Económico y Social Europeo
COREPER:	Comité de Representantes Permanentes
DO:	Diario Oficial de la CEE/CE/UE
DPA1:	Documento portátil A1
EEE:	Espacio Económico Europeo
ETT:	Empresa de trabajo temporal
GAS:	Grupo de trabajo de asuntos sociales del Consejo
GATS:	General Agreement on Trade in Services (Acuerdo General sobre el Comercio de Servicios)
GATT:	General Agreement on Tariffs and Trade (Acuerdo General sobre Aranceles Aduaneros y Comercio)
IMI:	Internal Market Information System
LDT:	Ley 45/1999, de 29 de noviembre, sobre el desplazamiento de trabajadores en el marco de una prestación de servicios transnacional
LPRL:	Ley 31/1995, de 8 de noviembre, de prevención de riesgos laborales
LISOS:	Ley 23/2015, sobre Infracciones y Sanciones en el Orden Social
NTE:	Trabajadores nacionales de terceros Estados
RCSSS:	Reglamento de Coordinación de los Sistemas de Seguridad Social

RE:	Reglamento por el que se adoptan las normas del Reglamento de Coordinación de los Sistemas de Seguridad Social (Reglamento de Ejecución)
RRI:	Reglamento Roma I
TAELC:	Tribunal de la Asociación Europea de Libre Comercio
TCE:	Tratado constitutivo de la Comunidad Europea
TCEE:	Tratado constitutivo de la Comunidad Económica Europea
TFUE:	Tratado de Funcionamiento de la Unión Europea
TJUE:	Tribunal de Justicia de la Unión Europea / Tribunal de Justicia de las Comunidades Europeas
UE:	Unión Europea

PRÓLOGO

La Europa que es y la que nos gustaría que fuera, la ideal y la factible. Cuando los padres de Europa dieron los primeros pasos del proyecto europeo, lo hicieron desde el pragmatismo. Inspirados por Jacques Maritain, Robert Schuman, Alcide De Gasperi y Konrad Adenauer practicaban la política entendida como el arte de lo posible. Como Jules Romains, los europeos del siglo XX aprendieron que no hay bien más preciado que la paz; una paz inviable si —Jean Monnet— la reconstrucción de los Estados europeos, "demasiado pequeños para asegurar a sus pueblos la prosperidad y avances sociales indispensables", se hacía bajo la bandera de la soberanía nacional.

El objetivo de mejora de las condiciones de vida y trabajo de los asalariados europeos está presente desde un primero momento, y sin embargo Europa no se ha construido sobre derechos sociales sino sobre el ideal del comercio. Es éste el que permite el entendimiento y su crecimiento. Pero al menos desde la Conferencia de Berlín (1980) las naciones europeas saben de la necesidad de políticas comunes en materia laboral. Tras la I Guerra Mundial y el triunfo de la Revolución de Octubre, conscientes de que el bienestar de los trabajadores es de esencial importancia para el orden internacional y que el trabajo no debe ser considerado como un artículo de comercio, los altos mandatarios que suscriben el Tratado de paz de Versalles entienden la "importancia particular y urgente" de ciertas condiciones de trabajo comunes en las distintas naciones.

El libro prologado tiene su inmediato antecedente en la tesis doctoral defendida por Juan Pablo Parra el pasado mes de noviembre. Además del profesor Jesús R. Mercader, que lo presidió, el tribunal estuvo integrado por Javier Carrascosa González, Icíar Alzaga Ruiz, Yolanda Sánchez-Urán Azaña y Manuela Abeleira Colao; todos ellos laboralistas, a excepción del profesor Carrascosa, que cultiva el Derecho Internacional. Para la comisión evaluadora, la tesis doctoral mereció la calificación de sobresaliente *cum laude* y la propuesta para premio extraordinario, extremo éste que cuando se escriben estas líneas está por dilucidar. Siguiendo las recomendaciones del tribunal, el autor ha reducido notablemente su extensión.

Para que Alonso Olea pusiera una matrícula de honor había que saberse hasta la letra chica de los manuales (*Derecho del Trabajo* e *Instituciones de la Seguridad Social*). Ese fue el caso de Juan Pablo Parra Gutiérrez. Si a ello sumamos su dilatada experiencia profesional como Inspector de Trabajo y Seguridad Social, muy especialmente los muchos años que representó a la Inspección española ante diversos grupos de trabajo de la Unión Europea, y algunos años de ejercicio de la abogacía, se comprende que concurrían en él las cualidades precisas para abordar con éxito un asunto tan complejo como el desplazamiento de trabajadores efectuado en el marco de una prestación de servicios.

Alejado de cualquier voluntarismo, se mueve el autor en el terreno del ser, evitando el del deber ser. Estamos ante una contribución jurídica, de ciencia jurídica en todo rigor, que no solo contempla ensimismada la norma, sino que profundiza en ella y atiende a los hechos y a la realidad. Aportaciones como esta son las que se precisan en momentos donde la democracia liberal y la Unión Europa son amenazadas por propuestas populistas y pseudocientíficas.

Juan Pablo Parra se adentra en las profundidades de la Directiva 96/71 y en los vericuetos europeos, hasta que encuentra la clave de bóveda de la Directiva en la base jurídica de la norma, esto es, el precepto de los Tratados Constitutivos que la sustentan. La Directiva es engañosa, porque es una norma de contenido laboral, pero que no responde al carácter tuitivo de la legislación social, sino a una lógica de mercado; su razón de ser es la de allanar el camino y dotar de seguridad jurídica a las empresas prestadoras de servicios en el mercado europeo.

Las fronteras entre las disciplinas jurídicas no son del todo nítidas. En el caso concreto de la Directiva 96/71, estamos ante una norma de Derecho Internacional Privado. No establece condiciones de trabajo concretas, sino que responde a la pregunta sobre cuál es la legislación laboral aplicable durante el desplazamiento: aquella por la que el contrato se venía rigiendo antes de dicha vicisitud temporal. Lo explica muy visualmente Juan Pablo Parra: los trabajadores desplazados "*orbitan* sobre el mercado de trabajo del Estado de destino" pero no llegan a asentarse en él.

Los conflictos inherentes a la prestación de servicios por empresas más allá de los límites del Estado en que están establecidas está presente desde que la Comunidad Económica Europea empezara a dar sus primeros pasos. No hubo muchos problemas mientras el club europeo estuvo integrado por socios más o menos iguales, es decir, con condiciones de trabajo no muy dispares entres los trabajadores de los Estados comunitarios. El nerviosismo afloró con la incorporación de España y Portugal a la CEE, dada su proximidad al corazón del continente y los reducidos salarios de los trabajadores ibéricos, lo que provocó la elaboración de la Directiva 96/71, del Parlamento europeo y del Consejo, sobre desplazamiento de trabajadores efectuado en el marco de una prestación de servicios. La incorporación de los países procedentes del viejo bloque soviético, con mano de obra muy barata, desató todos los miedos y dejó en evidencia la insuficiencia de la Directiva, más aún después de las sentencias del cuarteto Laval, que daban prioridad al derecho de prestación de servicios del empresario sobre los derechos de los trabajadores desplazados (y también de los del país donde estos se prestan). Surgió la alarma entre los laboralistas, que no siempre comprendimos del todo qué estaba pasando. Más recientemente, la profunda crisis económica de 2008-2012 ha trastocado muchos aspectos de la vida económica, política y social, y ha hecho necesaria la revisión de algunos dogmas, lo que también alcanza a la manera de entender los desplazamientos de trabajadores en el marco de una prestación de servicios.

Como advierte el doctor Parra, la Directiva 2018/957 ha cambiado ligeramente las cosas, pero no tanto como para pensar que la base de la norma y su naturaleza hayan cambiado. Difícilmente podía el legislador europeo alterar la base jurídica de la Directiva 96/71 para convertirla en una norma social o laboral; hubiera exigido la imposible —ayer y hoy— unanimidad de los Estados. Pero ha bastado que el considerando décimo de esta última directiva haya recogido la expresión "libre prestación de servicios en condiciones equitativas", para que el juzgador goce de un cierto margen en la aplicación de la norma. Con el matiz "en condiciones equitativas", la protección de los trabajadores aparece ligada a la defensa de la competencia. La base de la Directiva sigue siendo el mercado y la norma continúa siendo una norma de Derecho Internacional Privado, pero los trabajadores gozan de una mayor protección; no como trabajadores, sino porque las condiciones de trabajo pueden constituir un “factor” de distorsión de la competencia. Esta es la nueva vía que la jurisprudencia europea ha empezado a explorar y que permitirá matizar de alguna manera el rigor de la letra de la ley, aunque —el autor pronostica— no cabe esperar grandes cambios.

Queremos no obstante pensar que los avances en la legislación y en la jurisprudencia europeas suponen algo más que una mejora técnica. A la postre, el comercio provoca que los distintos modelos sociales tiendan a su aproximación y que los retos de política social converjan cada vez más. No podemos ignorar la proximidad temporal entre la Directiva 2018/957 y el Pilar Europeo de Derechos Sociales. Cierto que una cosa es el derecho y otra el modelo, pero pueden y deben llegar a parecerse.

Juan Pablo Maldonado Montoya
Catedrático de Derecho del Trabajo
Universidad San Pablo - CEU

INTRODUCCIÓN

Europa no se construirá en un día ni sin tropiezos.
Nada duradero se realiza de forma fácil

ROBERT SCHUMANN

El desplazamiento de trabajadores en el marco de una prestación de servicios es una cuestión fundamental para la movilidad de empresas y trabajadores en la Unión Europea, a la vez que una pequeña porción de lo que se conoce como la *construcción europea.* En este caso concreto, además de esta construcción europea jurídica y abstracta, a la que contribuyen varias políticas europeas, el desplazamiento de trabajadores se halla especialmente presente en el sector de la construcción, fruto de lo que muchos de los grandes edificios y de las grandes infraestructuras europeas alzados de los últimos años lo han sido por millones de trabajadores desplazados. El desplazamiento de trabajadores construye Europa tanto ideal como materialmente.

La Directiva 96/71, sobre desplazamiento de trabajadores en el marco de una prestación de servicios, regula las condiciones laborales aplicadas a los trabajadores de un Estado de la Unión Europea que son temporalmente enviados por su empresario a otro Estado miembro para ejecutar un trabajo; también se considera desplazados a los trabajadores enviados temporalmente a otra sede del grupo empresarial al que pertenecen y los cedidos por empresas de trabajo temporal, cuando dichas operaciones son de ámbito transnacional.

En estos casos, mientras dure el desplazamiento al Estado de destino, la Directiva 96/71 dispone que determinadas —las más importantes— condiciones de trabajo serán aplicadas a los desplazados en los términos fijados por las normas laborales de ese Estado. Gracias a este mandato, el empresario que desplaza a sus trabajadores conoce de antemano las normas aplicables durante la prestación de servicios en el otro país, los desplazados ven mejoradas sus condiciones de trabajo cuando las fijadas en el Estado de destino son más beneficiosas que las de origen y el mercado de trabajo local no se ve amenazado por una posible competencia de empresas extranjeras basada en costes salariales inferiores.

Antes incluso del nacimiento de la Comunidad Económica Europea, el desplazamiento de trabajadores fue empleado como una herramienta eficaz de movilidad laboral, circunstancia que no evitó que surgieran controversias entre los Estados emisores y receptores de desplazados; si el mero desembarco de competidores de otro país es visto con desconfianza por las empresas locales, la diferencia de costes salariales entre uno y otro Estado pueden provocar el rechazo a los prestadores de servicios extranjeros y a sus trabajadores por la ventaja competitiva que supone. La relativa homogeneidad de las condiciones de trabajo existentes entre los miembros de la Comunidad Económica Europea hasta mitad de los años ochenta mantuvieron, no obstante, cierta paz entre los Estados miembros, sin necesidad de que las Instituciones comunitarias tuvieran que intervenir en profundidad.

Esta pacífica equivalencia de las condiciones de trabajo se ha roto dos veces en la historia de la Unión Europea. La primera ocasión tuvo lugar en 1986 con el ingreso de España y Portugal, que integró en el sistema productivo europeo a empresas con una fuerza de trabajo barata y fácil de mover en sectores intensivos en mano de obra, para temor de los Estados potenciales receptores de esas empresas. La sentencia del Tribunal de Justicia Rush Portuguesa, tolerante con la actividad de estos nuevos operadores económicos, puso de manifiesto la necesidad de abordar el problema en profundidad.

La segunda ruptura de la equivalencia de condiciones de trabajo se produjo en los años 2004 y 2007, con la entrada en la Unión Europea de diez Estados de Centroeuropa. Se repitió lo ocurrido con los Estados ibéricos, pero en mayor dimensión e intensidad. En este segundo caso contribuyó al agravamiento de la situación, por un lado las debilidades de la Directiva 96/71 y, por otro lado, la interpretación que de esta norma hizo en diversas sentencias el Tribunal de Justicia, como más adelante apuntaremos.

En ambos casos las instituciones europeas reaccionaron regulando las condiciones de trabajo aplicables en el desplazamiento de trabajadores. En enero de 1997 se publicó la primera norma, la Directiva 96/71 objeto de este trabajo, mientras que, como respuesta a la incorporación de los países exsoviéticos, se dictó la Directiva 2014/67, orientada al control administrativo de los desplazamientos, y la Directiva 2018/957, que reforma ciertos aspectos de la Directiva 96/71.

En este largo proceso de creación, desarrollo y perfeccionamiento de un marco legal para las condiciones de trabajo de los trabajadores desplazados —las de seguridad social tienen una regulación propia—, una de las ideas predominantes ha sido que la Directiva 96/71 era una norma que perjudicaba o, cuando menos, no beneficiaba a los trabajadores que participaban en un desplazamiento. Esta concepción se confirmó en gran medida con la jurisprudencia del Tribunal de Justicia sobre desplazamiento de trabajadores, de la que debemos destacar tres sentencias del llamado "Cuarteto Laval" —Rüffert, Laval y Luxemburgo—, en las que el TJUE dio prevalencia al ejercicio empresarial de la libre prestación de servicios por encima de la protección de los derechos de los trabajadores desplazados, de manera que figuras laborales como el convenio colectivo, el conflicto colectivo o el ejercicio de las funciones de autoridad laboral, quedaban un escalón por debajo de las facultades reconocidas a los empresarios para ofrecer sus servicios en el mercado interior.

El presente trabajo pretende comprender por qué existe una divergencia entre el literal de la Directiva 96/71, que tiene un contenido inequívocamente laboral, y su interpretación, inspirada por la libre prestación de servicios y la construcción del mercado interior; en esta operación es fundamental la base jurídica de la norma.

La base jurídica es un elemento determinante en todo instrumento de Derecho derivado, consistente en la invocación de un artículo de los Tratados Constitutivos como su fundamento. Este artículo habilitante, que se menciona al comienzo de la norma, se relaciona con una libertad o con una política de la Unión, que a su vez determina el procedimiento de producción normativo que ha de seguir, la opción entre reglamento y directiva, la unidad de la Comisión Europea, el grupo del Consejo y la comisión parlamentaria que la negociará y, muy especialmente, señalará el medioambiente jurídico en el que se interpretará y aplicará.

Pues bien, aunque la Directiva 96/71 hable de convenios colectivos, de remuneraciones o de tiempo de trabajo y vacaciones, su base jurídica no tiene naturaleza laboral, sino que es el artículo 56 TFUE, declarativo de la libre prestación de servicios. Esta base condiciona su interpretación y hace que la norma no sea abordada conforme a principios de Derecho del Trabajo sino con la perspectiva de la promoción del mercado interior, que podemos sintetizar con la idea de que toda medida nacional —laboral en nuestro caso— que afecte a los empresarios de otros Estados se considera una carga que puede impedir, dificultar o hacer menos interesante una prestación de servicios, por lo que cualquier traba de esta clase ha de ser eliminada o reducida a su mínima expresión.

El estudio busca así comprender la norma para explorar, dentro de su lógica de mercado interior y libre prestación de servicios, vías mediante las que los derechos de los desplazados puedan adquirir mayor relevancia, en consonancia con el artículo 9 TFUE, por el que la promoción de un nivel de empleo y una protección social adecuados son cuestiones transversales en la Unión Europea. Para ello, el trabajo pretende detectar y examinar todas las expresiones que tiene la libre prestación de servicios en el desarrollo y aplicación de la Directiva 96/71, asumir la norma como una norma de las llamadas "de mercado" y, sobre esta realidad, explorar formas de conciliación con una visión más social del desplazamiento de trabajadores.

Con este propósito, el estudio realiza un análisis profundo de las negociaciones desarrolladas en el Consejo de la Unión Europea que culminaron con la aprobación de la Directiva 96/71 y de sus dos sucesoras, para lo que ha sido de gran valor la documentación disponible en los Archivos de esa institución. Son, asimismo, objeto de estudio, con un enfoque intencionadamente práctico, todos los elementos que se pueden encontrar en un desplazamiento de trabajadores, esto es, las condiciones de trabajo que forman parte del *núcleo duro* de la Directiva, las formalidades propuestas a las autoridades nacionales por la Directiva 2014/67, otras figuras jurídicas accesorias que concurren en un desplazamiento y la seguridad social de los desplazados.

Los bloques más destacados del estudio son los que encuadran la Directiva 96/71 en el ordenamiento jurídico europeo. En primer lugar, se estudia y se afirma la naturaleza internacionalprivatista de la norma, cuestión a nuestro juicio obviada en muchas ocasiones y que es crucial para una completa comprensión de los desplazamientos de trabajadores. El funcionamiento de la Directiva es el propio del de una norma de conflicto de leyes, y si no se asume esta operativa en toda su extensión, no es posible comprender el porqué de las interpretaciones de la norma.

En último lugar, el trabajo aborda la base jurídica; trata el propio concepto de base jurídica en el Derecho europeo y afirma los artículos 53.1 y 56 TFUE como fundamento de la Directiva 96/71, a la vez que explora otras posibilidades de una base jurídica para el desplazamiento de trabajadores en el marco del Derecho social. El desequilibrio que produce encontrarnos ante una norma con un contenido claramente laboral pero con una interpretación realizada con parámetros de mercado interior es objeto del último capítulo del trabajo que, no obstante, se cierra advirtiendo de un nuevo elemento, la *libre prestación de servicios en condiciones equitativas,* que abre a que futuras interpretaciones de la norma guarden un mayor equilibrio entre los intereses de empresarios y trabajadores desplazados, así como de Estados emisores y receptores.

En todo caso, y a salvo de las críticas más o menos acertadas que haya podido recibir la Directiva 96/71 y el Tribunal de Justicia como su intérprete, creemos que la posibilidad de que un empresario europeo pueda aceptar encargos en otro Estado y enviar a sus trabajadores para llevarlos a cabo es uno de los éxitos más evidentes del proyecto europeo. Oír en una obra de construcción de nuestra ciudad conversaciones en un idioma de otro Estado europeo construye Europa.

Capítulo I

ANTECEDENTES HISTÓRICOS

1. LA IMPORTANCIA DE LA HISTORIA DE LA REGULACIÓN DEL DESPLAZAMIENTO DE TRABAJADORES

Siguiendo la recomendación de ALONSO OLEA "probablemente, no existe institución jurídica enteramente inteligible sin una exposición histórica de su origen y desarrollo, en cuanto que ambos han predeterminado la forma como aparece estructurada en el momento en que se hace el estudio y dan razón de sus caracteres y peculiaridades"[1], la primera parte de este trabajo tiene por objeto exponer el desarrollo histórico del desplazamiento de trabajadores desde el inicio del proyecto europeo hasta la aprobación de la última norma de desplazamiento de trabajadores, dedicada a regular los desplazamientos de los conductores de camiones y autocares.

Es especialmente importante conocer los antecedentes de la Directiva 96/71/CE del Parlamento Europeo y del Consejo, de 16 de diciembre de 1996, sobre el desplazamiento de trabajadores efectuado en el marco de una prestación de servicios (Directiva 96/71)[2], así como de las demás normas que conforman el bloque de desplazamiento de trabajadores, para comprender su alcance, su importancia en la construcción europea, los problemas que ha generado y que puede generar y, por supuesto, las soluciones a estos problemas. En el presente capítulo se explica que la necesidad de regular los desplazamientos surgió con las Comunidades Europeas (incluso antes que ellas) y que la respuesta a esa necesidad se diseñó ya en los años 70, aunque se mantuvo latente durante más de veinte años. En el siguiente capítulo abordamos el proceso de elaboración de todas las normas reguladoras de las condiciones de trabajo de los desplazados.

---

1 ALONSO OLEA, M.: *Introducción al Derecho del Trabajo*, 2ª. ed., Editorial Revista de Derecho Privado, Madrid, 1968, pág. 49-50.

2 DO L 18, de 21.1.97, pág. 1-6.

Existen diversas formas para que las empresas presten servicios a sus clientes cuando unas y otros no se encuentran en el mismo país. Una de estas formas consiste en que la prestadora de los servicios contratados desplace físicamente a trabajadores de su plantilla a las instalaciones del cliente que, como hemos dicho, se encuentra en un país diferente a aquel en el que el prestador de servicios está establecido[3]. En este caso, nos encontramos ante un desplazamiento de trabajadores en el marco de una prestación transnacional de servicios[4].

En el marco de la Unión Europea, la libertad de prestación de servicios, declarada en el artículo 56 del vigente Tratado de Funcionamiento de la Unión Europea (TFUE), permite a las empresas trabajar sin obstáculos para clientes en Estados distintos a aquellos en los que están establecidas[5]. Esta libertad es uno de los aditivos fundamentales del cemento que permite que el edificio europeo no sólo haya sobrevivido más de sesenta años, sino que haya crecido de seis a veintiocho miembros, e incluso se haya reducido a veintisiete tras perder a uno de los socios más relevantes, sin que esta circunstancia haya creado un trauma ni a la Unión ni a los Estados que la integran.

Dedicaremos así este capítulo a la protohistoria de la Directiva 96/71, desde la aparición en la Europa de 1945 de una incipiente movilidad empresarial y laboral hasta la sentencia del TJUE Rush

---

3 Las distintas formas de prestación de servicios se enumeran en el artículo I.2 del Acuerdo General de Comercio de Servicios. Éstos son el suministro transfronterizo (modo 1), el consumo en el extranjero (modo 2), la presencia comercial (modo 3) y la presencia de personas físicas para prestar el servicio (modo 4). Este modo 4 es el característico del desplazamiento de trabajadores. El Acuerdo está disponible en la URL https://www.wto.org/spanish/docs_s/legal_s/26-gats_01_s.htm [consulta mayo 2024].

4 Curiosamente, el adjetivo "transnacional" a esta forma de movilidad no lo aporta la norma europea, sino el título de la ley española que transpone la Directiva 96/71, la Ley 45/1999, de 29 de noviembre, sobre el desplazamiento de trabajadores en el marco de una prestación de servicios transnacional. BOE de 30 de noviembre.

5 El primer párrafo del artículo 56 del TFUE dispone *En el marco de las disposiciones siguientes, quedarán prohibidas las restricciones a la libre prestación de servicios dentro de la Unión para los nacionales de los Estados miembros establecidos en un Estado miembro que no sea el del destinatario de la prestación.* Tratado de Funcionamiento de la Unión Europea, versión consolidada, DO C 202, de 7.6.2016, pág. 1-366.

Portuguesa[6], de 1990, que provocó la elaboración de la norma rectora de los desplazamientos de trabajadores en el marco de una prestación transnacional de servicios.

Debemos hacer una advertencia previa para comprender este capítulo. El desplazamiento de trabajadores es una operación empresarial que se desarrolla en el marco de la libre prestación de servicios y se regula por la Directiva 96/71. Antes de la Directiva, las normas europeas sobre movilidad laboral se amparaban en la libre circulación de trabajadores, especialmente en la seguridad social de trabajadores migrantes. Por este motivo, en este primer capítulo el foco se pone en la evolución de la libre circulación de trabajadores, cuyo desarrollo normativo influyó en gran medida en la regulación que del desplazamiento de trabajadores se hizo a partir de 1996.

2. LOS ORÍGENES: LOS TRATADOS CONSTITUTIVOS DE LAS COMUNIDADES EUROPEAS Y LOS REGLAMENTOS 3 Y 4 DE 1958

Aunque las modernas relaciones laborales nacen apenas hace doscientos años[7], se puede afirmar que desde el inicio de la Historia han existido prestaciones de servicios que han exigido desplazar trabajadores a un territorio distinto de aquel en el que suelen desarrollar su actividad. Probablemente uno de los primeros testimonios escritos de un desplazamiento de trabajadores (si así podemos calificar a los mercenarios de la Antigüedad) se pueden encontrar en el Antiguo Testamento, que en Reyes 7:6-7 relata:

> "Porque el Señor había hecho que el ejército de los arameos oyera estruendo de carros y ruido de caballos, el estruendo de un gran ejército, de modo que se dijeron el uno al otro: He aquí, el rey de Israel ha tomado a sueldo contra nosotros a los reyes de los hititas y a los reyes de los egip-

---

6 Sentencia de 27 de marzo de 1990, Rush Portuguesa, C-113/89, EU:C:1990:142.

7 El trabajo voluntario, dependiente y por cuenta ajena es una figura cuyo nacimiento se vincula a la sociedad industrial surgida a finales del siglo XVIII. En este sentido MONTOYA MELGAR, A.: *Derecho del Trabajo*, 36ª ed., Tecnos, Madrid, 2015, pág. 64. MERCADER UGUINA, J. (Dir.), DE LA PUEBLA PINILLA, A. y GÓMEZ ABELLEIRA, F. J.: *Lecciones de Derecho del Trabajo*, 12ª ed., Tirant lo Blanch, Valencia, 2019, pág. 30.

> cios, para que vengan contra nosotros. Por lo cual se levantaron y huyeron al anochecer, y abandonaron sus tiendas, sus caballos y sus asnos [y] el campamento tal como estaba, y huyeron para [salvar] sus vidas".

Saltando de las guerras de la Biblia a la Europa arrasada tras la Segunda Guerra Mundial, la desigual situación entre los Estados europeos tras la contienda y, especialmente, la actitud de la Alemania destruida y necesitada de crecer y exportar servicios y mano de obra a toda costa aceleró los movimientos de trabajadores entre Estados[8]. En esta Europa tiene además un valor fundamental la política social y de bienestar, que en gran medida fundamenta los regímenes democráticos nacidos después del conflicto bélico. En buena parte, esta política social, inspirada por el Informe Beveridge, supera sobremanera la protección social de base profesional, para constituirse en una herramienta de desarrollo económico y social[9].

La combinación de los movimientos de mano de obra y el nuevo enfoque de la protección social provocó la celebración de varios convenios bilaterales de seguridad social que, en general, fijaban la ley aplicable, declaraban la igualdad de trato entre trabajadores nacionales y extranjeros y, en último lugar, aseguraban la conservación de derechos adquiridos o en trámite de adquisición. Como ejemplo de esta situación, entre 1948 y 1949 Francia acordó convenios con Bélgica, Italia, Polonia, Reino Unido, Checoslovaquia, el Sarre, Suiza, San Marino y Luxemburgo[10].

En paralelo a esta actividad bilateral, se acometieron iniciativas multilaterales, entre las que destaca el mandato contenido en el artículo 2 del Tratado de Bruselas a sus partes contratantes, para concluir tan pronto como fuera posible convenios de seguridad social[11].

---

8 COMTE, E.: "Promising more to give less: International disputes between core and periphery around European posted labor, 1955-2018", *Labor History*, vol. 60, núm. 6, 2019, pág. 751.

9 GIUBONNI, S.: *Social rights and Market Freedom in the European Constitution*, Cambridge University Press, 2006, pág. 9.

10 DOUBLET, J.: "Problèmes de Sécurité Sociale et Communauté Européenne du Charbon et de l'Acier", *Annuaire français de droit international*, vol. 3, 1957, pág. 570.

11 Tratado de Colaboración en materia económica, social y cultural y de legítima defensa colectiva, firmado en Bruselas el 17 de marzo de 1948, por Francia,

Este mandato es de especial importancia si se tiene en cuenta que el Tratado de Bruselas tenía un claro enfoque militar, pues creó la Unión Europea Occidental y estableció el sistema de defensa mutua ante posibles ataques del bloque soviético (art. 5). Que la seguridad social se incluyera entre pactos de defensa y asistencia mutua no deja de sorprender y confirmar la importancia de la materia a finales de los años 40. Del Tratado de Bruselas derivó el Convenio de 7 de noviembre de 1949[12], para desarrollar la coordinación de los sistemas de seguridad social de los cinco Estados firmantes. Poco después, el 9 de mayo de 1950, Robert Schumann, Ministro de Asuntos Exteriores de Francia, declarará[13]:

> "La puesta en común de las producciones de carbón y de acero garantizará inmediatamente la creación de bases comunes de desarrollo económico, primera etapa de la federación europea, y cambiará el destino de esas regiones, que durante tanto tiempo se han dedicado a la fabricación de armas, de las que ellas mismas han sido las primeras víctimas."

A la "Declaración Schuman" siguió la firma del Tratado de París[14], que creó la Comunidad Europea del Carbón y el Acero (CECA), cuyo Capítulo VIII regulaba los *Salarios y movimientos de mano de obra*, del que destacaremos los siguientes aspectos:

- El artículo 68 evidencia la preocupación por el *dumping* social; faculta a la Alta Autoridad a adoptar una serie de medidas en el caso de que el precio anormalmente bajo del carbón y del acero pudiera tener su origen en unos salarios bajos.
- El artículo 69, sobre la movilidad de los trabajadores, proscribe la discriminación por razón de la nacionalidad.

Del Tratado de París llama la atención que, desde un primigenio estadio, los textos de las Comunidades Europeas contemplen la

Reino Unido, Luxemburgo, Bélgica y Países Bajos.

12 Convention du 7 nov. 1949 tendant à étendre et à coordonner l'application des législations aux ressortissants des parties contractantes du traité de Bruxelles. La norma está disponible en línea en https://www.cvce.eu/content/publication/2009/1/19/faba22ab-4db3-4056-8d96-712f67d3ae21/publishable_fr.pdf [consulta mayo 2024].

13 "Declaración Schuman" de 9 de mayo de 1950.

14 Tratado Constitutivo de la Comunidad Europea del Carbón y el Acero, firmado en París el 18 de abril de 1951.

movilidad de los trabajadores y el control de la competencia por el diferencial de salarios[15]. Por la propia naturaleza del Tratado CECA que —insistimos— tiene por objeto regular el mercado de la producción y venta de las materias primas carbón y acero, no se aborda el mercado de prestación de servicios. Esta ausencia sustenta la teoría de que los Tratados fundacionales contemplaron los derechos sociales como instrumentos para construir el mercado común, incluyendo en los textos los derechos imprescindibles para lograr ese objetivo, y ninguno más[16].

Con el propósito de poner fin al caos generado por la coexistencia de múltiples normas bilaterales de seguridad social entre los miembros de esta Comunidad, un grupo de expertos de la CECA, ayudado por personal de la Oficina Internacional del Trabajo, inició los trabajos para regular la situación de la seguridad social de aquellos trabajadores que prestaran temporalmente servicios en un Estado distinto a aquel en que su empresa estaba establecida[17]. Estos trabajos culminaron con el Convenio Europeo de Seguridad Social de 9 de diciembre de 1957[18], que nunca llegó a aplicarse porque fue absorbido por la recién nacida Comunidad Económica Europea (CEE) que, con unas pequeñas modificaciones, los transformó en los Reglamentos 3 y 4 de 1958, que se expondrán más adelante[19].

En términos generales, el Convenio de 9 de diciembre de 1957, celebrado al amparo del artículo 69 del Tratado CECA, se aplica a todos los trabajadores migrantes, respecto a quienes contempla los riesgos típicos de la protección social de la época (enfermedad, invalidez, jubilación, muerte y supervivencia, accidentes de trabajo y enfermedades profesionales, prestaciones familiares y desempleo).

---

15 El considerando 5 de la Directiva 96/71 declara que *el fomento de la prestación transnacional de servicios requiere un clima de competencia leal y medidas que garanticen el respeto de los derechos de los trabajadores.*

16 GIUBONNI, S.: *Social rights and…*, obra cit., pág. 16.

17 COMTE, E.: "Promising more to…", obra cit., pág. 750.

18 Convenio Europeo de Seguridad Social de los trabajadores migrantes, celebrado en Roma el 9 de diciembre de 1957.

19 ROBERTS, S.: "A short history of social security coordination", en JORENS, Y., (Dir.), *50 years of social security coordination. Past-present-future. Report of the conference celebrating the 50th Anniversary of the European Coordination of Social Security*, Comisión Europea, 2009, pág. 17.

Además, unifica todos los convenios bilaterales de seguridad social, salvo lo relativo a algunos casos específicos, como los trabajos fronterizos[20].

El Convenio de 1957 recoge expresamente el principio de la *lex loci laboris,* es decir, la aplicación de la ley del lugar habitual de trabajo, que desde entonces será el criterio que rija estas situaciones trasnacionales[21]. En el caso de que un trabajador fuera enviado en misión por su empresa a otro Estado, podría mantener la aplicación de la legislación de seguridad social de su Estado de origen hasta un máximo de doce meses, ampliables por acuerdo de las autoridades de ambos Estados[22]. Estos principios se mantienen más de medio siglo después en los artículos 12 y 13 del vigente Reglamento de Coordinación de los Sistemas de Seguridad Social (RCSSS)[23].

En el mismo año 1957, el 25 de marzo, se firmó el Tratado Constitutivo de la CEE[24], con los siguientes preceptos de interés para el tema que nos ocupa:

- El artículo 48 reconoce la libertad de circulación de trabajadores.
- El artículo 51 encomienda al Consejo a adoptar las oportunas medidas en materia de seguridad social.
- El artículo 52 reconoce la libertad de establecimiento.
- El artículo 59 declara la libre prestación de servicios. Y —de especial interés— el artículo 60 reconoce el derecho de los prestadores de servicios a su realización temporal en un Estado diferente al de establecimiento en iguales condiciones que los prestadores de tal Estado.

---

20 COMUNIDAD EUROPEA DEL CARBÓN Y EL ACERO: Boletín mensual de información, núm. 8, 1957, pág. 17.

21 MANEIRO VÁZQUEZ, Y.: "Las normas conflictuales en el sistema de coordinación de regímenes de Seguridad Social", *Revista del Ministerio de Empleo y Seguridad Social,* núm. 132, 2017, pág. 249.

22 DOUBLET, J.: "Problèmes de Sécurité Sociale …", obra cit., pág. 576-577.

23 Reglamento (CE) 883/2004 del Parlamento Europeo y del Consejo, de 29 de abril de 2004 sobre la coordinación de los sistemas de seguridad social. DO L 166, de 30.4.2004, pág. 1-123.

24 Tratado constitutivo de la Comunidad Económica Europea, firmado en Roma el 25 de marzo de 1957.

La movilidad laboral se concibe así en la CEE como un instrumento de política de empleo, mediante el que se establecen cauces para que los trabajadores de Estados con altos niveles de desempleo pudieran trasladarse a zonas en los que existiera demanda de mano de obra[25], sin que esta movilidad supusiera una pérdida de derechos de seguridad social[26]. Este marco ofrecido por el Tratado CEE sienta el anclaje para las operaciones de desplazamiento de trabajadores[27].

Matiz importante es que las normas indicadas sobre trabajadores no son normas *laborales* en el sentido de que reconozcan derechos a los trabajadores, sino que regulan su estatuto cuando quieran emigrar de un Estado a otro de la Comunidad. Con el Tratado de Roma no nace un Derecho del Trabajo de ámbito europeo con derechos y obligaciones para empresarios y trabajadores, rama jurídica que durante décadas se mantendrá en el ámbito estatal. La existencia durante treinta años de una esfera nacional reguladora de las condiciones de trabajo, dentro de una esfera comunitaria rectora de la materia económica ha provocado una asimetría, en virtud de la que el ámbito laboral —nacional— quedaba sometido al ámbito económico —comunitario—[28]. La construcción de las normas de política social armonizadoras sobre la base de este bagaje normativo laboral nacional puede haber sido causa también de la ausencia de un concepto de trabajador en el Derecho de la Unión Europea[29].

---

25 BARNARD, C.: *The substantive Law of the EU. The Four Freedoms*, Oxford University Press, 7ª ed., 2022, pág. 237.

26 CARRASCOSA BERMEJO, D.: "Los Reglamentos de la Unión Europea sobre coordinación de los sistemas de seguridad social (Rgtos CE/883/2004 y CE/987/2009): propuesta de modificación de 13-12-2016 y tendencias interpretativas en la reciente jurisprudencia del Tribunal de Justicia", *Actum Social*, núm. 119, 2017, pág. 1-22.

27 DOLVIK, J. E. y VISSER, J.: "Free movement, equal treatment and workers' rights: can the European Union solve its trilemma of fundamental principles?", *Industrial Relations Journal*, vol. 40, 2009, pág. 517.

28 LOY, G.: "La deriva antisocial en Europa", *Actum Social*, núm. 35, 2010, pág. 5/13. SCHARPF, F. W.: "The European Social Model: Coping with the challenges of diversity", *MPIfG Working Paper*, núm. 02/8, 2002, pág. 17-22.

29 SÁNCHEZ-URÁN AZAÑA, Y.: "Concepto de Trabajador en el derecho de la Unión Europea y en la jurisprudencia del TJUE", en SEMPERE NAVARRO A. V., (Dir.) y MALDONADO MONTOYA, J. P., (Coord.), *Las fronteras del contrato de trabajo en la jurisprudencia*, Boletín Oficial del Estado, Madrid, 2020, pág. 56-57.

El Capítulo III del llamado "Informe Spaak"[30], principal documento preparatorio del Tratado de Roma, ya reconocía como de especial importancia los movimientos de mano de obra en un futuro mercado común. No es así extraño que esta previsión se pusiera en práctica con la aprobación del Reglamento 3/58, sobre seguridad social de los trabajadores migrantes[31], y del Reglamento número 4/58, de ejecución del anterior[32]. El hecho de que, de los cuatro primeros reglamentos de la CEE, dos sean de seguridad social (sólo tras uno sobre régimen lingüístico y otro sobre salvoconductos de los miembros de la Asamblea Parlamentaria[33]) pone de manifiesto la atención prestada por el legislador a la protección social de los trabajadores migrantes[34]. Muchos de los considerandos de este Reglamento hacen expresa referencia al Convenio Europeo de Seguridad Social de los Trabajadores Migrantes[35].

En lo que se refiere a la regulación de la coordinación de la protección social, el artículo 12 Reglamento 3/58 establece el principio de afiliación única al sistema de seguridad social del Estado donde

---

30 El Capítulo III del "Informe de los Jefes de Delegación a los Ministros de Asuntos Exteriores de 21 de abril de 1956" (conocido popularmente como el "Informe Spaak") anticipó la relevancia que los movimientos de mano de obra podían tener en un mercado común. COMITÉ INTERGOUVERNEMENTAL CRÉÉ PAR LA CONFÉRENCE DE MESSINE: *Rapport des Chefs de Délégation aux Ministres des Affaires Etrangères*, 21 de abril de 1956 ("Informe Spaak"), *cvce.eu* [en línea], disponible en https://www.cvce.eu/en/education/unit-content/-/unit/1c8aa583-8ec5-41c4-9ad8-73674ea7f4a7/dee61d43-7dc3-4383-a3dc-eb1e-9f2e78db/Resources#52a08e74-02f5-4912-a667-2ea34b9dcdea_en&overlay [consulta mayo 2024].

31 Règlement n° 3 concernant la sécurité sociale des travailleurs migrants, DO 30, de 16.12.1958, pág. 561-596 (FR). Dado que, cuando España ingresó en la CEE, esta norma ya no estaba en vigor, no existe una traducción oficial al español en el DO.

32 Règlement n° 4 fixant les modalités d'application et complétant les dispositions du règlement n° 3 concernant la sécurité sociale des travailleurs migrants, DO 30, 16.12.1958, pág. 597-664 (FR).

33 MANEIRO VÁZQUEZ, Y.: "Las normas conflictuales ...", obra cit., pág. 250.

34 *Ibidem*, pág. 250.

35 Considerando 1 del Reglamento 3/58: *Considérant qu'une Convention européenne concernant la sécurité sociale des travailleurs migrants, élaborée avec le concours du Bureau international du travail, a été signée à Rome le 9 décembre 1957 par les gouvernements des États membres de la Communauté Européenne du Charbon et de l'Acier.* También se refieren al Convenio Europeo los considerandos número 2, 4 y 6.

esté empleado el trabajador[36]. Es decir, y como profundizaremos en el capítulo correspondiente, los trabajadores sólo pueden estar vinculados a un único sistema de protección social en cada momento, no es posible depender de las instituciones de seguridad social de dos Estados a la vez, independientemente de su residencia o de la sede de la empresa. Sobre la base de este principio de afiliación única, el artículo 13 del Reglamento establece para los casos de movilidad temporal:

> *(a) Les travailleurs salariés ou assimilés ayant leur résidence sur le territoire d'un Ëtat membre, occupés sur le territoire d'un autre État membre par une entreprise ayant, sur le territoire du premier un établissement dont ils relèvent normalement, sont soumis à la législation de cet État, comme s' ils étaient occupés sur son territoire, pour autant que la durée probable de leur occupation sur le territoire du second n'excède pas douze mois; si la durée de cette occupation se prolonge au-delà de douze mois, la législation du premier État continue à être appliquée pour une nouvelle période de douze mois, au maximum, à la condition cjue l'autorité compétente du deuxième État ou l'organisme qu'il désignera ait donné son accord avant la fin de la pre mière période de douze mois*[37].

Este artículo reitera la regulación establecida por el Convenio de 1957, en cuanto mantiene la aplicación de la seguridad social del Estado de origen en el caso traslado temporal de trabajadores a un Estado miembro distinto de aquel en el que presta normalmente servicios. La regla general de sujeción a un solo sistema de seguridad social y la excepción contemplada se han mantenido a lo largo de las décadas (*Infra*, VIII).

---

36 Literalmente, la versión francesa del artículo 12 dispone que *les travailleurs salariés ou asimilés occupés sur le territoire d'un État membre.*

37 Artículo 13 a) del Reglamento 3/58: *Los trabajadores asalariados o asimilados con residencia en el territorio de un Estado miembro, empleados en el territorio de otro Estado miembro por una empresa que tenga en el territorio del primero un establecimiento al que normalmente pertenecen, están sujetos a la legislación de este Estado, como si estuvieran ocupados en su territorio, siempre que la duración probable de su ocupación en el territorio del segundo no exceda de doce meses; si la duración de esta ocupación excede de doce meses, la legislación del primer Estado seguirá aplicándose durante un nuevo período de doce meses como máximo, a condición de que la autoridad competente del segundo Estado o el organismo que ésta designe haya dado su acuerdo antes de que finalice el primer período de doce meses.*

El marco propuesto por los Reglamentos 3 y 4 de 1958 no pasó inadvertido a las empresas alemanas, que vieron en el diferencial de costes de seguridad social (especialmente con Francia, que tenía unas cotizaciones muy altas destinadas a financiar unas prestaciones familiares ambiciosas para aumentar la natalidad) una oportunidad para exportar servicios acompañados de mano de obra barata. Fue tal el impulso que Alemania quiso dar al desplazamiento de trabajadores por sus empresas, que este país llegó a proponer eliminar la limitación de 12 meses de mantenimiento de la seguridad social del Estado de origen[38], para poder mantener indefinidamente el vínculo con la seguridad social germana.

La redacción del artículo 13 *a*) del Reglamento 3/58 fue matizada por el Reglamento 24/64/CEE para frenar ciertos abusos que la aplicación de ese mismo precepto había propiciado[39]. Es también destacable el hecho de que este Reglamento introduce en la redacción del artículo 13 *a*) el término *détaché* (desplazado). Esta dinámica de ensayo y error confirma la calificación por parte de la doctrina de los Reglamentos 3 y 4 como "bancos de pruebas de las prácticas administrativas entre los Estados fundadores"[40].

Además de las cuestiones de seguridad social de los trabajadores desplazados, las instituciones comunitarias abordaron sin éxito una posible regulación de los salarios de los trabajadores que temporalmente eran enviados a trabajar a otro Estado miembro. Aunque no se llegó a ningún resultado concreto, se fijaron una serie de ideas que se mantendrían a lo largo de los proyectos normativos: la primera, que el hecho de que el trabajador acompañe al empresario a prestar servicios en otro Estado no tiene por qué alterar la naturaleza de la relación contractual que existe entre ellos; la segunda, que algunas de las normas laborales del Estado donde se va a prestar el servicio deberán ser de aplicación, y, la tercera, que si el desplazamiento es

---

38 COMTE, E.: "Promising more to...", obra cit., pág. 751.

39 Así lo expresa el considerando 5 del Reglamento 24/64/CEE del Consejo, de 10 de marzo, que modifica el artículo 13 del Reglamento 3 y del artículo 11 del reglamento 4. DO P 47, de 18.3.64, pág. 746-747 (FR).

40 GARCÍA DE CORTÁZAR NEBREDA, C.: "El campo de aplicación del Reglamento 883/2004", *Revista del Ministerio de Trabajo y Asuntos Sociales*, núm. 64, 2006, pág. 52.

de corta duración, deberían mantenerse las condiciones de trabajo del Estado de origen[41].

3. LA REGULACIÓN DE LOS AÑOS 60 Y EL REGLAMENTO 1408/1971

En los años 60 comienza la puesta en práctica de la libre prestación de servicios en la CEE. El "Programa general para la supresión de las restricciones a la libre prestación de servicios del Consejo", de 1961, señala los grandes obstáculos a remover por los Estados[42]. Los propósitos de este programa son asumidos por el Reglamento 38/64/CEE, del Consejo, de 25 de marzo, relativo a la libre circulación de trabajadores en el interior de la Comunidad[43].

En este sentido, el considerando 3 del Reglamento 38/64/CEE declara la necesidad de suprimir las restricciones en el interior de la Comunidad para la movilidad de los trabajadores que acompañen a un prestador de servicios, quienes deben beneficiarse del principio de igualdad de trato[44]. La concreción de este considerando se recoge en el artículo 1.2 de la norma[45]:

> *Todo trabajador por cuenta ajena nacional de un Estado miembro que resida en el territorio de un Estado miembro y cuyo empresario preste servicios en el territorio de otro Estado miembro, o en virtud de la legislación de estos últimos, bien de conformidad con una directiva del Consejo adoptada en virtud del apartado 2 del artículo 63 del Tratado, tendrán derecho a ejercer sus actividades por cuenta de su empresario, le acompañe o no.*

---

41 COMTE, E.: "Promising more to…", obra cit., pág. 751.

42 DO 2, de 15.1.1962, pág. 32-35 (FR).

43 DO 62, de 17.4.1964, pág. 965-981 (FR).

44 Considerando 3 del Reglamento 38/64/CEE.

45 Artículo 1.2 del Reglamento 38/64/CEE en la redacción en francés: *Tout Travailleur salarié ressortissant d' un État membre ayant sa résidence sur le territoire d'un État membre et dont l'employeur effectue une prestation de services sur le territoire d'un autre État membre, soit en vertu de la législation de celui-ci, soit conformément à une directive du Conseil prise en application de l'article 63 paragraphe 2 du traité, a le droit d'exercer dans les conditions prévues au présent règlement son activité pour le compte de son employeur, qu'il accompagne celui-ci ou non.*

En desarrollo de los distintos programas de supresión de barreras se dictó la Directiva 64/224 para facilitar la actividad de profesionales y asalariados en otros Estados[46]. Sorprende, dado su contenido, que la Directiva 96/71 no mencione la Directiva 64/224[47], ni haga referencia a la directiva que la sustituyó[48].

En todo caso queda acreditado el interés de las instituciones comunitarias en eliminar los obstáculos que pudieran sufrir los prestadores de servicios en calidad de empresarios respecto a los trabajadores a su servicio que tuvieran que viajar a otro Estado.

Posteriormente, en 1968 se dicta, con base en el artículo 49 TCEE, el Reglamento (CEE) 1612/68 del Consejo, de 15 de octubre de 1968, relativo a la libre circulación de los trabajadores dentro de la Comunidad[49]. Esta norma, que sustituye al Reglamento (CEE) 38/64, desarrolla las medidas para facilitar que los trabajadores puedan aceptar ofertas de empleo en un Estado miembro distinto al de su nacionalidad o residencia con los mismos derechos y obligaciones que los trabajadores locales. El artículo 3 del Reglamento 1612/68, que establece los derechos de estos trabajadores, no recoge una declaración sobre la movilidad de trabajadores con ocasión de una prestación de servicios realizada por su empleador, sino en calidad de migrantes. No obstante, su considerando cuarto dispone:

> *Considerando que tal derecho* [la libre circulación de trabajadores] *debe reconocerse indistintamente a los trabajadores 'permanentes', de temporada, fronterizos o que ejerzan sus actividades con ocasión de una prestación de servicios;*

---

46 Directiva 64/224/CEE del Consejo, de 25 de febrero de 1964, relativa a la realización de la libertad de establecimiento y de la libre prestación de servicios para las actividades de intermediario, del comercio, de industria y de artesanía. DO 56, de 4.4.1964, pág. 869-877 (FR).

47 CASAS BAAMONDE, M. E.: "Libre prestación de servicios y desplazamientos de trabajadores temporales en Europa en la era global: objetivos y significación de la ley" en CASAS BAAMONDE, M. E., (Dir.) y DEL REY GUANTER, S., (Dir.), *Desplazamientos de trabajadores y prestaciones de servicios transnacionales,* 1ª ed. Consejo Económico y Social, Madrid, 2002, pág. 5.

48 Directiva 73/148/CEE del Consejo, de 21 de mayo de 1973, relativa a la supresión de las restricciones al desplazamiento y a la estancia, dentro de la Comunidad, de los nacionales de los Estados Miembros en materia de establecimiento y de prestación de servicios. DO L 172, de 28.6.1973, pág. 14 (FR).

49 DO L 257, de 19.10.1968, pág. 2-12.

A la luz de este considerando, el artículo 3 del Reglamento 1612/68, al remover las distintas trabas a la movilidad, debe interpretarse en un sentido amplio, que abarque la situación de los trabajadores desplazados, en coherencia con los artículos 1 y 2 del propio Reglamento 1612/68, que declaran el derecho de todo nacional comunitario a acceder a una actividad por cuenta ajena, formalizar contratos de trabajo y ejecutarlos en otro Estado.

El Reglamento 1612/68 es importante porque, además de ser el referente de la libre circulación de trabajadores durante casi cuarenta años[50], fue tenido en cuenta en la crucial sentencia Rush Portuguesa de 1990, que juzgará su aplicación a trabajadores portugueses desplazados a una obra de construcción en Francia[51]. Será un párrafo de esta sentencia, que ni siquiera está relacionado con el objeto principal del litigio, el que inspirará el bloque regulatorio sobre desplazamiento de trabajadores tal y como hoy lo conocemos. Puede afirmarse que fue un mero *obiter dicta* el que activó uno de los bloques más polémicos del Derecho europeo en las últimas décadas.

El Reglamento (CEE) 1408/71 del Consejo, de 14 de junio, relativo a la aplicación de los regímenes de seguridad social a los trabajadores por cuenta ajena y a sus familias que se desplazan dentro de la Comunidad[52], sustituye al Reglamento 3/58. Esta sustitución tuvo por objeto principal la ordenación de contenidos, la recuperación de la coherencia sistemática que se estaba perdiendo, y el tránsito de un sistema de trabajadores "migrantes" a trabajadores "que se desplazan por el interior de la Comunidad Europea con sus familias"[53].

A pesar de este cambio, la reforma del sistema se hace bajo una premisa de continuidad en lo que se refiere al futuro marco de segu-

---

50 El Reglamento 1612/68 fue derogado por Reglamento (UE) 492/2011 del Parlamento Europeo y del Consejo, de 5 de abril de 2011, relativo a la libre circulación de los trabajadores dentro de la Unión. DO L 141, de 27.5.2011, pág. 1-12. Previamente había sido modificado por la Directiva 2004/38/CE del Parlamento Europeo y del Consejo, de 29 de abril de 2004, relativa al derecho de los ciudadanos de la Unión y de los miembros de sus familias a circular y residir libremente en el territorio de los Estados miembros. DO L 158, de 30.4.2004, pág. 77-123.

51 Sentencia de 27 de marzo de 1990, Rush Portuguesa, C-113/89, EU:C:1990:142.

52 DO edición especial en español, Capítulo 05 Volumen 001 pág. 98-146.

53 MANEIRO VÁZQUEZ, Y.: "Las normas conflictuales ...", obra cit., pág. 250.

ridad social para el desplazamiento de trabajadores, en tanto se mantiene la afiliación al sistema de seguridad social del Estado de origen para los desplazados en un período de doce meses prorrogables por otros doce (*Supra*, 2), con los correspondientes ajustes que consideramos que derivados de la experiencia adquirida.

4. JURISPRUDENCIA DEL TJCE DE LOS AÑOS 60

Como hemos señalado en la introducción, el presente trabajo se centra en la Directiva 96/71, con la inevitable y constante referencia a la coordinación de seguridad social respecto al desplazamiento de trabajadores. Al haberse generado conflictos sobre la seguridad social de los desplazados décadas antes de la elaboración de la Directiva 96/71, es necesario prestar atención a las sentencias del Tribunal de Justicia, que ya desde los años 60 trataban asuntos de protección social, decisiones que en gran medida son aplicables a cuestiones laborales del desplazamiento que se plantearán décadas después.

El primer examen que el Tribunal de Justicia de las Comunidades Europeas hace de una figura próxima a la del desplazamiento de trabajadores tiene lugar con el Asunto Van der Vecht (1967)[54].

El Sr. Van der Vecht fue contratado por una empresa en Países Bajos que lo alojó a su cargo en ese mismo país. Cada día se tenía que desplazar desde su alojamiento a su puesto de trabajo en Bélgica mediante un autobús también facilitado por la empresa. En noviembre de 1963, este autocar sufrió un accidente de tráfico en el territorio de Países Bajos, que provocó la incapacidad del trabajador. A raíz del accidente y de la reclamación de la correspondiente prestación, se descubrió que el Sr. Van der Vecht no estaba dado de alta ni en la seguridad social neerlandesa ni en la seguridad social belga. El trabajador solicitó una prestación a la primera de ellas, que se le negó por considerar que la institución responsable de las prestaciones era la belga[55].

---

54 Sentencia de 5 de diciembre de 1967, Van der Vecht, C-19/67, EU:C:1967:49.

55 *Ibidem*, apartado I.

La cuestión planteada ante el Tribunal tenía como elemento fundamental la divergencia de significados que la versión neerlandesa del Reglamento 3/58 tenía frente a las versiones en las otras lenguas oficiales —alemán, francés e italiano—. De acuerdo con la primera, el artículo 13 *a*) del Reglamento exigía que el trabajador prestara servicios efectivos en el Estado de origen con anterioridad al desplazamiento (la traducción del neerlandés sería aproximadamente "establecimiento donde suelen estar empleados"), mientras que, en las demás lenguas, este vínculo era más bien orgánico ("establecimiento de donde dependen"). De acuerdo con esta segunda versión, depender de un establecimiento podría incluso permitir que se contratase a un trabajador para desplazarlo directamente a otro país[56], sin que tuviera que prestar habitualmente los servicios en el Estado de origen. La divergencia se solucionó antes incluso de dictarse la propia sentencia Van der Vecht, con la nueva redacción que el Reglamento 24/64 dio a la versión neerlandesa del Reglamento 3/58.

El Tribunal de Justicia justifica en su sentencia, en primer lugar, la vigencia del principio de afiliación única como herramienta para evitar tanto la confusión normativa cuando entre en juego un elemento de extranjería, como también posibles situaciones de doble cotización que sólo dieran lugar a una prestación[57].

Además, en lo que se refiere al movimiento de mano de obra, la sentencia entiende, por un lado, que es necesario valorar el conjunto de circunstancias de la relación laboral para concluir a qué autoridad de seguridad social se adscribe al trabajador y, por otro lado, que la excepción del artículo 13 *a*) del Reglamento 3/58 (mantener la legislación de seguridad social de origen hasta doce meses) se aplica indistintamente a los trabajadores contratados para ser desplazados y a los trabajadores que han prestado servicios en el Estado de origen previamente al desplazamiento[58].

El asunto Van der Vecht no es un caso "puro" de desplazamiento que analice las condiciones de trabajo a aplicar, sino de una situación

---

56 *Ibidem*, apartado II.

57 Como hemos señalado anteriormente, el principio de afiliación única o unicidad dispone que un trabajador sólo puede estar afiliado al sistema de seguridad social de un Estado. Actualmente se recoge en el artículo 11.1 del RCSSS.

58 Sentencia Van der Vecht, fallo.

más bien propia de la economía sumergida, en la que el trabajador residía en los Países Bajos y todos los días era desplazado a Bélgica sin estar dado de alta en ninguno de los dos posibles regímenes de seguridad social; pero es el primer caso en el que el Tribunal analiza con detenimiento la excepción por desplazamiento a la regla general del principio de afiliación única. Su contenido es relevante no sólo para el ámbito de la seguridad social sino también para las cuestiones estrictamente laborales de los desplazados[59].

También es destacable en esta primera esta etapa la sentencia Manpower (1973)[60], en la que el TJUE decide sobre el régimen de seguridad social aplicable a los desplazados a través de una empresa de trabajo temporal (ETT)[61]. En el caso se planteaba si la entidad aseguradora francesa *Caisse d'assurance maladie française* debía reembolsar los gastos médicos de un trabajador contratado por una ETT de ese país para ser enviado a Alemania, donde sufrió un accidente. El TJUE analiza la operativa de esta clase de empresas (contratación en el Estado de origen, envío a una empresa usuaria de otro Estado, mantenimiento de la relación laboral con la empresa de origen y ausencia de vínculo laboral con la empresa usuaria), para llegar a la conclusión que sí es de aplicación al caso el artículo 13 *a*) del Reglamento 3/58, que recuérdese era la única norma que regulaba entonces los desplazamientos temporales de trabajadores. Es decir, a ojos del TJUE, un trabajador enviado por una ETT a una empresa usuaria en otro Estado miembro es un desplazado en términos de seguridad social y, en consecuencia, ha de mantenerse su adscripción al sistema de seguridad social del Estado de origen.

---

59 Creemos que la posibilidad de contratar trabajadores para desplazarlos, como autoriza el Tribunal, es una cuestión muy importante en el ámbito del desplazamiento de trabajadores. Sin perjuicio de que pueda ser un indicio de fraude teniendo en cuenta otras características de la empresa y del propio desplazamiento, que una empresa pueda contratar trabajadores *ad hoc* para atender a un encargo en otro Estado es una cuestión muy relevante a efectos de la libre prestación de servicios.

60 Sentencia de 17 de diciembre de 1970, Manpower, C-35/70, EU:C:1970:120.

61 Conclusiones del Abogado General Dutheillet de Lamothe de 8 de diciembre de 1970, Manpower. Estas Conclusiones hacen, además, un resumen muy interesante sobre el nacimiento de las empresas de trabajo temporal y su evolución en Europa hasta el momento del pleito.

En el Asunto Manpower llama la atención la sinceridad del Abogado General, al reconocer en sus Conclusiones que cuando se redactaron las normas de coordinación de los sistemas de seguridad social no se pensó en las ETTs, falta de previsión en realidad de la dimensión que el desplazamiento de mano de obra adquirió en relativamente poco tiempo[62]:

> "Una primera cuestión me parece segura: los autores de este texto no pensaron probablemente, cuando lo redactaron, en las empresas de trabajo temporal. Es evidente que las situaciones a las que quisieron hacer frente son más simples y mucho más frecuentes: por ejemplo, la de un industrial que, al entregar una máquina en el extranjero, hace que la acompañe un técnico encargado de vigilar su instalación y pruebas, así como de ayudar durante algún tiempo al personal del usuario en su funcionamiento."

Aunque estas sentencias no sientan grandes principios, son decisiones relevantes, al poner en evidencia las dudas de la regulación inicial y de los riesgos de facilitar situaciones de fraude y abuso provocadas por la ambigüedad de la redacción de las normas. No deja de ser llamativo que estas situaciones se llevaban a cabo por empresas de Estados que actualmente se quejan de la actitud ante el desplazamiento de ciertas empresas de los Estados de Centroeuropa[63].

Estas deficiencias exigieron la reforma operada por el Reglamento 24/64. Su considerando primero señala cómo la aplicación del artículo 13 *a*) del Reglamento 3/58 había dado lugar a determinados abusos[64]. Estos abusos son denunciados en las Conclusiones del

---

62 *Ibidem*, pág. 328.

63 Pone de manifiesto la zozobra en la redacción de las primeras normas comunitarias que una de las cuestiones principales planteadas al Tribunal de Justicia en Van der Vecht deriva de la diferente redacción de la versión neerlandesa del artículo 13.a) del Reglamento 3/58. La versión neerlandesa que exigía que el trabajador *trabajara* normalmente en el establecimiento del Estado de origen, mientras que las versiones francesa, alemana e italiana exigían que *estuviera vinculado* a ese establecimiento. Una de las novedades del Reglamento 24/64 fue precisamente adecuar la versión en neerlandés a la del resto de idiomas de la Comunidad.

64 El considerando primero del Reglamento 24/64 expresa que *considérant que l'application de l'article 13 alinéa a) du règlement n° 3, relatif à la législation applicable aux travailleurs détachés, a donné lieu à certains abus et qu'il convient de réviser cette disposition pour enrayer ces abus tout en maintenant la possibilité pour les travailleurs*

Abogado General del Asunto Manpower[65], que los resume en el uso de una rotación fraudulenta para que los trabajadores mantengan el vínculo con el sistema de seguridad social del Estado de origen (más "barato") con el objeto de prestar servicios en actividades de construcción y de madera de Francia aprovechando el diferencial de coste. Los empresarios de este último país promovieron la creación de un comité de estudio de estos movimientos de mano de obra, que concluyó que era necesario crear reglas especiales para el sector de la construcción. Francia intentó además, sin éxito, imponer permisos de trabajo para los trabajadores desplazados, como medio de limitar los desplazamientos[66].

El Abogado General del asunto Manpower hace también referencia a la proliferación de "firmas mediadoras" o "subcontratistas" radicadas en los Países Bajos[67], cuya actividad consistía en el envío trabajadores a Alemania. Tras las denuncias de un sindicato de la construcción, la institución de seguridad social de Wiesbaden (Alemania) realizó lo que podría calificarse como una agresiva campaña de liquidación de cuotas sobre empresas neerlandesas, que finalmente tuvo que ser retirada[68].

La nueva redacción que el Reglamento 24/64 da al Reglamento 3/58 deja claro, por un lado, que el trabajador se encuentra al servicio de una empresa con un establecimiento en un Estado miembro, y, por otro lado, que este trabajador es desplazado (*detaché*) a otro Estado para realizar un trabajo para dicha empresa. Se introdujo, además, el concepto de "destino temporal"[69].

---

détachés de rester soumis à la législation du pays d'emploi habituel. En español *considerando que la aplicación del artículo 13, apartado a), del Reglamento nº 3, relativo a la legislación aplicable a los trabajadores desplazados, ha dado lugar a determinados abusos y que conviene revisar esta disposición para poner freno a estos abusos manteniendo al mismo tiempo la posibilidad de que los trabajadores desplazados permanezcan sujeto a la legislación del país de empleo habitual.*

65 Conclusiones del Abogado General, Sr. Dutheillet de Lamothe…, cit., pág. 333.

66 COMTE, E.: "Promising more to…", obra cit., pág. 752.

67 Conclusiones del Abogado General, Sr. Dutheillet de Lamothe…, cit., pág. 333.

68 COMTE, E.: "Promising more to…", obra cit., pág. 752.

69 Conclusiones del Abogado General, Sr. Dutheillet de Lamothe…, cit., pág. 333.

Esta nueva redacción es acorde con la Decisión número 12, de 18 de septiembre de 1959[70], de la Comisión Administrativa de la Seguridad Social de los Trabajadores Migrantes[71], que considera que el artículo 13 *a*) del Reglamento 3/58 es de aplicación no sólo a los trabajadores ya asegurados en el país de envío, sino también "a los que hubieran estado asegurados en ese país [el Estado de origen] si hubieran estado ocupados por la empresa que les ha enviado para colocarlos temporalmente en un trabajo en el territorio de otro Estado miembro"[72].

El legislador comunitario de los años sesenta no consideró necesario abordar la faceta estrictamente laboral de los desplazamientos de trabajadores. Esta ausencia de regulación pudo responder a, primero, que, en el caso de desplazamientos cortos, era posible mantener la aplicación de la legislación laboral del Estado de origen, y segundo, a la esperanza de que, con el tiempo, la futura convergencia en las condiciones de vida y de trabajo en los Estados miembros hiciera de esta cuestión algo irrelevante[73].

5. EL PROYECTO DE REGULACIÓN DEL DESPLAZAMIENTO DE TRABAJADORES DE 1972

Como se ha señalado, en los años 60 no sólo afloraron complicaciones de seguridad social en materia de desplazamiento, sino que también se pusieron de manifiesto ciertos problemas de índole estrictamente laboral. Las primeras tenían una regulación específica

---

70 DO 64, de 17.12.1959, pág. 1245 (FR).

71 La Comisión Administrativa de la Seguridad Social de los Trabajadores Migrantes se creó por el Reglamento 3/58 con diversas funciones, entre las que se encuentra la interpretación de las normas de coordinación de seguridad social. A esta institución, que aún está activa bajo el nombre de Comisión Administrativa de Coordinación de los Sistemas de Seguridad Social, se dedica el epígrafe VIII.2.2.

72 En la versión original francesa *mais aussi à ceux qui auraient été assurés' dans ce pays s'ils avaient été occupés par l'entreprise qui les a embauchés pour les mettre temporairement au travail sur le territoire d' un autre Etat membre.*

73 COMTE, E.: "Promising more to...", obra cit., pág. 751.

desde 1958; a las segundas se pretendió dar una respuesta a principios de la década de los 70.

Tanto la esperanza en que las condiciones laborales se igualaran a largo plazo como la bonanza económica de los años sesenta inclinaron a los Estados a la tolerancia con los trabajadores enviados desde otros países. Tampoco en esos años los Estados utilizaron los instrumentos previstos en los Tratados para poner de relieve o cuestionar asuntos de carácter social[74], quizás porque, en lo que afecta al objeto de este estudio, en aquella época la figura del desplazamiento empezaba a despuntar, pero esencialmente como mecanismo de movilidad de trabajadores cualificados[75], que no provocaban problemas del llamado "*dumping* social".

Desde el marco del Derecho Internacional Privado, a finales de los años sesenta se evidenció la necesidad de unificar las normas de conflicto de leyes (no sólo las relativas a conflictos laborales) que hasta entonces eran resueltos por el TJUE sobre la base del Derecho originario[76].

No como antecedente inmediato, pero sí como vector que reconoce la realidad de los desplazamientos de trabajadores y su futuro, la Directiva 71/304/CEE, relativa a la supresión de restricciones a la libre prestación de servicios en el sector de los contratos administrativos de obras y a la adjudicación de contratos administrativos de obras por medio de agencias o sucursales, declaraba en su considerando quinto[77]:

---

74 Sobre las primeras normas sociales comunitarias, MIRANDA BOTO, J. L.: "Los humildes orígenes de la política social comunitaria", *Dereito: Revista xuridica da Universidade de Santiago de Compostela*, vol. 17, núm. 2, 2008, págs. 155-170.

75 ARNHOLTZ, J. y LILLIE, N.: "European Integration and the Reconfiguration of National Industrial Relations. Posted Work as a Driver of Institutional Change", en ARNHOLTZ, J., (Ed.) y LILLIE, N., (Ed.), *Posted work in the European Union. The political economy of free movement*, Routledge, 2020, pág. 5.

76 SERRANO GARCÍA, M. J.: "La retribución de los trabajadores objeto de un desplazamiento transnacional en la jurisprudencia comunitaria", *Nueva época*, vol. 18, núm. 2, pág. 459.

77 Directiva 71/304/CEE del Consejo, de 26 de julio de 1971, relativa a la supresión de restricciones a la libre prestación de servicios en el sector de los contratos administrativos de obras y a la adjudicación de contratos administrativos de obras por medio de agencias o sucursales. DO Edición especial en español: Capítulo 06 Tomo 001 pág. 129-131.

> *Considerando que las disposiciones aplicables a todas las actividades no asalariadas y se refieren* [sic] *al desplazamiento y a la estancia de los beneficiarios de la libertad de establecimiento y de prestación de servicios, han sido o serán objeto de directivas especiales y que el régimen aplicable a los trabajadores asalariados que acompañen al prestador de servicios o actúen por cuenta de éste, se encuentra recogido en las disposiciones adoptadas en aplicación de los artículos 48 y 49 del Tratado*

En todo caso, tanto por la necesidad de unificar las normas de conflicto de leyes como para dar una regulación clara a los trabajadores desplazados, era preciso adoptar una norma específica en esta materia. El Diario Oficial de 18 de mayo de 1972 publicó la Propuesta de Reglamento sobre conflicto de leyes en relaciones laborales en el ámbito de la Comunidad[78], en la que se afronta la aplicación de las condiciones de trabajo de los trabajadores desplazados, con vocación de cubrir todos los conflictos de leyes en materia de estrictamente laboral (no así de la seguridad social, que contaba con la regulación de 1958)[79]. De este primer intento de regular las condiciones de trabajo de los desplazados, cabe prestar atención a diversas cuestiones.

En primer lugar, el legislador europeo opta por la forma de Reglamento, probablemente influido por el Reglamento 3/58, del que el Proyecto de 1972 toma el marco temporal de doce meses para computar los desplazamientos (CALVO GALLEGO)[80].

Cuestión significativa para este estudio, es el hecho de que el Proyecto de 1972 fijó su base jurídica en el artículo 49 TCEE[81], relativo a la libre circulación de trabajadores. Como estudiamos en profundidad en el Capítulo X, la base jurídica elegida por la norma de 1996 es

---

78 COMISIÓN EUROPEA: Proposition de règlement (CEE) du Conseil relatif aux dispositions concernant les conflits de lois en matière de relations de travail à l'intérieur de la Communauté. DO C 49, de 18.5.1972, pág. 26-28.

79 VERWILGHEN, M.: "Les règles de droit international privé européen régissant les conflits individuels du travail", *Revue générale de* droit, vol. 22, núm. 1, 1991, pág. 96.

80 CALVO GALLEGO, F. J.: "Desplazamientos transnacionales de trabajadores en el seno de la Unión Europea: aspectos individuales y lucha contra la precariedad", en PÉREZ GUERRERO, M. L., (Dir.) y QUINTERO LIMA, M. G., (Dir.), *La lucha contra la precariedad y las reformas en materia de desplazamientos de los trabajadores*, Laborum, Murcia, 2020, pág. 85.

81 Tal y como avanzaba la Directiva 71/304/CEE, *Supra.*

el artículo 57.2 y 66 TCE, preceptos relacionados con la libre prestación de servicios[82]. Indudablemente la opción por la libre prestación de servicios en vez de la libre circulación de trabajadores ha condicionado el desarrollo de la Directiva 96/71.

En último lugar, en lo que se refiere al preámbulo de la norma, pero de forma muy relevante, los considerandos del reglamento no hacen referencia alguna a la libre prestación de servicios, ni a la libre competencia ni a las distorsiones que ésta puede sufrir.

En cuanto al contenido del Proyecto de 1972, el principio general fijado por su artículo 3 es la aplicación de la legislación del Estado donde se ubica el establecimiento en el que los trabajadores están empleados (*par le droit du travail en vigueur dans l'État où se trouve l'établissement dans lequel les travailleurs sont occupés*), independientemente de la sede administrativa de la empresa, el domicilio de las partes o el lugar de celebración del contrato de trabajo.

Este principio tenía una primera excepción en el artículo 4: el envío de trabajadores (*transferés*) de la sede a un establecimiento en otro Estado. En este caso, se mantiene la legislación en el Estado de origen, siempre que no se impida la aplicación imperativa de las disposiciones (leyes, reglamentos, convenios colectivos y usos —*sic*—) en vigor en el Estado de destino sobre:

a) Disposiciones relativas a la prohibición de trabajar en domingo o en días festivos;
b) Disposiciones relativas a la duración máxima de la jornada diaria y semanal y autorización para exceptuarlas;
c) Disposiciones relativas al empleo de niños, adolescentes y mujeres;
d) Disposiciones relativas a la prevención de accidentes y de higiene en el trabajo;
e) Disposiciones relativas a la autorización de los poderes públicos a la que se subordina la extinción de la relación laboral, en

82 La base jurídica de una norma comunitaria es el artículo del Tratado que justifica su elaboración. La elección de una base jurídica radicada en una u otra libertad comunitaria determina el medioambiente interpretativo y aplicativo en el que dicha norma se va a desenvolver.

la medida de que dicha autorización tiene por objeto prevenir el desempleo;

f) Disposiciones relativas al salario mínimo garantizado por la ley o por los convenios colectivos y pago del salario;

g) Disposiciones relativas a permiso mínimo (*congé*);

h) Disposiciones relativas a la nulidad de determinadas cláusulas de los contratos de trabajo;

i) Disposiciones relativas a la organización general de la empresa, servicio médico, ejercicio de los derechos sindicales, representación de los trabajadores en la empresa y protección de los representantes del personal de la empresa.

El artículo 4.2 del Proyecto de 1972 facultaba a los Estados miembros a aplicar medidas restrictivas de aplicación de la legislación del Estado de origen por razones de orden, seguridad y salud pública, siempre que éstas no fueran contrarias a la libre circulación de trabajadores contemplada en los artículos 48 y 49 TCEE.

La segunda de las excepciones a la aplicación del lugar de empleo es el desplazamiento de trabajadores regulado en el artículo 5 del Proyecto, que disponía:

> "1. El Derecho del Trabajo aplicable a los trabajadores que, sin cumplir las condiciones de aplicación del artículo 6 [cambio frecuente del lugar de prestación de servicios], son desplazados por su establecimiento a otros Estados miembros para ejercer allí una actividad temporal en el sentido de las disposiciones relativas a la Seguridad Social de los trabajadores migrantes contemplados en virtud del artículo 51, permanece el Derecho en vigor del lugar donde se encuentra el establecimiento que los desplaza.
>
> 2. El apartado 1 no obsta a la aplicación imperativa de las disposiciones establecidas en el artículo 4.1, subapartado 2, letras a) a f), en vigor en el lugar donde se ejerce la actividad"[83].

---

[83] Artículo 5 del Proyecto: *1. Le droit du travail applicable aux travailleurs qui, sans remplir les conditions d'application de l'article 6, sont détachés par leur établissement dans d'autres États membres pour y exercer une activité temporaire au sens des dispositions relatives à la sécurité sociale des travailleurs migrants arrêtées en vertu de l'article 51 du traité instituant la Communauté économique euro— péenne, reste le droit en vigueur au lieu où est situé l'établissement qui les a détachés. 2. Le paragraphe 1 ne fait pas obstacle à l'application impérative des dispositions visées à l'article 4 para— graphe 1 deuxième alinéa points a) à f), en vigueur au lieu où est exercée l'activité.*

De acuerdo con el artículo 5 del Proyecto de 1972, la legislación aplicable a los desplazados sería la del Estado de origen, siempre que respetase las disposiciones imperativas en el Estado de destino señaladas en el apartado anterior, salvo las recogidas en las letras *g* (permiso), *h* (nulidad de cláusulas contractuales) e *i* (organización de la empresa y relacionadas). Este esquema, de respeto a unas determinadas condiciones de trabajo en el Estado de destino, se reproducirá en la Directiva 96/71 que —detallamos más adelante— obliga a los empresarios que desplacen trabajadores a garantizar determinadas —no todas— condiciones de trabajo del Estado de destino.

El siguiente cuadro compara las condiciones de trabajo del Estado de destino que han de ser respetadas en la Directiva 96/71 y en el Proyecto de 1972.

DIRECTIVA 96/71[84]	**PROYECTO DE 1972**
a) los períodos máximos de trabajo así como los períodos mínimos de descanso	Disposiciones relativas a la prohibición de trabajar en domingo o en días festivos Disposiciones relativas a la duración máxima de la jornada diaria y semanal y autorización para exceptuarlas
b) la duración mínima de las vacaciones anuales retribuidas	
c) las cuantías de salario mínimo, incluidas las incrementadas por las horas extraordinarias; la presente letra no se aplicará a los regímenes complementarios de jubilación profesional	Disposiciones relativas al salario mínimo garantizado por la ley o por los convenios colectivos y pago del salario
d) las condiciones de suministro de mano de obra, en particular por parte de agencias de trabajo interino	
e) la salud, la seguridad y la higiene en el trabajo	Disposiciones relativas a la prevención de accidentes y de higiene en el trabajo
f) las medidas de protección aplicables a las condiciones de trabajo y de empleo de las mujeres embarazadas o que hayan dado a luz recientemente, así como de los niños y de los jóvenes	Disposiciones relativas al empleo de niños, adolescentes y mujeres
g) la igualdad de trato entre hombres y mujeres y otras disposiciones en materia de no discriminación	

84 El cuadro comparativo recoge la redacción de la primera versión de la Directiva 96/71, sin incluir los cambios operados por la Directiva 2018/957.

La equivalencia de las condiciones aplicables en todo caso entre el Proyecto de 1972 y la Directiva de 1996 pone de manifiesto que, desde un momento temprano, con una Europa aún a seis miembros, las bases del desplazamiento de trabajadores estaban ya fijadas: mantenimiento de la legislación de origen con respeto a una serie de condiciones de trabajo en destino.

Si bien estaba muy claro el qué (respetar ciertas condiciones de trabajo del Estado de destino) no estaba claro el cómo, en cuanto al ámbito normativo desde el que se actuaba (libre circulación de trabajadores o libre prestación de servicios) ni, en consecuencia, al titular de los derechos o destinatario de las obligaciones (empresario, trabajador o Estado). De hecho, el COREPER que conoció de la presentación del Proyecto de 1972 se reservó su posición respecto a la base jurídica de la norma, así como a la forma que podrían revestir las disposiciones[85].

Consideramos que la elección de una u otra base jurídica hubiera dado lugar a un desarrollo diferente de los desplazamientos y de las normas que los regulan. La elección del legislador de los años 90 (a diferencia del de 1972) fue tomar como fundamento de la norma la libertad de prestación de servicios, con las consecuencias que analizamos en los capítulos sobre la base jurídica y las consecuencias de su elección.

El Proyecto de 1972 fue objeto de una revisión en el año 1975[86]. Aunque lo desdibujó, ésta incorporó varias cuestiones que habían surgido en grupos de trabajo a lo largo de los años, como contemplar la situación de los nacionales de terceros Estados o dotar de mayor capacidad de elección de la ley aplicable a determinados colectivos de trabajadores, como directores, mandos intermedios o trabajadores especializados. A pesar de los trabajos realizados, el Proyecto perdió fuerza a medida que la elaboración del Convenio de Roma fue avan-

---

85 CONSEJO: 728 f/72, de 20.6.1972.

86 COMISIÓN EUROPEA: *Note explicative sur la proposition modifiée d'un règlement du Conseil relatif aux dispositions concertant les conflits de loi en matière de relations de travail a l'interieur de la Communauté*, V-657/75-F, 1975.

zando[87], de manera que, al aprobarse éste el Proyecto de reglamento sobre ley aplicable a las relaciones laborales se fue abandonado[88].

El Convenio de Roma reguló la ley aplicable al contrato de trabajo en el artículo 6, con un enfoque dirigido a la celebración de contratos con un elemento internacional, pero con estabilidad en su ejecución. No valdría así el Convenio de Roma para dotar de consecuencias jurídicas a situaciones en las que, en principio, no hay duda sobre la ley aplicable a un contrato de trabajo en el que todos los elementos sean nacionales, pero que temporalmente vaya a ser ejecutado en otro Estado[89].

Además de que el Convenio de Roma no afrontaba la temporalidad del desplazamiento de trabajadores, la posibilidad de aplicar a los desplazados la legislación del Estado de origen conforme a las normas generales del Convenio —que dejaba en desventaja a las empresas de Estados con sistemas de relaciones laborales más avanzados— exigía una solución normativa específica[90].

En todo caso, consideramos que este proyecto inicial pone de manifiesto aspectos que deben ser tenidos en cuenta:

1. Los problemas sobre la legislación aplicable a trabajadores desplazados y las posibles soluciones a los mismos son identificados y adquieren entidad suficiente a principios de los años 70, veinte años antes de la publicación del proyecto de la Directiva 96/71.

---

87 Convenio sobre la ley aplicable a las obligaciones contractuales abierto a la firma en Roma el 19 de junio de 1980. DO edición especial en español: Capítulo 01 Tomo 003 pág. 36-54.

88 Las dudas de varias delegaciones sobre la necesidad y oportunidad de aprobar una norma además del Convenio de Bruselas se ponen de manifiesto en CONSEJO: 12570/80, de 8.1.1981, pág. 2.

89 CARRASCOSA GONZÁLEZ, J. y RODRÍGUEZ-PIÑERO ROYO, M.: "Desplazamientos temporales de trabajadores en la Comunidad Europea y ley aplicable al contrato de trabajo", *Relaciones Laborales*, núm. 2, 1993, pág. 4/24.

90 SERRANO OLIVARES, R.: "Condiciones de trabajo relativas al tiempo de trabajo, cuantía salarial, trabajo de menores, prevención de riesgos laborales, igualdad de trato y no discriminación y otros derechos del trabajador", en CASAS BAAMONDE, M. E., (Dir.) y DEL REY GUANTER, S., (Dir.), *Desplazamientos de trabajadores y prestaciones de servicios transnacionales: comentarios a la Ley 45/1999, de 29 de noviembre, sobre desplazamiento de trabajadores en el marco de una prestación de servicios transnacional*, Consejo Económico y Social, 2002, pág. 60.

2. Las principales líneas de la regulación del Proyecto de 1972 y del proyecto iniciado en 1991 son muy similares.
3. Como conclusión a las dos anteriores, y sin perjuicio de la indiscutible incidencia de la sentencia Rush Portuguesa, podemos afirmar que ni la iniciativa de regular los desplazamientos ni la regulación de fondo de los mismos son un efecto coyuntural derivado de la —pudiera pensarse— entrada de España y Portugal en la CEE, ni del contexto económico y comercial de finales de los ochenta y principios de los noventa. Puede que la incorporación de estos dos países precipitara la iniciativa legislativa, pero el desplazamiento de trabajadores ha sido una asignatura pendiente desde la creación de las Comunidades Europeas, que había sido resuelto en sede de protección social, pero no respecto a las condiciones de trabajo aplicables a los trabajadores desplazados.

6. EL MERCADO ÚNICO EUROPEO COMO IMPULSOR DE LOS DESPLAZAMIENTOS DE TRABAJADORES

La construcción europea recibe un fuerte impulso con la firma del Acta Única Europea[91], que a efectos de nuestro estudio fija dos objetivos muy destacados: completar el mercado interior en 1992 y fortalecer la cohesión económica y social[92].

En ese ambiente de culminación del mercado interior, el Tribunal de Justicia dicta dos sentencias que serán cruciales para la comprensión del desplazamiento de trabajadores, la sentencia Säger (1991)[93], a la que nos referiremos en el Capítulo IX, y la sentencia Gebhard (1995)[94]. En la sentencia Gebhard se analizaba el caso de un abogado alemán que prestaba servicios en Italia sin estar colegiado en dicho

---

91 DO L 169/1, de 29.6.1987, pág. 1-29.

92 COMISIÓN EUROPEA: Comunicación de la Comisión transmitida al Consejo *Llevar a buen término el Acta Única una nueva frontera para Europa Comunicación de la Comisión*, COM (87) 100, 18.2.1987, Boletín de las Comunidades Europeas, Suplemento 1/87.

93 Sentencia de 25 de julio de 1991, Säger, C-76/90, EU:C:1991:331.

94 Sentencia de 30 de noviembre de 1995, Gebhard, C-55/94, EU:C:1995:411.

país. Este abogado fue denunciado por intrusismo. Además, el colegio de abogados de Milán denegó su colegiación. El recurso contra esta decisión del colegio llegó al Tribunal de Justicia que, en lo que ahora nos concierne, señaló[95]:

> "No obstante, las medidas nacionales que puedan obstaculizar o hacer menos atractivo el ejercicio de las libertades fundamentales garantizadas por el Tratado deben reunir cuatro requisitos: que se apliquen de manera no discriminatoria, que estén justificadas por razones imperiosas de interés general, que sean adecuadas para garantizar la realización del objetivo que persiguen y que no vayan más allá de lo necesario para alcanzar dicho objetivo."

La sentencia Gebhard resume la llamada doctrina de "acceso al mercado" que se desarrolla precisamente en este período de evolución del mercado interior. De acuerdo con esta doctrina, cualquier normativa nacional puede ser una potencial barrera para los prestadores extranjeros de servicios y generar gastos adicionales de cumplimiento de dichas normas[96]. Aplicada al desplazamiento de trabajadores, la prohibición de las restricciones tal y como ordena la doctrina de acceso al mercado, puede tener como efecto el debilitamiento de los derechos de los trabajadores[97], así como la pérdida de competitividad de los empresarios locales[98].

En paralelo al desarrollo de la doctrina del acceso al mercado, las instituciones comunitarias y los Estados fueron conscientes de que este salto para la culminación del mercado común debía ir necesariamente acompañado por un pilar social[99], para lo que el 9 de

---

95 *Ibidem*, apartado 39.

96 BARNARD, C.: *The substantive Law…*, obra cit., pág. 27.

97 SERRANO GARCÍA, M. J.: "La retribución de…", obra cit., pág. 463.

98 JORENS, Y.: *Cross-border EU employment and its enforcement. An análisis of the Labour and Social Security Law aspects and a quest for solutions*, Springer, 2022, pág. 157.

99 La Comisaria Papandreu señaló que "*if we dont take measures to create the social dimension at the same time as the internal market then, even the internal market might be at risk*". ITN (27.9.1989): "Entrevista a la Comisaria Papandreu" [archivo de video] en *gettyimages*.es, disponible en Vasso Papandreou intvwd —feels thet Social Charter is important in… Vídeo de stock— Getty Images, [consulta mayo 2024].

diciembre de 1989 se firmó en Estrasburgo la Carta Comunitaria de Derechos Sociales Fundamentales de los Trabajadores[100].

La Comisión Europea vio en este mercado único un acelerador de la movilidad de los trabajadores, no sólo por su interés personal en emigrar sino también por cuenta de sus empresarios, para lo que resultaba necesario elaborar una regulación específica. Por este motivo, el Programa de Acción para la implementación de la Carta Comunitaria de Derechos Sociales Fundamentales de los Trabajadores previó expresamente abordar el "problema" (*sic*) de las condiciones de trabajo de los trabajadores que se desplazan de un Estado a otro para prestar un servicio[101]. Para afrontar este problema, el Programa propone la aprobación de un instrumento comunitario sobre las condiciones de trabajo de los trabajadores desplazados, especialmente en el caso de una empresa subcontratista[102].

El "problema" recogido en el Programa de Acción había sido ya apuntado por la Federación Europea de Trabajadores de la Construcción y la Madera, que había intentado promover la inclusión de cláusulas sociales en el proyecto de Directiva de liberalización de la contratación pública. El fracaso en este propósito no impidió que este sindicato europeo continuara sus actividades de *lobby*[103], que al final tuvieron un resultado más allá de su propio ámbito, ya que la previsión señalada en el Programa de Acción no se limitó a los trabajadores de la construcción, sino a todo trabajador desplazado de cualquier sector[104].

---

100 Carta Comunitaria de los derechos sociales fundamentales de los Trabajadores, Oficina de Publicaciones de las Comunidades Europeas, 1990.

101 COMISIÓN EUROPEA: Comunicación de la Comisión sobre el *Programa de Acción para la implementación de la Carta Comunitaria de derechos sociales fundamentales de los trabajadores*, COM 89 (568) final, 29.11.1989, pág. 21. Téngase en cuenta que este Programa de Acción es de una fecha anterior a la Carta, pues se redactó sobre los borradores de la misma.

102 *Ibidem*, pág. 22.

103 La Federación de Trabajadores de la Construcción y la Madera tuvo un papel muy activo y determinante en la génesis profunda de la Directiva 96/71. CREMERS, J., DOLVIK, J. E. y BOSCH, G.: "Posting of workers in the single market: attempts to prevent social dumping and regime competition in the EU", *Industrial Relations Journal*, vol. 38:6, 2007, pág. 535.

104 BOTTERO, M.: *Posting of Workers in EU Law: Challenges of Equality, Solidarity and Fair Competition*, Kluwer Law International, 2020, pág. 68.

Un tímido reflejo de la preocupación por el problema se recoge en las normas que a finales de los años ochenta reformaron el bloque comunitario sobre contratación pública. La Directiva 89/440/CEE introdujo en la Directiva 71/305/CEE del Consejo, de 26 de julio de 1971, sobre coordinación de los procedimientos de adjudicación de los contratos públicos de obras, un nuevo artículo 22 *bis*[105]:

1. *El poder adjudicador podrá señalar, o podrá ser obligado a señalar por un Estado miembro, en el pliego de condiciones, la autoridad o las autoridades de las que los licitadores puedan obtener informaciones pertinentes sobre las obligaciones relativas a las disposiciones de protección y condiciones de trabajo vigentes en el Estado miembro, la región o la localidad en que vayan a ejecutarse las obras, y que serán aplicables a las obras realizadas sobre el terreno durante la ejecución del contrato.*
2. *El poder adjudicador que suministre la información contemplada en el apartado 1 solicitará a los licitadores o a los participantes en una licitación que manifiesten haber tenido en cuenta en la elaboración de su oferta, las obligaciones derivadas de las disposiciones de protección y de condiciones de trabajo en vigor en el lugar donde se vayan a realizar las obras. Ello no será obstáculo para la aplicación de lo dispuesto en el apartado 5 del artículo 29 sobre la verificación de las ofertas anormalmente bajas.*

El Parlamento Europeo buscaba a través de esta norma la inclusión de un mandato obligatorio para todos los Estados, pero finalmente el Consejo optó por una cláusula dispositiva, en virtud de la cual la inclusión de condiciones sociales quedaba a la discreción del Estado en el momento de transponer la norma al Ordenamiento interno[106].

Aunque los primeros textos utilizados para la negociación de la Directiva 96/71 contenían una referencia a esta Directiva 89/440/

---

105 Directiva del Consejo de 18 de julio de 1989, que modifica la Directiva 71/305/CEE sobre coordinación de los procedimientos de celebración de los contratos públicos de obras (89/440/CEE). DO L 210, 21.7.1989, pág. 1-21. La Directiva 71/305/CEE se publicó en DO L 185, de 16.8.1971, pág. 5-14.

106 CREMERS, J., DOLVIK, J. E. y BOSCH, G.: "Posting of workers…", obra cit., pág. 526.

CEE y la muy similar 90/531/CEE[107], la referencia a estas normas no llegó a plasmarse en el texto final de la Directiva 96/71[108].

7. LA JURISPRUDENCIA DE LOS AÑOS 70 Y 80 RELACIONADA CON EL DESPLAZAMIENTO DE TRABAJADORES

Es evidente, y tanto el Reglamento 1408/71 como el Proyecto de 1972 lo confirman, que en la Europa de los seis, que crecería hasta la Europa de diez miembros antes de la entrada de España y Portugal, las empresas enviaban a sus trabajadores a otros Estados valiéndose de los salarios y las cotizaciones sociales como elemento de competitividad.

Como hemos visto, las instituciones comunitarias eran conscientes del problema y durante diez años (1972-1981) tuvieron sobre la mesa un proyecto de norma para regular la ley aplicable a las relaciones laborales, en la que se contemplaban los casos de desplazamiento temporal de trabajadores.

La cuestión era importante, pero no fue urgente a los ojos de la Comisión y el Consejo hasta finales de los años 80. Entre tanto, los dos Estados que podían "romper el mercado" con mano de obra sustancialmente más barata (Irlanda y Grecia) estaban lo suficientemente alejados de los potenciales receptores de servicios para no constituir una amenaza a los mercados de trabajo de los demás miembros de la Comunidad. Irlanda es una isla en el extremo occidental de la Comunidad, por lo que todo viaje para prestar un servicio (no sólo desplazando a trabajadores, sino también equipos de trabajo) al corazón de Europa tenía un coste económico que podría anular la ventaja salarial. En el extremo oriental, Grecia era otra isla rodeada por mar y por Estados del bloque soviético. Estas limitaciones no impedirían que se produjeran distorsiones por desplazamientos en zonas

---

107 Directiva del Consejo de 17 de septiembre de 1990 relativa a los procedimientos de formalización de contratos en los sectores del agua, de la energía, de los transportes y de las telecomunicaciones (90/531/CEE). DO L 297 de 29.10.1990, pág. 1-48.

108 CONSEJO: 4165/92, de 21.1.1992, pág. 6.

muy localizadas, esto es, zonas fronterizas de Reino Unido respecto a Irlanda, y de Italia respecto a Grecia, pero sin crear una alarma general en la Comunidad.

Esta situación permitió, a nuestro juicio, cierto *statu quo* en el desplazamiento de trabajadores, hasta la entrada de España y Portugal en la CEE y la famosa sentencia Rush Portuguesa, por todos reconocida como la mecha que prendió la iniciativa legislativa[109], en un contexto de temor a que los trabajadores españoles y portugueses arrebataran el trabajo a los de otros Estados más desarrollados[110].

La escasa jurisprudencia de las décadas de los 70 y 80 que podemos considerar de aplicación a los desplazados analiza cuestiones administrativas y de seguridad social, sin entrar en el análisis de la ley aplicable y las condiciones de trabajo.

La primera sentencia sobre desplazamientos de este período es la Sentencia Webb (1981)[111]. A diferencia de Manpower, en la que se juzgaba la afiliación de los desplazados a uno u otro sistema de seguridad social, en Webb se vuelve tratar la actuación transfronteriza de las ETTs, pero desde la perspectiva de la exigencia de una autorización administrativa para que una empresa establecida en un Estado pueda operar en otro diferente. El Sr. Webb era el propietario de una ETT autorizada en el Reino Unido, si bien su actividad consistía en poner a disposición personal especializado a empresas de los Países Bajos sin contar con una autorización en ese último Estado.

En primer lugar, el TJUE valora si la cesión de trabajadores por esta clase de empresas puede ser considerada un "servicio" en los términos del artículo 60 TCEE, a lo que responde que sí, en tanto la cesión de mano de obra es una actividad profesional[112]. Es preciso recordar que la sentencia Manpower no se pronunciaba sobre la naturaleza de la cesión de mano de obra, sino que se limitaba a reco-

---

109 La Evaluación de Impacto de la Directiva 96/71 hace referencia tanto a Rush Portuguesa como a Webb. COMISIÓN EUROPEA: Propuesta de Directiva del Consejo relativa al desplazamiento de trabajadores en el marco de la prestación de servicios, COM (91) 230 final, 1.8.1991, pág. 10.

110 CREMERS, J., DOLVIK, J. E. y BOSCH, G.: "Posting of workers...", obra cit., pág. 527.

111 Sentencia de 17 de diciembre de 1981, Webb, C-279/80, EU:C:1981:314.

112 *Ibidem*, apartado 9.

nocer que el envío de un trabajador a otra empresa de otro Estado constituía una situación de seguridad social amparada por el artículo 13 del Reglamento 1401/71.

En segundo lugar, el TJUE reconoce que, dado lo delicado de la actividad de cesión de mano de obra, no constituye una traba a la libre prestación de servicios el hecho de que los gobiernos de los Estados establezcan un sistema de autorización para que las empresas operen como ETTs[113]. En lo que se refiere a que ETTs de un Estado de origen puedan operar en otro Estado en el que exista un régimen de autorización, el Tribunal de Justicia reconoce que el Estado de destino puede reservarse la potestad de exigir autorizaciones también a prestadores de otros Estados, pero dicho régimen no podrá establecer discriminaciones por razón de la nacionalidad de la empresa y, además, la institución del Estado de destino que emita la autorización para operar en su territorio deberá tener en cuenta la autorización y las garantías con la que cuente la empresa en su Estado de establecimiento. El TJUE da así una solución intermedia entre el puro reconocimiento mutuo entre los Estados y la exigencia de una nueva autorización administrativa para operar como ETT en un Estado distinto a aquel en el que se ha obtenido la autorización administrativa.

Como antecedente de Rush Portuguesa, encontramos la sentencia Seco Desquenne[114], que resuelve una controversia en uno de los sectores más frecuentes en el desplazamiento: la construcción. Una empresa francesa desplazó trabajadores a Luxemburgo para trabajar en determinadas obras de construcción, manteniendo la afiliación de estos trabajadores en el sistema francés de protección social. La legislación de seguridad social del Gran Ducado establecía que las empresas que desplazaban temporalmente trabajadores a su territorio deberían abonar la cotización establecida en Luxemburgo respecto a los trabajadores, pero esa cotización no generaba ningún derecho a una prestación social a favor de dichos trabajadores[115]. Los trabajadores quedaban exentos de realizar cualquier cotización adicional

113 *Ibidem*, apartado 19.

114 Sentencia de 3 de febrero de 1982, Seco Desquenne, C-62 y 63/81, EU:C:1982:34.

115 *Ibidem*, apartado 3.

por trabajar temporalmente en ese país. El fallo del Tribunal dispuso que:[116]

> "El Derecho comunitario se opone a que un Estado miembro obligue a un empresario establecido en otro Estado miembro, que realiza obras en el primer Estado de forma temporal utilizando trabajadores nacionales de países terceros, a pagar la cuota patronal de las cotizaciones a la Seguridad Social correspondiente a dichos trabajadores, cuando dicho empresario está obligado ya al pago de cotizaciones comparables por esos mismos trabajadores y por los mismos períodos de actividad con arreglo a la legislación de su Estado de establecimiento y las cotizaciones pagadas en el Estado en que se realiza dicha prestación no originan un derecho de dichos trabajadores a ventaja social alguna."

Aparte del fallo, que al fin y al cabo resolvía una cuestión de protección social, la sentencia Seco Desquenne contiene un párrafo de contenido laboral, que se repetirá unos años después en la sentencia Rush Portuguesa[117]:

> "Consta que el Derecho comunitario no se opone a que los Estados miembros hagan extensiva la aplicación de sus legislaciones o de los convenios colectivos laborales celebrados por los interlocutores sociales en materia de salarios mínimos a toda persona que realice un trabajo por cuenta ajena, aunque sea de carácter temporal, en su territorio, con independencia de cuál sea el país de establecimiento del empresario, al igual que el Derecho comunitario tampoco prohíbe a los Estados miembros hacer cumplir dichas normas por todos los medios adecuados al efecto".

Las sentencias señaladas constituyen un precedente muy tenido en cuenta en la Sentencia Rush Portuguesa[118], en cuanto configuran el marco en el que se desenvuelve la prestación transnacional de servicios con trabajadores propios y las restricciones que al respecto pueden fijar los Estados miembros que reciben a dichos trabajadores. Puede afirmarse que la solución que el TJUE daba en Seco Desquenne limitada a las cotizaciones de regímenes de seguridad o

116 *Ibidem*, fallo.

117 *Ibidem*, apartado 14.

118 El Abogado General de Rush Portuguesa hace un repaso muy interesante al estado de la jurisprudencia del Tribunal en lo que se refiere a las restricciones a la libre prestación de servicios, con especial atención a Webb y a Seco. Conclusiones del Abogado General Sr. Van der Gerven de 7 de marzo de 1990. Asunto C-113/1989, Rush Portuguesa.

paraseguridad social[119], se extiende al conjunto de condiciones de trabajo del Estado de destino[120].

El contexto jurídico para los desplazamientos temporales de trabajadores estaba ya fijado con Seco Desquenne y sólo faltaba alguien, una empresa y un Estado miembro, que diera un paso más[121]. La construcción, Rush Portuguesa y la Inspección de Trabajo francesa fueron quienes dieron la vuelta de tuerca que faltaba.

8. LA SENTENCIA RUSH PORTUGUESA

Rush Portuguesa era una empresa de construcción que desplazó a varios trabajadores a unas obras de un tren de alta velocidad que se estaban desarrollando en Francia. En los meses de septiembre y diciembre de 1986, la Inspección de Trabajo francesa realizó visitas a obras en las que Rush Portuguesa desplegaba su actividad e inició procedimientos sancionadores porque, según su criterio, los trabajadores portugueses de esa empresa carecían de autorización administrativa para trabajar en Francia[122].

Portugal había ingresado en la CEE el 1 de enero de 1986 si bien, conforme al artículo 215 del Acta de Adhesión[123], los ciudadanos portugueses no podrían beneficiarse de la libre circulación de trabajadores hasta el 1 de enero de 1993, argumento del que se valían las autoridades francesas para considerar que los trabajadores lusos no podían prestar sus servicios laborales en su territorio sin un permiso de trabajo. Por el contrario, la empresa consideraba que los trabajadores desplazados no ejercían un derecho a la circulación de trabajadores, sino que quedaban englobados en la libertad de pres-

---

119 Este término será desarrollado en el epígrafe VII.2.

120 CARTER, D.: "Equal pay for equal work in the same place? Assessing the revision to the Posted Workers Directive", *Croatian Yearbook of European Law and Policy*, vol. 14(1), 2018, pág. 36.

121 El Abogado General resalta las similitudes entre Seco y Rush Portuguesa. Conclusiones del Abogado General Sr. Van der Gerven..., cit., apartado 11.

122 El relato de hechos de Rush que se contiene en las conclusiones del Abogado General es más completo que el que se recoge en la sentencia.

123 Tratado de Adhesión del Reino de España y la República de Portugal. DO L 302, de 15.11.1985, pág. 9.

tación de servicios de Rush Portuguesa, que sí asistía a las empresas portuguesas desde el primer día de ingreso en la CEE.

La controversia que se analiza y decide en Rush Portuguesa es de extranjería, de necesidad o no de disponer de un permiso para trabajar en Francia, y no de aplicación de condiciones de trabajo a trabajadores desplazados[124]. En esta sentencia no se juzga cuánto debe pagarse a un trabajador desplazado o qué otras condiciones de trabajo deben disfrutar, sino únicamente si ese trabajador puede o no trabajar en Francia.

Desde esta perspectiva, debemos preguntarnos si la Directiva 96/71 hubiera sido la misma si la inspección sobre Rush Portuguesa hubiera tenido lugar en 1994, con Portugal totalmente integrado, y sólo se hubiera discutido el pago del salario mínimo a unos trabajadores que podían prestar servicios en Francia, fueran "llevados" por su empresario desde Portugal en el marco de la libre prestación de servicios o fueran "acompañando" a su empresario como titulares de la libre circulación de trabajadores.

En la sentencia el Tribunal considera, en primer lugar, si la imposición a las empresas prestadoras de servicios de la obligación de obtener un permiso de trabajo para el personal desplazado o, si no, tener que recurrir a mano de obra local, son medidas prohibidas por los artículos 59 y 60 del Tratado que, recordemos, respectivamente declaran la eliminación de las barreras a la libre prestación de servicios y definen qué se entiende por "servicio".

El Tribunal no hace distinciones sobre qué personal desplazado se beneficia de tal medida y extiende esta posibilidad a "todo su personal"[125]. Este criterio amplio desoye la propuesta del Abogado General[126], quien consideró que sólo merecerían la exención de permiso de trabajo el personal que califica como "meollo de su empresa", esto es, personal directivo y personal especialista "que sean

---

124 VERSCHUEREN, H.: "Cross-Border Workers in the European Internal Market: Trojan Horses for Member States' Labour and Social Security Law?", *International Journal of Comparative Labour Law and Industrial Relations*, vol. 24, tomo 2, 2008, pág. 175.

125 Sentencia Rush Portuguesa, apartado 12.

126 Conclusiones del Abogado General Sr. Van der Gerven…, cit., apartado 17.

esenciales para la prestación del servicio y que no se encuentren fácilmente en el mercado local de trabajo".

En segundo lugar, el Tribunal valora si el movimiento de mano de obra realizado por la empresa Rush Portuguesa tiene efecto o no en el mercado de trabajo francés, porque el objetivo del artículo 216 del Acta de Adhesión es precisamente la protección de los mercados laborales de los Estados "viejos "frente a los "nuevos". La integración de los trabajadores en el mercado de trabajo local (que ya había sido analizada en la Sentencia Webb desde la perspectiva de las ETTs) es —insistimos— un elemento definitorio en Rush Portuguesa por el componente de extranjería del asunto (los trabajadores legalmente no se pueden integrar en el mercado local de trabajo porque no tienen autorización administrativa para ello), pero es igualmente relevante en aquellos otros casos en los que no existe este problema (los trabajadores desplazados tienen en mente volver a su país cuando acabe el encargo).

Es decir, el artículo 216 del Acta de Adhesión, en términos de la propia Sentencia[127]:

> "... se aplica cuando son objeto de controversia el acceso de trabajadores portugueses al mercado laboral de otros Estados miembros y el régimen de entrada y residencia de los trabajadores portugueses que solicitan tal acceso, así como de los miembros de su familia. Esta aplicación es, en efecto, justificada, puesto que en tales circunstancias, existe un riesgo de perturbación del mercado laboral del Estado miembro de acogida.
>
> No es ése el caso, por el contrario, del asunto del litigio principal, en el que se trata del desplazamiento temporal de trabajadores que son enviados hacia otro Estado miembro para efectuar en él trabajos de construcción u obras públicas, en el marco de una prestación de servicios por parte de su empresa. En efecto, tales trabajadores vuelven a su país de origen después de haber concluido su misión, sin acceder en ningún momento al mercado de trabajo del Estado miembro de acogida."

Es decir —se profundiza— el prestador de servicios no puede verse perjudicado en otro Estado miembro por razón de su origen porque el perjuicio contravendría la libre prestación de servicios. En el concreto caso de Rush Portuguesa los trabajadores jurídicamente no podían integrarse en el mercado de trabajo francés porque no tenían

---

127 Sentencia Rush Portuguesa, apartados 14 y 15.

permiso de trabajo. Hubiera sido muy interesante que el Tribunal se pronunciara igualmente sobre la integración en el mercado de trabajo francés de trabajadores que sí gozaran de la libertad de circulación, esto es lo de cualquier Estado miembro salvo España y Portugal.

Pero el detonante del desplazamiento de trabajadores fue una nada inocente pregunta de Francia (tras haber sentado la doctrina de la sentencia) a la que se contesta en el apartado 18 de la sentencia Rush Portuguesa, con el litigio ya resuelto, que se inspira en el párrafo ya señalado de Seco Desquenne:

> "Hay que precisar por último, a raíz de las preocupaciones expresadas a este respecto por el Gobierno francés, que el Derecho comunitario no se opone a que los Estados miembros extiendan su legislación, o los convenios colectivos de trabajo celebrados por los interlocutores sociales, a toda persona que realice un trabajo por cuenta ajena, aunque sea de carácter temporal, en su territorio, con independencia de cuál sea el país de establecimiento del empresario: el Derecho comunitario no prohíbe tampoco a los Estados miembros que impongan el cumplimiento de dichas normas por medios adecuados al efecto (sentencia de 3 de febrero de 1982, Seco y Desquenne, asuntos acumulados 62/81 y 63/81, Rec. 1982, p. 223)."

El Tribunal introdujo este párrafo para apaciguar las inquietudes de Francia, en tanto se faculta al Estado de destino anular la ventaja competitiva que supone tener unos menores costes laborales[128]. Desde un primer momento, LYON CAEN subraya la trascendencia de esta decisión del Tribunal de Justicia:

> "La decisión de 27 de marzo de 1990 constituye el primer capítulo introductorio de una historia jurídica que queda en gran medida pendiente de escribir, la historia de las reacciones que un sistema nacional puede tener en caso de préstamo comunitario de mano de obra"[129].

No se puede afirmar que la elaboración de la Directiva 96/71 respondiera exclusivamente a la sentencia Rush Portuguesa (aunque estuviera permanentemente en boca de los negociadores de la Direc-

---

128 BARNARD, C.: *The substantive Law...*, obra cit., pág. 443.

129 LYON-CAEN, A.: "Le droit, la mobilité et les relations du travail: quelques perspectives", *Revue de Marché Commun et de l'Union Européenne*, núm. 344, 1991, pág. 110.

tiva 96/71[130]) ni al panorama económico de finales de los años 80. El envío de trabajadores a prestar servicios por cuenta de su empleador es una operación realizada con plena normalidad desde el inicio del proyecto europeo, que llevaba décadas reclamando una solución normativa que iba más allá de las soluciones que podía aportar el Convenio de Roma[131]. La posibilidad que daba la sentencia Rush Portuguesa a que los Estados extendieran condiciones de trabajo podía abrir una caja de Pandora de medidas proteccionistas, que exigía a la Comisión Europea promover una norma armonizadora de las condiciones aplicables a los desplazados, ante el riesgo de aparición de barreras nacionales al desplazamiento de trabajadores[132], así como de un desequilibrio entre las normas de los distintos Estados, algunos de los cuales podían llevar al punto máximo la aplicación de sus normas nacionales a los trabajadores desplazados[133].

Podemos, pues, considerar que la consolidación definitiva del mercado único, la generalización del principio del acceso al mercado y la entrada en juego de Estados que podían colocar trabajadores de la construcción (como paradigma de una actividad intensiva en mano de obra, donde los salarios condicionan el precio ofertado al cliente) en el corazón de la CEE mediante un sencillo viaje en furgoneta, empujaron al legislador comunitario a afrontar una regulación que había estado aplazando durante veinte años. Creemos así que Rush Portuguesa tiene el honor de haber alimentado el miedo de la "Europa de los Diez" a una invasión de hordas de trabajadores de países con salarios baratos[134], lo que probablemente habría hecho rebosar el vaso.

---

130 SINDJBERG MARTINSEN, D.: *An ever more powerful Court? The Political Constraints of Legal Integration in the European Union*, Oxford Studies in European Law, 2015, pág. 190.

131 JUÁREZ PÉREZ, P.: "Desplazamiento de trabajadores a través de empresas de trabajo temporal", en LLOBERA VILA, M., (Dir.), *El nuevo régimen jurídico del desplazamiento transnacional de trabajadores*, Aranzadi, 2023, Cizur Menor, pág. 212.

132 DAVIES, P.: "Posted workers: Single Market or protection of national labour law systems", *Common Market Law Review*, núm. 34, 1997, pág. 591.

133 AYUSO MOZAS, R.: "El desplazamiento transnacional de trabajadores en Francia", *Revista General de Derecho del Trabajo y de la Seguridad Social*, núm. 19, 2009, pág. 4/31.

134 VAN NUFFEL, P. y AFANAJSEVA, S.: "The Revised Posting of Workers Directive: Curbing or Ensuring Free Movement?", en CAMBIEN, N., (Ed.), KOCHENOV,

El 1 de agosto de 1991 la Comisión Europea presentó la Propuesta de Directiva del Consejo relativa al desplazamiento de trabajadores en el marco de la prestación de servicios[135]. La norma no sería aprobada hasta cinco años después, tras una accidentada negociación.

D., (Ed.) y MUIR, E., (Ed.), *European Citizenship under Stress, Social Justice, Brexit and Other Challenges*, BRILL, 2020, pág. 272.

135 COMISIÓN EUROPEA: Propuesta de Directiva del Consejo relativa al desplazamiento de trabajadores..., cit.

Capítulo II

LAS DIRECTIVAS 96/71, DE DESPLAZAMIENTO DE TRABAJADORES EN EL MARCO DE UNA PRESTACIÓN DE SERVICIOS; 2014/67, DE GARANTÍA DE CUMPLIMIENTO Y 2018/957, DE MODIFICACIÓN DE LA DIRECTIVA 96/71. SU TRANSPOSICIÓN AL DERECHO ESPAÑOL

El presente capítulo expone la elaboración de las tres principales normas europeas que regulan el desplazamiento de trabajadores. La primera y fundamental de ellas es la Directiva 96/71/CE del Parlamento Europeo y del Consejo, de 16 de diciembre de 1996, sobre el desplazamiento de trabajadores efectuado en el marco de una prestación de servicios[136]. Esta norma fue reformada por la Directiva (UE) 2018/957 del Parlamento Europeo y del Consejo, de 28 de junio de 2018, que modifica la Directiva 96/71/CE sobre el desplazamiento de trabajadores efectuado en el marco de una prestación de servicios (Directiva 2018/957)[137]. En tercer lugar, aunque segunda cronológicamente, la vigilancia y control del cumplimiento de la Directiva 96/71 fue establecido por la Directiva 2014/67/UE del Parlamento Europeo y del Consejo, de 15 de mayo de 2014, relativa a la garantía de cumplimiento de la Directiva 96/71/CE, sobre el desplazamiento de trabajadores efectuado en el marco de una prestación de servicios, y por la que se modifica el Reglamento (UE) nº 1024/2012 relativo a la cooperación administrativa a través del Sistema de Información del mercado Interior ("Reglamento IMI") (Directiva 2014/67)[138].

---

[136] DO L 18, de 21.1.1997, pág. 1-6.

[137] DO L 173, de 9.7.2018, pág. 16-24.

[138] DO L 159, de 28.5.2014, pág. 11-31.

1. NEGOCIACIÓN Y APROBACIÓN DE LA DIRECTIVA 96/71

La Directiva 96/71 tuvo una larga gestación. Como anécdota reveladora del tiempo que duraron las negociaciones, en los documentos que las recogen se aprecia el paso de la máquina de escribir al ordenador, así como el uso de distintos procesadores de texto.

El proceso negociador se inició en el año 1991 y no fue hasta cinco años después cuando se consiguió un texto definitivo. Esta tardanza en la elaboración de la norma se debió a los informes elaborados por el Parlamento Europeo y el Comité Económico y Social Europeo (CESE). Las observaciones que hicieron estas instituciones en sus informes afectaban a cuestiones tan básicas del Proyecto que provocaron que la Comisión Europea retirara su propuesta inicial y volviera a la casilla de salida con el proyecto normativo. Distinguiremos así una etapa anterior y una etapa posterior a la emisión de dichos informes.

1.1. Los trabajos antes de los informes del Parlamento Europeo y el Comité Económico y Social Europeo

La principal característica del proyecto de Directiva en su primera etapa es la sencillez. La redacción responde al exclusivo objetivo de fijar unas condiciones de trabajo aplicables a los trabajadores desplazados, sin tener en cuenta la información que necesitan las empresas que desplazan trabajadores o la cooperación administrativa, que serían añadidas posteriormente.

El 1 de agosto de 1991 la Comisión Europea publicó la Propuesta de directiva relativa al desplazamiento de trabajadores en el marco de la prestación de servicios[139], que, como todo proyecto europeo, incluía un estudio y evaluación de impacto de la norma. De la evaluación de impacto cabe destacar el marcado enfoque de mercado de la norma por encima de la orientación social. En este contexto, la protección de los trabajadores aparece en el cuarto lugar dentro

---

139 COMISIÓN EUROPEA: Propuesta de directiva del Consejo relativa al desplazamiento de trabajadores..., cit.

de los objetivos de la directiva[140], por detrás de la supresión de las incertidumbres, la coordinación (que no armonización) de las legislaciones aplicables a los trabajadores desplazados y la eliminación de las prácticas que puedan perjudicar la competencia leal[141].

La propuesta normativa de la Comisión Europea coincide con la globalización de las prestaciones de servicios, llevadas a cabo por empresas en Estados distintos a los de su establecimiento, en el contexto de la llamada "segmentación internacional de los procesos de producción" (subcontratación de partes del proceso productivo a empresas de otros países) que era ya una práctica habitual[142]. La negociación de la norma no era ajena a este proceso y, por ello, se quiso tener en cuenta la evolución de las negociaciones del GATT en esta materia[143]. La coincidencia en el tiempo de la generalización de la subcontratación internacional y la negociación de la Directiva 96/71 no debe hacernos pensar que la norma respondiera exclusivamente a esta coyuntura comercial, sino a la combinación de la libre circulación de trabajadores y de la libertad de prestación de servicios, que sólo tenía lugar en el territorio de la Unión Europea[144], y que a principios de la década de los noventa ya llevaba treinta años ejecutándose.

---

140 Esta protección de los trabajadores considerada es "frente a prácticas que pueden aparecer dentro del marco internacional de una utilización creciente de trabajo y recursos externos". COMISIÓN EUROPEA: Propuesta de directiva del Consejo relativa al desplazamiento de trabajadores..., cit., pág. 13.

141 COMISIÓN EUROPEA: Propuesta de directiva del Consejo relativa al desplazamiento de trabajadores..., cit., pág. 13. VERSCHUEREN, H.: "The European Internal Market and the competition between workers", *European Labour Law Journal*, vol. 6(2), 2015, pág. 139.

142 COMISIÓN EUROPEA: Propuesta de directiva del Consejo relativa al desplazamiento de trabajadores..., cit., pág. 3.

143 CONSEJO: 7344/92, de 10.7.1992, pág. 5. Durante la negociación de la directiva, se planteó a la Comisión cuál era la relación entre la futura directiva y el GATT (General Agreement on Trade and Tariffs / Acuerdo General sobre Comercio y Aranceles). CONSEJO: 8146/92, de 28.7.1995, pág. 7: La Comisión y Francia asumieron el compromiso de analizar esta relación, pero no existe constancia de los resultados de dicho análisis.

144 LALANNE, S.: "Desplazamiento de trabajadores, ampliaciones de la Unión Europea y mundialización de los servicios", *Revista Internacional del Trabajo*, vol. 130, núm. 3-4, 2011, pág. 235.

De la evaluación de impacto se deduce que, más allá de tratarse de una norma llamada a regular desplazamientos justificados por una prestación transnacional de servicios, la preocupación de la Comisión Europea como proponente del proyecto es dar respuesta a la característica común de las tres situaciones de desplazamiento que prevé el artículo 1.3 de la norma: la temporalidad del trabajo en otro Estado[145], que es la nota permanente para el desplazamiento de trabajadores para prestar un servicio a un tercero, para que preste servicios en una empresa del grupo o para que sea puesto a disposición por una ETT. Frente a la característica de la temporalidad, la prestación de servicios no está presente —al menos de forma expresa— en el segundo caso, el desplazamiento intragrupo —1.3 *b*)—, en tanto esta figura se incluyó para evitar la elusión de la figura general del desplazamiento prevista en el artículo 1.3 *a*) mediante la creación de una sucursal en el Estado de destino y el envío de trabajadores a ella[146].

Da así la impresión de que la temporalidad del trabajo en otro Estado es un elemento tan definitorio de la realidad regulada por la Directiva como la propia prestación de servicios —al fin y al cabo, el servicio es temporal por naturaleza—, reflexión que puede tener un efecto en la adecuación de la base jurídica de la norma. ¿Es pues la libre prestación de servicios un fundamento jurídico suficiente de la norma, cuando lo esencial de los desplazamientos es la mera temporalidad de los trabajos en otro Estado, independientemente de por qué se hacen estos trabajos? Procuraremos dar una respuesta a este interrogante fundamental en el capítulo dedicado a la naturaleza de la norma (*Infra* IV).

Porque, como se ha señalado, el tema central de este estudio es el objeto, acertado o no, de la Directiva 96/71, y sus consecuencias sobre la interpretación y aplicación de la norma. En este momento nos limitamos a señalar que, desde el primerísimo documento, la "base jurídica" en términos comunitarios de la Directiva 96/71 es la libertad de prestación de servicios. No lo es la libertad de circulación

---

145 COMISIÓN EUROPEA: Propuesta de directiva del Consejo relativa al desplazamiento de trabajadores..., cit., pág. 14.

146 *Ibidem*, pág. 14.

de trabajadores ni la protección de sus derechos. No estamos ante "un instrumento de derecho del trabajo, sino ante una propuesta de Derecho Internacional Privado estrechamente relacionada con la libre prestación de servicios"[147].

Las dudas sobre la base jurídica de la norma dieron lugar a un informe del Servicio Jurídico del Consejo, que, a la vista de la evaluación de impacto, consideró que los objetivos de la Directiva eran "de mercado ", esto es, orientados a eliminar las trabas y a reducir la inseguridad jurídica en las prestaciones de servicios realizadas por empresas entre distintos Estados. La protección de los derechos de los trabajadores, incluso la mejora de sus condiciones de trabajo, no son un efecto buscado por la norma, sino que se trata de efectos indirectos[148].

Los redactores de la propuesta eran conscientes de la existencia de dos polos que era necesario conciliar mediante la fijación de un equilibrio en la libre competencia entre empresas, "incluidas aquellas que utilizan la ventaja comparativa originada por unos costes salariales más bajos"[149]. Desde la perspectiva laboral, la versión inglesa —la española la omite— contempla este equilibrio en la siguiente manifestación: *Member States may decide to set and apply minimum pay levels applicable on their territory in order to ensure a minimum standard of living appropriate to the country concerned*[150].

---

147 *Ibidem*, pág. 14.

148 CONSEJO: 11745/94, de 5.12.1994, pág. 2 a 4.

149 COMISIÓN EUROPEA: Propuesta de directiva del Consejo relativa al desplazamiento de trabajadores..., cit., pág. 4.

150 "Los Estados miembros pueden decidir establecer y aplicar niveles mínimos de salario aplicables en su territorio para garantizar un estándar mínimo de vida apropiado al país en cuestión ". COMISIÓN EUROPEA: Propuesta de directiva del Consejo relativa al desplazamiento de trabajadores..., cit., pág. 4 (versión inglesa). La versión española de ese mismo documento recoge la a nuestro juicio incomprensible redacción: "De otra, la protección mínima obligatoria la (*sic*) que un Estado miembro puede imponer en su territorio al objeto de garantizar un standard mínimo de protección adecuado". COMISIÓN EUROPEA: Propuesta de directiva del Consejo relativa al desplazamiento de trabajadores..., cit., pág. 4 (versión española).

1.2. *Los informes del Parlamento Europeo y del Comité Económico y Social Europeo*

En el mes de junio de 1993, la Comisión Europea lanzó una nueva propuesta de directiva[151], a la luz del contenido de los informes emitidos por el Parlamento Europeo y el CESE[152].

Parte del retraso en la adopción de la Directiva se debe a la dificultad de que el Parlamento Europeo adoptara su posición respecto al proyecto. El informe del ponente, Sr. Mihail Papayannakis, fue devuelto al Comité de Asuntos Sociales tras un debate en mayo de 1992, principalmente por desavenencias respecto a la duración del desplazamiento (cuestión que, por otra parte, no fue discutida hasta que se abordó la reforma de la Directiva 96/71 en 2016), motivo por el que fue preciso preparar una segunda tabla de enmiendas que fue votada y aprobada el 10 de febrero de 1993[153].

A la vista de los informes del Parlamento y del CESE, aunque no hacían una enmienda a la totalidad del proyecto en curso, sino más bien un interesante análisis del documento sobre el que se estaba trabajando desde hacía meses, la Comisión decidió hacer borrón y cuenta nueva.

Sin entrar al detalle de las propuestas de estos dos documentos, se puede considerar que la redacción de la propuesta de la Comisión Europea se ajustaba estrictamente a las exigencias de una norma de conflicto de leyes[154]. La regulación del desplazamiento de trabajadores únicamente mediante una norma de conflicto —con la com-

---

151 COMISIÓN EUROPEA: Amended proposal for a Council Directive concerning the posting of workers in the framework of the provision (sic) [of services], COM93(225) final - SYN 346.

152 El informe del Parlamento, que consiste en una tabla de enmiendas al proyecto de directiva, se recoge en DO C 72, de 10.02.93, pág. 78 a 84. El dictamen del CESE se recoge en DO C 49, de 24.02.92, pág. 41 y 42. El informe del Parlamento tuvo que ser aprobado en una segunda votación porque en la primera, en mayo de 1992, fue devuelto al Comité de Asuntos Sociales.

153 El proceso parlamentario para la aprobación de la Directiva 96/71 se encuentra en el Observatorio Legislativo del Parlamento Europeo, disponible en https://oeil.secure.europarl.europa.eu/oeil/popups/ficheprocedure.do?reference=1991/0346(COD)&l=en [consulta mayo 2024].

154 En este sentido, *Vid.* Capítulo V.

plejidad que el desplazamiento tiene— puede juzgarse como miope. En este sentido, la inclusión de la autoridad laboral en los textos del Parlamento y del CESE debe valorarse positivamente.

Estas dos instituciones europeas realizaron otra clase de enmiendas y propuestas de carácter técnico, que fueron tenidas en cuenta en diverso grado por la Comisión Europea y el Consejo, pero que carecen de interés a los efectos de este trabajo.

1.2. La segunda parte de la elaboración de la Directiva 96/71

En un ejercicio de sinceridad, el Comisario Flynn, el 21 de junio de 1993, remitió un nuevo proyecto que tiene en cuenta las opiniones del Parlamento y del CESE[155]. Aunque esta nueva redacción no partía de cero, tuvieron que pasar tres años y medio para poder tener un texto definitivo.

Tras avances en diversas materias a lo largo de 1995, en mayo de 1996 se lanzó un nuevo texto en forma de posición común, con la que se quería encarrilar el último tramo de la elaboración de la Directiva[156], que fue aprobada como Directiva 96/71/CE el 16 de diciembre de ese año, con el voto en contra del Reino Unido y la abstención de Portugal[157]. Fue publicada en el Diario Oficial del 21 de enero de 1997.

---

155 COMISIÓN EUROPEA: Amended proposal for a Council Directive concerning the posting of workers in the framework of the provision, cit. El título del documento olvida el final "*of services*". En el oficio de remisión, el Comisario manifestaba "*I would inform you that, further to the Opinions of the European Parliament and the Economic and Social Committee and pursuant to Article 149(3) of the Treaty establishing the European Economic Community, the Commission has decided to amend the proposal for a Council Directive concerning the posting of workers in the framework of the provision of services which it submitted to the Council on 28 June 1 991 (COM(91) 230 final SYN 346)*". "Le informo de que, dadas las opiniones del Parlamento Europeo y el Comité Económico y Social y de acuerdo con el artículo 149.3 del Tratado que establece la Comunidad Económica Europea, la Comisión ha decidido enmendar la propuesta para una Directiva del Consejo relativa al desplazamiento de trabajadores en el marco de una prestación de servicios". CONSEJO: 7484/93, de 21.6.1993, pág. 1.

156 CONSEJO: 6689/96, de 20.5.1996.

157 CALVO CARAVACA, A. L. y CARRASCOSA GONZÁLEZ, J.: "Contrato internacional de trabajo", en CALVO CARAVACA, A. L., (Dir.) y CARRASCOSA

La Directiva 96/71 no fue la primera norma dentro del territorio europeo que regulaba el desplazamiento de trabajadores. Antes de su aprobación, Alemania (febrero de 1996), Austria (1995) y Francia (1994) habían aprobado ya leyes nacionales sobre este campo[158].

2. DESARROLLO Y JURISPRUDENCIA DEL TJUE SOBRE LA DIRECTIVA 96/71 HASTA LA MANIFESTACIÓN DE LOS EFECTOS DE LAS INCORPORACIONES DE 2004

Tras la aprobación de la Directiva 96/71 se abrió una etapa que podemos calificar "de ajuste ". Los Estados tuvieron que transponerla a sus ordenamientos y el Tribunal de Justicia continuó dando interpretación al desplazamiento de trabajadores, pero ya con un instrumento de Derecho derivado, sin necesidad de acudir exclusivamente a los Tratados, como hasta entonces había hecho[159].

Según la propia Comisión Europea, uno de los valores añadidos de la Directiva 96/71 es que la extensión de las condiciones de trabajo del Estado de destino a los trabajadores desplazados a su territorio pasa de ser una potestad a una obligación[160]. Esta medida homologa en todos los Estados miembros los requerimientos a las empresas que desplazan trabajadores, evitando así el riesgo de que cada Estado exigiera la aplicación de condiciones de trabajo distintas, con distinta intensidad y con distintas formalidades. De no existir la Directiva 96/71, el ejercicio de la libre prestación de servicios a través de los

---

GONZÁLEZ, J., (Dir.), *Tratado de Derecho Internacional Privado,* 2ª ed., Tirant lo Blanch, Valencia, 2022, pág. 3570.

158 SERRANO OLIVARES, R.: "Condiciones de trabajo…", obra cit., pág. 61. COMISIÓN EUROPEA: Comunicación de la Comisión al Consejo, al Parlamento Europeo, al Comité Económico y Social y al Comité de las Regiones. *La aplicación de la Directiva 96/71/CE en los Estados miembros,* COM(2003) 458 final, 25.7.2003, pág. 7.

159 En realidad, el TJUE tuvo que esperar a que los hechos juzgados hubieran tenido lugar una vez expirado el plazo de transposición de la Directiva 96/71 (16 de diciembre de 1999) para poder dictar sentencia con fundamento en tal norma. La primera sentencia en la que no fue necesario recurrir a los Tratados fue la sentencia de 14 de abril de 2005, Comisión contra Alemania (2005), C-341/02, EU:C:2007:809.

160 COMISIÓN EUROPEA: *The implementation of Directive 96/71/EC…,* cit., pág. 6.

Estados de la Unión Europea se hubiera convertido en una gymkana laboral. Algo parecido ocurrió mucho después: fue necesario aprobar la Directiva 2020/1057 para evitar otra gymkana en los desplazamientos de conductores de transporte por carretera[161].

Sin entrar en el detalle, las principales cuestiones que el Tribunal de Justicia abordó en este período inicial fueron la situación de los nacionales de terceros Estados (NTE), las potestades de control de los Estados, los llamados "timbres de mal tiempo" o el concepto de salario[162].

En paralelo a este proceso de implantación de la normativa, se fraguó con una desconcertante premura la incorporación a la Unión Europea de varios Estados procedente del bloque soviético[163], más las dos islas-Estado (sin perjuicio de la parte de Chipre ocupada por Turquía) mediterráneas. Objetivamente la incorporación de los Estados de Centroeuropa supuso el incremento de la población europea en 75 millones de personas[164], que en algún momento fue calificada

---

161 Directiva (UE) 2020/1057 del Parlamento Europeo y del Consejo, de 15 de julio de 2020 por la que se fijan normas específicas con respecto a la Directiva 96/71/CE y la Directiva 2014/67/UE para el desplazamiento de los conductores en el sector del transporte por carretera, y por la que se modifican la Directiva 2006/22/CE en lo que respecta a los requisitos de control del cumplimiento y el Reglamento (UE) nº 1024/2012. DO L 249, de 31.7.2020, pág. 49-65. Como brevemente referimos al final de este Capítulo, la aprobación de la Directiva 2020/1057 para los desplazamientos de conductores de transporte por carretera, cortó la pulsión de varios Estados de imponer sus propias reglas, a raíz de la mención expresa que la Directiva 2014/67 hacía del control de la documentación laboral de los conductores de camión. Francia, Alemania y Austria establecieron controles de carretera tan duros, que la Comisión Europea inició procedimientos sancionadores contra estos Estados miembros. Repárese en que estos Estados son los que ya tenían una norma sobre desplazamiento de trabajadores antes de la aprobación de la Directiva 96/71.

162 Los "timbres de mal tiempo" se analizan en el Capítulo VII.2.

163 GARCÍA VALDECASAS, I., 2005: "El rechazo al proyecto de Constitución Europea: un análisis retrospectivo", en *realinstitutoelcano.org* [en línea], disponible en https://www.realinstitutoelcano.org/analisis/el-rechazo-al-proyecto-de-constitucion-europea-un-analisis-retrospectivo/ [consulta: febrero 2024].

164 GARCÍA GESTOSO, N.: *La ampliación de la Unión Europea de 2004*, Escola Galega de Administración Pública, Santiago de Compostela, 2005, pág. 24-26.

como un "acto de caridad"[165]. La consecuencia fue que el desplazamiento de trabajadores, que algunos consideraban hasta entonces una operación "marginal", pasó a ser una herramienta común de movilidad laboral[166].

La entrada de los Estados de Centroeuropa supuso la incorporación súbita en la próspera Europa occidental de una fuerza laboral masiva, con buena formación, modos de vida austeros y con la lícita y lógica aspiración de prosperar. Este flujo de mano de obra dirigido a los Estados viejos alteró la estrategia de recursos humanos de muchas empresas de esos países, que intensificaron la subcontratación de servicios y la puesta a disposición de trabajadores por ETTs de los Estados recién incorporados[167]. Ante tal amenaza para los mercados de trabajo de los Estados miembros, y como ya se había hecho con España y Portugal, se introdujeron en los acuerdos de adhesión cláusulas de restricción de libre circulación al máximo de sus posibilidades; pero en lo referido a la libre prestación de servicios (y los desplazamientos de trabajadores a ésta vinculados) dichas restricciones no podían ser tan contundentes.

En los protocolos de adhesión de cada uno de los Estados de nuevo ingreso (excepto Malta y Chipre) se estableció la facultad de los Estados viejos de limitar la libre circulación de personas procedentes de los Estados nuevos hasta cinco años después de la adhesión. Una de las posibilidades para eludir esta previsión era precisamente recurrir al desplazamiento de trabajadores como fórmula de movilidad laboral[168]. Por esta razón, Austria y Alemania fijaron limitaciones adicionales a los prestadores de servicios procedentes de estos países en el sentido de la Directiva 96/71 para determinados sectores, como

---

165 JUDT, T.: *¿Una gran ilusión? Un ensayo sobre Europa*, Taurus, Barcelona, 2014, (ed. digital), pos. 1578/2270. El libro se basa en unas conferencias dadas por el autor en 1995.

166 HOUWERZIJL, M. y BERNTSEN, L.: "Posting of Workers: From a Blurred Notion Associated with 'Cheap Labour' to a Tool for 'Fair Labour Mobility'?", en ARNHOLTZ, J., (Ed.) y LILLIE, N., (Ed.), *Posted work in the European Union. The political economy of free movement*, Routledge, 2020, pág. 149.

167 CREMERS, J., DOLVIK, J. E. y BOSCH, G.: "Posting of workers...", obra cit., pág. 539.

168 ARNHOLTZ, J. (Ed.) y LILLIE, N. (Ed.): *Posted work in...*, obra cit., pág. 5.

construcción, limpieza, interiorismo o atención sanitaria a domicilio[169].

Con este marco normativo, a partir del 1 de enero de 2004, la Unión Europea se amplió a 25 Estados con la suma de Estonia, Letonia, Lituania, Polonia, Eslovaquia, Hungría, República Checa, Eslovenia, Malta y Chipre. El 1 de enero de 2007 el bloque se amplió con Rumanía y Bulgaria. El ingreso de unos Estados tan diferentes a los de Europa occidental se produjo en un momento de liberalización y apertura de mercados derivada del relanzamiento de la Estrategia de Lisboa, que no daba respuestas a cómo afrontar el abismo que se creaba entre los Estados viejos y los nuevos[170]. OJEDA AVILÉS se refiere a la ampliación centroeuropea como "ósmosis explosiva"[171], por la permeabilidad de poblaciones laborales con una gran diferencia de rentas, que ya había sido en cierto modo anticipada con la unificación alemana[172]. Sin perjuicio de que la económica sea la principal diferencia entre los Estados viejos y los nuevos, con la incorporación de los Estados de Centroeuropa se pusieron de manifiesto otras diferencias de concepción que también chocaban con las vigentes, como las que se refieren a seguridad social[173], la concepción de la identi-

---

169 Actas relativas a la adhesión de la República Checa, la República de Estonia, la República de Chipre, la República de Letonia, la República de Lituania, la República de Hungría, la República de Malta, la República de Polonia, la República de Eslovenia y la República Eslovaca a la Unión Europea. DO L 236, de 23.9.2003.

170 DOLVIK, J. E. y VISSER, J.: "Free movement...", obra cit., pág. 514.

171 OJEDA AVILÉS, A.: "Una Autoridad Laboral medio europea. El Reglamento 2019/1149, de 20 de junio, sobre Autoridad Laboral Europea", en *Trabajo y Derecho*, núm. 62, 2020, pág. 3/13.

172 DOLVIK, J. E. y VISSER, J.: "Free movement...", obra cit., pág. 514.

173 UGUR RIZZI, C.: "The impact of the Court of Justice of the European Union on the development of the European Union social policy", *International Journal of Social Inquiry*, vol. 13.2, 2020, pág. 794-795. JORENS reconoce la adaptabilidad de la coordinación europea de los sistemas de seguridad social, al partir de Estados de tradición bismarckiana (los fundadores de la CEE) e ir sumando a Estados con sistemas de protección social diferentes, como son los británicos y los nórdicos. JORENS, Y. y SCHULTE, B.: "The implementation of Regulation 1408/71 in the member States of the European Union", *European Journal of Social Security*, vol. 3/3, 2001, pág. 238.

dad nacional[174], e incluso el sentimiento europeísta[175]. La figura del "fontanero polaco", acuñada por el político francés Dominique de Villiers, retrata muy bien el temor popular ante ese escenario y explica en gran medida el rechazo francés en el referéndum sobre la Constitución Europea de 2005[176].

La entrada de estos nuevos miembros supuso un cambio en la situación de los mercados de trabajo, para la que la Directiva 96/71 resultaba insuficiente[177]. Lo que ocurrió a finales de los años ochenta con la entrada de España y Portugal se repitió en una dimensión mucho mayor con la entrada de los países señalados, y el dique de contención que se levantó con el ingreso de los países ibéricos con la Directiva 96/71 quedó desbordado con las incorporaciones de 2004 y 2007.

La tan mencionada sentencia Laval es un buen ejemplo. Una empresa letona de construcción recurrió a su filial en Suecia para ganar un contrato para la reforma de una escuela en la localidad de Vaxholm. Una vez se adjudicó el contrato, treinta y cinco trabajadores de la sociedad letona fueron desplazados a esa localidad al amparo del artículo 1.3 *b*) de la Directiva 96/71 (movimiento intragrupo de trabajadores). La empresa mantuvo el salario debido conforme a las normas letonas y se negó a negociar un salario con el sindicato local sueco, conflicto que terminó en el Tribunal de Luxemburgo.

Creemos que lo que en Laval se juzgó no fue la capacidad de los sindicatos o de los trabajadores en sentido amplio de defender sus intereses, sino de los sindicatos de Europa occidental de defender el mercado de trabajo local. Las reglas de juego fijadas por la Directiva 96/71 establecían un marco en el que estos sindicatos tenían unas potestades menos amplias de las que creían que podían ejercer. Y decimos menos amplias porque (*Infra* VII) lo que juzga el Tribunal de Justicia no es el derecho a la adopción de medidas de conflicto colectivo, sino el bloqueo de un centro de trabajo por un sindicato.

---

174 La mayoría de los países de Europa Occidental son naciones-Estado desde su creación, mientras que los del centro y este de Europa básicamente derivan del colapso de imperios. JUDT, T.: *¿Una gran ilusión?*, obra cit., pos. 692/2270.

175 *Ibidem*, pos. 906/2270.

176 JORENS, Y.: *Cross-border EU...*, obra cit., pág. 35-36.

177 Así se puso de manifiesto en el GAS. CONSEJO: 7399/16, de 5.4.2016.

Es decir, la sentencia Laval no anula la adopción de medidas de conflicto, sino la expulsión de una empresa de un país, que es lo que, al fin y al cabo, ocurrió.

El supuesto de hecho de la sentencia Laval agitó demasiadas zonas de fricción: el conflicto entre la libre prestación de servicios y los derechos laborales, el conflicto entre los Estados nuevos y viejos en la Unión, entre empresarios y trabajadores de cada uno de ellos, y la soberanía de los Estados frente a la pujanza de las instituciones comunitarias, muchos de ellos actuando a veces manifiestamente a favor y en contra de la sentencia[178]. En todo caso, la sentencia Laval (y su hermana melliza Viking, relativa al derecho de establecimiento) tuvo un efecto objetivo indiscutible: alejó a importantes agentes económicos del proceso de integración europeo[179].

Esta sacudida puso en marcha una dinámica de queja muy difícil de parar[180]. Las sentencias del llamado "Cuarteto Laval "[181], unidas a otras figuras como el fontanero polaco[182], pusieron de manifiesto la presión sobre los mercados laborales de Europa occidental y culpabilizaron de esta situación a la Directiva 96/71, como manifestación de un planteamiento liberal opuesto al Estado del Bienestar[183]. Exis-

---

178 BJELINSKI. F. y ZERAVCIC, K.: "Posted workers in the EU: lost between conflicting interests and single market objectives", *Croatian Yearbook of European Law and Policy*, núm. 16, 2020, pág. 109.

179 RODRÍGUEZ-PIÑERO ROYO, M.: "Regulación del mercado laboral y libre circulación de trabajadores", en MOREIRO GONZÁLEZ, C. J., (Dir.), SILVA DE LAPUERTA, R., (Dir.) y MONTEIRO RODRÍGUEZ, J., (Coord.), *La contribución de la jurisprudencia de la Gran Sala del Tribunal de Justicia de la Unión Europea a la integración europea"*, Tirant lo Blanch, Valencia, 2023, pág. 169.

180 SINDBJERG MARTINSEN, D. y BLAUBERGER, M.: "The Court of Justice of the European Union and the megapolitics of posted workers", *Law and Contemporary Problems*, vol. 84, 4, 2022, pág. 56.

181 Componen el Cuarteto Laval tres sentencias sobre desplazamiento de trabajadores y una sobre libertad de establecimiento. Las tres primeras son la sentencia de 18 de diciembre de 2007, Laval, C-341/05, EU:C:2007:809; la sentencia de 19 de junio de 2008, Comisión contra Luxemburgo (2008), C-319/06, EU:C:2008:350 y la sentencia de 3 de abril de 2008, Rüffert, C-346/06, EU:C:2008:189. La cuarta es la sentencia de 11 de diciembre de 2007, Viking, C-438/07, EU:C:2007:772.

182 PEIJPE, T.: "Collective Labour Law after Viking, Laval, Rüffert, and Commission v. Luxembourg", *International Journal of Comparative Labour Law and Industrial Relations*, vol. 25, núm. 2, pág. 83.

183 BOTTERO, M.: *Posting of workers in…*, obra cit., pág. 5.

tía una clara polarización en los agentes sociales y políticos[184]. En el concreto caso del desplazamiento de trabajadores, las decisiones judiciales comportaban el riesgo de que el TJUE llegara a un resultado contrario al buscado por el Tratado de Roma en 1957, esto es, no mejorar las condiciones de vida y trabajo por la vía del progreso, sino precarizarlas[185].

A lo expuesto debe añadirse la presentación en el año 2004 por la Comisión Europea de la Propuesta de Directiva del Parlamento Europeo y del Consejo relativa a los servicios en el mercado interior, la conocida como Directiva de Servicios[186]. El artículo 24 de esta norma contemplaba el desplazamiento de trabajadores y, con el objeto de facilitar la libre prestación de servicios, complicaba el marco legal con una suerte de compromisos de los Estados de origen y destino, limitaciones de las facultades de control de los Estados de destino y obligaciones de las empresas de difícil comprensión. Este artículo 24 desapareció de la siguiente versión de la norma, tras el informe en primera lectura del Parlamento Europeo, que directamente no contemplaba la regulación de ningún aspecto del desplazamiento de trabajadores[187]. El texto definitivo de la Directiva 2006/123[188], declaró que no era de aplicación al desplazamiento de trabajadores (considerando 86) y que, en caso de conflicto con la Directiva 96/71, sería de aplicación la segunda (art. 3.1 *a*)).

La suma de la entrada de los países de Centroeuropa, más la tendencia legislativa liberalizadora, unida a las sentencias del Cuarteto Laval (que, insistimos, se limitaban en nuestra opinión a interpretar

---

184 BJELINSKI. F. y ZERAVCIC, K.: "Posted workers in…", obra cit., pág. 10.

185 CALVO GALLEGO, F. J.: "Desplazamientos transnacionales de…", obra cit., pág. 83.

186 COMISIÓN EUROPEA: Propuesta de Directiva del Parlamento Europeo y del Consejo relativa a los servicios en el mercado interior, COM(2004) 2 final, 13.1.2004.

187 PARLAMENTO EUROPEO: Resolución legislativa del Parlamento Europeo sobre la propuesta de Directiva del Parlamento Europeo y del Consejo relativa a los servicios en el mercado interior (COM(2004) 0002 - C5-0069/2004 - 2004/0001(COD), DO C 290, de 29.11.2006, pág. 343-378.

188 Directiva 2006/123/CE del Parlamento Europeo y del Consejo, de 12 de diciembre de 2006, relativa a los servicios en el mercado interior. DO L 376, de 27.12.2006, pág. 36-68.

de manera inevitablemente literal la Directiva 96/71[189]), agitado todo ello por la crisis económica iniciada en el año 2008, generaron un ambiente de grave amenaza al bienestar de los Estados miembros de la Unión antes de 2004, que llevó a las instituciones comunitarias a, podemos decir, reconducir la situación.

En este contexto, y con la excusa inmediata en la crisis económica, José Manuel Durao Barroso, Presidente de la Comisión, encomendó al excomisario de mercado Interior, Mario Monti, la realización de un informe en el que, veinte años después de su instauración, se analizara la forma de llevar al mercado único a su plenitud[190].

El llamado Informe Monti es —a nuestro juicio— una de las muestras más evidentes de la desproporción con la que se ha tratado el desplazamiento de trabajadores desde las sentencias del Cuarteto Laval hasta la publicación de la Directiva 2018/957. El documento dedica la misma longitud al epígrafe titulado "*Workers in the single market: old problems and new challenges*" que al epígrafe bautizado "*Economic freedoms and workers' rights after Viking and Laval*". En el primer epígrafe se tratan las necesidades de mejorar la movilidad laboral a través de la coordinación de los sistemas de seguridad social y el reconocimiento de las cualificaciones profesionales, mientras que el segundo aborda los problemas derivados del Cuarteto Laval y de la propia Directiva 96/71. El primer epígrafe aborda problemas que pueden afectar al conjunto de trabajadores europeos y el segundo a la pequeña proporción que suponen los trabajadores desplazados (más o menos un millón al año en el momento de elaboración de dicho documento)[191].

---

189 VERSCHUEREN, más que literal, considera "muy estricta" la interpretación de Laval y Rüffert. VERSCHUEREN, H.: "The European Internal Market and the competition between workers", *European Labour Law Journal*, vol. 6(2), 2015, pág. 140.

190 MONTI, M.: *A new strategy for the Single Market at the service of Europe's economy and society. Report to the President of the European Commission José Manuel Barroso*, 9.5.2010.

191 La evaluación de impacto preparatoria de la Directiva 2014/67 cifró en un millón de trabajadores desplazados al año en el período 2005-2009. COMISIÓN EUROPEA: Commission staff working document. Impact assessment. *Revision of the legislative framework on the posting of workers in the context of provision of services accompanying the document Proposal for a Directive of the European Parliament and the*

El Informe Monti realizó dos recomendaciones respecto al desplazamiento de trabajadores[192]:

- Aclarar la transposición (*implementation*) de la Directiva de Desplazamiento de Trabajadores y potenciar la difusión de información sobre los derechos y obligaciones de los trabajadores y las empresas, la cooperación administrativa y las sanciones en el marco de la libre circulación de personas y la prestación transfronteriza de servicios.
- Si se adoptan medidas para aclarar la interpretación y aplicación de la Directiva de Desplazamiento de Trabajadores, introducir una cláusula que garantice el derecho a huelga (*strike*) basado en el artículo 2 del Reglamento del Consejo (EC) 2679/98, así como un mecanismo para la solución informal de conflictos laborales relativos a la aplicación de la Directiva[193].

Con clara base en el Informe Monti, el documento que creemos mejor puede encarnar la corrección del rumbo de las Instituciones europeas es la Comunicación de la Comisión Europea titulada "Hacia un Acta del Mercado Único. Por una economía social de mercado altamente competitiva. Cincuenta propuestas para trabajar, emprender y comerciar mejor todos juntos", cuyo título es suficientemente ilustrativo de por dónde se pretendía llevar el crecimiento de la Unión cuando se superara la crisis económica[194]. Este documento, por lo que ahora interesa, propone:

Council on the enforcement of Directive 96/71/EC concerning the posting of workers in the framework of the provision of services, SWD(2012) 63 Final. Partie I, 21.3.2012, pág. 18.

192 MONTI, M.: *A new strategy…*, cit., pág. 72.

193 El Reglamento 2679/98 es también conocido como "Reglamento Monti I" por ser obra de Mario Monti cuando era Comisario de Mercado interior. Esta norma, que establece un sistema de conciliación o arbitraje sobre los obstáculos que se pudieran detectar respecto al mercado interior, reconoce en su artículo 2 el respeto a los derechos fundamentales de cada Estado, incluyendo el de huelga y otras acciones contempladas por los sistemas nacionales de relaciones laborales. Reglamento (CE) nº 2679/98 del Consejo de 7 de diciembre de 1998 sobre el funcionamiento del mercado interior en relación con la libre circulación de mercancías entre los Estados miembros. DO L 337, de 12.12.1998, pág. 8-9.

194 COMISIÓN EUROPEA: Comunicación de la Comisión al Parlamento Europeo, al Consejo, al Comité Económico y Social Europeo y al Comité de las Regiones.

"Propuesta nº 29: Partiendo de su nueva estrategia para la aplicación efectiva de la Carta de los Derechos Fundamentales por la Unión Europea, la Comisión velará por que se atienda a los derechos garantizados por dicha Carta, incluido el derecho a realizar acciones colectivas. La Comisión analizará de antemano y en profundidad las repercusiones sociales de todas las propuestas de normativa sobre el mercado único.

Propuesta nº 30: La Comisión aprobará en 2011 una propuesta legislativa destinada a mejorar la aplicación de la Directiva sobre el desplazamiento de trabajadores, propuesta que podría incluir una aclaración del ejercicio de los derechos sociales fundamentales en el contexto de las libertades económicas del mercado único o completarse con dicha aclaración."

A la Comunicación de 2010 se le sumó otra comunicación el año siguiente en la que se reiteraba la necesidad de aprobar una "Legislación que mejore y refuerce la transposición, aplicación y cumplimiento en la práctica de la Directiva sobre el desplazamiento de trabajadores. Esa legislación deberá establecer medidas para prevenir y sancionar cualquier abuso o elusión de las normas aplicables y tendrá que ir acompañada de disposiciones que permitan aclarar el ejercicio de las libertades de establecimiento y de prestación de servicios junto con los derechos sociales fundamentales"[195].

En cumplimiento de estas previsiones, se promovieron dos iniciativas, la primera de ellas el llamado "Reglamento Monti II", cuyo objeto era, en nuestra opinión, reducir tensión entre los agentes sociales[196].

Hacia un Acta del Mercado Único. Por una economía social de mercado altamente competitiva. Cincuenta propuestas para trabajar, emprender y comerciar mejor todos juntos, COM(2010) 608 final, 27.10.2010, pág. 72.

195 COMISIÓN EUROPEA: Comunicación de la Comisión al Parlamento Europeo, al Consejo, al Comité Económico y Social Europeo y al Comité de las Regiones. *Acta del Mercado Único. Doce prioridades para estimular el crecimiento y reforzar la confianza. "Juntos por un nuevo crecimiento"*, COM(2011) 206 final, 13.04.2011, pág. 18 y 19.

196 COMISIÓN EUROPEA: Propuesta de Reglamento del Consejo sobre el ejercicio del derecho a adoptar medidas de conflicto colectivo en el contexto de la libertad de establecimiento y la libre de prestación de servicios, COM(2012) 130 final, 21.3.2010, pág. 6. Durante la Presidencia Española del Consejo de 2010 se

Este proyecto, precedido por el Informe Monti, en el en el que se subrayaba la tensión existente en el ámbito del desplazamiento de trabajadores[197], pretendía fijar en un instrumento normativo de la Unión, una suerte de pacto de no agresión entre los derechos colectivos fundamentales y las libertades de circulación y establecimiento. El Reglamento Monti II fue retirado por la Comisión poco después de ser comunicado a las demás instituciones europeas y nacionales, al ponerse de manifiesto que no concitaba los consensos necesarios para poder realizar una negociación mínimamente viable[198].

La segunda iniciativa de la Comisión para aliviar las tensiones que existían en el desplazamiento de trabajadores fue la preparación de una norma que asegurara el cumplimiento de lo dispuesto en la Directiva 96/71, dado el fracaso de esta última en su complicado propósito de asegurar la competencia leal mediante la regulación del factor trabajo en los desplazamientos[199].

3. LA NECESIDAD DE REFORZAR EL CONTROL DE LOS DESPLAZAMIENTOS. LA DIRECTIVA 2014/67

El 21 de marzo de 2012, la Comisión Europea inició el procedimiento legislativo para crear una norma que facilitara el control de los desplazamientos de trabajadores[200]. Dado que no existía un consenso suficiente entre los Estados para modificar el fondo de la

---

presentó un informe elaborado por los agentes sociales que, en palabras de la propia Comisión, "Los debates evidenciaron una vez más la división de opiniones de las partes interesadas".

197 MONTI, M.: *A new strategy…*, cit., pág. 69.

198 CONTRERAS HERNÁNDEZ, O.: *Desplazamiento de trabajadores en la Unión Europea: estado actual y nuevos horizontes*, 1ª ed., Bomarzo, Albacete, 2020, pág. 165.

199 FOTINOPOULOU BASURKO, O.: "Panorámica general de la Directiva 2014/67/UE de ejecución de la Directiva sobre desplazamiento de trabajadores en el marco de una prestación de servicios trasnacional", *Revista de Derecho Social*, núm. 70, 2015, pág. 130.

200 COMISIÓN EUROPEA: Propuesta de Directiva del Parlamento Europeo y del Consejo relativa a la garantía de cumplimiento de la Directiva 96/71/CE, sobre el desplazamiento de trabajadores efectuado en el marco de una prestación de servicios, COM(2012) 131 final, 21 de marzo de 2012.

Directiva 96/71, se optó por crear un instrumento complementario, de refuerzo de su aplicación, que no alterara dicha norma[201].

En la evaluación de impacto de este proyecto de norma se ponen de manifiesto los problemas que existen para la "garantía de cumplimiento" (en inglés *enforcement*, que es la forma coloquial de referirse a la Directiva 2014/67, también en español) de la Directiva 96/71, pues el control de los desplazamientos por las autoridades nacionales era cuestión que ya se consideraba delicada y difícil desde hacía años[202], especialmente respecto a las medidas que los Estados podían imponer sin reproche del Tribunal de Justicia[203]. La evaluación de impacto también contempla la necesidad de mejora de la información a los desplazados y la simplificación de los trámites administrativos.

Nuestra opinión es que la Directiva 2014/67, más que una norma estructurada, es un abanico de respuestas a los problemas que se identificaron antes y a lo largo de su elaboración, sin que exista una lógica regulatoria claramente identificable. La Directiva 2014/67, que puede afirmarse que abrió una nueva etapa en el desplazamiento de trabajadores[204], suma en su índice:

- la lista de indicios para determinar si existe un desplazamiento real o no,
- la mejora del acceso a la información a empresarios y trabajadores desplazados,
- la cooperación administrativa entre los Estados,

---

201 TORMOS PÉREZ, J. A.: "De nuevo sobre el desplazamiento temporal de trabajadores en el mercado único europeo: la Directiva 2014/67/UE", *Revista de información laboral*, núm 5, 2015, pág. 8/16.

202 COMISIÓN EUROPEA: Comunicación de la Comisión al Consejo, al Parlamento Europeo, al Comité Económico y Social y al Comité de las Regiones. *La aplicación de la Directiva 96/71/CE en los Estados miembros*, COM(2003) 458 final, 25 de julio de 2003, pág. 15.

203 COMISIÓN EUROPEA: Comunicación de la Comisión. *Orientaciones en relación con el desplazamiento de trabajadores efectuado en el marco de una prestación de servicios*, COM(2006) final, 4.4.2006, pág. 15.

204 MOREAU, M. A.: "Le détachement de trávailleurs dans l'Union Européene: 20 ans après...", *Droit Social*, núm. 7-8, 2016, pág. 590.

- los requisitos administrativos que se pueden imponer a las empresas que desplazan para el control administrativo de los desplazamientos (entre ellos la comunicación del desplazamiento),
- la legitimación de los sindicatos locales para defender a los desplazados,
- las facilidades para presentar reclamaciones en el Estado de destino,
- el establecimiento de una responsabilidad solidaria en las cadenas de subcontratación,
- la ejecución transfronteriza de sanciones y
- la adaptación del Reglamento IMI para incluir una sección en dicha aplicación informática sobre desplazamiento de trabajadores[205].

De acuerdo con lo expuesto, la norma carece de una estructura clara y más bien parece ser una especie de menú de respuesta a todos aquellos problemas que pudieran haberse puesto sobre la mesa, sin abordar las cuestiones realmente relevantes[206], de fondo, que serían afrontadas en la siguiente directiva.

---

205 El *Internal Market Information System* (IMI) es una plataforma informática que funciona como una red social de autoridades de los Estados miembros, a través de la cual se pueden cursar solicitudes de información. IMI abarca diversos aspectos del mercado interior (armas, licencias de taxi o titulaciones profesionales) entre las que se encuentra el desplazamiento de trabajadores. Se regula por el Reglamento (UE) 1024/2012 del Parlamento Europeo y del Consejo, de 25 de octubre de 2012 relativo a la cooperación administrativa a través del Sistema de Información del Mercado Común y por el que se deroga la Decisión 2008/49/CE de la Comisión ("Reglamento IMI"). DO L 316, de 14.11.2012, pág. 1-11.

206 KYRIAZI, A.: "Making and breaking coalitions for a more 'Social Europe': The path towards the revision of the posted workers directive", *European Journal of Industrial Relations*, vol. 0, 2023, pág. 8.

4. LA PREJUZGADA INSUFICIENCIA DE LA DIRECTIVA 2014/67 Y LA REVISIÓN DE LA DIRECTIVA 96/71 DE 2018. EL PRINCIPIO "IGUAL SALARIO POR IGUAL TRABAJO"

La Comisión Europea presidida por Jean Claude Juncker puso en marcha la realización de unos objetivos sociales que afrontaran las consecuencias de la crisis económica de 2008[207], entre los que, por supuesto, se encontraba la revisión del desplazamiento de los trabajadores. Primero ante el Parlamento Europeo como candidato a presidir la Comisión[208], y también tras obtener el cargo, Juncker afirmó su intención de igualar la retribución de los desplazados y los trabajadores locales. Así, en el discurso del estado de la Unión de 13 de septiembre de 2017 afirmó[209]: "En una Unión de iguales, no puede haber trabajadores de segunda clase. Los trabajadores deben percibir la misma retribución por el mismo trabajo en el mismo lugar. Por ello, la Comisión propuso nuevas normas sobre el desplazamiento de trabajadores." [el subrayado es del autor del discurso].

Cuando el Presidente de la Comisión pronunció ese discurso no hacía sino repetir el Programa de Trabajo para 2016, que anticipaba la reforma de la Directiva 96/71 "para hacer frente a prácticas desleales que conducen al *dumping* social y la fuga de cerebros, asegurándonos de que un mismo trabajo en un mismo puesto tiene la misma remuneración"[210]. La iniciativa ya había sido incluida en el Anexo al Programa de 2015[211], circunstancia que provocó la remisión de diver-

---

207 *Ibidem*, pág. 8.

208 VAN NUFFEL, P. y AFANAJSEVA, S.: "The Revised Posting…", obra cit., pág. 272.

209 JUNCKER, J. C. (2017): "Discurso sobre el estado de la Unión 2017", *ec.europa.eu* [en línea], disponible en http://europa.eu/rapid/press-release_SPEECH-17-3165_es.htm [consulta mayo 2024].

210 COMISIÓN EUROPEA: Comunicación de la Comisión al Parlamento Europeo, al Consejo, al Comité Económico y Social Europeo y al Comité de las Regiones. *Programa de trabajo de 2016. No es momento de dejar las cosas como están*, COM(2015) 610 final, 27.1.2015, pág. 9.

211 COMISIÓN EUROPEA: Anexo de la Comunicación de la Comisión al Parlamento Europeo, al Consejo, al Comité Económico y Social Europeo y al Comité de las Regiones. *Programa de trabajo de la Comisión para 2015. Un nuevo comienzo*, COM(2014) 910 final, 16.12.2014, pág. 3.

sas cartas —nos referiremos a ellas más adelante— por Ministros de Estados tanto viejos como nuevos a la Comisaria de Empleo Thyssen.

En cumplimiento de este programa, la Comisión Europea lanzó en el mes de marzo de 2016 una propuesta de modificación de fondo de la Directiva 96/71[212], sin esperar a valorar el efecto desplegado en los desplazamientos por la Directiva 2014/67. Ni siquiera se esperó al agotamiento del plazo para que los Estados miembros transpusieran la Directiva 2014/67[213].

5. LA DIRECTIVA 2018/957. ¿LA ÚLTIMA PALABRA SOBRE EL DESPLAZAMIENTO?

5.1. Los movimientos políticos

El desplazamiento de trabajadores es uno de los campos en los que la politización comunitaria ha incidido más, como bandera de la aceptación o de la resistencia a la integración europea, motivo por el que se ha considerado que ha entrado a formar parte de la llamada "megapolítica" (*megapolitics*)[214]. Desde una perspectiva numérica, las cifras de trabajadores desplazados no justifican el protagonismo que este expediente adquirió sobre otras propuestas normativas de su época[215].

El protagonismo "político" de la revisión de la Directiva 96/71 sacó el procedimiento normativo de su natural esfera "técnica" y se colocó en un tablero en el que intervenían abogados, agentes so-

---

212 COMISIÓN EUROPEA: Propuesta de Directiva del Parlamento Europeo y del Consejo que modifica la Directiva 96/71/CE del Parlamento Europeo y del Consejo, de 16 de diciembre de 1996, sobre el desplazamiento de trabajadores efectuado en el marco de una prestación de servicios, COM(2016) 128 final, 8 de marzo de 2016.

213 El plazo de transposición concluía el 18 de junio de 2016, según el artículo 23 de la Directiva 2014/67.

214 SINDBJERG MARTINSEN, D., y BLAUBERGER, M.: "The Court Of Justice…", obra cit., pág. 30.

215 HOUWERZIJL, M. y BERNTSEN, L.: "Posting of Workers: From…", obra cit., pág. 147.

ciales, académicos y, muy especialmente, políticos[216], desvirtuando el debate técnico y sosegado que hubiera merecido en su elaboración. Muestra de esta "contaminación política" fue que los primeros pasos en la negociación de la que terminó siendo la Directiva 2018/957 partió de dos cartas dirigidas a la Comisaria Thyssen; una, remitida por ministros de varios Estados receptores de desplazados; la otra, su réplica firmada por ministros de los Estados emisores de trabajadores desplazados[217].

La primera de las cartas fue enviada en junio de 2015 por los ministros de Estados principalmente receptores de desplazados[218], esto es, Austria, Bélgica, Francia, Alemania, Luxemburgo, Países Bajos y Suecia. En ella básicamente solicitaban un cambio en la Directiva 96/71 que asumiera el principio de igual remuneración por el mismo trabajo en el mismo lugar. La idea sostenida por estos países era que el desplazamiento de trabajadores era un problema que enfrentaba a los Estados de Centroeuropa con la Unión en sí[219]. La réplica a esta carta fue firmada por los ministros de Bulgaria, República Checa, Estonia, Hungría, Letonia, Lituania, Polonia, Rumanía y Eslovaquia, quienes abogaban por esperar a valorar los efectos de la Directiva 2014/67 antes de adoptar cualquier decisión al respecto[220]; consideraban asimismo que la igualdad de remuneración era un principio

---

216 ARNHOLTZ, J. y LILLIE, N.: "European Integration and the Reconfiguration of National Industrial Relations. Posted Work as a Driver of Institutional Change", en ARNHOLTZ, J., (Ed.) y LILLIE, N., (Ed.), *Posted work in the European Union. The political economy of free movement*, Routledge, 2020, pág. 18.

217 VOSS, E. *et al.*: *Posting of Workers Directive. Current situation and challenges*, Directorate General for Internal Policies, European Parliament, 2016, pág. 49.

218 Carta a la Comisaria Thyssen de los Ministros de Austria, Bélgica, Francia, Alemania, Luxemburgo, Países Bajos y Suecia (2015) en *openoverheid.nl* [en línea], disponible en https://open.overheid.nl/documenten/ronl-archief-9ea56908-e1ce-497e-8a4f-45ee4c63cbe9/pdf [consulta mayo 2024].

219 VAN NUFFEL, P. y AFANAJSEVA, S.: "The Revised Posting...", obra cit., pág. 272.

220 Carta a la Comisaria Thyssen de los Ministros de Bulgaria, República Checa, Estonia, Hungría, Letonia, Lituania, Polonia, Rumanía y Eslovaquia (2015) en *europaportalen.se* [en línea], disponible en https://www.europaportalen.se/sites/default/files/dokument/nio_medlemsstater_utstationeriongsdirektivet_augusti_2015.pdf [consulta mayo 2024].

contrario al mercado interior, ya que esta igualdad afecta a una ventaja competitiva legítima, como era el diferencial de salarios[221].

La Comisión Europea lanzó la propuesta en marzo de 2016 con un contenido mucho más limitado de lo que se podía esperar de una norma llamada a terminar con todos los abusos del desplazamiento[222]. En resumidas cuentas, el primer borrador abordaba el desplazamiento de larga duración (24 meses), generalizaba la aplicabilidad de los convenios colectivos de todos los sectores, establecía la "misma remuneración", se pretendía obligar en las cadenas de subcontratación a aplicar a las empresas incluso convenios colectivos de eficacia limitada y se establecía el principio de igualdad de los trabajadores de las ETTs, todo ello con un tono casi timorato, si tenemos en cuenta los alardes que habían precedido al texto.

La propuesta contó con el apoyo indiscutible de Francia. Fue en este país en el que surgió el concepto de "fontanero polaco" (y no en el Reino Unido, como muchos creen)[223], y en las elecciones galas de 2017 la reforma de la Directiva 96/71 entró en la campaña electoral (insistimos en lo llamativo de que en una campaña electoral nacional se incluya una norma europea, en principio técnica y complicada de entender)[224]. Este interés estratégico de Francia coincide con el propósito del Presidente Macron desde prácticamente su toma de posesión de combatir el enfoque que el TJUE estaba dando al desplazamiento de trabajadores[225]. Macron tuvo un papel muy activo en la elaboración de la Directiva 2018/957, durante la que mantuvo un estrecho contacto con el presidente Juncker[226]; en el mes de agosto de 2017 realizó varios viajes para convencer a los mandatarios de Eslovaquia, República Checa, Rumanía y Bulgaria de que apoyaran la aprobación de la norma: llegó incluso a atacar al primer ministro de Polonia por oponerse a la reforma de la Directiva 96/71[227].

---

221 BOTTERO, M.: *Posting of workers in…*, obra cit., pág. 7.

222 COMISIÓN EUROPEA: Propuesta de Directiva del Parlamento Europeo y del Consejo que modifica la Directiva 96/71/CE…, cit.

223 VAN PEIJPE, T.: "Collective Labour Law…", obra cit., pág. 83.

224 ARNHOLTZ, J. y LILLIE, N.: "European Integration and…", obra cit., pág. 19.

225 BARNARD, C.: *The substantive Law…*, obra cit., pág. 444.

226 KYRIAZI, A.: "Making and breaking …", obra cit., pág. 10.

227 *Ibidem*, págs. 10 a 12.

La propuesta normativa recibió una fuerte contestación de los parlamentos nacionales de once Estados, que recurrieron a la "tarjeta amarilla"[228], por considerar que la iniciativa comunitaria no respetaba el principio de subsidiariedad. En junio de 2016, de acuerdo con el protocolo para estos casos, la Comisión Europea revisó el proyecto y lo consideró respetuoso con el principio de subsidiariedad, con lo que rechazó la solicitud de los parlamentos nacionales[229], básicamente porque el carácter transnacional de los desplazamientos justificaba plenamente que las instituciones comunitarias tomaran cartas en el asunto sin que el principio de subsidiariedad se viera afectado[230].

La división entre Estados emisores y receptores de trabajadores desplazados también se vivió en el Parlamento Europeo, donde algunos diputados de Estados centroeuropeos pertenecientes tanto al Partido Popular Europeo como a la Alianza de Liberal-Demócratas, se desmarcaron de la directriz de apoyar la propuesta, mientras que en el Grupo de Socialistas y Demócratas el mantenimiento de la disciplina de voto no fue fácil[231].

Desde una perspectiva más técnica, podemos considerar que el texto fue enriquecido gracias a los trabajos del grupo de trabajo de

---

228 El llamado procedimiento de "tarjeta amarilla" tiene por objeto garantizar el cumplimiento del principio de subsidiariedad. A tal fin, cuando la Comisión Europea publica un proyecto normativo, los parlamentos nacionales tienen un plazo de ocho semanas para justificar que la propuesta invade competencias nacionales. En el caso de que los dictámenes motivados emitidos por los Parlamentos alcancen un determinado umbral, la Comisión deberá reconsiderar su propuesta y decidir si la mantiene, la enmienda o la retira. De los tres primeros procedimientos uno lo fue respecto al proyecto de reglamento de adopción de medidas de conflicto colectivo al que nos hemos referido en el epígrafe 3 y otro en el caso de la Directiva de reforma de la Directiva 96/71. COMISIÓN EUROPEA, s.f.: "Mecanismo de control de la subsidiariedad", en *commission.europa.eu* [en línea], disponible en https://commission.europa.eu/law/law-making-process/adopting-eu-law/relations-national-parliaments/subsidiarity-control-mechanism_es [consulta mayo 2024].

229 COMISIÓN EUROPEA: Communication from the Commission to the European Parliament, the Council and the National Parliaments on the *Proposal for a Directive amending the Posting of Workers Directive, with regard to the principle of subsidiarity, in accordance with Protocol No 2*, COM(2016) 505 final, de 20.7.2016.

230 VAN NUFFEL, P. y AFANAJSEVA, S.: "The Revised Posting…", obra cit., pág. 286.

231 KYRIAZI, A.: "Making and breaking …", obra cit., págs. 10-11.

asuntos sociales (GAS) del Consejo[232], así como en el Parlamento Europeo. El entendimiento entre la Comisión, el Consejo y el Parlamento Europeo fue positivo, de manera que el trílogo que forma parte del procedimiento normativo se desarrolló con fluidez[233].

Finalmente, el expediente legislativo salió adelante y la Directiva 2018/957 se aprobó en el Consejo EPSSCO (siglas de Consejo de Empleo, Política Social, Sanidad y Consumidores) de 21 de junio de 2018, con el voto en contra de Hungría y Polonia, y la abstención de Croacia, Letonia, Lituania y Reino Unido[234]. Hungría y Polonia continuaron oponiéndose a esta nueva directiva y cada una de ellas presentaron un recurso de anulación ante el Tribunal de Justicia de la Unión Europea, que fue desestimado en las sentencias de 8 de diciembre de 2020[235].

5.2. Principales líneas de negociación y resultado final

Una vez expuesto el revuelo político generado por la reforma de la Directiva 96/71, en este apartado analizamos las principales cuestiones técnicas abordadas durante la negociación de la Directiva 2018/957.

5.2.1. El desplazamiento de larga duración

La cuestión más relevante de la Directiva 2018/957, junto con el principio de igual remuneración[236], es el establecimiento de un régimen específico para aquellos desplazamientos de una duración

---

232 El GAS es el grupo de trabajo del Consejo en el que los técnicos de los Estados miembros, junto con la Comisión Europea, negocian las propuestas normativas.

233 El acuerdo transaccional resultado del trílogo se recoge en CONSEJO 7350/18, de 28.3.2018.

234 CONSEJO: 10422/18, de 22.6.2018, pág. 2.

235 Sentencia de 8 de diciembre de 2020, Hungría contra Parlamento Europeo y Consejo de la Unión Europea ("Hungría"), C-620/18, EU:C:2020:1001 y Sentencia de 8 de diciembre de 2020, Polonia contra Parlamento Europeo y Consejo de la Unión Europea ("Polonia"), C-626/18, EU:C:2020:1000.

236 Conclusiones del Abogado General Sr. Campos Sánchez-Bordona presentadas el 28 de mayo de 2020, Asunto C-626/18 República de Polonia contra Parlamento Europeo, Consejo de la Unión Europea, apartado 14.

efectiva superior a doce meses, a los que se aplicarán todas las condiciones de trabajo (por supuesto, además de las previstas en el artículo 3.1 de la Directiva 96/71) en vigor en el Estado de destino, salvo las relativas a los sistemas complementarios de jubilación y las relacionadas con la celebración y extinción del contrato de trabajo.

La Comisión Europea en la redacción inicial del proyecto consideró desplazamientos de larga duración aquellos superiores a los 24 meses, en coherencia con lo establecido en el artículo 12 RCSSS. Para calcular ese período se tendrían en cuenta las sustituciones de los trabajadores desplazados, si bien sólo se computarían los desplazamientos de trabajadores con una duración de más de seis meses[237].

La redacción inicialmente prevista complicaba el encaje del precepto en el conjunto de las normas de conflicto de leyes: "Cuando la duración real o prevista del desplazamiento sea superior a veinticuatro meses, se considerará que el Estado miembro a cuyo territorio se haya desplazado al trabajador es el país en el que realiza habitualmente su trabajo". La expresión "país en el que realiza habitualmente su trabajo" suponía un solapamiento de las normas sobre desplazamiento con el Reglamento Roma I (RRI), con el riesgo de que un desplazado pudiera ser considerado a la vez como empleado de acuerdo con las normas del Estado de origen (en aplicación del artículo 8 RRI) y empleado conforme a las normas del Estado de destino (en aplicación de la Directiva 96/71 reformada)[238].

Como no es infrecuente en la elaboración de una norma tan compleja, se inició una espiral de redacciones que no hacían sino complicar más la situación, a pesar de la llamada de atención del Servicio Jurídico del Consejo, que consideró que el enfoque planteado modificaba indirectamente el RRI[239]. Los trabajos continuaron sin encontrar una solución definitiva[240], hasta que a finales de octubre de 2017 se llegó a la fórmula final de doce meses, ampliables por otros seis. La expresión del artículo 3.1. de la Directiva 96/71, por la que ésta se aplica a los desplazados "cualquiera que sea la legislación aplicable

237 COMISIÓN EUROPEA: Propuesta de Directiva del Parlamento Europeo y del Consejo que modifica la Directiva 96/71/CE..., cit., págs. 12 y 13.

238 CONSEJO: 8752/16, de 10.5.2016, pág. 2.

239 CONSEJO: 9544/16, de 27.5.2016, pág. 6.

240 CONSEJO: 12595/17, de 6.10.2017, pág. 6.

a la relación laboral", permitió que se mantuviera la vigencia de la legislación laboral de origen por aplicación del RRI, independientemente de la duración del desplazamiento[241].

5.2.2. La igual remuneración

El principio de misma remuneración por un mismo trabajo en un mismo lugar, asumido por el propio Presidente de la Comisión Europea, estuvo presente desde el inicio de las negociaciones.

Los Estados centroeuropeos plantearon argumentos que contrarrestaran la idea de igual remuneración, básicamente señalando que los desplazamientos provocan una serie de gastos adicionales a las empresas que proceden de otros Estados (viajes, alojamientos, etc.) que no tienen que asumir las empresas locales del Estado de destino[242], argumento que también fue recogido por el Dictamen del CESE emitido en el procedimiento de elaboración de la norma[243].

Ante este argumento, la Comisión distingue entre los costes laborales (*labor costs*) y los costes salariales (*wage costs*), y recuerda que la propuesta de reforma de la Directiva 96/71 sólo se ocupaba de los costes salariales[244], sin que sean de su interés otra clase de costes. Se barajó incluso un sistema dual, en función de que el desplazamiento fuera de menos de seis meses o más de un año[245], si bien el resultado final fue la ya conocida sustitución de la expresión "las cuantías de salario mínimo" por "remuneración."

---

241 CONSEJO: 13612/17, de 24.10.2017, pág. 13. La expresión utilizada en este documento en inglés es *irrespective of which law applies to the employment relationship*.

242 CONSEJO: 7894/16, de 22.4.2016, pág. 7.

243 COMITÉ ECONÓMICO Y SOCIAL EUROPEO: Propuesta de Directiva del Parlamento Europeo y del Consejo que modifica la Directiva 96/71/CE del Parlamento Europeo y del Consejo, de 16 de diciembre de 1996, sobre el desplazamiento de trabajadores efectuado en el marco de una prestación de servicios [COM(2016) 128 final - 2016-70-COD], DO C 75, de 10.3.2017, pág. 85.

244 CONSEJO: 7399/16, de 5.4.2016, pág. 5.

245 CONSEJO: 14368/16, de 25.11.2016, pág. 6.

5.2.3. Subcontratación

La propuesta pretendía evitar situaciones de abuso, en virtud de las que una empresa contratista tuviera que garantizar determinadas condiciones de trabajo a las subcontratistas nacionales, pero no a las subcontratistas procedentes de otros Estados miembros, por aplicación (o inaplicación) de convenios colectivos de empresa o de eficacia limitada[246]. El texto se suprimió en mayo de 2017[247].

5.2.4. Empresas de trabajo temporal

La reforma de la Directiva 96/71 afrontó una cuestión que apenas fue contestada por evidente. A diferencia de lo que hacía la Directiva de 2008/104 a nivel interno, la Directiva 96/71 no declaraba la igualdad de trato entre trabajadores cedidos por una ETT y los de la empresa usuaria, sino que dejaba esta igualdad, conforme a su artículo 3.9, al arbitrio de la transposición de los Estados miembros. La propuesta exigía a los Estados que el artículo 5 de la Directiva 2008/104 fuera efectivamente aplicado también a los trabajadores desplazados.

Adelantada la tramitación de la norma, el Consejo tomó nota de la propuesta efectuada por el Parlamento Europeo respecto a los llamados "desplazamientos en cadena" realizados por ETTs[248], es decir, los casos en los que una ETT pone a disposición trabajadores de una empresa usuaria y esa empresa usuaria desplaza a los trabajadores puestos a disposición a otro Estado miembro. En este caso, el trabajador corre el riesgo de no saber quién es su empresario ni qué condiciones laborales le son de aplicación, para lo que la redacción final de la Directiva 2018/957 deja claro que el empresario será en todo caso la ETT y que la empresa usuaria deberá informar a la ETT de las condiciones de trabajo que le resulten de aplicación.

246 *Ibidem*, pág. 7.

247 CONSEJO: 7823/17, de 16.5.2017, pág. 13.

248 CONSEJO: 9467/18, de 1.6.2018, pág. 17 y 19.

5.2.5. Negociación colectiva

La Directiva 96/71 declaraba que los convenios colectivos y laudos de aplicación general regirían en el sector de la construcción en todo caso, sin perjuicio de que los Estados pudieran ampliarlos a otros sectores. La Directiva 2018/957 extiende la vigencia de las normas colectivas a todos los sectores de actividad mediante la supresión de la referencia al Anexo de la Directiva 96/71, que sólo contemplaba al sector de la construcción.

Con el objeto de superar las limitaciones derivadas de las sentencias Laval y Rüffert, se amplía el abanico de convenios colectivos que pueden ser aplicados a trabajadores desplazados. Como remedio a las limitaciones de la legislación alemana puestas de manifiesto en Rüffert[249], se acordó en el trílogo con el Parlamento Europeo la inclusión de la expresión "*or in addition to*" (o además de) para superar la restricción a la aplicación de convenios de eficacia no general en los términos de dicha sentencia[250], de manera que a futuro se pudiera dar respuesta a situaciones similares a las de esa sentencia[251].

Asimismo, como respuesta a la sentencia Laval, la Directiva incluyó una cláusula de salvaguarda de derechos propuesta por Suecia e incluida entre las enmiendas del Parlamento[252]. Con esta inclusión se rescataba la redacción del proyecto de Reglamento Monti II, sobre la compatibilidad de la libre prestación de servicios y los derechos colectivos fundamentales (*Supra* II.3).

---

249 En la sentencia Rüffert el convenio colectivo que se pretendía aplicar no había sido declarado de eficacia general, a pesar de que en el sistema jurídico de ese país existía un mecanismo para ello. Por este motivo, con la norma de 2018 se abre la posibilidad de hacer valer un convenio, incluso cuando no ha sido declarado de interés general conforme al procedimiento en vigor.

250 CONSEJO: 6783/18, de 9.3.2018, pág. 63.

251 ROCCA, M.: "Stepping stones over troubled waters. Recent legal evolutions and the reform of the Posting of Workers Directive", en ARNHOLTZ, J., (Ed.) y LILLIE, N., (Ed.), *Posted work in the European Union. The political economy of free movement*, Routledge, 2020, pág. 172.

252 La propuesta sueca se recoge en CONSEJO: 8740/16, de 10.05.2016, pág. 3 y la del Parlamento en CONSEJO: 6783/18, de 9.3.2018, pág. 22.

5.3. La Directiva 2020/1057

La cuarta directiva que trata el desplazamiento de trabajadores se ocupa de los conductores del sector del transporte por carretera. A ella haremos breves referencias a lo largo del presente estudio, por cuanto es una mera (aunque necesaria) concreción de los principios generales de la Directiva 96/71 a las especificidades de este sector.

La Directiva (UE) 2020/1057, del Parlamento Europeo y del Consejo, de 15 de julio de 2020, por la que se fijan normas específicas con respecto a la Directiva 96/71/CE y la Directiva 2014/67/UE para el desplazamiento de los conductores en el sector del transporte por carretera, y por la que se modifican la Directiva 2006/22/CE en lo que respecta a los requisitos de control del cumplimiento y el Reglamento (UE) nº 1024/2012 (Directiva 2020/1057)[253], es una de las normas previstas por el llamado Paquete de Movilidad I, diseñado por la Comisión Europea con el objeto de mejorar las condiciones de vida y trabajo de los conductores, así como reducir la competencia desleal en el transporte por carretera[254]. De manera muy gráfica, podemos decir que traduce las normas generales de desplazamiento a las operaciones de transporte terrestre (bilateral, cabotaje, triangular), sea de mercancías o de pasajeros, y adapta diversos requisitos formales exigidos a este sector por la Directiva 2014/67.

Una de las razones que motivaron esta norma fueron los excesos cometidos por Francia, que, al amparo del artículo 9.1 *b*) de la Directiva 2014/67, y la transposición a través de la llamada Ley Macron[255], realizaba controles exhaustivos de toda clase de documentación la-

[253] Directiva (UE) 2020/1057 del Parlamento Europeo y del Consejo, de 15 de julio de 2020 por la que se fijan normas específicas con respecto a la Directiva 96/71/CE y la Directiva 2014/67/UE para el desplazamiento de los conductores en el sector del transporte por carretera, y por la que se modifican la Directiva 2006/22/CE en lo que respecta a los requisitos de control del cumplimiento y el Reglamento (UE) nº 1024/2012. DO L 249, de 31.7.2020, pág. 49-65.

[254] EUROFOUND, 2020: "Mobility Package", en *eurofound.europa.eu* [en línea], disponible en https://www.eurofound.europa.eu/en/european-industrial-relations-dictionary/mobility-package, [consulta mayo 2024].

[255] Décret nº 2016-418 du 7 avril 2016 adaptant le titre VI du livre II de la première partie du code du travail aux entreprises de transport détachant des salariés roulants ou navigants sur le territoire national et modifiant le code des transports. Diario Oficial de la República Francesa 84, de 9 de abril de 2016.

boral a los transportistas. Alemania y Austria se sumaron a esta campaña de controles, lo que les valió a los tres Estados la apertura de un procedimiento de infracción por parte de la Comisión Europea[256]. Al mismo tiempo, esta institución europea presentó una propuesta de Directiva específica para el sector en el mes de mayo de 2017[257], que terminó siendo la Directiva 2020/1057. No deja de llamar la atención el poder del sector del transporte por carretera, que consiguió frenar y encauzar a dos países tan importantes como Francia y Alemania.

A pesar de tratarse una norma de enorme interés, consideramos que el efecto de la Directiva 2020/1057 sobre el tema objeto de estudio en este trabajo es limitado. A ella nos referiremos en las escasas ocasiones que sea necesario.

5.4. ¿Continuará?

La evolución de las normas sobre desplazamiento puede ser vista como un péndulo que oscila entre la promoción del mercado interior y la protección de los trabajadores[258], en busca de un punto de equilibrio. Seguirán surgiendo problemas con el desplazamiento de trabajadores mientras la diferencia de costes salariales y de seguridad social siga siendo abultada. Cuestión distinta es si los problemas persistentes en el marco del desplazamiento se podrán imputar a la Directiva 96/71, como en gran medida ha ocurrido hasta 2018. La existencia de un diferencial abultado de costes de seguridad social podría poner el foco en la regulación de esta materia, que actualmente se encuentra en un proceso de reforma[259].

---

256 CHATZILAOU, K.: "Directive 2020/1057 du 15 juillet 2020: quelle protection pour les chauffeurs routiers détachés?", *Droit ouvrier*, núm. 874, 2021, pág. 379.

257 VELÁZQUEZ FERNÁNDEZ, M.: "La transposición al ordenamiento español del artículo 1 de la Directiva 2020/1057 (lex specialis) sobre desplazamientos en el sector del transporte internacional por carretera", *Laborum. Revista de Derecho de la Seguridad Social*, núm. 31, 2022, pág. 245-246.

258 LENS, D., MUSSCHE, N. y MARX, I.: "The different faces of international posting: Why do companies use posting of workers?", *European Journal of Industrial Relations*, vol. 28(1), 2022, pág. 28.

259 CARRASCOSA BERMEJO, D. y MOLINA MILLÁN, J.: "The binding nature of posting PDA1 issued under EU social security Coordination Regulations and the possible role of national courts", *ERA FORUM*, 2023, pág. 9/35.

Creemos que la Directiva 96/71 era suficiente para regular la realidad del desplazamiento de trabajadores. Los problemas jurídicos más conocidos se debían a que ciertos Estados bajaron la guardia frente al desplazamiento, más tras el desembarco de los Estados centroeuropeos, y no blindaron sus sistemas de relaciones laborales[260]. Si la Directiva 96/71 hubiera sido una norma de armonización, todos los Estados hubieran tenido que adaptar la legislación nacional a sus preceptos o, de no existir, aprobar las disposiciones oportunas[261].

Sin perjuicio de las modificaciones que se han realizado en la propia Directiva, Estados como Suecia y Dinamarca han reforzado sus regulaciones nacionales para protegerse de desplazamientos abusivos[262].

Insistimos en que la Directiva 96/71 era ya una norma válida para afrontar los desplazamientos de trabajadores, más con el refuerzo de la Directiva 2014/67. Al fin y al cabo, la única novedad relevante de la Directiva 2018/957, que además nos parece muy acertada, es el régimen de desplazamientos de larga duración. Aunque exista la opinión de que la norma ha cumplido las expectativas[263], creemos que el resto de las medidas que la Directiva 2018/957 contiene no pueden calificarse como revolucionarias respecto al régimen anterior, pues no hacen sino reforzar el proteccionismo de los Estados ricos, proteccionismo que no tiene por qué traducirse necesariamente en

---

260 Los problemas más graves, que no necesariamente más conocidos, en el ámbito del desplazamiento de trabajadores son las llamadas “empresas buzón”, esto es, aquellas empresas que formalmente está establecidas en un Estado con costes sociales bajos, pero que en realidad opera totalmente en Estados con estándares laborales altos.

261 BARNARD, C.: *EU Employment law*, Oxford University Press, 4ª ed., Oxford (Reino Unido), 2012, pág. 221.

262 PARLAMENTO EUROPEO: *The Impact of the ECJ judgements on Viking, Laval, Rüffert and Luxembourg on the Practice of Collective Bargaining and the Effectiveness of Social Action*, 2010, pág. 7.

263 MARCHAL ESCALONA, N.: “El desplazamiento de trabajadores en el marco de una prestación transnacional de servicios: hacia un marco normativo europeo más seguro, justo y especializado”, *Revista de Derecho Comunitario Europeo*, núm. 62, 2019, pág. 105 y 111.

la protección de los trabajadores desplazados desde los Estados con costes sociales más bajos[264].

La valoración que hacen los operadores jurídicos es que la reforma de la Directiva 96/71 se ha quedado corta y que la verdadera clave del respeto a los derechos de los desplazados está en los mecanismos de control de la Directiva 2014/67[265]. Por supuesto hay voces discordantes de esta opinión general, como es el caso de Polonia, donde tanto la Administración como los empresarios interpretan la reforma de 2018 como un mecanismo para hacer inviable el desplazamiento de trabajadores[266], o, cuando menos, desincentivar esta clase de operaciones cuando el destino es un Estado con estándares laborales superiores a los del Estado de origen de la empresa[267].

Esta discutible eficacia de la Directiva 2018/957, de la que se esperaba un efecto casi taumatúrgico a la luz del principio de igual remuneración para igual trabajo en el mismo lugar, no hace sino confirmar que el debate sobre el desplazamiento va más allá de la figura jurídica del desplazamiento. Cuando se habla a nivel político de desplazamiento de trabajadores no se habla de esta figura de movilidad laboral, sino de integración europea. En este sentido ARNHOLTZ y LILLIE consideran que "El desplazamiento se ha desplegado en un campo político europeo, donde políticos, abogados, agentes sociales y académicos participan en un debate político con foco en la UE, que va más allá de las cuestiones regulatorias relacionadas con el desplazamiento"[268].

---

264 CARRASCOSA BERMEJO, D.: "Desplazamiento en la UE y dumping social en el mercado único: estado de la cuestión y perspectivas", *Revista del Ministerio de Trabajo, Migraciones y Seguridad Social*, núm. 142, 2019, pág. 64.

265 CONTRERAS HERNÁNDEZ, O.: *La Directiva 2018/957: análisis de su efectividad a través del método Delphi*, 1ª ed., Círculo Rojo, 2020, pág. 49.

266 MATYSKA, A.: "Ambiguous Mobility: Polish Transnational Workers Navigating and Changing the Institutional Landscape of Posting", en ARNHOLTZ, J., (Ed.) y LILLIE, N., (Ed.), *Posted work in the European Union. The political economy of free movement*, Routledge, 2020, pág. 83.

267 DE CARVALHO, S.: "The revision of the Posting of Workers Directive and the freedom to provide services in EU: towards a dead end?", *Juridical Tribune*, vol. 8, núm. 3, 2018, pág. 732.

268 ARNHOLTZ, J. y LILLIE, N.: "European Integration and…", obra cit., pág. 18. "*Posting has developed into a European 'policy field', where politicians, lawyers, social*

El trasfondo de todo este debate es, como INNERARITY observa desde una perspectiva global europea, la percepción de la Unión Europea como una asociación funcional, estrictamente utilitaria, que sólo se legitima si soluciona problemas y no los crea[269].

El mercado interior y su ampliación a países pobres a mediados de los años ochenta (España y Portugal) creó un problema objetivo, como era la entrada sin freno en el mercado de la Europa de los Diez de empresas con mano de obra barata. Este problema se solucionó con la Directiva 96/71. Quince años después, la interpretación literal de la Directiva 96/71 y la ampliación a muchos países aún más pobres que España y Portugal cuando ingresaron creó un problema objetivo más grave que el anterior: la avalancha sin freno en el mercado de los Quince de empresas con mano de obra muy barata, que aparentemente se ha solucionado con la Directiva 2018/957. Nunca sabremos la verdadera eficacia de la Directiva 2014/67, que ha quedado como el hermano intermedio de estas tres normas.

En gran medida, la lógica de la producción de las normas sobre desplazamiento ha sido, en primer lugar, la creación de un problema estrictamente comunitario que, en segundo lugar, ha tenido una respuesta legislativa de las instituciones europeas. Europa lo creó y Europa lo tiene que solucionar. El desplazamiento de trabajadores ha pasado a la "megapolítica" europea, porque el desplazamiento de trabajadores ha puesto en evidencia la cuestión (que para muchos es la legitimidad) de la Unión Europea[270].

Deseamos que la Directiva 96/71, reformada por la Directiva 2018/957, no vuelva a ser fuente de problemas. De serlo, una vez más, la legitimidad de la Unión volverá a ser cuestionada.

---

partners, and academics participate in an EU-focused policy debate that concerns more than the specific regulatory issues related to posted work".

269 INNERARITY, D.: *La democracia en Europa. Una filosofía política de la Unión Europea*, Galaxia Gutemberg, Barcelona, 2017, pág. 39.

270 El término *megapolitics* se emplea por Sindjberg y Blauberger como el ámbito político en el que entró el TJUE con las sentencias en materia de desplazamiento. SINDBJERG MARTINSEN, D. y BLAUBERGER, M.: "The Court of Justice...", obra cit., pág. 29-57.

6. LA TRANSPOSICIÓN DE LAS NORMAS COMUNITARIAS DE DESPLAZAMIENTO AL DERECHO ESPAÑOL. LA LEY 45/1999

El objeto del presente trabajo no exige detenernos en un aspecto que evidentemente afecta de lleno a los operadores jurídicos españoles: la transposición de las normas de desplazamiento a través de la aprobación de la Ley 45/1999, de 29 de noviembre, sobre el desplazamiento de trabajadores en el marco de una prestación de servicios transnacional (LDT), y sus dos reformas operadas por los Reales Decretos-ley 9/2017 y 7/2021 para asumir los mandatos de las Directivas 2014/67 y 2018/957[271]. De menos relevancia para el estudio es, si cabe, la tercera gran reforma practicada en la LDT[272], motivada por la aplicación de las normas sobre desplazamiento en el transporte por carretera, cuya especificidad no haría sino nublar el análisis de la transposición de las reglas generales.

No parece necesario descender a la LDT porque el presente trabajo trata sobre la norma europea y el equilibrio que ésta pretende

---

271 Reformas operadas, respectivamente, por el Real Decreto-ley 9/2017, de 26 de mayo, por el que se transponen directivas de la Unión Europea en los ámbitos financiero, mercantil y sanitario, y sobre el desplazamiento de trabajadores (BOE del 27) y por el Real Decreto-ley 7/2021, de 27 de abril, de transposición de directivas de la Unión Europea en las materias de competencia, prevención del blanqueo de capitales, entidades de crédito, telecomunicaciones, medidas tributarias, prevención y reparación de daños medioambientales, desplazamiento de trabajadores en la prestación de servicios transnacionales y defensa de los consumidores (BOE del 28).

272 Esta reforma transpone la Directiva (UE) 2020/1057 del Parlamento Europeo y del Consejo, de 15 de julio de 2020, por la que se fijan normas específicas con respecto a la Directiva 96/71/CE y la Directiva 2014/67/UE para el desplazamiento de los conductores en el sector del transporte por carretera, y por la que se modifican la Directiva 2006/22/CE en lo que respecta a los requisitos de control del cumplimiento y el Reglamento (UE) 1024/2012. El instrumento empleado fue el Real Decreto-ley 3/2022, de 1 de marzo, de medidas para la mejora de la sostenibilidad del transporte de mercancías por carretera y del funcionamiento de la cadena logística, y por el que se transpone la Directiva (UE) 2020/1057, de 15 de julio de 2020, por la que se fijan normas específicas con respecto a la Directiva 96/71/CE y la Directiva 2014/67/UE para el desplazamiento de los conductores en el sector del transporte por carretera, y de medidas excepcionales en materia de revisión de precios en los contratos públicos de obras (BOE del 2).

guardar entre la libre prestación de servicios, la protección de los trabajadores y el mercado de trabajo del Estado de destino, para lo que una norma nacional de transposición poco puede aportar.

La LDT es una norma pacífica de transposición. La principal prueba es que España no ha sido demandada ante el TJUE por incumplimiento, ni a nivel interno hay constancia de grandes discusiones entre los operadores jurídicos[273], como han podido existir en otros Estados. Esta paz se debe, por un lado, a las características del sistema español de relaciones laborales y, por otro lado, a cierto complejo español de no plantar cara a los mandatos de la Unión Europea en materia de desplazamiento como otros Estados hacen (así se constata en la jurisprudencia del Tribunal de Justicia). En este sentido:

- Una de las principales muestras de la estabilidad en la regulación española de los desplazamientos es la escasa incidencia que las tres principales directivas (insistimos en que dejamos aparte la relativa al transporte por carretera) han tenido en las normas materiales españolas de Derecho del Trabajo. Si no hay que modificar la legislación nacional, no tiene por qué haber problemas, justo al contrario de lo que ocurrió en Suecia con el asunto Laval.
- La redacción original de la LDT para transponer la Directiva 96/71 tuvo que adaptar la Ley de Empresas de Trabajo Temporal a la posibilidad de que ETTs extranjeras pusieran trabajadores a disposición de empresas usuarias españolas. Estas empresas debían estar válidamente autorizadas para operar en su Estado de origen, con lo que no se establecía ninguna barrera a su actividad. En paralelo, la única exigencia para que una ETT española operara en la Unión Europea era que estuviera autorizada en España.
- La transposición de la Directiva 2014/67 exigió modificar la LDT para incorporar las novedades aprobadas y determinados

273 En los primeros años de vigencia de la LDT sólo cabe destacar una iniciativa llevada a cabo por Comisiones Obreras en el año 2007, relativa a los trabajadores desplazados portugueses del sector de la construcción. Los problemas que pudieran derivarse del desplazamiento de trabajadores quedaban disueltos en el debate sobre la inmigración en general. EUROFOUND: *Posted workers in the European Union*, Oficina de Publicaciones de la Unión Europea, 2010, pág. 27.

ajustes en la Ley sobre Infracciones y Sanciones en el Orden Social (LISOS)[274]. Debe tenerse en cuenta que en esta Directiva se fijaban cuestiones materiales como la responsabilidad en las cadenas de subcontratación o la representación de los trabajadores desplazados ante los tribunales nacionales, que ya se encontraban reguladas suficientemente en la legislación social española.

- La transposición de la Directiva 2018/957 también fue sencilla, en cuanto a que mucha de la materia ya formaba parte de la legislación española[275]. En este caso sí fue preciso ajustar las normas sobre trabajo temporal a la nueva redacción de la Directiva, además de la LISOS y la Ley Ordenadora del Sistema de Inspección de Trabajo y Seguridad Social[276], entre otras, si bien ninguna de ellas supuso una alteración en las normas sobre desplazamiento.

De esta manera, podemos afirmar que el sistema español de relaciones laborales estaba de sobra preparado para asumir las obligaciones emanadas de las normas europeas de desplazamiento de trabajadores. No podemos dejar de hacer orgullosa referencia a los convenios colectivos sectoriales de eficacia general como elemento clave para la defensa frente a empresas procedentes de Estados con menores salarios, frente a otros Estados con sistemas de relaciones colectivas de trabajo que no pueden llegar a la eficacia y el detalle de la regulación del que gozamos en España[277].

La eficacia *erga omnes* del convenio colectivo es la herramienta que ha evitado que situaciones como las que dieron lugar a las sentencias Laval o Rüffert hayan podido ocurrir en nuestro país[278]. Si hubiera sido posible contravenir las normas laborales españolas como ocurrió

---

274 Texto refundido, aprobado por Real Decreto Legislativo 5/2000, de 4 de agosto (BOE del 8).

275 LLOBERA VILA, M.: "La reforma del régimen español de desplazamiento transnacional de trabajadores: ¿qué ha cambiado tras el Real Decreto-ley 7/2021?", *Revista del Ministerio de Trabajo y Economía Social*, núm. 151, pág. 114.

276 Ley 23/2015, de 21 de julio (BOE del 22).

277 OJEDA AVILES, A.: "Negociación colectiva y trabajadores desplazados", *Aranzadi Social*, núm. 5, 1997, pág. 51.

278 RENTERO JOVER, J.: "Y ahora Rüffert (Comentario a la STJCE de 3 de abril de 2008)", *Revista de Derecho Social*, núm. 42, 2008, pág. 123.

en dichas sentencias, alguna empresa de otro Estado antes o después lo hubiera intentado.

Como guiño a la confrontación entre derechos fundamentales y libre prestación de servicios, no debemos olvidar que desde la primera versión de la LDT la libre sindicación y los derechos de huelga y de reunión se consideraron aplicables a los trabajadores desplazados (art. 3.1 *h*), como concreción para los desplazados de un derecho que se reconoce a los trabajadores extranjeros en España, por lo que su efecto no fue tan innovador como pudiera pensarse en su momento[279].

[279] GUTIÉRREZ-SOLAR CALVO, B.: *El desplazamiento temporal de trabajadores en la Unión Europea*, Aranzadi, Cizur Menor, 2000, pág. 192.

Capítulo III

EL ÁMBITO DE APLICACIÓN DE LA DIRECTIVA 96/71

La Directiva 96/71 despliega sus efectos a través de las normas nacionales de transposición sobre aquellas relaciones laborales en las que se produce una modificación temporal del lugar de trabajo a otro país, motivada por determinadas operaciones empresariales. La norma no se aplica a cualquier contrato de trabajo, sino que éste ha de pasar por varios filtros. La aplicación de tantos filtros entraña el riesgo de confundir el desplazamiento con otras situaciones de movilidad laboral objeto de otras normas comunitarias.

1. ÁMBITO MATERIAL

1.1. Planteamiento general

El artículo 1.1 de la Directiva 96/71 no define los desplazamientos[280], sino más bien los clasifica cuando dispone que ésta se aplica a las *empresas establecidas en un Estado miembro que, en el marco de una prestación de servicios transnacional, desplacen a trabajadores* en los casos recogidos en el artículo 1.3 de la misma norma:

a) Prestación de servicios. La empresa desplaza *a un trabajador por su cuenta y bajo su dirección, en el marco de un contrato celebrado entre la empresa de procedencia y el destinatario de la prestación de servicios que opera en dicho Estado miembro, al territorio de un Estado miembro, siempre que exista una relación laboral entre la empresa de procedencia y el trabajador durante el período de desplazamiento.*

b) Movimiento intragrupo. La empresa desplaza *a un trabajador al territorio de un Estado miembro, en un establecimiento o en una empresa que pertenezca al grupo, siempre que exista una relación la-*

280 GÓMEZ ABELLEIRA, F. J.: "Desplazamiento transnacional laboral genuino y ley aplicable al contrato de trabajo", *Cuadernos de Derecho Transnacional,* núm. 10(1), 2018, pág. 215.

boral entre la empresa de origen y el trabajador durante el período de desplazamiento; o

c) Puesta a disposición por una ETT. *En su calidad de empresa de trabajo temporal o en su calidad de agencia de colocación, desplaza un trabajador a una empresa usuaria que esté establecida o ejerza su actividad en el territorio de un Estado miembro, siempre que exista una relación laboral entre la empresa de trabajo temporal o la agencia de colocación y el trabajador durante el período de desplazamiento*[281].

Si acudimos a la evaluación de impacto realizada en 1991 por la Comisión Europea[282], existe un desplazamiento de trabajadores cuando una empresa establecida en un Estado miembro (al que llamaremos "Estado de origen") envía temporalmente a trabajadores por ella contratados en el Estado de origen a otro Estado ("Estado de destino") como (i) contratista principal o subcontratista durante la ejecución de un contrato de servicios, (ii) empresa que envía a un trabajador a uno de sus establecimientos en otro Estado miembro[283], o (iii) ETT que envía un trabajador a una empresa usuaria cliente.

1.2. Prestación de servicios

La primera forma de desplazamiento de trabajadores, que consiste en el envío de un trabajador a otro Estado miembro para prestar un servicio concreto a un cliente, es el arquetipo de esta figura[284]. Una empresa establecida en el Estado A recibe el encargo de realizar un servicio en un Estado B, para el que es preciso que parte de su personal viaje a ese Estado B durante una temporada. El presupues-

---

281 Empleamos la versión consolidada de la Directiva 96/71 utilizada desde 2018, en la que se sustituyó la —no podemos dejar de calificar como infame— traducción del francés de *empresas de trabajo interino* que durante 20 años sufrimos los españoles por *empresas de trabajo temporal*.

282 COMISIÓN EUROPEA: Propuesta de directiva del Consejo relativa al desplazamiento de trabajadores…, cit., pág. 13.

283 En esta misma página 13 de la Propuesta de directiva se preveía incluso que el desplazamiento se realizara a una empresa *asociada o no* a la empresa que envía al trabajador, eso sí, siempre para realizar un trabajo temporal.

284 RODRÍGUEZ-PIÑERO ROYO, M.: "La movilidad internacional de trabajadores: aspectos generales y distinción de supuestos de movilidad internacional", *Revista del Ministerio de Empleo y Seguridad Social*, núm. 132, 2017, pág. 24.

to habilitante para el desplazamiento es la existencia previa de un contrato civil o mercantil, en virtud del que la empresa se haya comprometido a prestar un servicio a un tercero, para el que tiene que enviar al trabajador desplazado[285]. El hecho de que el movimiento de personas sea visto sólo como una mera pieza de una prestación de servicios ha sido calificado por ciertos sectores de la doctrina como una *reificación,* en virtud de la que una concepción liberalizadora de la prestación de servicios reduce la importancia del factor personal, lo cosifica[286].

De acuerdo con la legislación europea, debemos considerar "servicios" aquellas actividades industriales, comerciales, artesanales y profesionales prestadas a cambio de una remuneración, que no estén reguladas por las normas en materia de libre circulación de bienes, capitales y personas[287], con exclusión de los servicios prestados por entidades gubernamentales[288].

Aunque en los capítulos anteriores se ha justificado que la regulación del desplazamiento de trabajadores responde a necesidades sentidas desde la creación de la CEE, la época en la que se negoció la Directiva 96/71 coincidió la eclosión de las prestaciones transnacionales de servicios, potenciados por el Acuerdo General de Comercio de Servicios (GATS por sus siglas en inglés)[289], motivo por el que los negociadores de la directiva de desplazamiento prestaron especial atención a la evolución de las negociaciones comerciales a nivel global[290]. Este interés por las negociaciones a nivel mundial encuentra explicación en el hecho de que en la primigenia redacción del pro-

---

285 BOTTERO, M.: *Posting of workers in...*, obra cit., pág. 71.

286 GUTIÉRREZ-SOLAR CALVO, B.: *El desplazamiento temporal...*, obra cit., pág. 124

287 VOLOSEVICI, D.: "Considerations on the Posting of Workers in the Framework of the Provision of Services", *Economic insights. Trends and challenges.* vol. VII(LXX) núm. 4/2018, pág. 27.

288 CONTRERAS HERNÁNDEZ, O.: *Desplazamiento de trabajadores...*, obra cit., pág. 59.

289 Acuerdo General sobre el Comercio de Servicios de la Organización Mundial del Comercio, aprobado en la Ronda de Uruguay, que entró en vigor el 1 de enero de 1995.

290 Los Estados encomendaron a la Comisión informarse sobre la relación de la futura norma con el GATT. CONSEJO: 8146/92, de 28.7.1992, página 7.

yecto las empresas prestadoras de servicios podían proceder no sólo de Estados de la CEE sino también de terceros Estados.

Precisamente la Directiva 96/71 coincide con la taxonomía de los servicios fijada por el GATS, para regular los servicios del llamado "Modo 4", esto es, aquellos servicios transnacionales cuya prestación requiere de la presencia de personas de la empresa prestadora en el Estado del receptor de los servicios[291]. Este modo de prestación consistente en enviar trabajadores al Estado en el que se va a dar el servicio es especialmente complejo y genera cautelas entre los Estados, precisamente por los riesgos de provocar *dumping* social e inmigración encubierta[292].

La norma exige en primer lugar que se preste un servicio, de manera que, si no hay un servicio concreto e identificado que prestar, el amparo jurídico que despliega la Directiva 96/71 no alcanza al desplazado. Quedarán así fuera del ámbito de la norma situaciones como el envío de un trabajador a realizar un curso formativo (en aras de la claridad excluido expresamente en el artículo 1.3 LDT), a realizar una prospección de mercado o a una feria[293], así como a participar en un campeonato europeo[294], o la situación en la que el trabajador de una empresa decide residir en un Estado miembro y teletrabajar para una empresa establecida en otro Estado[295]. En estos casos, la empresa no está prestando un servicio a nadie, de manera que no se puede hablar de desplazamiento de trabajadores en el

291 CONTRERAS HERNÁNDEZ, O.: *Desplazamiento de trabajadores...*, obra cit., pág. 59. Los otros modos de prestación del servicio son el Modo 1, suministro transfronterizo en el que no hay ninguna clase de movimiento de personas (el uso de una red social, por ejemplo), el Modo 2, consumo en el extranjero para el que se desplaza el receptor (turismo) y el Modo 3 presencia comercial (a través de una sucursal).

292 LALANNE, S.: "Desplazamiento de trabajadores...", obra cit., pág. 230.

293 COMISIÓN EUROPEA: *Guía sobre el desplazamiento de trabajadores*, Oficina de Publicaciones de la Unión Europea, 2019, pág. 10.

294 BOTTERO, M.: *Posting of workers in...*, obra cit., pág. 74. También se incluyen en esta tierra de nadie al personal de los rodajes, los agentes comerciales, los participantes en congresos o en reuniones de negocios.

295 BUSSCHAERT, G. y PECINOVSKY, P.: "The (Non)Application of the Posting of Workers Directive to Aircrew: How a lack of legal certainty leads to a failure to apply the posting rules in the aviation industry", *European Employment Law Cases*, núm. 4, 2020, pág. 230.

sentido estricto y, en consecuencia, podrían incluso aplicarse las leyes laborales del Estado de destino por aplicación de las normas de conflicto[296].

1.3. *Movimiento intragrupo*

El segundo caso de desplazamiento tiene lugar en el seno empresas de cierta dimensión, pues exige que la organización disponga de sede tanto en el Estado de origen como en el Estado de destino, a la que se adscribirá temporalmente al trabajador. A diferencia del caso anterior, la norma no exige un negocio jurídico previo habilitante del desplazamiento, sino que la mera necesidad u oportunidad de enviar a un trabajador a una filial o sucursal en otro Estado es suficiente para desplegar los efectos de la Directiva 96/71[297].

El origen y explicación de esta forma de desplazamiento, en la que no es necesario el paraguas de un servicio a terceros, es el de evitar el fraude de ley, tal y como reconoce la propuesta normativa de la Comisión de 1991[298], pues, de no contemplarse esta posibilidad en el articulado, "toda la Directiva podría carecer de sentido. Bastaría que una empresa creara un establecimiento o una filial en otro Estado miembro y enviara a algunos de sus trabajadores a dicho establecimiento o filial a ejercer una actividad temporal para que se evitara el cumplimiento de la Directiva", en tanto que, por aplicación del Convenio de Roma (en vigor en el momento de aprobación de la Directiva 96/71), se aplicaría íntegramente la legislación del Estado de origen.

La redacción de esta modalidad de desplazamiento de trabajadores sufrió una importante alteración a lo largo del proceso de elaboración de la directiva. El texto inicial no contemplaba la necesidad una relación societaria entre el establecimiento de origen y el de des-

---

296 GÁRATE CASTRO, F. J.: *Los desplazamientos de trabajadores en el marco de una prestación transnacional de servicios*, Tirant lo Blanch, Valencia, 2012, pos. 688/3668.

297 BOTTERO, M.: *Posting of workers in…*, obra cit., pág. 73.

298 COMISIÓN EUROPEA: Propuesta de Directiva del Consejo relativa al desplazamiento de trabajadores…, cit., pág. 14.

tino[299], sino que bastaba la adscripción temporal de un trabajador de una empresa a un establecimiento de otra empresa, pertenecieran las empresas al mismo grupo o no. Esta primera redacción provocó ciertas dudas sobre la licitud de esta variante, que podría incluso rayar la cesión ilegal de trabajadores de acuerdo con las normas laborales de algunos Estados[300], lo que dio lugar a una revisión de su redacción, que tuvo lugar ya avanzada elaboración de la propuesta[301].

1.4. Puesta a disposición de trabajadores por una empresa de trabajo temporal

La actividad de una ETT, esto es, ceder temporalmente trabajadores a empresas usuarias, es considerada una prestación de servicios desde una época en la que esta figura aún no estaba muy extendida en el ámbito europeo[302]. Ya en 1970 la Sentencia Manpower, entendió que la ETT "constituye el centro de las diferentes relaciones jurídicas, porque es parte a la vez en el contrato con el trabajador y en el contrato con la empresa que utiliza sus servicios"[303]. Diez años después, la sentencia Webb precisa[304]:

> "La actividad que consiste en la cesión por parte de una empresa, a cambio de una remuneración, de mano de obra que sigue estando al servicio de dicha empresa, sin que exista un contrato de trabajo con el usuario, constituye una actividad profesional que reúne los requisitos es-

---

299 La propuesta disponía "desplace a un trabajador a uno de sus establecimientos o a otra empresa, situados en un Estado miembro, en la medida en que exista una relación de trabajo entre la primera empresa y el trabajador durante el período de desplazamiento ". COMISIÓN EUROPEA: Propuesta de Directiva del Consejo relativa al desplazamiento de trabajadores…, cit., pág. 20.

300 Así lo puso de manifiesto la delegación española. CONSEJO: 7344/92, de 10.7.1992, pág. 7.

301 CONSEJO: 10346/94, de 4.11.1994. Pág. 3.

302 El Abogado General Sr. Dutheillet de Lamothe en las Conclusiones sobre el Asunto Manpower (C-35/70) comienza su exposición describiendo las ETTs como algo en cierto modo curioso: "Nacidas, al parecer, en Gran Bretaña, las empresas de trabajo temporal se desarrollaron sobre todo en el período comprendido entre las dos guerras mundiales, en los Estados Unidos".

303 Sentencia de 17 de diciembre de 1970, Manpower, C-35/70, EU:C:1970:120, apartado 6.

304 Sentencia de 17 de diciembre de 1981, Webb, C-279/80, EU:C:1981:314, apartado 9.

tablecidos en el párrafo primero del artículo 60. En consecuencia, debe ser considerada como un servicio a efectos de dicha disposición".

Si en el desplazamiento de trabajadores lo esencial es que los trabajadores acompañen el servicio, en el caso de la puesta a disposición de trabajadores el propio movimiento de los trabajadores es en gran medida el servicio[305]; es el objeto del servicio[306]. Las cifras de cesión transnacional de trabajadores por ETTs son bastante reducidas si se compara con el supuesto del artículo 1.1 *a*) de la Directiva 96/71 (el envío de trabajadores a otro Estado para prestar un servicio)[307]. La litigiosidad sobre este tipo de desplazamiento ante el TJUE se refiere a cuestiones en materia de seguridad social, no a condiciones de trabajo.

1.5. Figuras no contempladas en la Directiva 96/71

El artículo 1.3 de la Directiva 96/71 describe con claridad los supuestos que se califican como "desplazamiento de trabajadores". *Contrario sensu* no pueden recibir el amparo de esta norma situaciones en las que los trabajadores son enviados a otro Estado miembro para realizar operaciones distintas de las previstas en la norma.

Así, no constituirá un desplazamiento de trabajadores la migración clásica, en virtud de la que un trabajador, por su propia iniciativa y al amparo de la libre circulación de personas, se desplaza a buscar un trabajo a otro país, en el que es empleado por una empresa de ese mismo país. Estos trabajadores no son trabajadores desplazados porque buscan quedarse, integrarse en el mercado laboral del Estado de destino y no pretenden volver a trabajar en su Estado de origen[308]. LYON CAEN distinguió entre "movilidad en el empleo", como forma especial de movilidad que acompaña la ejecución de una prestación

---

305 BOTTERO, M.: *Posting of workers in…*, obra cit., pos.1312/13320.

306 BARNARD, C.: *EU Employment law…*, obra cit., pág. 219.

307 En el año 2021 sólo el 3,6 por ciento de los documentos A1 emitidos al amparo del artículo 12 del Reglamento 883/2004 lo fueron en el ámbito de ETTs. DE WISPELAERE, F. *et al.*: *Posting of workers. Report on A1 Portable Documents issued in 2021*, Comisión Europea, 2020, pág. 33.

308 VERSCHUEREN, H.: "Cross-Border Workers…", obra cit., pág. 174.

de servicios[309], frente a la persona que ejerce una movilidad "para el empleo", esto es, para buscar un trabajo en otro país. En el primer caso —que es el propio del desplazamiento— el trabajador no se va a integrar en el mercado de trabajo de destino, motivo por el que no procederá la aplicación del principio de igualdad de trato. En el caso de movilidad para el empleo, esto es, la emigración tradicional para buscar ocupación en el Estado de destino, el trabajador merecerá el mismo trato que los trabajadores locales. Aunque los trabajadores desplazados disfruten de forma limitada de las condiciones de trabajo de destino, los trabajadores que ejercen esta movilidad en el empleo no dejan de ser un elemento de influencia en el mercado de trabajo del Estado del Estado que los acoge[310].

Tampoco entran en el concepto de desplazamiento de trabajadores las situaciones de teletrabajo en las que un trabajador, por razones de índole personal (traslado del cónyuge, cuidado de familiares, etc.), decide mudarse a otro Estado miembro desde el que teletrabajará para su empresa[311]. No existe en este caso ni una prestación de servicios a un tercero que provoque la movilidad del trabajador ni un movimiento intragrupo —por supuesto tampoco una cesión de una ETT— que hagan asimilable el teletrabajo al desplazamiento de trabajadores, por lo que la ley aplicable debería determinarse conforme a las reglas del RRI[312].

Asimismo, no se pueden considerar desplazamiento de trabajadores aquellas situaciones en las que el trabajador es enviado por su

---

309 LYON-CAEN, A.: "Le droit, la mobilité…", obra cit., pág. 109.

310 DÄUBLER, W.: "Posted workers and the freedom to supply services. Directive 96/71/EC and the German Courts", *Industrial Law Journal*, vol. 27, 1998, pág. 266.

311 Durante la pandemia del COVID-19 la CACSSS asumió la ficción de que el teletrabajador transfronterizo estaba desplazado a los efectos de seguridad social. COMISIÓN EUROPEA (CACSS): *Guidance note on telework*, EMPL/1053-01/22 - EN, de 13.5.2022.

312 En este sentido es destacable la opinión de GÓMEZ ABELLEIRA en el blog "El Foro de Labos", en la que propone, además del Reglamento Roma I para determinar la ley aplicable, el concepto de *parte sustancial* de la actividad, que se toma prestado de las normas sobre Seguridad Social. GÓMEZ ABELLEIRA, F. J., 2020: "El lugar de trabajo en el teletrabajo transnacional" en *elforodelabos.es* [en línea], disponible en https://www.elforodelabos.es/2020/11/el-lugar-de-trabajo-en-el-teletrabajo-transnacional/ [consulta mayo 2024].

empresa a trabajar en otro Estado miembro[313], a una reunión técnica o de negocios[314], a buscar nuevos mercados y clientes o a realizar acciones de formación[315], y de todo trabajador que en un Estado de destino preste los servicios para su empresario y no para un receptor de servicios[316].

En último lugar, los trabajadores fronterizos, esto es, los residentes en un Estado que todos los días cruzan la frontera para ir a su centro de trabajo tampoco entran en el ámbito de la Directiva 96/71. Sólo si el movimiento de personal se diera en los términos del artículo 1, sería posible su aplicación[317], como fue el caso abordado por la sentencia Mazzoleni[318], en la que la empresa desplazaba puntualmente vigilantes de seguridad a tiendas desde Francia a Bélgica para que los ladrones de las tiendas "no se quedaran con la cara" del vigilante[319].

2. ÁMBITO TERRITORIAL

2.1. El Espacio Económico Europeo

La Directiva 96/71 se aplica al Espacio Económico Europeo (EEE), esto es, a los Estados que integran la Unión Europea y a los Estados miembros de la Asociación Europea de Libre Comercio (AELC). Se aplica además a Suiza por decisión de ese país.

La AELC, que actualmente se integra por Liechtenstein, Islandia, Noruega y Suiza, nació en 1960, promovida principalmente por el Reino Unido, con Austria, Dinamarca, Noruega, Portugal, Suecia, Suiza y Reino Unido como fundadores. El propósito inicial de la

---

313 DAVIES. P.: "Posted workers: single...", obra cit., pág. 576.

314 COMISIÓN EUROPEA: *Guía práctica sobre el desplazamiento de trabajadores*, Oficina de Publicaciones de la Unión Europea, 2019, pág. 7.

315 Las acciones formativas están expresamente excluidas por el artículo 1.3 de la LDT española, exclusión que puede calificarse de *declarativa*. GÁRATE CASTRO, F. J.: *Los desplazamientos de trabajadores...*, obra cit., pos. 793/3668.

316 BOTTERO, M.: *Posting of workers in...*, obra cit., pág. 74.

317 CASAS BAAMONDE, M. E.: "Libre prestación de servicios..." obra cit., pág. 28.

318 Sentencia de 15 de marzo de 2001, Mazzoleni, C-165/98, EU:C:2001:162.

319 *Ibidem*, apartado 13.

AELC fue constituir un contrapeso a la CEE[320], si bien la relación entre una y otra siempre ha sido de colaboración.

Los lazos entre la CEE y la AELC se fueron estrechando por la necesidad de reforzar el bloque económico de Europa occidental frente a sus competidores[321]. Así, el 9 de abril de 1984 los representantes de los Estados miembros de ambas instituciones firmaron la Declaración de Luxemburgo, con el objetivo de crear un "espacio económico europeo" dinámico (*European economic space*, que posteriormente pasó a llamarse *area*)[322], espacio para el que el Presidente Delors propuso "una asociación más estructurada, con instituciones comunes administrativas y de decisión"[323].

El acercamiento de estas dos organizaciones propició el Acuerdo sobre el Espacio Económico Europeo, que se firmó en Oporto el 2 de mayo de 1992. Al mismo tiempo, los Estados miembros de la AELC (entonces Austria, Finlandia, Islandia, Liechtenstein, Noruega, Suecia y Suiza) crearon una autoridad de vigilancia, un comité permanente y un tribunal de justicia, que en algunas ocasiones ha interpretado la Directiva 96/71.

El Acuerdo de 1992 quedó sujeto a ratificación conforme a lo establecido en las diferentes legislaciones nacionales de los Estados de

---

320 AELC: *In commemoration of EFTA's 40th anniversary*, EFTA, 2000, pág. 25.

321 *Ibidem*, pág. 31.

322 EFTA, s.f.: "Luxembourg: Ministerial meeting between EFTA countries and the EC and its Member States", en *efta.int* [en línea], disponible en https://www.efta.int/sites/default/files/documents/about-efta/EFTA-EC-joint-declaration-1984.pdf, [consulta mayo 2024].

323 Jacques Delors planteó la alternativa al Parlamento Europeo sobre cómo afrontar las relaciones con la AELC: "*We are coming up to the point where the climber wants to stop to get his breath, to check that he is going in the right direction and that he is properly equipped to go on. There are two options: (i) we can stick to our present relations, essentially bilateral, with the ultimate aim of creating a free trade area encompassing the Community and EFTA; (ii) or, alternatively, we can look for a new, more structured partnership with common decision-making and administrative institutions to make our activities more effective and to highlight the political dimension of our cooperation in the economic, social, financial and cultural spheres.*"
DELORS, J., s.f.: "Statement on the broad lines of Commission policy (Strasbourg, 17 January 1989)", en *cvce.eu* [en línea], disponible en https://www.cvce.eu/content/publication/2003/8/22/b9c06b95-db97-4774-a700-e8aea5172233/publishable_en.pdf [consulta mayo 2024].

la AELC. Suiza rechazó el Acuerdo por referéndum con una mayoría muy estrecha[324].

Finalmente, el Acuerdo sobre el EEE y su Acta Final, recogida en la Decisión del Consejo y la Comisión de 13 de diciembre de 1993, entraron en vigor el 1 de enero de 1994[325]. Dada la finalidad que la Directiva 96/71 tiene como de norma "de mercado" (facilitadora de la libre prestación de servicios) el artículo 36 prohíbe todas las restricciones a la libre prestación de servicios en *el territorio de las Partes Contratantes para los nacionales de los Estados miembros de la CE y de los Estados de la AELC establecidos en un Estado de la CE o en un Estado de la AELC que no sea el del destinatario de la prestación.* La Directiva 96/71 se incorporó al Acuerdo de la EEE por Decisión del Comité Conjunto número 37/98, de 30 de abril[326].

La vigencia del Acuerdo sobre el EEE hace que la Directiva 96/71 y el resto de normas sobre desplazamiento de trabajadores sean normas pertinentes a efectos del EEE, esto es, se apliquen a todo el EEE, y que, por ejemplo, los Estados de la AELC puedan participar en los grupos de trabajo de la Autoridad Laboral Europea (ALE) en calidad de observadores[327].

---

324 Los resultados del referéndum fueron un 50,3 por ciento para el No y un 49,7 para el Sí, de acuerdo con los datos de la web del Consejo Federal de la Confederación suiza. CHANCILLERIE FÉDÉRALE (Confederación Helvética), s.f.: "Votation populaire du 06.12.1992", en *bk.admin.ch* [en línea], disponible en https://www.bk.admin.ch/ch/f/pore/va/19921206/index.html [consulta mayo 2024].

325 DO L 1, de 3.1.1994, pág. 1-606.

326 DO L 310, de 19.11.1998, pág. 25-26.

327 La Autoridad Laboral Europea es una agencia dependiente de la Comisión Europea cuya principal misión es asegurar que las normas sobre movilidad laboral y coordinación de seguridad social se hacen cumplir de forma justa, sencilla y efectiva. https://www.ela.europa.eu/es/node/129. Se regula en el Reglamento (UE) 2019/1149 del Parlamento Europeo y del Consejo de 20 de junio de 2019 por el que se crea la Autoridad Laboral Europea, se modifican los Reglamentos (CE) nº. 883/2004, (UE) nº. 492/2011 y (UE) 2016/589 y se deroga la Decisión (UE) 2016/344. DO L 186 de 11.7.2019, pág. 21-56.

2.2. *Suiza*

Los desplazamientos de trabajadores hacia y desde Suiza disponen de una regulación propia, en tanto Suiza es miembro de la AELC, pero no es parte del Acuerdo sobre el EEE. Como hemos señalado, el Decreto Federal que tenía que refrendar el Acuerdo sobre el EEE del lado suizo fue rechazado en el referéndum de 6 de diciembre de 1992. Como resultado de todo ello, Suiza figura como parte de un tratado que en realidad no se le aplica, y para la que el resto de partícipes tuvieron firmar un Protocolo de Ajuste el 17 de marzo de 1993, en el que la frase más repetida es *la palabra Suiza debe borrarse.*

El rechazo helvético al Acuerdo sobre el EEE no impidió que este país quisiera participar en el proyecto europeo a la carta, a través de instrumentos bilaterales con la Unión Europea. En su caso, la libre circulación de personas y servicios en general, y del desplazamiento de trabajadores en particular, se regula en el Acuerdo sobre la libre circulación de personas entre la Comunidad Europea y sus Estados miembros, por una parte, y, de otra parte, la Confederación Suiza de 4 de abril de 2002[328].

La principal característica de este acuerdo con el país helvético es el principio general de limitación de la presencia en el estado de acogida para prestar el servicio a un máximo de 90 días, sea una persona física o una sociedad quien haya asumido el encargo (art. 5.1), con el correlativo derecho a la entrada y residencia por el mismo período a los trabajadores de dichos prestadores de servicios (art. 17 del Anexo I). El artículo 22.2 del Anexo I remite a la Directiva 96/71 como norma de aplicación. Esta remisión es coherente con el artículo 16 del Acuerdo, que dispone que *para alcanzar los objetivos contemplados por el presente Acuerdo, las Partes Contratantes adoptarán todas las medidas necesarias para que los derechos y obligaciones equivalentes a los contenidos en los actos jurídicos de la Comunidad Europea a los cuales se hace referencia puedan aplicarse en sus relaciones.*

La situación de los desplazados a Suiza procedentes de cualquier país se regula en la Ley federal de 8 de octubre de 1999, sobre medi-

---

[328] DO L 114, de 30.04.2002, pág. 6-72.

das de acompañamiento a los trabajadores desplazados y a los controles de salarios mínimos previstos por los contratos-tipo de trabajo.

2.3. Reino Unido y Brexit

La pertenencia del Reino Unido a la Unión Europea durante casi cincuenta años exige una referencia a la situación de los desplazamientos a y desde Reino Unido tras su salida de la Unión Europea.

El bloque regulador del abandono de la Unión Europea por el Reino Unido se compone, en primer lugar, por el Acuerdo sobre la retirada del Reino Unido de Gran Bretaña e Irlanda del Norte de la Unión Europea y de la Comunidad Europea de la Energía Atómica de 17 de octubre de 2019[329], que sólo se refiere a la Directiva 96/71 en su artículo 67, al tratar la competencia judicial en los procesos iniciados antes del final del período transitorio, sin hacer ninguna consideración sobre el fondo de la materia. Este Acuerdo fijó un período transitorio que concluía el 31 de diciembre de 2020, durante el cual las partes tenían que negociar el entonces futuro régimen de relaciones entre la Unión Europea y el Reino Unido. Llegado el final del período transitorio, la Directiva 96/71 dejaría de aplicarse a los desplazamientos entre el Reino Unido y los Estados miembros de la Unión Europea, para hacerlo la normativa del Estado de destino del desplazamiento[330].

Apurando el plazo, se convino el Acuerdo de Comercio y Cooperación entre la Unión Europea y la Comunidad Europea de la Energía Atómica, por una parte, y el Reino Unido de Gran Bretaña e Irlanda del Norte, por otra, de 24 de diciembre de 2020[331]. Este segundo Acuerdo, de 24 de diciembre de 2020, regula las prestaciones de servicios en las que las empresas tienen que desplazar a su personal desde una perspectiva comercial. Como su título ilustra, regula las relaciones comerciales entre las Partes, UE y el Reino Unido, por lo que las cuestiones laborales, de Seguridad Social y de extranjería son objeto de remisión a otras normas.

---

329 DO C 384 I, de 12.11.2019, pág. 1-177.

330 COMISIÓN EUROPEA: *Notice to stakeholders. Withdrawal of the United Kingdom and EU rules on posting of workers*, 6.10.2020, pág. 2.

331 DO L 149, de 30.4.2021, pág. 1-2539.

Al no ser de aplicación la Directiva 96/71 en los desplazamientos desde y hacia el Reino Unido, nos limitamos a considerar que el nuevo marco entre la Unión Europea y Reino Unido tiene una clara intención restrictiva de los desplazamientos de escaso valor añadido, esto es, limita la posibilidad de desplazamientos para realizar servicios en los que el precio dependa básicamente de la mano de obra, como puede ser la construcción. Este enfoque, de distinción entre los desplazamientos *white collar* y *blue collar* ya estuvo presente al plantearse la reforma de la Directiva 96/71 que desembocó en la 2018/957[332].

2.4. Terceros Estados

El artículo 1.4 de la Directiva 96/71 contiene una cláusula de cierre, en virtud de la cual las empresas de terceros Estados no podrán tener un trato más favorable que las de los Estados miembros, esto es, la Directiva 96/71 se debe aplicar a las empresas que desplacen trabajadores de terceros Estados, sin perjuicio de otras condiciones que les puedan ser impuestas.

Hasta finales de 1994 las redacciones del proyecto de Directiva 96/71 no diferenciaron entre empresas comunitarias o extracomunitarias, de manera que la norma era en principio aplicable a empresas de cualquier país que pretendieran prestar servicios desplazando trabajadores en territorio de la Comunidad[333]. Dado que el artículo

---

332 COMISIÓN EUROPEA: Propuesta de Directiva del Parlamento Europeo y del Consejo que modifica la Directiva 96/71/CE…, cit., pág. 4: "por su parte, este Plan proporcionará un impulso adicional a la prestación trasfronteriza de servicios y permitirá responder al aumento de la demanda de mano de obra cualificada. La realización de proyectos de infraestructuras estratégicas en los Estados miembros exigirá competencias adecuadas a los puestos de trabajo, por lo que será necesario establecer las condiciones pertinentes para que dicha demanda pueda satisfacerse con una oferta apropiada a través de las fronteras. La modernización de la Directiva sobre el desplazamiento de trabajadores facilitará las inversiones en condiciones de competencia no falseada y de protección de los derechos de los trabajadores".

333 La versión inicial del artículo 1.1 del proyecto se aplicaba a "toda empresa, independientemente del Estado en el que se halle establecida" (Propuesta de Directiva del Consejo relativa al desplazamiento de trabajadores, cit., pág. 20) o posteriormente "*whether the undertaking providing them is established in a member*

57.2 TCE (artículo que declara el acceso al ejercicio de profesiones no asalariadas y que es el concreto fundamentado jurídico de la Directiva 96/71 junto con el artículo 66, que vincula el 57.2 con la libre prestación de servicios) no contemplaba situaciones de terceros Estados[334], existían problemas graves para fijar este artículo 57.2 como base jurídica de la norma[335], aunque al final así se hizo. La limitación del campo de aplicación a los Estados miembros y la inclusión de una cláusula para evitar el trato más favorable a empresas de terceros Estados tuvo lugar ya en la negociación del proyecto revisado tras los informes del Parlamento y el CESE[336].

Resultado de todo ello es la declaración del artículo 1.4 de la Directiva 96/71 por el que las empresas provenientes de terceros Estados *no deberán obtener un trato más favorable que las empresas establecidas en un Estado miembro.*

3. EL CARÁCTER TEMPORAL DEL DESPLAZAMIENTO

3.1. La temporalidad como elemento identificador del desplazamiento

De acuerdo con el artículo 2.1 de la Directiva 96/71, es trabajador desplazado quien, *durante un período limitado, realice su trabajo en el territorio de un Estado miembro distinto de aquél en cuyo territorio trabaje habitualmente.* Esta temporalidad de los desplazamientos es precisamente lo que hace especiales a los desplazamientos de trabajadores dentro del marco general de determinación de la ley aplicable al contrato

state or in a non-Member country" ["esté la empresa que los provee en un Estado miembro o en un país no miembro"] de la propuesta revisada (COM (93) 225 final SYN 346). Tras el Consejo de 21 de diciembre de 1994, las redacciones del artículo 1.1 se limitan a "*undertakings established in a member State*" ["empresas establecidas en un Estado miembro"] (CONSEJO: 4743/95, de 7.2.1995, pág. 2).

334 CONSEJO: 9712/93, de 8.11.1993, pág. 3.

335 Respecto a la base jurídica de las normas comunitarias y de la Directiva 96/71, *Infra* XI.

336 La Presidencia toma nota de una propuesta griega. CONSEJO: 12043/94, de 13.12.1994, y posteriormente realiza una propuesta en una Nota de la Presidencia (CONSEJO: 4743/95, de 7.2.1995), que ya contempla especialmente a las empresas establecidas en un Estado de la CE.

de trabajo, que en primer lugar se reguló por el Convenio de Roma y actualmente por el RRI[337]. Sin perjuicio del desarrollo que haremos en su momento, apuntamos ahora que estas normas (artículo 6.2 de la primera y 8.2 de la segunda) señalan, en defecto de elección por las partes, como primer criterio conflictual para determinar ley aplicable al contrato de trabajo plurilocalizado, la ley del país donde el trabajador ejecute habitualmente su prestación laboral, aunque temporalmente haya sido enviado a otro país[338]. Al igual que en la Directiva 96/71, ni el Convenio de Roma ni el RRI definen la temporalidad[339].

La característica del desplazamiento de trabajadores que justifica su especial arquitectura jurídica es precisamente la temporalidad, que se constituye en condición imprescindible para que la Directiva 96/71 se aplique[340]. Como afirma CASAS BAAMONDE[341], la naturaleza temporal del desplazamiento deriva de la libertad de prestación de servicios, que es tanto su causa como su límite. Esta temporalidad puede tener una duración indeterminada e incluso indeterminable (QUINTERO LIMA)[342], aunque la lógica de la operación a la que

---

337 Respectivamente Convenio sobre la ley aplicable a las obligaciones contractuales abierto a la firma en Roma el 19 de junio de 1980. DO edición especial en español: Capítulo 01 Tomo 003 pág. 36-54 y Reglamento (CE) 593/2008 del Parlamento Europeo y del Consejo, de 17 de junio de 2008, sobre la ley aplicable a las obligaciones contractuales (Roma I). DO L 177, de 4.7.2008, pág. 6-16.

338 FOTINOPOULOU BASURKO, O.: "Reflexiones en torno al concepto de habitualidad Vs. Temporalidad en las normas de Derecho Internacional Privado del Trabajo europeas", en FOTINOPOULOU BASURKO, O., (Coord.), *El desplazamiento de trabajadores en el marco de la Unión Europea: presente y futuro,* Atelier, Barcelona, 2017, pág. 252.

339 GÓMEZ ABELLEIRA, F. J.: "Mercado interior de servicios y desplazamientos transnacionales de trabajadores en la Unión Europea", *Revista de Justicia Laboral,* núm. 32, 2007, pág. 8-51.

340 GÁRATE CASTRO, F. J.: *Los desplazamientos de trabajadores…,* obra cit., pos. 404/3668. LLOBERA VILA, M.: "La liberalización de los servicios en el mercado interior: directiva Bolkestein, subcontración y movilidad transnacional de trabajadores", *Revista de Derecho Social,* núm. 36, 2007, pág. 3/13.

341 CASAS BAAMONDE, M. E.: "Libre prestación de…" obra cit., pág. 6.

342 QUINTERO LIMA, G.: "Desplazamientos de trabajadores fuera del ámbito de la Unión Europea. Aspectos laborales sensibles", en MARTÍNEZ-GIJÓN MACHUCA, M. A., (Coord.), PÉREZ GUERRERO, M. L., (Dir.) y QUINTERO LIMA, M. G., (Dir.), *La lucha contra la precariedad y las reformas en materia de desplazamientos de los trabajadores,* Laborum, Murcia, 2020, pág. 229.

esté vinculado el movimiento de mano de obra dé idea de su duración[343]. Así, si el desplazamiento se vincula a un contrato de prestación de servicios, deberá durar lo que el contrato, mientras que si se trata de un movimiento intragrupo, habrá que atender a la actividad concreta que realiza el trabajador para anticipar su duración. En último lugar, las puestas a disposición por ETTs tendrán los límites que la legislación de destino fije[344].

Lo que define la temporalidad no es un período concreto de tiempo[345], sino —considerando 36— que *se supone que el trabajador va a reanudar su trabajo en el país de origen tras realizar su tarea en el extranjero.* Ni siquiera la incorporación de determinados umbrales de tiempo a través de la Directiva 2018/957 debe ser interpretada como una fijación de límites temporales[346].

Una vez más, debemos reiterar la inexistencia de integración de los desplazados en el mercado de trabajo del Estado de destino y la movilidad *en* el empleo como criterio diferenciador del desplazamiento de trabajadores frente a otros supuestos de movilidad.

Si el desplazamiento a otro Estado fuera permanente no habría razón alguna para que la relación laboral nacida en el Estado de origen perviviera en un territorio extranjero conforme a la legislación del Estado de origen, pues la lógica más elemental, plasmada en el considerando 8 de la Directiva 96/71[347], señala a la ley del lugar donde el trabajador realiza habitualmente su trabajo como rectora

---

343 No tiene por qué existir una identificación exacta entre servicio y desplazamiento del trabajador. JORENS, Y.: *Cross-border EU…*, obra cit., pág. 178.

344 RIBES MORENO, M. I.: "El concepto de trabajador temporalmente desplazado", en FOTINOPOULOU BASURKO, O., (Coord.), *El desplazamiento de trabajadores en el marco de la Unión Europea: presente y futuro,* Atelier, Barcelona, 2017, pág. 103.

345 No existe en las normas de aplicación un elemento temporal que pueda diferenciar lo temporal de lo habitual. FOTINOPOULOU BASURKO, O.: "Reflexiones en torno…", obra cit., pág. 252.

346 JORENS, Y.: *Cross-border EU…*, obra cit., pág. 178.

347 *Considerando que en el artículo 3 de dicho Convenio se establece, como norma general, la libertad de elección de la ley por las Partes; que, a falta de elección, el contrato se regirá, de conformidad con el apartado 2 del artículo 6, por la ley del país en que el trabajador realice habitualmente su trabajo en ejecución del contrato, aun cuando se haya desplazado temporalmente a otro país, o si el trabajador no realiza habitualmente su trabajo en un mismo país, por la ley del país en que se encuentre el establecimiento que haya contratado*

de la relación laboral, de acuerdo con los ya mencionados preceptos del Convenio de Roma y el RRI. Esta solución estaba ya incluida en el Proyecto de 1972, que consideraba que la relación laboral debía regirse "por el Derecho del Trabajo en vigor en el Estado en el que se encuentra el establecimiento en el que los trabajadores son empleados"[348].

Actualmente, el artículo 8.2 RRI mantiene la regla general de que en caso de que la ley aplicable *no haya sido elegida por las partes, el contrato se regirá por la ley del país en el cual o, en su defecto, a partir del cual el trabajador, en ejecución del contrato, realice su trabajo habitualmente.* El inciso final de este mismo apartado indica la excepcionalidad de los desplazamientos temporales de trabajadores: *No se considerará que cambia el país de realización habitual del trabajo cuando el trabajador realice con carácter temporal su trabajo en otro país.* Esta ficción de estabilidad evita que el contrato de trabajo del desplazado cambie de ley aplicable por un mero destacamento temporal[349].

3.2. La relación entre temporalidad y prestación de servicios

La característica de temporalidad del desplazamiento deriva de su vinculación a un servicio que la empresa realiza en otro país. Frente a la temporalidad de la libre prestación de servicios, la libertad de establecimiento implica una mayor estabilidad en la presencia de la empresa en el Estado de destino[350].

---

al trabajador, a menos que del conjunto de circunstancias resulte que el contrato de trabajo tenga lazos más estrechos con otro país, en cuyo caso será aplicable la ley de ese otro país.

348 En el texto original *par le droit du travail en vigueur dans l'État où se trouve l'établissement dans lequel les travailleurs sont occupés.* COMISIÓN EUROPEA: Proposition de règlement (CEE) du Conseil relatif aux dispositions concernant les conflits de lois, cit. (art. 3.1).

349 VAN HOEK, A.: "Private International Law: An Appropriate Means to Regulate Transnational Employment in the European Union?", *Erasmus Law Review,* núm. 3, 2014, pág. 158.

350 Aunque pueda identificarse más la prestación de servicios con el desplazamiento, en el caso de un desplazamiento intragrupo de trabajadores se exigirá que la empresa se haya establecido (con una filial o una sucursal) en el Estado de destino. De esta manera, la libertad de establecimiento tampoco puede quedar del todo excluida del ámbito del desplazamiento de trabajadores. CASAS BAAMONDE, M. E.: "Libre prestación de …", obra cit., pág. 6.

Puede considerarse que la naturaleza temporal del servicio (por contraposición a la permanencia del establecimiento) determina la también naturaleza temporal del desplazamiento transnacional[351], de manera que el desplazamiento durará lo que dure el servicio a prestar. Podemos afirmar que se trata de una temporalidad "cualitativa" más que "cuantitativa"[352], en tanto la norma no señala una duración determinada del desplazamiento[353].

Si una empresa establecida puede considerarse digamos un "operador económico completo" en el Estado de destino, en tanto desarrollará su actividad por tiempo indefinido, poseerá un arraigo en forma de clientela, bienes, inversiones, asunción de obligaciones fiscales, etc., el prestador temporal de un servicio es más bien un "operador económico superficial", pues posee en el Estado de destino una cartera limitada de clientes (puede que sólo uno), para dar cumplimiento a un contrato concreto (el que sustenta el servicio), que le hace permanecer en ese mercado por tiempo determinado (aunque ese tiempo determinado puedan ser años), carecer estructura y de arraigo (en el sentido de ausencia de bienes suficientes para cubrir eventuales responsabilidades) y asumir obligaciones fiscales vinculadas más al "hacer" que al "estar" en dicho Estado[354].

---

351 CASAS BAAMONDE, M. E.: *Los desplazamientos de trabajadores en la Unión Europea y en el Espacio Económico Europeo,* Civitas, Madrid, 2002, pág. 33.

352 LLOBERA VILA, M.: *El desplazamiento transnacional de trabajadores. Libre prestación de servicios, Constitución económica y principio de proporcionalidad,* Tirant lo Blanch, Valencia, 2013, pág. 155.

353 La naturaleza temporal del desplazamiento, respecto a la que durante más de 20 años la Directiva 96/71 no vinculó ninguna duración concreta, no es contradictoria con el plazo de 12 o 18 meses que se fija en virtud de la Directiva 2017/958, que, sin discutir la naturaleza temporal del desplazamiento ni la duración de los que puedan tener lugar, fija unas consecuencias (equiparación con la mayoría de las condiciones de trabajo del Estado de destino) para aquellos desplazamientos con una duración superior al año o año y medio.

354 El artículo 4.3 de la Directiva 2014/67 recoge una serie de indicios para identificar los desplazamientos reales, para lo que se hace preciso en primer lugar determinar el Estado de origen de los trabajadores, que podemos identificar en gran medida con el de establecimiento. Entre los criterios, se recoge (apartado *a*) *el lugar donde la empresa tiene su domicilio social y su sede administrativa, ocupa espacio de oficina, paga sus impuestos y cotizaciones a la seguridad social y, si procede, posee una licencia profesional o está registrada en las cámaras de comercio o los colegios profesionales pertinentes de acuerdo con la normativa nacional,* (apartado *b*) el lugar

Fue precisamente el paraguas de la libre prestación de servicios el que permitió que el Tribunal de Justicia amparara el movimiento de trabajadores sin permiso de trabajo desde Portugal a Francia, que dio lugar a la Sentencia Rush Portuguesa (1990), porque la movilidad de trabajadores derivada de una prestación de servicios no es ni promovida ni dirigida por un trabajador que cambia de Estado para trabajar, sino por un empresario que ordena a trabajadores de su plantilla desplazarse a otro Estado para trabajar por cuenta de ese empresario[355]. Dicho de otra forma, el Estado de destino, ante un empresario que desplaza trabajadores, no puede oponer medidas típicas de la restricción de la libre circulación de trabajadores, porque supondría una restricción injustificada de la libre prestación de servicios[356].

3.3. La no integración de los trabajadores desplazados en el mercado laboral del Estado de destino

Una situación derivada de este carácter parcial de la actividad de las empresas que desplazan trabajadores es precisamente la presencia reversible de esos trabajadores en el Estado de destino. Los desplazados van al Estado de destino, trabajan y vuelven al Estado de origen, sin integrarse en el mercado de trabajo de destino porque no buscan un trabajo, sino que son enviados para ejecutarlo en la llamada "movilidad en el empleo"[357]. En términos simplistas, la movilidad

donde se contrata a los trabajadores desplazados y el lugar desde el que se les desplaza, (apartado *c*) *el Derecho aplicable a los contratos que celebra la empresa con sus trabajadores, por un lado, y con sus clientes, por otro,* (apartado *d*) *el lugar donde la empresa realiza su actividad empresarial fundamental y donde emplea personal administrativo* y *el número de contratos celebrados o la volumen de negocios obtenida en el Estado miembro de establecimiento, o ambos, teniendo en cuenta la situación específica de, entre otras, las empresas y PYME de reciente creación.*

355 Sentencia de 27 de marzo de 1990, Rush Portuguesa, C-113/89, EU:C:1990:142.

356 FERNÁNDEZ ROZAS, J. C. y SÁNCHEZ LORENZO, S.: *Derecho Internacional Privado,* 10ª ed., Thomson Reuters-Civitas, Madrid, 2018, pág. 647.

357 LYON-CAEN, A.: "Le droit, la mobilité…", obra cit., pág. 109. CARRASCOSA GONZÁLEZ, J. y RODRÍGUEZ-PIÑERO ROYO, M. C.: "Desplazamientos temporales de…", obra cit., pág. 382. ÁLVAREZ CORTÉS también la llama "migración impropia". ÁLVAREZ CORTÉS, J. C.: "La protección social en los desplazamientos transnacionales temporales de trabajadores dentro de la Unión Europea: las relaciones entre la Directiva 96/71 y los Reglamentos 883/2004 y 987/2009 de coordinación de las legislaciones de seguridad social", en MARTÍ-

en el empleo significa que los trabajadores desplazados no van a quitar empleo a los trabajadores locales[358], pues no cambian de país para encontrar un trabajo, sino para desempeñar uno que ya tienen[359], o, visto de otra manera (GÓMEZ ABELLEIRA), podemos diferenciar al trabajador que, enviado por su empresa, se integra en el mercado de trabajo extranjero (el expatriado) del que regresa a su Estado de origen (destacamento)[360].

Si bien la naturaleza temporal del desplazamiento es asumida desde la creación de las Comunidades Europeas, las especiales condiciones del supuesto de Rush Portuguesa antes señalado provocaron que esta naturaleza temporal se justificara también desde la "doctrina de la no integración en el mercado de trabajo de destino"[361].

El caso Rush Portuguesa tiene su origen en un movimiento de mano de obra realizado por una empresa lusa para la realización de unas obras ferroviarias en Francia. Este movimiento de personal tuvo lugar cuando aún estaban vigente las limitaciones del Acta de adhe-

---

NEZ-GIJÓN MACHUCA, M. A., (Coord.), PÉREZ GUERRERO, M. L., (Dir.) y QUINTERO LIMA, M. G., (Dir.), *La lucha contra la precariedad y las reformas en materia de desplazamientos de los trabajadores*, Laborum, Murcia, 2020, pág. 184.

358 Pese a las numerosísimas referencias al *dumping* social y a los efectos en los mercados locales, no nos consta una definición clara y precisa de lo que significa "integrarse en el mercado de trabajo". La Comisión habla de *displacement effects* en la evaluación de impacto como efecto no deseado del desplazamiento. COMISIÓN EUROPEA: Impact assessment. *Revision of the legislative framework on the posting of workers…*, cit., pág. 20. En materia de *dumping* social derivado de desplazamiento, BOTTERO, M.: *Posting of workers in…*, obra cit., pág. 377.

359 ÁLVAREZ CORTÉS, J. C.: "La protección social…", obra cit., pág. 184.

360 GÓMEZ ABELLEIRA, F. J.: "La seguridad social de los trabajadores desplazados al extranjero por sus empresas", en CORREA CARRASCO, M., (Coord.), *Protección social en las relaciones laborales extraterritoriales*, Boletín Oficial del Estado, Madrid, 2008, pág. 444.

361 Aunque se trataba de un tema de permisos de trabajo, a petición del Gobierno francés, el Tribunal de Justicia manifestó que "el Derecho comunitario no se opone a que los Estados miembros extiendan su legislación, o los convenios colectivos de trabajo celebrados por los interlocutores sociales, a toda persona que realice un trabajo por cuenta ajena, aunque sea de carácter temporal, en su territorio, con independencia de cuál sea el país de establecimiento del empresario: el Derecho comunitario no prohibe tampoco a los Estados miembros que impongan el cumplimiento de dichas normas por medios adecuados al efecto". Sentencia Rush Portuguesa, apartado 18.

sión de Portugal a la Comunidad Económica Europea, cuyo artículo 216 establecía la inaplicación del Reglamento 1612/68 (recordemos, regulador de la libre circulación de trabajadores) a los trabajadores portugueses hasta el 31 de diciembre de 1993. Es oportuno recordar que, como expresamos en el Capítulo I, aunque la sentencia Rush Portuguesa conoció de un tema de extranjería, un efecto de la misma no fue relativo a permisos de trabajo, sino que dio lugar a una categoría normativa nueva, diferente de las que existían anteriormente, como es el bloque regulador del desplazamiento de trabajadores.

En el caso de los trabajadores portugueses destacados en Francia, la no integración en el mercado de trabajo francés era forzada por la propia ley, porque no tenían un permiso de trabajo que les permitiera ser contratados directamente por una empresa establecida en su territorio. La contratación legal de dichos trabajadores en Francia era jurídicamente imposible, con lo que no podían entrar en el mercado de trabajo francés. Este razonamiento se repite en la sentencia Vander Elst[362], en la que se analizaba la validez de un permiso de trabajo belga para un trabajador marroquí que temporalmente participaba en una obra de demolición en Francia. Se da a entender en Vander Elst que existe[363], por un lado, una relación entre el derecho a establecimiento de la empresa y la exigencia de permiso de trabajo de sus trabajadores y, por otro lado, la libertad de prestación de servicios y no exigencia de permiso de trabajo de los trabajadores desplazados, de tal manera que sólo pueden integrarse en el mercado de trabajo de destino aquellas personas al servicio de empresas establecidas en ese país.

El asentamiento de este principio de no integración de los desplazados nacionales de terceros Estados (NTE) en el mercado laboral de destino con el tiempo se extrapoló a situaciones en las que no existía un elemento de extranjería ni ninguna limitación legal para que el trabajador se integre en el mercado laboral de destino[364], cuando, en realidad, el regreso al Estado de origen de un desplazado

362 Sentencia de 9 de agosto de 1994, Vander Elst, C-43/93, EU:C:1994:310.

363 *Ibidem*, apartados 20 y 21.

364 Una reflexión sobre el salto de la doctrina de la no integración a situaciones en las que no hay un condicionamiento de extranjería puede encontrarse en LLOBERA VILA, M.: *El desplazamiento transnacional…*, obra cit., pág. 85 y ss.

de nacionalidad comunitaria ni se presupone ni se impone porque nada les impide buscar empleo en ese país[365]. La Sentencia Finalarte, de 2001, en la que el Tribunal analiza el disfrute por trabajadores portugueses del régimen de vacaciones alemán, da por hecho que estos trabajadores, aunque nacionales comunitarios, no se van a integrar en el mercado de trabajo alemán[366]:

> "A este respecto, el Tribunal de Justicia ha señalado que el personal de una empresa establecida en un Estado miembro que es enviado temporalmente a otro Estado miembro para realizar prestaciones de servicios no pretende en modo alguno acceder al mercado laboral de este segundo Estado, ya que vuelve a su país de origen o de residencia después de haber concluido su misión (véanse las sentencias de 27 de marzo de 1990, Rush Portuguesa, C-113/89, Rec. p. I-1417, apartado 15, y de 9 de agosto de 1994, Vander Elst, C-43/93, Rec. p. I-3803, apartado 21).
>
> De lo antedicho se deduce que el artículo 48 del Tratado no se aplica a los litigios principales. Por consiguiente, no procede examinar las cuestiones planteadas a la luz de dicha disposición."

La Sentencia Finalarte analiza unos hechos ocurridos en Alemania en 1997, es decir, cuatro años después de que la libre circulación de trabajadores portugueses fuera plena. Pues bien, aunque estos trabajadores no tenían impedimento para integrarse en el mercado de trabajo alemán como ciudadanos comunitarios de pleno derecho, se mantuvo expresamente en vigor la teoría de la no integración en el mercado laboral. Como se puede apreciar en el párrafo antes reproducido, la aplicación de la doctrina de la no integración en el mercado de trabajo de estos trabajadores comunitarios se fundamenta en dos sentencias sobre NTE y permisos de trabajo.

Para concluir el epígrafe, no olvidamos que la Directiva 96/71 contiene una serie de exclusiones y excepciones a su aplicación en los casos de desplazamientos de corta o muy corta duración (artículo 3.2 a 5) que, no obstante, a los efectos del presente trabajo no revisten relevancia.

---

365 VILLA FOMBUENA, M.: *La prestación de servicios transnacional*, Comares, Granada, 2018, pág. 100.

366 Sentencia del Tribunal de Justicia de 25 de octubre de 2001, C-49/98, Finalarte, EU:C:2001:564, apartados 22 y 23.

4. ÁMBITO PERSONAL

4.1. El empresario

La Directiva 96/71 es una norma que contempla movimientos de trabajadores por cuenta ajena, con lo que es necesario que exista un empresario de esos trabajadores.

Aunque la Directiva 96/71 no lo señala (sí lo hace respecto al trabajador en su artículo 2.2) consideramos que la cualidad de empresario deberá fijarse conforme a las normas del Estado de origen, donde se encuentra establecido y desde el que se desplazan los trabajadores hacia un destino en otro Estado para prestar sus servicios temporalmente. El desplazamiento de trabajadores constituye un movimiento de personas, una migración, dirigida por el empresario[367], por lo que si no hay empresario en el Estado de origen, simplemente no hay desplazamiento de trabajadores.

Siguiendo el artículo 1.1 de la Directiva 96/71, que enumera los distintos tipos de desplazamiento, podemos identificar tres formas de empresario.

El primero de ellos es el empresario "ordinario", dedicado a una actividad concreta (industrial, artesanal, etc.) que recibe un encargo en un Estado miembro distinto al de su establecimiento[368], para cuya ejecución necesita enviar trabajadores a ese otro Estado. El caso de una empresa de la construcción que ejecuta unas obras en otro Estado es el arquetipo de desplazamiento de trabajadores, expresamente recogido en el Anexo de la Directiva 96/71 y protagonista de las sentencias más relevantes (Rush, Finalarte, Arblade, Rüffert)[369].

El segundo de ellos es el empresario "grupal", en cuyo seno se realiza una adscripción temporal de un trabajador a un centro de

---

367 BOTTERO, M.: *Posting of workers in...*, obra cit., pág. 87.

368 El término "establecimiento" debe ser interpretado de manera amplia, incluyéndose, por ejemplo, las bases de las tripulaciones de aeronaves, analizadas por la Sentencia de 14 de septiembre de 2017, C-168 y 169/16, Nogueira (también conocida como "Ryanair"), ECLI:EU:C:2017:688.

369 Aunque trata sobre empresas de seguridad, la sentencia Mazzoleni considera el desplazamiento de trabajadores de la construcción la situación más característica del desplazamiento de trabajadores. Sentencia de 15 de marzo de 2001, Mazzoleni, C-165/98, EU:C:2001:162, apartado 31.

trabajo de la empresa en otro Estado, y para el que no existe un concepto claro[370]. Si bien puede considerarse esta forma de desplazamiento propia de empresas de cierta dimensión y no problemática, es precisamente un caso de desplazamiento intragrupo el abordado en la resolución judicial más famosa y controvertida en el ámbito del desplazamiento, la sentencia Laval, en la que la empresa letona Laval un Partneri desplazó 35 trabajadores a Suecia a para la ejecución de unas obras encargadas a su filial sueca L&P Baltic Bygg AB[371].

El tercer tipo de empresario es la ETT, cuya actividad consiste precisamente en la puesta disposición de trabajadores a favor de empresas usuarias[372]. Las ETTs se rigen por las normas de transposición de la Directiva 2008/104/CE del Parlamento Europeo y del Consejo, de 19 de noviembre de 2008, relativa al trabajo a través de empresas de trabajo temporal (Directiva de ETTs)[373]. Salvo excepciones, como puede ser el trabajo agrícola, el trabajo temporal ha sido un sector bastante pacífico en cuanto a la aplicación de la Directiva 96/71. Creemos que esto es debido a la aplicación del principio de equiparación entre trabajadores cedidos y trabajadores de la usuaria, que anula la aplicación del salario mínimo y exige la aplicación del "mismo salario por el mismo trabajo", con lo que el conflicto por las diferencias de salario no tiene lugar en este ámbito. En el ámbito de la seguridad social, las ETTs son desde hace más de cincuenta años objeto de diversos pronunciamientos del TJUE, ya que el uso de banderas de conveniencia en forma de vinculación del trabajador a un sistema de seguridad social "barato "sí que puede ser determinante a la hora de ofrecer un precio competitivo. Valga por todas la sentencia Team Power[374], analizada en el Capítulo VIII.

4.2. *El trabajador*

El artículo 2 de la Directiva 96/71 dispone que:

---

370 RIBES MORENO, M. I.: "El concepto de trabajador...", obra cit., pág. 101.
371 Sentencia Laval, apartado 27.
372 Sentencia Webb, apartado 11.
373 DO L 327, de 5.12.2008, pág. 9-14.
374 Sentencia de 3 de junio de 2021, Team Power, C-784/19, EU:C:2021:427.

1. A efectos de la presente Directiva, se entenderá por "trabajador desplazado" todo trabajador que, durante un período limitado, realice su trabajo en el territorio de un Estado miembro distinto de aquél en cuyo territorio trabaje habitualmente.

2. A efectos de la presente Directiva, el concepto de trabajador es el que sea aplicable conforme al Derecho del Estado miembro en cuyo territorio el trabajador esté desplazado.

Esta definición legal de trabajador desplazado debe ponerse en relación con las tres situaciones previstas para el desplazamiento, esto es, trabajador al servicio de una empresa para la que va a prestar un servicio en otro Estado, al servicio de una empresa multinacional que lo envía a una sede suya en otro país o contratado por una ETT y puesto a disposición a una usuaria del Estado de origen. El efecto de la vinculación del trabajador a una prestación de servicios transnacional es la inaplicación del bloque protector de la libre circulación de trabajadores[375], porque en el marco de la Directiva 96/71 el trabajador no es sujeto, sino "objeto del desplazamiento"[376]. Desde otra perspectiva, la naturaleza temporal del desplazamiento nos lleva a una imagen de un trabajador "sedentario", que normalmente trabaja en un Estado y es enviado por un tiempo a otro (JORENS)[377].

Los proyectos iniciales de Directiva contemplaban la posibilidad de que ciertas categorías de trabajadores (directivos, mandos intermedios, especialistas) pudieran elegir la ley aplicable a su contrato de trabajo[378], idea abandonada por lo que, finalmente, la Directiva 96/71 se aplica (y se aplica en los mismos términos) a todos los trabajadores por cuenta ajena, independientemente de su profesión, grupo o categoría, con la única excepción del personal navegante de empresas de la marina mercante (art. 1.2).

La relación laboral del trabajador con la empresa que le desplaza ha de ser anterior al desplazamiento porque, precisamente, duran-

---

375 RIBES MORENO, M. I.: "El concepto de trabajador…", obra cit., pág. 100.

376 LLOBERA VILA, M.: "La Directiva 96/71 reformada y su conexión con otros instrumentos reguladores del desplazamiento de trabajadores", en LLOBERA VILA. M., (Dir.), *El nuevo régimen jurídico del desplazamiento transnacional de trabajadores,* Aranzadi, Cizur Menor, 2023, pág. 79.

377 JORENS, Y.: *Cross-border EU…*, obra cit., pág. 169.

378 COMISIÓN EUROPEA*: Note explicative…*, cit.

te el desplazamiento se mantiene (no se crea) esa relación laboral. Cuestión distinta es *cómo de anterior* deba ser esta relación laboral para no considerarla un engaño elusivo de la aplicación de la legislación del Estado de destino, para lo que no existe indicación en el marco de la Directiva 96/71[379].

De esta forma, nada prohíbe realizar contrataciones *ad hoc* para el desplazamiento[380], que es una práctica perfectamente validada por el Tribunal de Justicia desde hace décadas en la sentencia Manpower[381]. Esta posibilidad no debe reputarse necesariamente fraudulenta, aunque pueda considerarse que favorece (GÁRATE) prácticas abusivas[382].

Como señala el artículo 2.2 de la Directiva, a falta de un concepto homogéneo de trabajador a nivel europeo, será el concepto del Estado de destino el que deba aplicarse, con las dificultades que esta disparidad de conceptos puede implicar[383]. Creemos que, como punto de partida, tampoco es de aplicación la jurisprudencia del TJUE sobre el concepto de trabajador aplicando el llamado "test *Lawrie Blum*", por cuanto esta operación se adscribe a la libre circulación de trabajadores y la Directiva 96/71 se enmarca en la libre prestación de servicios[384]. Que este test haya traspasado ya la estricta libre circulación de trabajadores y se haya incorporado al bloque de política

379 En el ámbito de la seguridad social, la decisión A2 del CACSSS considera que la vinculación al sistema de seguridad social del Estado de origen debe ser, como mínimo, de un mes. En todo caso, se trata de una orientación y no un mandato. COMISIÓN EUROPEA (CACSS): Decisión Nº A2, de 12 de junio de 2009, relativa a la interpretación del artículo 12 del Reglamento (CE) nº 883/2004 del Parlamento Europeo y del Consejo, sobre la legislación aplicable a los trabajadores desplazados y a los trabajadores por cuenta propia que trabajen temporalmente fuera del Estado competente, DO C 106, de 24.4.2010, pág. 5-9.

380 SALA FRANCO, T.: "Las fuentes reguladoras de la determinación de la ley aplicable en material laboral individual", en SALA FRANCO, T., (Dir.) y LÓPEZ TERRADA, E. (Dir.), *Las relaciones laborales internacionales*, Tirant lo Blanch, Valencia, 2022, pág. 193.

381 Sentencia de 17 de diciembre de 1970, Manpower, C-35/70, EU:C:1970:120.

382 GÁRATE CASTRO, F. J.: *Los desplazamientos de trabajadores…*, obra cit., pos. 526/3668.

383 CONTRERAS HERNÁNDEZ, O.: *Desplazamiento de trabajadores…*, obra cit., pág. 109.

384 SÁNCHEZ-URÁN AZAÑA, Y.: "…, obra cit., pág. 62.

social[385], nos impide descartar futuras aplicaciones de este método, a la luz del nuevo enfoque que creemos que el TJUE ha dado a la Directiva 96/71 tras las sentencias Polonia y Hungría (*Infra*, XI).

Sin ánimo de complicar más aún el asunto, debemos señalar que la calificación del desplazado como trabajador o no será, en nuestra opinión, a los exclusivos efectos de aplicación de la Directiva 96/71 y sus condiciones mínimas, pero en ningún caso tendrá efecto en el régimen de seguridad social al que el desplazado esté sometido en origen, y cuya valoración responde a otros condicionantes.

4.3. El movimiento físico del trabajador a otro Estado

El nombre de la Directiva 96/71 deja muy claro que su objeto exige un movimiento físico de mano de obra[386], un *desplazamiento de trabajadores* que tienen que viajar desde su Estado de origen, en el que habitualmente prestan sus servicios, a otro Estado de destino.

Este movimiento físico del trabajador no hace sino seguir la prestación de servicios que el empresario va a ejecutar en un Estado que no es el de su establecimiento. Se trata de una movilidad pasiva del trabajador, que deviene un mero objeto del desplazamiento[387], dirigida y sufragada por su empresario. La disociación del Estado de establecimiento del de prestación de servicios es el elemento fundamental para identificar el desplazamiento en los términos de la Directiva 96/71[388], de manera que en un desplazamiento de trabajadores el Estado de origen y el de destino no pueden ser el mismo[389], y cuando así ocurre no es posible aplicar la Directiva 96/71[390].

---

385 *Ibidem*, pág. 65.

386 VILLA FOMBUENA, M.: *La prestación de servicios...*, obra cit., pág. 115.

387 RIBES MORENO, M. I.: "El concepto de trabajador...", obra cit., pág. 101.

388 GUTIÉRREZ-SOLAR CALVO, B.: *El desplazamiento temporal...*, obra cit., pág. 45.

389 GÁRATE CASTRO, F. J.: *Los desplazamientos de trabajadores...*, obra cit., pos. 618/3668.

390 Sentencia de 18 de septiembre de 2014, Bundesdruckerei, C-549/13, EU:C:2014:2235. En este caso, una empresa ganó una licitación de un *land* alemán para digitalizar documentos. Esta empresa comunicó a la autoridad regional alemana que la ejecución del contrato se llevaría a cabo en Polonia. Aunque fue alegada la Directiva 96/71, el TJUE declaró su inaplicabilidad, en tanto no

La situación es clara cuando el centro de trabajo está *anclado* en el territorio de un Estado, pero cuando el trabajo se realiza en un medio de transporte, se hace preciso matizar algunas cuestiones sobre la aplicabilidad de la normativa sobre desplazados.

La primera de ellas es el transporte por carretera. La primerísima versión del proyecto de directiva consideraba innecesario realizar una lista de sectores y actividades excluidos, entre ellos de los sectores de transporte internacional por carretera, vía fluvial, aéreo o marítimo, en tanto que por su propia naturaleza no entraría en el campo de aplicación de la norma[391].

En materia de transporte es de destacar una directiva y una sentencia. En primer lugar, la ya mencionada Directiva 2020/1057[392], confirma que, con las oportunas adaptaciones y en los casos previstos, los conductores de vehículos de este sector son también destinatarios de la norma.

Poco después, la Sentencia de 1 de diciembre de 2020 en el Asunto Federatie Nederlandse Vakbeweging (FNV), reconoció la aplicación de la Directiva 96/71 a las prestaciones de servicios transnacionales en el sector del transporte por carretera[393], siempre que exista un verdadero desplazamiento de trabajadores[394], como es obvio, sin perjuicio de la transposición como *lex specialis* de la Directiva (UE) 2020/1057[395].

---

se producía ninguno de los movimientos de trabajadores previstos en el artículo 1.3 de esa norma.

391 COMISIÓN EUROPEA: Propuesta de directiva del Consejo relativa al desplazamiento de trabajadores…, cit., pág. 14.

392 DO L 249 de 31.7.2020, pág. 49/65.

393 Sentencia de 1 de diciembre de 2020, FNV, C-815/18, EU:C:2020:976, fallo.

394 Es decir, que una empresa desplace un trabajador a prestar un servicio a otro Estado. No entraría en esta definición, por ejemplo, las operaciones de transporte bilateral en las que un camión sale del Estado de establecimiento de su empresa, lleva una carga a otro Estado y regresa al primer Estado.

395 Un detallado estudio de esta Directiva como *lex specialis* se recoge en FOTINOPOULOU BASURKO, O.: "O desprazamento de traballadores no transporte por estrada na Unión Europea", *Revista Galega de Dereito Social*, 2ª etapa, núm. 12, 2021, pág. 43-83.

Una segunda derivada de análisis a las actividades de transporte la proporciona la sentencia Dobersberger[396], que valora la actividad de trabajadores húngaros subcontratados para prestar servicios de catering y limpieza a bordo de ferrocarriles austriacos, que realizan trayectos por Hungría, Alemania y, por supuesto, Austria, comenzando y terminando su jornada laboral en Hungría. En la sentencia, en primer lugar, el TJUE reconoce que los servicios prestados por estos trabajadores son "servicios ordinarios y no servicios de transporte", diferenciación fundamental, en tanto la base jurídica de la Directiva 96/71 —como sabemos— es el artículo 57.2 y 66 TCE, actual 53.1 y 62 TFUE (preceptos de la esfera de la libre prestación de servicios en general), mientras que el transporte se integra en el artículo 74 TCE, actual 91 TFUE. Considera el Tribunal que la restauración y la limpieza a bordo son servicios accesorios al transporte, pero no esenciales en tanto el transporte puede realizarse sin ellos. A priori, la Directiva 96/71 se podría aplicar a estos trabajadores porque no participan del sector del transporte, pero el TJUE considera que el carácter de "altamente móviles" de estos trabajadores[397], quienes no puede afirmarse que tengan un vínculo fuerte con el Estado de destino (podemos decir que el Estado de destino lo ven desde la ventanilla del tren, pero no lo pisan), hace que no les sea de aplicación la Directiva 96/71[398], para lo que el Tribunal se fija más en el lugar físico de realización de estos servicios que en el mercado nacional al que la empresa había accedido[399]. En conclusión, hay efectivamente un desplazamiento, pero la forma en la que se desarrolla impide que sea un desplazamiento en los términos de la Directiva.

---

396 Sentencia de 19 de diciembre de 2019, Dobersberger, C-16/18, EU:C:2019:1110.

397 Un profundo comentario a la Sentencia Dobersberger y la posible diferenciación entre trabajadores móviles y altamente móviles puede encontrarse en FOTINOPOULOU BASURKO, O.: "¿Inaplicación de la Directiva de desplazamiento a los trabajadores del tren Eurostar?: Reflexiones a propósito de la Sentencia del Tribunal de Justicia de 19 de diciembre de 2019, Asunto C-16/18, caso Dobersberger", *Revista General de Derecho del Trabajo y de la Seguridad Social*, núm. 56, 2020, pág. 590 a 623.

398 Sentencia Dobersberger, apartado 31.

399 IOSSA, A. y PERSDOTTER, M.: "Cross-Border Social Dumping as a 'Game of Jurisdiction' - Towards a Legal Geography of Labour Relations in the EU Internal Market", *Journal of Common Market Studies*, vol. 59, núm. 5, 2021, pág. 1094.

Las anteriores sentencias en materia de transportes requieren un vínculo suficiente con el lugar donde se están prestando los servicios para considerar que existe desplazamiento, una presencia lo suficientemente significativa en el paso del camión para apreciar que el conductor está desplazado[400]. A nuestro juicio, este vínculo consiste en una presencia bastante y reconocible en el Estado de destino de los desplazados para ejecutar la prestación debida por contrato, para la que no basta la mera salida del Estado de origen[401]. Dicho vínculo debe apreciarse en el conjunto de condiciones de la prestación realizada.

4.4. *El mantenimiento de la relación laboral durante el desplazamiento*

Otro requisito sin el que el desplazamiento de trabajadores se vuelve irreconocible es el mantenimiento de la relación laboral durante el desplazamiento. Si, al cruzar la frontera, la relación laboral se rompiera o se suspendiera y se creara una nueva para trabajar en el otro Estado, por aplicación del artículo 8 RRI la ley aplicable a esa nueva relación laboral sería con toda probabilidad (y a salvo de los pactos de las partes) la del Estado de destino en su totalidad.

El mantenimiento de la relación laboral puede también analizarse desde la perspectiva de las empresas involucradas en el mismo. Así, el mantenimiento puede interpretarse como la ausencia de relación laboral con la empresa receptora de los servicios en destino[402], de manera que no es que no se pueda, sino que "no debe establecerse relación laboral entre el trabajador desplazado y la empresa receptora de los servicios transnacionales" (GÓMEZ ABELLEIRA)[403], entendida esta relación laboral como una relación *de facto* que supondría, por un lado, una posible cesión ilegal de trabajadores y, por otro, la

400 La Directiva 2020/1057, por ejemplo, considera que el paso en tránsito por un Estado miembro no constituye desplazamiento, precisamente porque el camión ni carga ni descarga en ese país, no hay vínculo.

401 Asunto Dobersberger, apartado 31.

402 GÓMEZ ABELLEIRA, F. J.: "Desplazamiento laboral transnacional…", obra cit., pág. 216.

403 *Ibidem*, pág. 222.

aplicación de la normativa laboral de destino, por tratarse del lugar habitual de trabajo.

Al hablar de "mantenimiento de una relación laboral", el prototipo de un trabajador que habitualmente trabaja en un Estado (y con el término habitualidad hacemos que se aplique la legislación del Estado de origen de acuerdo con el RRI) y ocasionalmente es enviado a hacer un trabajo en otro Estado. Si esta situación es la que podemos considerar paradigma del desplazamiento, cabe preguntarse qué ocurre con aquellos contratos de trabajo celebrados *ad hoc* para desplazar a un trabajador (pensemos, por ejemplo, la contratación de una cuadrilla de albañiles para ser enviados inmediatamente a una obra en otro Estado). Si no ha trabajado para la empresa en el Estado de origen o lo ha hecho por unos pocos días, la consecuencia jurídica debería ser la aplicación de la legislación social del Estado de destino, pues es éste el lugar habitual de trabajo[404]. Sin embargo, no es ésta la solución querida por el legislador comunitario. La contratación de trabajadores para su inmediato desplazamiento no está prohibida por la Directiva por la sencilla razón de que contravendría la libre prestación de servicios. No poder contratar trabajadores para desplazarlos impediría a muchas empresas la ejecución de los trabajos comprometidos o, cuando menos, sería discriminatoria respecto de las empresas que, por tener plantillas más ajustadas, carecen de estructura suficiente para atender a encargos súbitos. Si a nivel nacional nada impide la contratación de trabajadores para atender a encargos imprevistos o de complejidad sobrevenida, nada entorpece que las empresas puedan dar una respuesta igual a nivel europeo[405].

La habitualidad del trabajo en el Estado de origen puede salvarse con la celebración del contrato de trabajo antes del comienzo del desplazamiento, para lo que parece conveniente contar con un cri-

---

404 GÁRATE CASTRO, F. J.: *Los desplazamientos de trabajadores...*, obra cit., pos. 519/3668.

405 No olvidemos que la primera sentencia que analizó un caso de movilidad laboral en los años sesenta, Van der Vecht, ya manifestó que "*qu'en ce qui concerne a l'application de l'article 13, a il importe peu que le travailleur ait été ou non occupé antérieurement dans l'établissement de son État de résidence*". En español "En lo que concierne a la aplicación del artículo 13 *a*, poco importa que el trabajador haya sido ocupado o no anteriormente en el establecimiento de su Estado de residencia".

terio respecto a cuánto tiempo antes del desplazamiento debe celebrarse ese contrato. Las normas en materia de desplazamiento (tanto la Directiva 96/71 como la Directiva 2014/67) no hacen mención alguna a la madurez necesaria de la relación laboral previa al desplazamiento[406].

Esta ausencia de criterio en el ámbito de las condiciones de trabajo hace necesario acudir, cuando menos como inspiración, al criterio fijado por las normas de coordinación de Seguridad Social. El artículo 14 del Reglamento 987/2009, conocido como "Reglamento de Ejecución del Reglamento de Coordinación de los sistemas de seguridad social" (RE)[407], contempla la posibilidad de contratar a una persona *con miras a enviarla a otro Estado miembro, siempre y cuando el interesado, inmediatamente antes de ocupar su puesto de trabajo, esté ya sujeto a la legislación del Estado en el que la empresa que la emplea esté establecida*". A su vez, la Decisión A2 de la Comisión Administrativa de Coordinación de los Sistemas de Seguridad Social desarrolla este precepto con unas reglas sobre el mantenimiento de la relación laboral que pueden extrapolarse al ámbito de las Directivas 96/71 y 2014/67[408]:

- Introduce el concepto de relación directa entre empleador y trabajador desplazado, para cuya apreciación "deben tomarse en consideración varios elementos, entre los que figura [quién tenga] la responsabilidad de la contratación, del contrato laboral, de la remuneración (sin perjuicio de los posibles acuerdos entre el empleador en el Estado de envío y la empresa en el Estado de empleo sobre la remuneración de los trabajadores), del despido y de la autoridad para determinar la naturaleza del trabajo."

---

406 La Directiva 2014/67 en su artículo 4.3, que recoge los indicios de un fraude en el desplazamiento del trabajador, no hace mención al momento de la contratación del trabajador. Forzando la interpretación, el apartado *c*) de este artículo recoge como criterio si el desplazamiento se realiza a un Estado distinto de aquel en el que o desde el que el trabajador desplazado suele desempeñar su labor, de acuerdo con el RRI.

407 Reglamento (CE) 987/2009 del Parlamento Europeo y del Consejo, de 16 de septiembre de 2009, por el que se adoptan las normas de aplicación del Reglamento (CE) 883/2004, sobre la coordinación de los sistemas de seguridad social. DO L 284, de 30.10.2009, pág. 1-42.

408 COMISIÓN EUROPEA (CACSS): Decisión Nº A2, cit.

- En cuanto a la contratación previa, se considera a título indicativo que el trabajador está empleado “inmediatamente antes de ocupar su puesto de trabajo” si ha estado sometido al menos un mes a la legislación —de seguridad social— del Estado de origen. Para períodos más cortos, habrá que estar al caso.

Capítulo IV

LA NATURALEZA DE LA DIRECTIVA 96/71, NORMA DE DERECHO INTERNACIONAL PRIVADO

1. INTRODUCCIÓN

Frente al marco nacional, en el que los derechos de los trabajadores son protegidos a través de las normas laborales, la protección de los trabajadores móviles y de los mercados de trabajo nacionales frente a la amenaza del *dumping* social no se ha encomendado a las normas sociales, sino a las normas de Derecho Internacional Privado de determinación de la ley aplicable[409].

El debate sobre la Directiva 96/71 ha sido desde su génesis un debate sobre el fundamento de la norma en el Tratado de la Comunidad Europea (*Infra* X), en concreto, sobre si la norma se ampara en la libre prestación de servicios o en la protección de los trabajadores. Frente a este debate, que ha copado los estudios doctrinales, la naturaleza de la Directiva 96/71 como norma de Derecho Internacional Privado ha pasado mucho más desapercibida. No sabemos si porque dicha naturaleza se asume sin problema o porque no se aprecia la trascendencia que esta naturaleza puede tener, trascendencia que, desde nuestra perspectiva, es mucha.

Creemos importante analizar la naturaleza de la norma y, en su caso, confirmar su carácter de norma internacional-privatista, porque la mecánica de una norma que resuelve un conflicto de leyes es propia y diferente de una norma laboral. Si se quiere enmendar aquello que no acaba de funcionar de la Directiva 96/71, es precisa su previa comprensión, lo que no acaba de ocurrir. Se pretende así en este capítulo determinar la naturaleza de la Directiva 96/71 y, en su caso, confirmar su carácter de norma de conflicto. Encontraremos huellas de esta naturaleza en los antecedentes normativos, en la redacción de la propia directiva y en los análisis que tanto la doctrina del TJUE

---

409 VAN HOEK, A.: "Private International Law...", obra cit., pág. 157.

como la científica ha hecho sobre ella[410]. Al fin y al cabo, como señalaba Ortega y Gasset, "toda recta sentencia sobre cómo deben ser las cosas presupone la devota observación de su realidad"[411].

El primer indicio de que la Directiva 96/71 es una norma de Derecho Internacional Privado se encuentra en la definición que de trabajador desplazado hace su artículo 2:

> *A efectos de la presente Directiva, se entenderá por "trabajador desplazado" todo trabajador que, durante un período limitado, realice su trabajo en el territorio de un Estado miembro distinto de aquél en cuyo territorio trabaje habitualmente.*

La realización de un trabajo durante un período limitado en un Estado distinto a aquél en el que se realiza habitualmente puede identificarse con el "cruce de frontera" que debe resolver el Derecho Internacional Privado europeo (CALVO CARAVACA y CARRASCOSA GONZÁLEZ)[412], para elegir entre la legislación de uno o de otro Estado[413]. El desplazamiento encara un obstáculo a la libre prestación de servicios, que es el cambio de la ley aplicable a las relaciones laborales de los trabajadores y, en consecuencia, es necesario acudir a una norma de conflicto (la Directiva 96/71) que allane ese cambio de ley aplicable.

Sentado este primer indicio de la naturaleza internacional-privatista de la Directiva 96/71, es preciso analizar la naturaleza de las normas que fijan el marco del conflicto de leyes en el ámbito europeo y la relación de la Directiva 96/71 con ellas.

---

410 El funcionamiento de la Directiva 96/71 como una norma de Derecho Internacional Privado es objeto del Capítulo V.

411 ORTEGA Y GASSET, J.: *España invertebrada. Bosquejo de algunos pensamientos históricos*, 12ª ed., Espasa Calpe, Madrid, 2000, pág. 98.

412 CALVO CARAVACA, A. L. y CARRASCOSA GONZÁLEZ, J.: "El Derecho Internacional Privado de la Unión Europea y el Derecho Internacional Privado español. Fuentes y sistema normativo", en CALVO CARAVACA, A. L., (Dir.) y CARRASCOSA GONZÁLEZ, J., (Dir.), *Tratado de Derecho Internacional Privado*, 2ª ed., Tirant lo Blanch, Valencia, 2022, pág. 221.

413 JORENS, Y.: *Cross-border EU…*, obra cit., pág. 89.

2. EL CONVENIO DE ROMA Y EL REGLAMENTO ROMA I COMO PUNTO DE PARTIDA DE LA DIRECTIVA 96/71

El primer intento de regular la prestación temporal de servicios en otro Estado tuvo lugar con el Proyecto de reglamento sobre conflicto de leyes en materia de relaciones laborales, de 1972[414]. Este proyecto no se limitaba a regular el desplazamiento de trabajadores, sino que su propósito era dar solución a todos los conflictos de aplicación de normas laborales en los que concurrieran elementos de extranjería. El Proyecto de 1972 reconoce en su preámbulo la diversidad de normas de Derecho Internacional Privado que existen en los Estados miembros[415]:

> "Considerando que, en su estado actual, la legislación de los Estados miembros y las disposiciones del derecho internacional privado en materia de conflicto de leyes difieren de tal manera que las mismas relaciones laborales pueden regirse de manera diferente por varias leyes;"

Y su necesaria unificación:[416]

> "considerando que esta situación puede crear un obstáculo a la libre circulación de los trabajadores y que, por tanto, es necesario establecer en este ámbito normas uniformes de derecho formal, además del derecho sustantivo;"

Y es que, desde sus primeros pasos, la regulación del desplazamiento de trabajadores tenía un indudable enfoque de Derecho Internacional Privado. El Proyecto de 1972 se abandonó con la aprobación del Convenio de Roma[417], que, entre otras materias, determinó la ley aplicable a las obligaciones derivadas de un contrato de trabajo. En la propia aprobación del Convenio los Estados firmantes ya deja-

---

414 DO C 49, de 18.5.1972, pág. 26-28.

415 *Considérant que, dans l'état actuel, la législation des États membres et les dispositions de droit international privé concernant les conflits de lois diffèrent à tel point que les mêmes relations de travail peuvent être régies de manière divergente par plusieurs législations;*

416 *considérant que cette situation peut creer une entrave à la libre circulation des travailleurs et 'u'il convient donc'd'établir dans ce domaine des règles uniformes du droit formel, abstraction faite du droit matériel;*

417 A pesar de la aprobación del Convenio de Roma, la Comisión y algunos Estados pretendieron, sin éxito, continuar los trabajos. CONSEJO: 12570/80, de 8.1.1981, pág. 2.

ron claro mediante la oportuna declaración que éste podía ser completado con normas comunitarias que fueran armoniosas con él[418].

El Convenio de Roma fue sustituido por el RRI, que actualmente es la norma encargada de señalar la ley aplicable a los contratos con elemento internacional celebrados desde el 17 de diciembre de 2009[419]. Aunque el Convenio de Roma y el RRI tengan el mismo objeto, es necesario matizar que el Convenio es un convenio con minúsculas, un instrumento propio del Derecho Internacional (celebrado en el marco comunitario)[420], mientras que el RRI es ya un instrumento de Derecho comunitario derivado.

Como normas de Derecho Internacional Privado, una y otra unifican las reglas de Derecho aplicable, sin entrar en elementos de fondo[421], y desplazan a las normas nacionales que tradicionalmente abordan el conflicto de leyes laboral; en el caso del ordenamiento español, los artículos 10.6 del Código Civil y 1.4 del Estatuto de los Trabajadores[422].

Tanto el Convenio de Roma como el RRI son así inequívocamente normas de Derecho Internacional Privado[423], si bien pertenecen a distintas épocas de la formación de esta disciplina a nivel comunitario[424]. Precisamente, los diferentes momentos en que estas normas

---

418 CASAS BAAMONDE, M. E.: "Desplazamientos temporales de trabajadores e interpretación judicial del Convenio de Roma", *Relaciones Laborales*, núm. 1, 1994, pág. 4.

419 CARRASCOSA GONZÁLEZ, J.: *La ley aplicable a los contratos internacionales: el Reglamento Roma I*, Colex, La Coruña, 2009, pág. 57.

420 CASAS BAAMONDE, M. E.: *Los desplazamientos temporales…*, obra cit., pág. 22.

421 FERNÁNDEZ ROZAS, J. C. y SÁNCHEZ LORENZO, S.: *Derecho Internacional Privado*, obra cit., pág. 614.

422 ESPINAR VICENTE, J. M. y PAREDES PÉREZ, J. I.: *Régimen jurídico de las obligaciones en Derecho Internacional Privado español y de la Unión Europea*, Dykinson, Madrid, 2019, pág. 186.

423 CALVO CARAVACA, A. L. y CARRASCOSA GONZÁLEZ, J.: "El Derecho Internacional Privado…", obra cit., pág. 247. GUZMÁN ZAPATER, M. (Dir.): *Lecciones de Derecho Internacional Privado*, 1° ed., Tirant lo Blanch, Valencia, 2019, pág. 502.

424 CALVO CARAVACA, A. L. y CARRASCOSA GONZÁLEZ, J.: *Tratado de Derecho Internacional…*, obra cit., pág. 247 y GUZMÁN ZAPATER, M. (Dir.): *Lecciones de Derecho Internacional Privado*, obra cit., pág. 228.

fueron dictadas, la primera antes y la segunda después de la Directiva 96/71, exigen el análisis de cada una de ellas.

CASAS BAAMONDE explica claramente cómo se determina la ley aplicable al contrato de trabajo conforme al sistema del Convenio de Roma (en similares términos se expresa el RRI). La norma de conflicto otorga a las partes la facultad de elegir la ley aplicable al contrato de trabajo "sin que dicha elección pueda privar al trabajador de las condiciones de trabajo más favorables contenidas en las disposiciones imperativas de la ley de ejecución habitual del trabajo (*lex loci laboris*) o, en caso de que el trabajador no preste habitualmente su trabajo en un mismo país, en la ley del establecimiento del empresario contratante (*lex loci delegationis*), o, en caso de que el contrato de trabajo posea conexiones "más estrechas" con otro país, en la ley de ese otro país[425].

Es posible que en el marco de esta relación laboral el trabajador tenga que realizar su trabajo temporalmente en un Estado diferente para ejecutar un encargo recibido por su empresario. Esta incidencia ya fue contemplada por el artículo 6.2 del Convenio de Roma:

> *No obstante lo dispuesto en el artículo 4 y a falta de elección realizada de conformidad con el articulo 3, el contrato de trabajo se regirá: a) por la ley del país en que el trabajador, en ejecución del contrato, realice habitualmente su trabajo, aun cuando, con carácter temporal esté empleado en otro país, o* [...]

Así, el Convenio de Roma establece un paréntesis legal, en el que la ejecución temporal en un Estado distinto al que normalmente se trabaja no se tiene en cuenta para la determinación de la norma rectora de la relación laboral. El problema es que el Convenio de Roma, a pesar de que aparentemente regula con exhaustividad la ley aplicable en caso de elemento internacional de un contrato[426], no atribuye una consecuencia jurídica a la ejecución temporal del trabajo en un país diferente al habitual. Es decir, se reconoce un supuesto de hecho, la situación de prestación temporal de servicios en

---

[425] CASAS BAAMONDE, M. E.: *Los desplazamientos temporales...*, obra cit., pág. 24.

[426] CASADO ABARQUERO, M.: "Hacia la mercantilización de la Directiva 96/71/CE sobre desplazamiento temporal de trabajadores", *Revista de Justicia Laboral*, núm. 40, 2009, pág. 4/25.

otro Estado, pero no se le da efecto jurídico, con lo que no queda otra solución que aplicar el principio de continuidad y mantener la legislación de origen[427]. El principio de continuidad debe apreciarse también como una garantía para el trabajador, quien de otra forma podría ver constantemente modificado su contrato en función del lugar donde prestara los servicios. Cuestión distinta es cuál es el límite temporal de este principio cuando, por la extensa duración del desplazamiento, el trabajo en el Estado de destino se convierte en el trabajo habitual[428].

La ausencia de atribución de una consecuencia jurídica clara por el Convenio de Roma para los desplazamientos temporales permitió que hasta la aprobación de la Directiva 96/71 existiera una disparidad de normas estatales de determinación de la ley aplicable[429], con el riesgo de que algunas interpretaciones pudieran favorecer conductas de *forum shopping*[430], esto es, primar la aplicación de la ley del Estado de establecimiento con estándares laborales menos exigentes frente a la aplicación del Estado donde realmente se estaban prestando los servicios, con un efecto de *dumping* social. Desde la doctrina, diversas voces exigían una concreta solución para este caso de conflicto con elemento de extranjería[431].

La necesidad de corregir las carencias del Convenio de Roma en un marco de crecimiento de las prestaciones de servicios intracomunitarias[432], junto a las sentencias Seco Desquenne y Rush Portugue-

---

427 CARRASCOSA GONZÁLEZ, J. y RODRÍGUEZ-PIÑERO ROYO, M.: "Desplazamientos temporales de…", obra cit., pág. 4/24.

428 JORENS, Y.: *Cross-border EU…*, obra cit., pág. 108.

429 CARRASCOSA GONZÁLEZ, J. y RODRÍGUEZ-PIÑERO ROYO, M. C.: "Desplazamientos temporales de…", obra cit., pág. 2/24.

430 CONTRERAS HERNÁNDEZ, O.: *Desplazamiento de trabajadores…*, obra cit., pág. 94. Un análisis del *fórum shopping* desde la perspectiva de la seguridad social puede encontrarse en RENNUY, N. "Shopping for Social Security law in the EU", Common Market Law Review, núm. 58, 2021, pág. 13-38.

431 LANDA ZAPIARIN, J. P. y FOTINOPOULOU BASURKO, O.: "Breve comentario de la Ley 45/1999 sobre desplazamiento de trabajadores en el marco de una prestación de servicios transnacional, que incorpora al ordenamiento jurídico español la Directiva 96/71/CE", *Relaciones Laborales*, núm. 1, 2000, pág. 17.

432 CASAS BAAMONDE, M. E.: *Los desplazamientos temporales…*, obra cit., pág. 29. CONTRERAS HERNÁNDEZ, O.: "Desplazamiento de trabajadores y la revisión

sa[433], requería un instrumento específico en el que se garantizara la aplicación de determinadas condiciones de trabajo vigentes en el Estado de prestación temporal de los servicios. La opción comunitaria para llevar a cabo este instrumento se encuadró en el marco del Derecho Internacional Privado, con una norma que unificara las normas de esta disciplina sobre contratos de trabajo en el que se produce un desplazamiento temporal de trabajadores[434]. En este sentido, el documento inicial del proyecto de directiva señala expresamente[435]:

> "A pesar de la entrada en vigor del Convenio de Roma, la necesidad de seguridad jurídica y competencia leal, así como la necesidad de erradicar la discriminación entre empresas y trabajadores nacionales y extranjeros con respecto a la aplicación de determinadas condiciones de trabajo justifica una propuesta comunitaria que, destinada a clarificar el artículo 7 del Convenio de Roma y con el respeto debido a la igualdad de trato entre prestadores de servicios nacionales y extranjeros (artículo 59 Tratado CEE) y entre trabajadores nacionales y extranjeros (artículo 7 del Reglamento CE nº 1612), pretende crear un núcleo duro de disposiciones imperativas [...]."

No se revela nada destacable si se afirma que la Directiva 96/71 (considerandos 7 a 10) es una norma muy influida por el Convenio de Roma[436]. Esta Directiva tiene su arraigo en la prevalencia que el artículo 20 del Convenio de Roma concede a las normas europea de Derecho derivado sobre aspectos concretos en materia de conflicto de leyes[437]. Precisamente la estrecha relación entre ambas normas hi-

---

del marco legal europeo: ¿el principio del fin del dumping social y la competencia desleal?", *Revista de Derecho Comunitario Europeo*, núm. 69, 2021, pág. 605.

433 Sentencias de 3 de febrero de 1982, Seco Desquenne, C-62 y 63/81, EU:C:1982:34 y de 27 de marzo de 1990, Rush Portuguesa, C-113/89, EU:C:1990:142.

434 CARRASCOSA GONZÁLEZ, J. y RODRÍGUEZ-PIÑERO ROYO, M.: "Desplazamientos temporales de...", obra cit., pág. 10/24.

435 COMISIÓN EUROPEA: Propuesta de directiva del Consejo relativa al desplazamiento de trabajadores, cit., pág. 12.

436 DE JUAN JUAN, A.: "Expatriados europeos: La imparable transnacionalización de las condiciones de trabajo en la Unión Europea. El caso del desarrollo de la Directiva 96/71 en España", *Revista del Ministerio de Trabajo y Asuntos Sociales*, núm. 27, 2000, pág. 166.

437 CASAS BAAMONDE, M. E.: *Los desplazamientos temporales...*, obra cit., pág. 29. El artículo 20 del Convenio de Roma dispone que *El presente Convenio se entiende sin perjuicio de la aplicación de las disposiciones que, en materias específicas, regulen los conflictos de leyes en materia de obligaciones contractuales y que estén o estarán contenidas en*

zo que el Grupo Europeo de Derecho Internacional Privado se planteara añadir un apartado 3 al artículo 6 del Convenio, en el que se manifestara una reserva de aplicación las disposiciones imperativas del Estado de destino listadas en la Directiva 96/71[438].

Cuando el RRI sustituyó al Convenio de Roma, la Directiva 96/71 ya se encontraba en vigor y fue tenida en cuenta para su redacción. En este sentido, el considerando 34 del RRI dispone[439]:

> *La norma sobre el contrato individual de trabajo no debe ir en detrimento de la aplicación de las normas imperativas del país de desplazamiento del trabajador, de conformidad con la Directiva 96/71/CE del Parlamento Europeo y del Consejo, de 16 de diciembre de 1996, sobre el desplazamiento de trabajadores efectuado en el marco de una prestación de servicios.*

Además, el considerando 36 del RRI, inspirado en el supuesto de hecho propio del desplazamiento, en cierto modo tiene en cuenta la doctrina de la movilidad en el empleo:

> *Por lo que respecta a los contratos individuales de trabajo, la realización del trabajo en otro país se considera temporal cuando se supone que el trabajador va a reanudar su trabajo en el país de origen tras realizar su tarea en el extranjero. La celebración de un nuevo contrato de trabajo con el empleador original o con un empleador que pertenezca al mismo grupo de empresas que el empleador originario no debe excluir que se considere que el trabajador realiza su trabajo en otro país de manera temporal.*

Ya en el cuerpo de la norma, el apartado 1 del artículo 8 RRI reproduce la fórmula del Convenio de Roma:

> *El contrato individual de trabajo se regirá por la ley que elijan las partes de conformidad con el artículo 3. No obstante, dicha elección no podrá tener por resultado el privar al trabajador de la protección que le aseguren*

---

los actos derivados de las instituciones de las Comunidades Europeas o en las legislaciones nacionales armonizadas en ejecución de estos actos.

438 QUIÑONES ESCÁMEZ, A.: "Otra lectura de la jurisprudencia del TJCE sobre desplazamiento de trabajadores (del asunto Arblade al Portugaia)", *Revista de Derecho Comunitario Europeo*, núm. 12, 2002, pág. 444.

439 La garantía de un nivel de protección adecuado al trabajador no se da así por el RRI sino por la Directiva 96/71. En este sentido, CARRILLO POZO, L. F.: "La ley aplicable al contrato de trabajo plurilocalizado: el reglamento Roma I", *Revista del Ministerio de Empleo y Seguridad Social*, 2017, pág. 132.

las disposiciones que no pueden excluirse mediante acuerdo en virtud de la ley que, a falta de elección, habrían sido aplicables en virtud de los apartados 2, 3 y 4 del presente artículo.

Y el apartado 2 del artículo 8 añade una declaración relevante a los efectos del desplazamiento de trabajadores.

No se considerará que cambia de país de realización habitual del trabajo cuando el trabajador realice con carácter temporal su trabajo en otro país.

Es decir, partiendo de la aplicación de una concreta ley laboral de un Estado a un contrato de trabajo, el cambio temporal de país donde se ejecute la prestación laboral no altera la conexión con esa ley aplicable, que en términos generales será la ley del lugar donde el trabajador realiza su trabajo habitualmente[440], y que ha abandonado sólo por tiempo determinado.

La solución dada en el RRI a los casos de desplazamiento temporal de trabajadores no hace sino dotar de estabilidad a la relación laboral, que no se ve afectada sustancialmente por un cambio transitorio en el lugar de ejecución del contrato, pues el reglamento asume que es intención del trabajador regresar al Estado de origen[441].

Existe un marco comunitario para determinar la ley aplicable a las obligaciones contractuales, entre ellas, a las obligaciones nacidas de un contrato de trabajo. Este marco contempla, pero no resuelve, la situación de los trabajadores que temporalmente desarrollan su actividad en un Estado diferente a aquel cuya normativa laboral rige su contrato de trabajo, probablemente porque no sea el cometido de este marco comunitario general de Derecho Internacional Privado. Por esta razón, el artículo 23 RRI, al igual que hacía el artículo 20 del Convenio de Roma, cede el paso a normas específicas, como lo es la Directiva 96/71.

---

440 ESPINAR VICENTE, J. M. y PAREDES PÉREZ, J. I.: *Régimen jurídico de las obligaciones...*, obra cit., pág. 190.

441 CARBALLEDO PIÑEIRO, L.: "El derecho internacional privado y los desplazamientos temporales de trabajadores de la Unión Europea", *Actum Social*, núm. 119, 2017, pág. 5/25.

Con excepción del artículo 7 [contrato de seguro], *el presente Reglamento se entenderá sin perjuicio de la aplicación de disposiciones del Derecho comunitario que, en materias concretas, regulen las normas de conflicto de leyes relativas a las obligaciones contractuales.*

La Directiva 96/71 es una suerte de "norma bocadillo" en el tiempo, en la que las dos normas generales (la anterior, el Convenio de Roma, y la posterior, el RRI) hacen de pan y la norma especial de relleno. Las referencias y habilitaciones que se hacen unas y otras normas son una primera muestra de la naturaleza internacionalprivatista de la Directiva.

3. LA DIRECTIVA 96/71 COMO NORMA DE DERECHO INTERNACIONAL PRIVADO

Aunque la mayoría de la literatura sobre la Directiva 96/71 y sus normas de transposición lo olviden, la Directiva 96/71 es una norma de Derecho Internacional Privado, como lo son el Convenio de Roma y el RRI. Precisamente la Directiva 96/71 da una solución a los desplazamientos temporales, más allá de las reglas generales del contrato de trabajo internacional[442]. En este epígrafe justificaremos esta naturaleza jurídica de la norma desde su propio literal, desde la jurisprudencia del Tribunal de Justicia y desde los análisis que al respecto ha hecho la doctrina.

3.1. Interpretación literal de la Directiva 96/71

El Convenio de Roma y el RRI son normas de Derecho Internacional Privado, que fijan el marco general para la determinación de la ley aplicable de las obligaciones contractuales. Se plantea la cuestión de si la Directiva 96/71, que tiene una estrecha relación con estas

---

[442] RODRÍGUEZ-PIÑERO ROYO, M.: "A modo de conclusión: la Ley sobre el Desplazamiento de trabajadores en el marco de una prestación de servicios transnacional en la perspectiva comunitaria", en CASAS BAAMONDE, M. E., (Dir.) y DEL REY GUANTER, S., (Dir.), *Desplazamientos de trabajadores y prestaciones de servicios transnacionales,* 1ª ed., Consejo Económico y Social, 2002, pág. 365.

normas, es también una norma internacionalprivatista y, si es así, cómo se integra en el sistema de resolución de conflicto de leyes.

Como hemos expuesto en el apartado anterior, el considerando 34 del RRI reconoce expresamente la vigencia de la Directiva 96/71. Por su parte, el considerando 6 de la Directiva 96/71 razona:

> *Considerando que la transnacionalización de las relaciones de trabajo plantea problemas sobre el Derecho aplicable a dicha relación y que la determinación de las condiciones de trabajo y empleo redunda en beneficio de las partes;*

Es decir, el propio RRI reconoce que existen problemas en materia de Derecho aplicable, para exponer y proponer una solución en los siguientes considerandos. El primer bloque de considerandos a tener en cuenta parte del considerando 7 de la Directiva, donde se declara la vigencia del Convenio de Roma, las reglas de determinación de la ley aplicable (considerando 8), la prohibición de que el trabajador, por la elección de la ley aplicable, sea privado de la protección de las normas imperativas (considerando 9) y la vigencia de las normas de policía (considerando 10). Este primer bloque concluye recordando el principio de primacía del Derecho Comunitario para la regulación de conflictos de leyes en materias determinadas (considerando 11).

El segundo bloque de considerandos (12 y 13) desarrolla los antecedentes de la norma. Por un lado, se recoge el famoso pronunciamiento de Rush Portuguesa (y de la anterior Seco Desquenne), por el que nada impide que los Estados miembros puedan ampliar el ámbito de aplicación de su legislación o de los convenios colectivos, y por otro se justifica la necesidad de coordinar (que no armonizar) las legislaciones de los Estados cuando extienden su legislación a los trabajadores desplazados a su territorio. Interpretamos esta llamada a la coordinación como la forma de evitar en 1996 que cada Estado extendiera su legislación sin control alguno, con el caos que para la libre prestación de servicios hubiera significado.

El tercer bloque (considerandos 13 y 14) aporta la solución: fijar un *núcleo de disposiciones imperativas* (avanzado en el considerando 13) o *núcleo duro* (considerando 14) de condiciones de trabajo que deberá ser respetado por los prestadores de servicios que envíen trabajadores a otro Estado.

Como si nos encontráramos en una sastrería, podemos decir que la Directiva 96/71 no hace un nuevo traje, sino que hace un arreglo al traje de las normas generales de determinación de la ley aplicable al contrato de trabajo, para adaptarlas a la materia específica del desplazamiento de trabajadores.

Desde la perspectiva internacionalprivatista, merece una especial atención el artículo clave de la Directiva 96/71, el 3.1 (en su redacción original):

> *Los Estados miembros velarán por que, cualquiera que sea la legislación aplicable a la relación laboral, las empresas mencionadas en el apartado 1 del artículo 1 garanticen a los trabajadores desplazados en su territorio las condiciones de trabajo y empleo relativas a las materias siguientes que, en el Estado miembro donde se efectúe el trabajo, estén establecidas:*
> *– por disposiciones legales, reglamentarias o administrativas, y/o*
> *– por convenios colectivos o laudos arbitrales declarados de aplicación general* [...]

Continúa este artículo 3.1 de la Directiva 96/71 con la enumeración de las distintas condiciones de trabajo a las que debe ser de aplicación las normas, legales, reglamentarias o convencionales, del Estado de destino (tiempo de trabajo, salario, etc.).

El funcionamiento del artículo 3 de la Directiva 96/71 confirma que se trata de una norma de conflicto, que no da una respuesta material (no fija una cantidad de salario o unas horas de trabajo concretas), sino que remite a las normas del Estado donde temporalmente se prestan los servicios. Cuando menos, este artículo es una norma de Derecho Internacional Privado que no sustituye las normas generales sobre ley aplicable a obligaciones contractuales[443], sino que constituye una interpretación especial de las normas imperativas del artículo 9 RRI[444]. Esta opinión encuentra un apoyo contundente en

443 PALAO MORENO, G.: "Directiva 96/71/CE del Parlamento Europeo y del Consejo, de 16 de diciembre de 1996, sobre el desplazamiento de trabajadores efectuado en el marco de una prestación de servicios", *Revista Española de Derecho Internacional*, vol. 49, núm 1, pág. 379.

444 VAN HOEK, A.: "Private International Law...", obra cit., pág. 167.

la explicación dada por la Comisión Europea en el primer borrador de texto de la Directiva[445]:

> "El artículo 3, disposición central de la propuesta, no pretende armonizar las normas materiales de los Estados miembros sobre la legislación laboral y las condiciones de trabajo [...]. En este sentido, no se trata de un instrumento de derecho de trabajo (*sic*), sino de una propuesta sobre derecho internacional privado estrechamente relacionada con la libre prestación de servicios."

La estructura de la Directiva 96/71 es la propia de una norma de conflicto. Siguiendo la estructura de una norma de conflicto propuesta por ESPLUGUES MOTA, IGLESIAS BUHIGUES y PALAO MORENO[446], podemos identificar en la Directiva:

1. Un supuesto de hecho, que es la prestación temporal de servicios de unos trabajadores en un Estado diferente a aquél en el que normalmente trabajan por cuenta de su empresa.
2. Un punto de conexión, que es el lugar (el Estado) donde temporalmente se van a prestar servicios.
3. Una consecuencia jurídica: la aplicación de las leyes, reglamentos y convenios colectivos que regulan a las condiciones de trabajo señaladas en el artículo 3 de la Directiva.

Como argumento adicional del carácter internacionalprivatista del artículo 3.1 de la Directiva 96/71, puede acudirse a una, digamos, "lectura en negativo" del artículo 3.1. El precepto no dice lo que otras normas armonizadoras en materia de trabajo (seguridad y salud) dicen, esto es, no establece mandatos claros y directos para el empresario, como sí lo hacen, por ejemplo, las directivas sobre seguridad y salud, partiendo de la llamada Directiva marco, que fija una clara estructura obligacional que genera derechos y obligaciones en-

---

445 COMISIÓN EUROPEA: Propuesta de directiva del Consejo relativa al desplazamiento de trabajadores..., cit., pág. 14.

446 ESPLUGUES MOTA, C., IGLESIAS BUHIGUES, J. L. y PALAO MORENO, G.: *Derecho Internacional Privado*, 14ª ed., Tirant lo Blanch, Valencia, 2020, pág. 234.

tre empresario y trabajador[447], mientras que las directivas específicas fijan objetivos preventivos concretos[448]. Así:

- La sección II de la Directiva marco sobre seguridad y salud en el trabajo, se titula *Obligaciones de los empresarios*[449].
- La sección II de la Directiva sobre lugares de trabajo, se titula *Obligaciones de los empresarios*[450].
- La sección II de la Directiva sobre utilización de los equipos de protección individual, se titula *Obligaciones de los empresarios*[451].
- La Directiva sobre obras de construcción contiene obligaciones para los coordinadores en su artículo 6, en el artículo 9 para los empresarios en su artículo 6 y para otras personas presentes en la obra en el artículo 10[452].

Es patente que la Directiva 96/71 no fija unos derechos y obligaciones concretos, como sí hacen otras normas laborales de derecho derivado, sino que remite a la legislación de un Estado concreto, el de destino, como rectora de las condiciones de trabajo de los desplazados.

---

447 ALZAGA RUIZ, I.: "La intervención normativa de la Unión Europea en materia de prevención de riesgos laborales", *Revista del Ministerio de Trabajo, Migraciones y Seguridad Social*, núm. 138, 2018, pág. 70.

448 *Ibidem*, pág. 79.

449 Directiva 89/391/CEE del Consejo, de 12 de junio de 1989, relativa a la aplicación de medidas para promover la mejora de la seguridad y de la salud de los trabajadores en el trabajo. DO L 183, de 29.6.1989, pág. 1-8.

450 Directiva 89/654/CEE del Consejo, de 30 de noviembre de 1989, relativa a las disposiciones mínimas de seguridad y de salud en los lugares de trabajo. DO L 393, de 30.12.1989, pág. 1-12.

451 Directiva 89/656/CEE del Consejo, de 30 de noviembre de 1989, relativa a las disposiciones mínimas de seguridad y de salud para la utilización por los trabajadores en el trabajo de equipos de protección individual. DO L 393, de 30.12.1989, pág. 18-28.

452 Directiva 92/57/CEE del Consejo, de 24 de junio de 1992, relativa a las disposiciones mínimas de seguridad y de salud que deben aplicarse en las obras de construcción temporales o móviles. DO L 245, de 26.08.1992, pág. 6-22.

3.2. La jurisprudencia del TJUE

El Tribunal de Justicia ha confirmado este *arreglo al traje* de las normas generales de conflicto de leyes en las sentencias Hungría y Polonia, en las que determinó indirectamente la base jurídica de la Directiva 96/71 al analizar la base de la Directiva 2018/957[453].

La aprobación de la Directiva 2018/957, que reforma la Directiva 96/71, se llevó a cabo con una fuerte oposición de los Estados centroeuropeos y con el voto en contra de Hungría y Polonia. Estos dos Estados promovieron sendos recursos de anulación de la Directiva 2018/957 porque —en esencia— consideraban que la Directiva 2018/957 se amparaba indebidamente en la libre prestación de servicios cuando, en realidad, debería ampararse en los mandatos de política social de los Tratados. Tras veintidós años de vigencia, la Directiva 96/71 (a la que puede extenderse el mismo razonamiento que a la de 2018 respecto a su base jurídica) era inatacable desde una perspectiva procesal[454], con lo que la pretensión de estos dos países sólo podía ir contra la Directiva 2018/957. En todo caso, consideramos que el análisis y las conclusiones que se obtienen en esos procedimientos —cada Estado inició uno y no se acumularon— a la Directiva 2018/957 es perfectamente extensible a la norma de 1996 que reforma.

El centro del debate era si la Directiva 2018/957 (y la Directiva 96/71) tenía su fundamento en la libre prestación de servicios o en los principios de política social o libre circulación de trabajadores, ambos del TFUE. Además de afrontar este debate sobre la base jurídica de la norma, el Tribunal realizó consideraciones que resultan interesantes en lo que afecta al Derecho Internacional Privado. Tomaremos para el análisis los argumentos incluidos en la sentencia del procedimiento promovido por Hungría. La sentencia que lo resuelve

---

453 Sentencia de 8 de diciembre de 2020, Hungría contra Parlamento Europeo y Consejo de la Unión Europea (a la que nos referiremos como “Hungría”), C-620/18, EU:C:2020:1001 y Sentencia de 8 de diciembre de 2020, Polonia contra Parlamento Europeo y Consejo de la Unión Europea (a la que nos referiremos como “Polonia”), C-626/18, EU:C:2020:1000.

454 El plazo de interposición del recurso de anulación es de dos meses desde su publicación (art. 263 TFUE, antes 230 TCE).

deja claro que la Directiva 2018/957 no es una norma laboral amparada en el artículo 153 TFUE[455]:

> "Por lo que se refiere al artículo 153 TFUE, apartado 2, letra b), si bien este permite a la Unión adoptar medidas de armonización en determinados ámbitos pertenecientes a la política social de la Unión, es preciso señalar que la Directiva impugnada no constituye de ningún modo una Directiva de armonización, ya que se limita a hacer obligatorias determinadas normas del Estado miembro de acogida en caso de que empresas establecidas en otro Estado miembro desplacen trabajadores al primero, respetando, tal como se desprende del considerando 24 de esta Directiva, la diversidad de los sistemas nacionales de relaciones laborales."

Descartado que se trate de una norma de armonización laboral, una de las cuestiones planteadas por la demandante era una posible infracción del artículo 8.1 RRI, por la regulación que la Directiva 2018/957 introduce sobre la nueva figura del desplazamiento de larga duración. Según la Directiva 2018/957, si el desplazamiento dura más de 12 meses, la práctica totalidad de las condiciones de trabajo (no sólo las contempladas en el listado del artículo 3.1 de la Directiva 96/71) aplicables a los trabajadores desplazados serán las del Estado de destino[456].

Hungría consideraba que esta nueva figura desnaturalizaba la libertad de las partes para elegir la ley aplicable al contrato, porque los desplazamientos de más de 12 meses se regirían en bloque por la normativa del Estado de destino (y no sólo las condiciones de trabajo del núcleo duro del artículo 3.1), ninguneando así la voluntad de las partes amparada en el artículo 8.1 RRI. Con la aplicación en bloque de la legislación laboral del Estado de destino, la Directiva 2018/957 anularía la libertad de las partes para elegir la ley aplicable al contrato de trabajo, de acuerdo con el RRI[457]. Podemos así decir que Hungría denunciaba que la Directiva 2018/957 estaba modificando indirectamente el RRI, en tanto el desplazamiento de larga

455 Sentencia Hungría, apartado 68.

456 Sólo se mantendrá la regulación del Estado de origen para los procedimientos y formalidades de celebración y extinción del contrato de trabajo, así como los regímenes complementarios de jubilación (art. 3.1 *bis* de la Directiva 96/71, tras la reforma operada por la Directiva 2018/957).

457 Sentencia Hungría, apartado 170 y 171.

duración y sus consecuencias jurídicas anulaban las reglas generales en materia de ley aplicable al contrato de trabajo. Así, se recoge en la Sentencia: "Hungría considera que el artículo 3, apartado 1 bis, de la Directiva 96/71 modificada [que regula los desplazamientos de larga duración] no tiene el carácter de norma de conflicto de leyes, ya que en el mismo se dispone que este se aplica con independencia de la legislación aplicable a la relación laboral"[458].

Este argumento de la demandante obligó al Tribunal a pronunciarse sobre la naturaleza internacionalprivatista de la Directiva 2018/957 y sobre la naturaleza de la Directiva 96/71. El Tribunal explica:[459]

> "Tanto por su naturaleza como por su contenido, el artículo 3, apartado 1, de la Directiva 96/71 modificada, por lo que se refiere a los trabajadores desplazados, y el artículo 3, apartado 1 bis, de la misma, en relación con los trabajadores desplazados por un período, en general, superior a doce meses, constituyen normas especiales de conflicto de leyes en el sentido del artículo 23 del Reglamento «Roma I»".

Porque, al fin y al cabo[460]:

> "El Reglamento «Roma I» prevé, en su artículo 23, que pueden establecerse excepciones a las reglas de conflictos de leyes contenidas en el mismo cuando se fijen en disposiciones del Derecho de la Unión reglas relativas a la ley aplicable a las obligaciones contractuales en determinadas materias, al tiempo que el considerando 40 de este Reglamento expone que dicho Reglamento no excluye la posibilidad de incluir normas de conflicto de leyes relativas a obligaciones contractuales en disposiciones del Derecho de la Unión relativas a materias específicas."

El considerando 40, al que la sentencia hace referencia, afirma:

> *Deben evitarse situaciones en que haya dispersión de las normas de conflicto de leyes entre varios instrumentos, así como las diferencias entre esas normas. El presente Reglamento, sin embargo, no debe excluir la posibilidad de incluir normas de conflicto de leyes relativas a obligaciones contractuales en disposiciones de Derecho comunitario en relación con materias específicas.*

---

458 *Ibidem*, apartado 172.

459 *Ibidem*, apartado 179.

460 *Ibidem*, apartado 178.

Es decir, el TJUE identifica la Directiva 2018/957 (esta identificación parece extensible a la Directiva 96/71) con una norma de conflicto de leyes de una materia específica, como es el desplazamiento de trabajadores. En su caso, puede decirse que la reforma operada por esta última directiva, la 96/71 contiene ahora dos normas de conflicto de leyes con diferentes ámbitos de aplicación: por un lado, la de los desplazamientos de menos de 12 ó 18 meses; por otro, la de los desplazamientos que superan esos lapsos de tiempo[461].

Hubiera sido deseable que el TJUE profundizara un poco más en los razonamientos jurídicos y hubiera ido más allá de lo que podemos llamar el argumento de la evidencia, en virtud del cual las Directivas analizadas (96/71 y 2018/957) son "normas especiales de conflicto de leyes [...] tanto por su naturaleza como por su contenido"[462], sin darle más contenido a la argumentación.

El laconismo del Tribunal hace conveniente acudir a las reflexiones del Abogado General en dicho procedimiento[463]:

> "El desplazamiento transnacional de los trabajadores, además de a las normas laborales de los Estados implicados y a las relativas a la libre prestación de servicios de la Unión, está sujeto a las reglas de derecho internacional privado de la Unión (sobre la ley aplicable a las obligaciones contractuales), a las normas sobre seguridad social de la Unión y de los Estados miembros afectados y a las de naturaleza fiscal. Esa múltiple sujeción incrementa las dificultades para regularlo."

El desplazamiento de trabajadores está sometido a las normas de Derecho Internacional Privado, y la Directiva 2018/957, que reforma la 96/71, también, pues —continuará el Abogado General[464]:

> "Se limita a declarar qué normas del Estado de acogida se aplican al trabajador desplazado durante el período de tiempo que dura la prestación transnacional de servicios de su empresa. Así entendida, se asemeja

---

461 FERNÁNDEZ AVELLO, N.: "Aplicación de las condiciones laborales del Estado de acogida a los trabajadores temporalmente desplazados y Reglamento Roma I Sentencias del TJ de 8 diciembre 2020, asuntos C-620/18 y C-626/18", *La Ley Unión Europea*, núm. 89, 2021, pág. 5-18.

462 Sentencia Hungría, apartado 179.

463 Conclusiones del Abogado General Sr. Campos Sánchez-Bordona presentadas el 28 de mayo de 2020, en el asunto 620/18, apartado 19.

464 *Ibidem*, apartado 84.

a una norma de conflicto, con arreglo a la que se identifica la legislación aplicable, para facilitar la libre prestación de servicios y, a la vez, salvaguardar una protección social adecuada de los trabajadores desplazados. Las bases jurídicas del artículo 153 TFUE, apartado 2, no contemplan ni están pensadas para supuestos de este tipo."

Es también de destacar la reflexión realizada por el Abogado General en la sentencia ESA sobre la relación entre las normas generales de conflicto y la Directiva 96/71[465], quien recuerda la previsión contenida en el artículo 23 RRI, a la que el TJUE hace referencia en la Sentencia Hungría:

> *Con excepción del artículo 7, el presente Reglamento se entenderá sin perjuicio de la aplicación de disposiciones del Derecho comunitario que, en materias concretas, regulen las normas de conflicto de leyes relativas a las obligaciones contractuales.*

En fin, el Abogado General deja claro:[466]

> "Tengo la firme convicción de que el artículo 3, apartado 1, de la Directiva 96/71 —y las medidas nacionales que trasponen esa disposición— constituye una manifestación de esta norma [artículo 23 del RRI] para las cuestiones reguladas por la citada disposición".

3.3. La apreciación de la doctrina

Tanto el Convenio de Roma como el RRI y la Directiva 96/71 son considerados por la doctrina internacionalprivatista como normas propias de su disciplina. Además de los especialistas en esa rama del Derecho, voces de la doctrina laboralista también le otorgan un carácter de norma de conflicto.

El desplazamiento de trabajadores es reconocido por LANDA ZAPIARIN y FOTINOPOULOU BASURKO como una situación de conflicto internacional que necesitaba de una solución de Derecho Internacional Privado, que en su momento no fue ofrecida por el

---

465 Conclusiones del Abogado General, Sr. Nils Wahl, presentadas el 18 de septiembre de 2014 en el asunto 396/13.

466 *Ibidem*, apartado 51.

Convenio de Roma[467]. CASAS BAAMONDE enlaza la Directiva 96/71 con el Convenio de Roma, que a su vez surge como remedio al fracaso de regulación comunitaria de Derecho Internacional Privado del Trabajo que fue el Proyecto de 1972[468]. FOTINOPOULOU BASURKO recuerda que la Directiva 96/71 es reconocida como norma de conflicto desde que era un mero proyecto normativo[469], mientras que CARRASCOSA GONZÁLEZ aprecia que la Directiva completa al artículo 8 RRI y se aplica con prioridad sobre él[470]. CONTRERAS HERNÁNDEZ es igualmente proclive a considerar que, en efecto, esta directiva es una norma de conflicto, con un enfoque de control de la competencia y el *dumping* social[471].

Desde la perspectiva institucional, la Comisión Europea considera que la Directiva 96/71 desde su propia génesis supone una concreción de los mandatos generales del Convenio de Roma[472], razón por la que, por un lado, dicha norma no se preocupa de qué ley se aplica a la relación laboral (ya se encargaba de determinarla el artículo 6 del Convenio de Roma) y, por otro, deja claras las condiciones de trabajo a las que se les aplican las normas de policía del Estado de destino (artículo 7 del Convenio de Roma)[473].

La evaluación de impacto anexa al proyecto de Directiva de 1991 ponía de manifiesto las ventajas de una norma especial para despla-

---

[467] LANDA ZAPIARIN, J. P. y FOTINOPOULOU BASURKO, O.: "Breve comentario de…", obra cit., pág. 17.

[468] CASAS BAAMONDE, M. E.: *Los desplazamientos temporales…*, obra cit., pág. 23.

[469] FOTINOPOULOU BASURKO, O.: "Libertades económicas comunitarias y el Derecho del Trabajo", en NOGUEIRA GUASTAVINO, M., (Dir.), FOTINOPOULOU BASURKO, O., (Dir.) y MIRANDA BOTO, J. M., (Dir.), *Lecciones de Derecho Social de la Unión Europea*, Tirant lo Blanch, Valencia, 2012, pág. 250.

[470] CARRASCOSA GONZÁLEZ, J.: *La ley aplicable…*, obra cit., pág. 318.

[471] CONTRERAS HERNÁNDEZ, O.: "Desplazamiento de trabajadores y la revisión…", obra cit., pág. 611-612.

[472] La Propuesta de Directiva ya señalaba en 1991 que "*the rules laid down by the Convention of Rome provide a general legal framework, whereas the proposed Directlve is specifically concerned with the situation of seconded workers and thus refines this legal framework*". ("las normas establecidas por el Convenio de Roma establecen un marco general, mientras que la Directiva propuesta está especialmente dedicada a los trabajadores desplazados y así aclara este marco legal"). COMISIÓN EUROPEA: Propuesta de directiva del Consejo relativa al desplazamiento de trabajadores…, cit., pág. 12.

[473] COMISIÓN EUROPEA: *The implementation of Directive 96/71/EC…*, cit., pág. 6.

zados frente al Convenio de Roma[474], norma especial que se puede entender como una "ampliación" de dicho Convenio[475]. Esta ampliación tiene a nuestro juicio dos ventajas. La primera es que la norma especial para desplazados formula de manera expresa y clara las normas de policía aplicables siempre a los desplazados[476], que no son otras que las normas que regulan las condiciones de trabajo del "núcleo duro" recogido en el artículo 3.1. Un matiz importante a estas leyes de policía del núcleo duro del artículo 3.1 es que, a diferencia de las normas de policía contempladas en el artículo 9 RRI, que se aplican *a toda situación comprendida dentro de su ámbito de aplicación, cualquiera que fuese la ley aplicable al contrato*, las de la Directiva 96/71 (artículo 3.7) permiten que se aplique la norma del Estado de origen, si ésta es más protectora que la del Estado de destino[477]. En segundo lugar, la Directiva 96/71 como norma de desarrollo del Convenio de Roma contempla la aplicabilidad de las condiciones de trabajo contenidas en convenios colectivos, fuente normativa que no es contemplada por el Convenio de Roma[478].

Compartimos el matiz de que la Directiva 96/71 es una norma de conflicto que realiza una "fragmentación de la ley aplicable"[479], por cuanto al 3.1 de la Directiva 96/71 no le interesa resolver qué legislación se aplica a la relación laboral (percibimos casi hasta desinterés en el artículo 3 cuando comienza con *cualquiera que sea la legislación aplicable*), sino solamente asegurarse de que se aplican imperativamente ciertas condiciones laborales conforme a las normas del Es-

---

474 En la evaluación de impacto se produce un pequeño error y se llama al Convenio de Roma "Tratado de Roma".

475 CASAS BAAMONDE, M. E.: "Desplazamientos temporales de trabajadores…", obra cit., pág. 4.

476 Precisamente la Directiva 96/71 asegura la aplicación de las normas del policía, cosa que no hacía el Convenio de Roma, salvo que el Estado de destino fuera además el del foro (art. 7.2 del Convenio de Roma). QUIÑONES ESCÁMEZ, A.: "Otra lectura de…", obra cit., pág. 443

477 PIIR, R.: "Safeguarding the posted worker. A private international law perspective", *European Labour Law Journal*, vol. 10(2), 2019, pág. 113.

478 COMISIÓN EUROPEA: Propuesta de directiva del Consejo relativa al desplazamiento de trabajadores…, cit., pág. 12.

479 CARRASCOSA GONZÁLEZ, J.: *La ley aplicable a los contratos…*, obra cit., pág. 320.

tado de destino[480]. Si se coloca el foco desde la libre circulación de trabajadores, la fragmentación que hace la Directiva da lugar a una "igualdad parcial" entre trabajadores locales y trabajadores desplazados[481].

Creemos que esta fragmentación es absolutamente necesaria, pues de lo contrario la legislación del Estado de origen quedaría totalmente anulada por la del Estado de destino[482]. Visto de otra manera, si la propia Directiva 96/71 exigiera la aplicación de todas las condiciones de trabajo conforme a la normativa del lugar de destino, la norma sería en sí misma un obstáculo para la libre prestación de servicios. Desde la perspectiva estrictamente laboral y más en concreto, del trabajador, podemos considerar que esta fragmentación, en virtud de la que se exige la aplicación de las condiciones de trabajo del Estado de destino (por supuesto cuando éstas sean más beneficiosas que las de origen) operan como cláusula de garantía a favor del trabajador[483].

Para concluir, no debe olvidarse que la determinación de las condiciones de trabajo aplicables a los trabajadores desplazados deberá realizarse mediante la aplicación de una doble operación de conflicto de leyes. En primer lugar, será necesario determinar la legislación aplicable a la relación laboral de acuerdo con el artículo 8 RRI (para determinar esa ley del contrato que no importa al primer inciso del artículo 3 de la Directiva) y, en segundo lugar, y con independencia de la legislación que haya resultado de esta primera criba, las condiciones de trabajo señaladas por la Directiva 96/71[484].

---

480 CONTRERAS HERNÁNDEZ, O.: "Desplazamiento de trabajadores y la revisión…", obra cit., pág. 615.

481 CARRASCOSA BERMEJO, D.: "Desplazamiento en la UE…", obra cit., pág. 43.

482 GÁRATE CASTRO, F. J.: *Los desplazamientos de trabajadores…*, obra cit., pos. 842/3368.

483 RODRÍGUEZ PIÑERO Y BRAVO-FERRER, M.: "El desplazamiento temporal de trabajadores y la Directiva 2014/67 relativa a la garantía de cumplimiento de la Directiva 96/71/CEE", *Derecho de las Relaciones Laborales*, núm. 5, 2016, pág. 2/8.

484 Como veremos en el capítulo sobre seguridad social, la determinación de la ley aplicable a la relación de seguridad social de los trabajadores desplazados se resuelve con dos normas, el RCSSS y el RE.

Capítulo V

LA LEY APLICABLE EN EL DESPLAZAMIENTO DE TRABAJADORES

Hemos afirmado que la Directiva 96/71 es una norma Derecho Internacional Privado, en concreto una *lex specialis* del Convenio de Roma y del RRI y, como tal, determina la norma aplicable a una situación jurídica con un elemento de extranjería. Acreditada en el Capítulo IV la naturaleza internacionalprivatista de la Directiva 96/71, abordamos ahora el funcionamiento de la Directiva 96/71, es decir, cómo declara aplicables las condiciones de trabajo de uno u otro Estados implicados en un desplazamiento de trabajadores. En este capítulo analizaremos cómo opera la Directiva cuando resuelve el conflicto de leyes, cómo se remite a normas internas de los Estados y qué características deben cumplir esas normas.

Además de las normas designadas por la Directiva 96/71, es necesario tener en cuenta la vigencia de normas de policía y orden público laboral del Estado de destino, que pueden prevalecer sobre las normas de origen. La aplicación de estas normas ha sido matizada por el Tribunal de Justicia.

1. LA TEMPRANA GENERALIZACIÓN DE LAS RELACIONES LABORALES TRANSNACIONALES EN EL ÁMBITO EUROPEO

Recordamos el supuesto de hecho propio del desplazamiento de trabajadores: el envío por un empresario a sus trabajadores desde un Estado de origen (o establecimiento) donde realizan habitualmente su actividad laboral a otro Estado, en el que temporalmente prestarán sus servicios. Nos encontramos así ante una relación laboral nacida y regida por la legislación de un Estado, que se va a desarrollar temporalmente en otro Estado, situación en la que confluyen las normas laborales del lugar de celebración y normal desarrollo del contrato de trabajo con las normas del lugar de ejecución temporal del mismo.

En la Europa de posguerra el envío de trabajadores de un Estado a otro se había vuelto tan frecuente, que se tuvieron que elaborar diversos convenios bilaterales de seguridad social, posteriormente unificados en el Convenio de 1957. En los años 60 se acometió la regulación de la libre circulación de trabajadores, y en los 70 se asumió el encargo de redactar una norma de la ley aplicable a las relaciones laborales con un elemento de extranjería, proyecto que finalmente se abandonó por la firma del Convenio de Roma.

No podemos atribuir a la globalización —ni al GATS como pretendida bandera de ésta— el origen de la elaboración de la Directiva 96/71. Ésta respondió a unas necesidades sentidas no desde pocos años antes, sino desde casi la creación de las Comunidades Europeas[485]. Podemos, como mucho, atribuir a la mundialización la condición de antecedente inmediato.

2. LA DETERMINACIÓN DE LA LEY APLICABLE A LAS OBLIGACIONES CONTRACTUALES. EL CONVENIO DE ROMA Y EL RRI

En este apartado explicaremos brevemente cuál es el mecanismo de funcionamiento, en su momento del Convenio de Roma y actualmente del RRI, para determinar la ley aplicable al contrato de trabajo, normas de las que la Directiva 96/71, como hemos afirmado, es una *lex specialis.* Dado que la elaboración de la Directiva 96/71 se aprobó con el Convenio de Roma en vigor y que el RRI contiene en esta materia una regulación similar a su norma predecesora[486], seguimos las pautas fijadas por el Convenio de Roma.

El Convenio de Roma se aplica a las obligaciones nacidas en un contrato (art. 1.1) y fijan como punto de partida para la determinación de la ley aplicable a éstas la libre elección de las partes (art. 3.1), de manera que:

---

485 BOTTERO considera que el desplazamiento de trabajadores se desarrolla desde el nacimiento del mercado común. BOTTERO, M.: *Posting of workers in…*, obra cit., pág. 1.

486 El artículo 24 del RRI dispone que esta norma sustituye al Convenio de Roma.

Los contratos se regirán por la ley elegida por las partes. Esta elección deberá ser expresa o resultar de manera cierta de los términos del contrato o de las circunstancias del caso. Para esta elección, las partes podrán designar la ley aplicable a la totalidad o solamente a una parte del contrato.

En el caso de que las partes no elijan una ley rectora del contrato, será de aplicación la ley del país con la que el contrato presente vínculos más estrechos (art. 4), para lo que el Convenio presenta una serie de criterios de identificación de tales vínculos. Este principio general, aplicable para los contratos de cualesquiera órdenes del Derecho, se matiza para los contratos de trabajo en el artículo 6 del Convenio de Roma:

> *1. No obstante lo dispuesto en el artículo 3, en el contrato de trabajo, la elección por las partes de la ley aplicable no podrá tener por resultado el privar al trabajador de la protección que le proporcionen las disposiciones imperativas de la ley que fuera aplicable, a falta de elección, en virtud del apartado 2 del presente artículo.*
>
> *2. No obstante lo dispuesto en el artículo 4 y a falta de elección realizada de conformidad con el articulo 3, el contrato de trabajo se regirá:*
>
> *a) por la ley del país en que el trabajador, en ejecución del contrato, realice habitualmente su trabajo, aun cuando, con carácter temporal esté empleado en otro país, o*
>
> *b) si el trabajador no realiza habitualmente su trabajo en un mismo país, por la ley del país en que se encuentre el establecimiento que haya contratado al trabajador,*
>
> *a menos que, del conjunto de circunstancias, resulte que el contrato de trabajo tenga vínculos más estrechos con otro país, en cuyo caso será aplicable la ley de este otro país.*

En último lugar, el artículo 7.1 del Convenio de Roma reconoce la posibilidad de aplicar las leyes de policía de un país, incluso aunque el contrato se rija por la legislación de otro Estado:

> *Al aplicar, en virtud del presente Convenio, la ley de un país determinado, podrá darse efecto a las disposiciones imperativas de la ley de otro país con el que la situación presente en vínculo estrecho, si y en la medida en que, tales disposiciones, según el derecho de este último país, son aplicables cualquiera que sea la ley que rija el contrato. Para decidir si se debe dar efecto a estas disposiciones imperativas, se tendrá en cuenta su naturaleza y su objeto, así como las consecuencias que se derivarían de su aplicación o de su inaplicación.*

Existe así una regla general, la de la elección por las partes de la ley aplicable a su contrato que, en el caso de un contrato de trabajo, no puede dejar al trabajador en una situación peor que la que le ofrecería la legislación del país que correspondería en caso de aplicar los criterios del artículo 4 del Convenio. Este mandato se completa con la aplicación de las leyes de policía previstas en el artículo 7 del mismo convenio, en virtud de las que —es el caso de los desplazamientos— aunque un contrato de trabajo se regule por la legislación laboral del Estado de origen, podrá exigirse el cumplimiento de determinadas normas de la legislación del Estado de destino.

En este marco de aplicación de la ley aplicable, el Convenio de Roma prevé la existencia de un "paréntesis legal", en el que la ejecución temporal de la prestación laboral en un Estado distinto a aquel en el que normalmente se trabaja no se tiene en cuenta para la determinación de la norma del Estado de origen como rectora del contrato de trabajo. El paréntesis legal está señalado por el Convenio, pero no le da una regulación legal, una consecuencia jurídica[487].

El Convenio de Roma fue sustituido, ya vigente la Directiva 96/71, por el RRI, que tiene una lógica igual que su norma antecesora. El artículo 8.2 RRI completa la regulación que fijaba el Convenio de Roma, al disponer:

> *No se considerará que cambia de país de realización habitual del trabajo cuando el trabajador realice con carácter temporal su trabajo en otro país.*

De esta manera, podemos afirmar que las principales normas de Derecho Internacional Privado en materia de ley aplicable a las obligaciones contractuales, además de determinar la ley aplicable al contrato de trabajo con un elemento internacional, contemplan la situación típica del desplazamiento, esto es, la realización temporal de su trabajo en otro Estado al habitual. La situación está prevista, pero no solucionada, como sí ocurría con el Proyecto de 1972[488], que

---

487 CARRASCOSA GONZÁLEZ, J. y RODRÍGUEZ-PIÑERO ROYO, M.: "Desplazamientos temporales de…", obra cit., pág. 4/24.

488 COMISIÓN EUROPEA: Proposition de règlement (CEE) du Conseil relatif aux dispositions concernant les conflits de lois, cit.

mantenía la aplicación de la legislación de origen, a la que sumaba la aplicación de determinadas condiciones de trabajo de destino.

3. LA LEY APLICABLE CONFORME A LA DIRECTIVA 96/71

Cuando una empresa desplaza a sus trabajadores a otro Estado del EEE conforme a la Directiva 96/71, los contratos de trabajo de estos trabajadores se rigen por las normas laborales del Estado de origen, conforme a lo que señala el RRI (antes el Convenio de Roma). Independientemente de cuál sea esa ley laboral de origen, de acuerdo con el artículo 3 de la Directiva 96/71, el empresario deberá garantizar el cumplimiento de las normas laborales del Estado de destino respecto a determinadas condiciones de trabajo[489].

De esta manera, la Directiva 96/71 fragmenta la ley aplicable a la relación laboral de los trabajadores desplazados fijada conforme a las normas generales del RRI[490]. La Directiva acepta, pero se desentiende, de esa ley aplicable (*cualquiera que sea la legislación laboral,* dice el artículo 3.1) y determina la aplicación de la norma de destino para determinadas condiciones de trabajo, imponiendo así la ley del lugar de ejecución de los trabajos, incluso por encima de la voluntad de las

---

489 Como más adelante expondremos detalladamente, dichas condiciones de trabajo son a) los períodos máximos de trabajo así como los períodos mínimos de descanso; b) la duración mínima de las vacaciones anuales retribuidas; c) la remuneración, incluido el incremento por horas extraordinarias; la presente letra no se aplicará a los regímenes complementarios de jubilación; d) las condiciones de desplazamiento de los trabajadores, en particular por parte de empresas de trabajo temporal; e) la salud, la seguridad y la higiene en el trabajo; f) las medidas de protección aplicables a las condiciones de trabajo de las mujeres embarazadas o que hayan dado a luz recientemente, así como de los niños y de los jóvenes; g) la igualdad de trato entre hombres y mujeres y otras disposiciones en materia de no discriminación; h) las condiciones de alojamiento de los trabajadores, cuando el empleador se las proporcione a trabajadores que se encuentren fuera de su lugar de trabajo habitual; i) los complementos o los reembolsos en concepto de gastos de viaje, alojamiento y manutención previstos para los trabajadores que están fuera de su domicilio por motivos profesionales.

490 CONTRERAS HERNÁNDEZ, O.: "Desplazamiento de trabajadores y la revisión…", obra cit., pág. 615.

partes[491]. Esta fragmentación se hace además señalando las fuentes normativas por las que se deben regir las condiciones de trabajo aplicables. Se produce así una definición tanto material (qué condiciones se aplican conforme a las normas de destino) como formal (de qué instrumentos normativos) de la ley aplicable[492].

Realizada esta fragmentación, los trabajadores desplazados mantienen la regulación de su relación laboral conforme a la legislación del Estado de origen, por aplicación del RRI. Pero, paralelamente a esta ley de origen, entra en juego la regulación del Estado de destino para regir una serie de condiciones de trabajo, que son las listadas en el artículo 3.1 de la Directiva 96/71, en los términos que se recojan en las siguientes fuentes del Derecho[493]:

- *Por disposiciones legales, reglamentarias o administrativas, o*
- *por convenios colectivos o laudos arbitrales declarados de aplicación universal o de cualquier otro modo de aplicación, de conformidad con el apartado 8* [del artículo 3 de la Directiva 96/71].

En lo que se refiere al primer apartado, las leyes, reglamentos y disposiciones administrativas serán las vigentes de acuerdo con el sistema de fuentes del Derecho que se establezca en cada uno de los Estados miembros, sin que puedan surgir, a nuestro juicio, problemas relevantes al respecto.

Más problemática se ha presentado la aplicación de los convenios colectivos en vigor en el Estado de destino (*Infra* V.4.2). Además, respecto a los convenios y laudos debe tenerse en cuenta, por un lado, que la actual remisión de la Directiva 96/71 a la negociación colectiva lo es para el conjunto de sectores y no sólo al sector de la construcción, como se fijó en la redacción inicial de la norma. La reforma operada por la Directiva 2018/957 ha eliminado la referencia al Anexo de la Directiva 96/71, que recogía las actividades propias del sector de la construcción. Antes de esta ampliación a todos los secto-

---

491 Refiriéndose a los proyectos de directiva que culminó en la Directiva 96/71, CASAS BAAMONDE, M. E.: "Desplazamientos temporales de trabajadores...", obra cit., pág. 6.

492 CARRASCOSA GONZÁLEZ, J. y RODRÍGUEZ-PIÑERO ROYO, M.: "Desplazamientos temporales de...", obra cit., pág. 12/24.

493 Redacción dada por la versión consolidada de la Directiva 96/71.

res, el artículo 3.8 de la Directiva 96/71 otorgaba a los Estados la posibilidad de extender la aplicación de condiciones de trabajo recogidas en convenio colectivo al conjunto de los sectores económicos[494]. Con la eliminación de la referencia al Anexo sobre construcción, esta potestad pierde, evidentemente, su razón de ser y la norma se aplica a todos los sectores de actividad, salvo el de la marina mercante, de acuerdo con el artículo 1.2 de la misma directiva[495].

En segundo lugar, y se trata de una cuestión fundamental en una Unión Europea en la que coexisten decenas de sistemas nacionales de relaciones laborales con distintas características, el convenio colectivo o el laudo ha de ser declarado *de aplicación general* o *universal*[496], en los términos recogidos en el artículo 3.8 de la Directiva 96/71 (redacción dada por la Directiva 2018/957):

> *Por convenios colectivos o laudos arbitrales declarados de aplicación general se entenderán aquellos convenios colectivos o laudos arbitrales que deban respetar todas las empresas pertenecientes al sector o profesión de que se trate correspondientes al ámbito de aplicación territorial de éstos.*
>
> *A falta de, o además de, un sistema de declaración de aplicación universal de convenios colectivos o laudos arbitrales en el sentido de lo dispuesto en el párrafo primero, los Estados miembros podrán basarse, si así lo deciden, en:*
>
> *– los convenios colectivos o laudos arbitrales que sean de aplicación universal en todas las empresas similares pertenecientes a la profesión o al sector de que se trate y correspondientes al ámbito de aplicación territorial de estos, o*
>
> *– los convenios colectivos celebrados por las organizaciones de los interlocutores sociales más representativas a escala nacional y que sean ampliamente aplicados en el conjunto del territorio nacional, siempre que*

---

494 El artículo 3.4 de la LDT, declara aplicables los convenios colectivos y laudos arbitrales *aplicables en el lugar y en el sector o rama de actividad de que se trate.*

495 El artículo 1.2 de la Directiva 2018/957 da una nueva redacción al segundo guion del artículo 3.1 de la Directiva 96/71, en la que desaparece *en la medida en que se refieran a las actividades contempladas en el Anexo*, que son las actividades de construcción.

496 "Aplicación general" es la expresión utilizada por la Directiva 96/71, que fue sustituida por "aplicación universal" en virtud de la Directiva 2018/957. La versión inglesa de la Directiva contiene la expresión *universally aplicable* desde 1996, de igual manera que la francesa contiene la expresión *d'application générale* desde el principio, con lo que se trata de una cuestión de traducción.

> *su aplicación a las empresas mencionadas en el artículo 1, apartado 1, garantice la igualdad de trato por lo que respecta a las materias enumeradas en el párrafo primero del apartado 1 del presente artículo y, cuando proceda, con respecto a las condiciones de trabajo que se deben garantizar a los trabajadores desplazados de conformidad con el apartado 1 bis del presente artículo, entre dichas empresas y las demás empresas mencionadas en el presente párrafo que se hallen en una situación similar.*
>
> *Hay igualdad de trato, en el sentido de lo dispuesto en el presente artículo, cuando las empresas nacionales que se encuentren en una situación similar:*
>
> *– estén sometidas, en el lugar de actividad o en el sector de que se trate, a las mismas obligaciones que las empresas a que se refiere el artículo 1, apartado 1, por lo que se refiere a las materias enumeradas en el apartado 1, párrafo primero del presente artículo, y, en su caso, con respecto a las condiciones de trabajo que se deben garantizar a los trabajadores desplazados de conformidad con el apartado 1 bis del presente artículo, y*
>
> *– se les exija cumplan dichas obligaciones con los mismos efectos.*

La claridad del precepto permite que nos limitemos a subrayar que sólo serán exigibles las condiciones de trabajo contenidas en aquellos convenios que hayan sido declarados de aplicación general conforme a la normativa del Estado de destino. Si en el Estado no existiera un sistema de declaración de universalidad, el artículo 3.8 de la Directiva 96/71, modificado por la Directiva 2018/957, da dos posibilidades: una, que se apliquen convenios de aplicación universal en un sector y territorio concreto; otra que se apliquen convenios "ampliamente aplicados" en el conjunto del territorio nacional, siempre que con ello no se dé un trato discriminatorio a las empresas que desplazan trabajadores al Estado de destino[497]. Para aplicar estas dos posibilidades, la Directiva 2018/957 incluyó el inciso *o además de, un sistema de declaración de aplicación general* de los convenios colectivos. Este inciso se incluye en la Directiva 96/71 tras la polémica generada con la sentencia Rüffert, en la que no se aplicaron las normas de un convenio colectivo alemán porque no había sido declarado de aplicación general, a pesar de existir en ese país un sistema de decla-

---

[497] Creemos que el TJUE tiene un criterio relativamente flexible para apreciar estos convenios. En la sentencia FNV el TJUE valida un convenio colectivo que no había sido declarado de eficacia general, pero cuya aplicación permitía a la empresa inaplicarse otro convenio que sí era de eficacia general. Sentencia de 1 de diciembre de 2020, FNV, C-815/18, EU:C:2020:976, apartado 71.

ración de universalidad de los convenios colectivos. Parece así que la reforma de la Directiva 2018/957 da una segunda oportunidad a los Estados que, a pesar de disponer un sistema de declaración de universalidad de los convenios, por cualquier motivo no lo hayan hecho respecto a un convenio concreto. A este nuevo inciso nos referiremos en este mismo capítulo.

Queda señalar la curiosidad de que el proyecto de 1991 utilizaba para los convenios colectivos la expresión "efectos *erga omnes*" que[498], por no ser utilizada en algunos Estados miembros, sufrió un paulatino postergamiento mediante una recolocación en un paréntesis[499], para finalmente desaparecer después de sólo tres reuniones del GAS[500].

4. LAS CONTROVERTIDAS INTERPRETACIONES DE LA DIRECTIVA 96/71 REALIZADAS POR EL TJUE

Aunque no todas las sentencias relacionadas con la Directiva 96/71 han sido polémicas, gran parte de la fama de esta norma es consecuencia de la mala acogida que ha tenido la interpretación que el TJUE ha realizado de su contenido, principalmente en las sentencias del Cuarteto Laval, auténtico reclamo para la doctrina durante años[501]. En este apartado nos limitamos a analizar las decisiones del TJUE desde la perspectiva de la norma de conflicto, sin entrar a examinar las normas materiales a las que remite ni los efectos que dicha remisión pudiera provocar.

---

498 CONSEJO: 4165/92, de 21.1.1992, pág. 13.

499 CONSEJO: 5256/92, de 27.3.1992, pág. 14.

500 CONSEJO: 7344/92, de 10.7.1992, pág. 10.

501 Respecto al Cuarteto Laval, BARNARD recuerda que "*It started as a folder, then a file, then a box*". BARNARND, C.: "The calm after the storm: Time to reflect on EU (labour) law scholarship following the decisions in Viking and Laval", *Legal Studies Paper series University of Cambridge Faculty of Law Legal Studies*, 55/2015, 2015, pág. 1/25.

4.1. La ley

Debemos comenzar con una interpretación que no ha sido especialmente controvertida, y que se refiere a la naturaleza de la norma legal que fije las condiciones de trabajo, en los términos de la sentencia Regiopost (2015)[502].

De acuerdo con esta decisión, la norma legal que fije el salario mínimo a exigir en el caso de desplazamiento no tiene por qué ser necesariamente una norma laboral o una norma específicamente dictada para transponer al Derecho interno la Directiva 96/71. En el concreto caso de Regiopost, el TJUE confirmó la aplicación de la ley de contratos públicos del *land* Renania-Palatinado para fijar el salario mínimo de los desplazados en ejecución de tales contratos. Dicha ley disponía que, en caso de no poder aplicarse un convenio colectivo a los trabajadores que ejecutaran las actividades derivadas de los contratos públicos, en todo caso las empresas se debían comprometer a abonar un salario no inferior a 8,50 euros la hora[503]. Una de las empresas licitadoras, Regiopost, se negó a firmar tal compromiso al entregar la documentación de la licitación, por lo que su oferta no fue tenida en cuenta. El TJUE validó la negativa del poder adjudicador, al considerar que la ley de contratos regional podía incorporar cláusulas de protección previstas en el artículo 3.1 de la Directiva 96/71[504].

Esta ley de contratos aprende de los errores cometidos por la ley de contratos del *land* de Baja Sajonia, que se limitaba a exigir el salario recogido en el convenio colectivo de aplicación, sin especificar ninguna cantidad en caso de inexistencia de convenio colectivo, como veremos al tratar en este mismo apartado la sentencia Rüffert[505]. Regiopost es el claro ejemplo de que en el ámbito del desplazamiento de trabajadores los Estados cometen errores —de los que aprenden— al proteger su mercado de trabajo[506]. Que con Regiopost se

---

502 Sentencia de 17 de noviembre de 2015, Regiopost, C-115/14, EU:C:2015:760.

503 *Ibidem*, apartado 5.

504 *Ibidem*, apartado 66.

505 Sentencia de 3 de abril de 2008, Rüffert, C-346/06, EU:C:2008:189.

506 Las normas sobre desplazamiento se han ido sofisticando en la forma de proteger el mercado nacional de trabajo. A finales de los 90, la sentencia Finalarte recogía la expresa intención de la norma alemana de transposición de la Di-

diera la razón a los trabajadores, no significa que las sentencias del Cuarteto Laval se dictaran con animadversión a los trabajadores y sindicatos[507].

4.2. *El convenio colectivo y el laudo arbitral*

El artículo 3.1 de la Directiva 96/71 declara la aplicación de los convenios colectivos y laudos arbitrales de aplicación general como fuente del Derecho reguladora de las condiciones de trabajo aplicables a los trabajadores desplazados. Esta *aplicación general* se predica de los convenios colectivos que deban respetar *todas las empresas pertenecientes al sector o profesión de que se trate correspondientes al ámbito de aplicación territorial de éstos* (art. 3.8), independientemente del número o la proporción de trabajadores afectados por el convenio colectivo[508].

El carácter *erga omnes* de los convenios colectivos recogidos en el Título III del Estatuto de los Trabajadores ha librado a España de tener dificultades para exigir el salario del convenio sectorial a las empresas que vienen a prestar servicios a España[509], sin perjuicio de que la LDT, para evitar cualquier duda, declare expresamente la aplicabilidad de los convenios colectivos a los trabajadores desplazados en su artículo 3.4.

Como es sabido, en la sentencia Laval el TJUE aborda la compatibilidad de determinadas medidas de conflicto colectivo con la libertad de prestación de servicios, motivada por un conflicto ocurrido en la construcción de una escuela en Suecia, en el que la empresa

---

rectiva 96/71 de proteger su mercado de trabajo. Sentencia de 25 de octubre de 2001, Finalarte, C-49/98, C-50/98, C-52/98 a C-54/98 y C-68/98 a C-71/98, EU:C:2001:564, apartado 38. En Rüffert la ley alemana de contratación tenía por objeto "la lucha contra las distorsiones de la competencia en el sector de la construcción y de los transportes públicos de cercanías, como consecuencia del empleo de mano de obra barata, y la reducción de la carga que deriva de ello para los regímenes de protección social ". Sentencia Rüffert, apartado 5.

507 Rüffert se incluye entre "las grandes sentencias antisociales", según RODRÍGUEZ-PIÑERO ROYO, M.: "La movilidad internacional…", obra cit., pág. 26.

508 Sentencia del Tribunal de la AELC de 23 de enero de 2012, asunto E-2/11, "STX", apartado 105.

509 Artículo 85 de la Ley del Estatuto de los Trabajadores, texto refundido aprobado por Real Decreto Legislativo 2/2015, de 23 de octubre (BOE del 24).

letona que llevaba a cabo los trabajos no quiso negociar un convenio *ad hoc* con los sindicatos locales, lo que era práctica habitual en ese país[510]. En este sentido, la sentencia Laval dice que[511]: "De los autos se deriva que el Reino de Suecia no tiene un sistema de declaración de aplicación general de los convenios colectivos y que, para no crear situaciones de discriminación, la legislación no obliga a las empresas extranjeras a aplicar los convenios colectivos suecos, dado que no todos los empresarios suecos están vinculados por un convenio colectivo" pues, explica el Abogado General, "el legislador sueco no percibió la necesidad de ampliar el efecto de tales convenios mediante una declaración de aplicación general"[512].

Esta declaración del TJUE no debió sorprender a las autoridades suecas, a las que la Comisión Europea ya había avisado, junto a Dinamarca y Reino Unido, de que su sistema de negociación colectiva no era suficiente a efectos de la Directiva 96/71, y sólo serían aplicables los salarios mínimos contenidos en la ley o en instrumentos administrativos[513].

Al no existir convenios colectivos de aplicación general en el sentido de la Directiva 96/71, el TJUE considera que, en el marco de la libre prestación de servicios transnacional, no se puede exigir la aplicación de una norma que no aparece entre las fuentes del Derecho enumeradas en el artículo 3 de la misma directiva, interpretación literal de la norma que ha sido considerada demasiado restrictiva por parte de la doctrina[514].

---

510 Sentencia Laval, apartado 26.

511 *Ibidem*, apartado 7.

512 Conclusiones del Abogado General Sr. Paolo Mengozzi presentadas el 23 de mayo de 2007. Asunto 341/05, apartado 22.

513 COMISIÓN EUROPEA: *Report from the Commission services on the implementation of Directive 96/71/EC of the European Parliament and of the Council of 16 December 1996 concerning the posting of workers in the framework of the provision of services*, 2003, pág. 7. BODIRGOA VUKOBRAT, N. y NORAK, H.: "A more liberal and economic, and a less social, approach: the impact of recent ECJ rulings", *Croatian Yearbook of European Law and Policy*, vol. 4, pág. 57.

514 ESTEVE SEGARRA, M. A.: "Un balance de la jurisprudencia del Tribunal de Justicia de la Unión Europea en materia de libertad de prestación de servicios y dumping social", *Revista de información laboral*, núm. 6, pág. 11.

La sentencia Rüffert estudia con más detenimiento la aplicabilidad de leyes y convenios a los trabajadores desplazados. En este caso, el *land* de Baja Sajonia publicó una licitación para la construcción de una cárcel. La ley de contratos regional exigía a las empresas adjudicatarias (contratistas y subcontratistas) que abonaran el salario contenido en el convenio colectivo vigente en el lugar de ejecución de la prestación de servicios[515]. Por aplicación de esta ley (que expresamente contenía en su exposición de motivos una argumentación *antidumping*)[516], los pliegos de dicho contrato público contenían la obligación de que contratistas y, en su caso, subcontratistas, se comprometieran a abonar a los trabajadores los salarios fijados en el "convenio colectivo aplicable en el lugar de prestación de tales servicios"[517]. Este convenio era, en principio, el convenio colectivo de Edificios y Obras Públicas, que no había sido declarado de aplicación general conforme al mecanismo existente en Alemania para tal propósito.

La obra fue adjudicada a una empresa alemana que cumplía los mandatos del convenio, pero esta empresa subcontrató la ejecución de la obra a una empresa polaca que no abonó a sus trabajadores los salarios del convenio de Edificios y obras públicas, a pesar de que tal compromiso estaba incorporado en el contrato administrativo. El contrato fue resuelto por la autoridad licitadora con las correspondientes penalizaciones, y la empresa recurrió tal decisión al considerar que la resolución del contrato contravenía la libre prestación de servicios. En el marco del procedimiento de impugnación, las autoridades judiciales alemanas plantearon una cuestión prejudicial.

En la sentencia, el TJUE considera que la ley de contratos de Baja Sajonia no es una norma que fije salarios conforme al artículo 3 de la Directiva 96/71, porque no fija un importe concreto, sino que se remite a otra norma, esto es, al convenio colectivo vigente[518]. El TJUE declara asimismo que el convenio de Edificios y Obras Públicas no es un convenio colectivo de aplicación general en el sentido de la ley

515 Sentencia Rüffert, apartado 6.
516 *Ibidem*, apartado 5.
517 *Ibidem*, apartado 6.
518 *Ibidem*, apartado 30.

alemana que transpone la Directiva 96/71[519], pues las propias autoridades alemanas así se lo habían confirmado por escrito[520].

De esta manera, el problema consistía en que, a efectos del artículo 3 de la Directiva 96/71, no existía en Alemania un convenio colectivo aplicable que hubiera sido declarado de carácter universal y que pudiera aplicarse a los trabajadores polacos que iban a participar en la construcción de la cárcel licitada. Al no existir una norma paccionada que cumpliera las exigencias del artículo 3 de la Directiva 96/71, los órganos de contratación alemanes no podían exigir que el salario recogido en el convenio colectivo de Edificios y obras públicas fuera abonado a los desplazados, ni, en consecuencia, reprimir el pago de salarios inferiores a los profesionales establecidos en dicho convenio colectivo.

La Sentencia Rüffert, que forma parte del Cuarteto Laval, fue recibida con duras críticas por parte de la doctrina laboralista, al considerar que la libre prestación de servicios había pesado más en la balanza que los derechos de los trabajadores. RENTERO JOVER afirma que el TJUE había "perdido totalmente el norte y haberse transformado de en un órgano judicial sereno, hacedor de construcciones jurídicas independientes, que eran respetadas y cuidadosas con los Derechos Humanos, en un elemento más de una política comunitaria regresiva, al servicio, si no exclusivo, sí que claramente prioritario del libre mercado"[521]. Otros (CASADO ABRAQUERO) achacaron a los jueces de Rüffert haber limitado los objetivos de la Directiva 96/71 a los mercantiles, y sobre esa base haber construido el razonamiento de la sentencia[522].

No podemos estar de acuerdo con las voces que respecto a la sentencia Rüffert califican la actitud del TJUE de intencionadamente contraria a los derechos de los trabajadores. Creemos que éste no hizo sino interpretar un precepto meridianamente claro de una norma

---

519 Ley sobre el desplazamiento de trabajadores a Alemania, de 26 de febrero de 1996 (*Arbeitnehmer-Entsendegesetz*).

520 Sentencia Rüffert, apartado 26.

521 RENTERO JOVER, J.: "Y ahora Rüffert…", obra cit., pág. 117.

522 CASADO ABRAQUERO, M.: "Cláusulas sociales y contratación pública: su incidencia en los desplazamientos transnacionales de trabajadores", *Revista Aranzadi Unión Europea*, núm. 10, 2017, pág. 5/17.

de Derecho Internacional Privado. Si el artículo 3 de la norma exige simple y llanamente que, para fijar el salario de los desplazados, el convenio debe ser de aplicación general, no existía otra opción que no exigir el convenio pretendido por las autoridades regionales alemanas. Como hemos señalado, la propia región alemana reconoció en el pleito que el convenio debatido no era de aplicación general, por lo que la única posibilidad de juzgador era constatar tal ausencia y declarar las consecuencias derivadas de tal ausencia. Una decisión que estableciese la aplicación del convenio colectivo debatido hubiera supuesto exigir a una prestadora de servicios extranjera que aplicara condiciones de trabajo de un convenio que no era obligatorio para las todas las empresas locales del sector[523].

Precisamente las modificaciones normativas que acometieron varios Estados miembros después de las sentencias Laval y Rüffert confirman que el problema de desprotección de los trabajadores no era imputable a la Directiva, sino a su inadecuada transposición[524].

Parte de la doctrina considera que la sentencia Regiopost, que reconoce la aplicabilidad de un salario fijado en una ley regional de contratos a los trabajadores desplazados en el marco de la ejecución de un contrato público, constituye una especie de disculpa del TJUE por el —considerado por muchos como— el imperdonable error de la sentencia Rüffert[525].

---

523 VAN NUFFEL, P. y AFANAJSEVA, S.: "The Revised Posting…", obra cit., pág. 283.

524 Los cambios normativos son analizados en ZIMMER, R.: "Labour Market Politics through Jurisprudence: The Influence of the Judgements of the European Court of Justice (Viking, Laval, Rüffert, Luxembourg) on Labour Market Policies", *German Policy Studies*, vol. 7, núm. 1, 2011, pág. 211-234.

525 A favor de considerar esta sentencia como una disculpa, RENTERO JOVER, J.: "Y ahora Rüffert…", obra cit., pág. 117. CALVO GALLEGO, F. J.: "Desplazamientos de trabajadores en el seno de la Unión Europea: aspectos individuales y lucha contra la precariedad", en MARTÍNEZ-GIJÓN MACHUCA, M. A., (Coord.), PÉREZ GUERRERO, M. L., (Dir.) y QUINTERO LIMA, M. G., (Dir.), *La lucha contra la precariedad y las reformas en materia de desplazamientos de los trabajadores*, Laborum, Murcia, 2020, pág. 96. También REFSLUND, B. *et al.*: "Moving in and out of the shadow of European case law: the dynamics of public procurement in the Post-Rüffert era", *Journal of Common Market Studies*, núm. 58, 2020, pág. 1173.

Aunque ya nos hemos referido a Regiopost en el apartado anterior, queremos volver a señalar que en esta sentencia el TJUE considera que la empresa sí que debe abonar el salario mínimo porque la cifra concreta de 8,50 euros por hora se contenía expresamente en la ley de contratos de Renania-Palatinado, de manera que esa ley de contratos era una ley conforme al artículo 3 de la Directiva 96/71, aunque no fuera una ley laboral[526]. Como afirma el Tribunal[527]:

> "Contrariamente a lo que sucedía en la Ley del Land de Baja Sajonia [la ley aplicable en la sentencia Rüffert] sobre adjudicación de contratos públicos, controvertida en el asunto en el que se dictó la sentencia Rüffert (C-346/06, EU:C:2008:189), una disposición como el artículo 3 de la LTTG fija ella misma dicha cuantía de salario mínimo".

Podemos así considerar que más que una petición de disculpas, la sentencia Regiopost supone una llamada de atención a las autoridades nacionales sobre cómo se deben hacer y cómo no se deben hacer las cosas, en lo que se refiere a la aplicabilidad de los convenios colectivos en el desplazamiento de trabajadores.

En último lugar debemos referirnos a la enmienda realizada por la Directiva 2018/957 en el sistema de declaración de aplicabilidad general de los convenios colectivos. Uno de los problemas de la sentencia Rüffert era que Alemania ya disponía de un sistema de declaración de la universalidad de los convenios colectivos, con lo que el texto del artículo 3.8 de la Directiva 96/71 lo hacía inaplicable al caso, pues[528]:

> *A falta de un sistema de declaración de aplicación general de convenios colectivos o laudos arbitrales en el sentido de lo dispuesto en el párrafo primero, los Estados miembros podrán basarse, si así lo deciden* [...]

Como ya existía un sistema de declaración de la aplicabilidad general de los convenios, no era posible acudir a la forma subsidiaria

---

526 CALVO GALLEGO, F. J.: "Desplazamientos transnacionales de ...", obra cit., pág. 85.

527 Sentencia Regiopost, apartado 62.

528 El apartado 27 de la sentencia Rüffert declaraba que la aplicación del artículo 3.8 de la Directiva 96/71 "sólo es aplicable a falta de un sistema de declaración de aplicación general de convenios colectivos, lo cual no ocurre en la República Federal de Alemania".

contenida en el segundo párrafo del artículo 3.8. Para rectificar esta deficiencia, y afrontar escenarios similares[529], la Directiva 2018/957 ha dado una nueva redacción al primer inciso del artículo 3.8, en los siguientes términos:

> *A falta de, o además de, un sistema de declaración de aplicación universal de convenios colectivos* [...]

CONTRERAS HERNÁNDEZ valora esta modificación como relevante "debido a que permite aplicar las condiciones de los convenios colectivos *de facto* —siempre que sean de aplicación general en todas las empresas similares de la zona geográfica, profesión o sector de que se trate o hayan sido celebrados por interlocutores sociales más representativos y se apliquen en todo el territorio nacional— aunque exista en el Estado de acogida un sistema de declaración universal pero no se haya acudido a éste"[530].

La acertada calificación de "convenios *de facto*", unida a la posibilidad de que exista un sistema de declaración universal que no ha sido utilizado, evidencia la amenaza que este nuevo inciso significa para la seguridad jurídica. En primer lugar, porque una empresa que desplaza trabajadores a un Estado nunca tendrá la certeza de si conoce o no todos y cada uno de los sistemas de aplicación universal de los convenios colectivos, y, en segundo lugar, porque, de existir más de un sistema (circunstancia ya un tanto desconcertante), no tendrá la seguridad suficiente de saber si el segundo sistema se aplica en todo caso o si no es así.

4.3. *Otras cuestiones a tener en cuenta respecto a las normas de aplicación*

La sentencia Portugaia declara la posibilidad de que una empresa que desplaza trabajadores a un Estado pueda aplicarse un convenio de empresa frente a un convenio sectorial, por aplicación de las normas de concurrencia de convenios del Estado de destino, es decir, en los mismos términos que pueden descolgarse los empresa-

---

529 ROCCA, M.: "Stepping stones over...", obra cit., pág. 172.

530 CONTRERAS HERNÁNDEZ, O.: "Desplazamiento de trabajadores y la revisión...", obra cit., pág. 638.

rios locales[531]. Esta doctrina fue más tarde recordada por el Abogado General en la sentencia ESA[532], en la que apreciaban similitudes entre los sistemas de negociación colectiva alemana —analizado en la sentencia Portugaia— y la finlandesa, respecto a la posibilidad de celebrar convenios de empresa o incluso inaplicar uno de sector. No obstante, esta cuestión no era el objeto del litigio y no fue valorada por el Tribunal[533].

Como se ha señalado, en el caso de que un Estado no disponga de un sistema de declaración de universalidad de los convenios colectivos, se le concede la posibilidad de que pueda dar ese valor a los convenios de aplicación más común o general. En este caso, y en aras de la seguridad jurídica[534], la Comisión Europea exige que tal opción se realice de manera expresa en la norma que transpone la Directiva 96/71[535]. Consideramos que aquellas formas de declaración de la universalidad de un convenio colectivo nacidas al amparo de la antes expuesta enmienda Rüffert, el "además de", deberían también ser expresamente recogidas en la norma de transposición, en aras de la seguridad jurídica.

Para terminar, debemos señalar que el TJUE ha interpretado que la lista de instrumentos normativos que fija la Directiva 96/71 es una lista abierta, pues, como señala la sentencia Laval[536]:

> "Procede señalar, a este respecto, que, dado que la Directiva 96/71 no tiene por objeto la armonización de los sistemas de fijación de las condiciones de trabajo y empleo en los Estados miembros, éstos pueden elegir, a nivel nacional, un sistema que no figure expresamente entre los previstos en esa Directiva, siempre que no obstaculice la prestación de servicios entre los Estados miembros".

---

531 Sentencia de 24 de enero de 2002, Portugaia, C-164/99, EU:C:2002:40.

532 Sentencia de 12 de febrero de 2015, ESA, C-396/13, EU:C:2015:86.

533 Conclusiones del Abogado General Sr. Nils Wahl…, cit., apartados 63 a 65.

534 Aunque lo trataremos en profundidad con la sentencia Laval, consideramos que lo que el TJUE pide a la norma (que es una norma de mercado y no laboral) y a los Estados que la transponen, es seguridad jurídica y previsibilidad de la norma aplicable por encima de otros aspectos.

535 COMISIÓN EUROPEA: *The implementation of Directive 96/71/EC…*, cit., pág. 12.

536 Sentencia Laval, apartado 68.

Con el fin de no obstaculizar la libre prestación de servicios, todo sistema normativo que fije las condiciones de trabajo para desplazados debería cumplir dos condiciones. La primera de ella es la previsibilidad, la eliminación de cualquier incertidumbre que, como hemos visto, es lo que se requiere a una norma nacional que deba validarse ante el sistema del mercado interior. La segunda exigencia sería el carácter no discriminatorio, la igualdad de trato con los empresarios locales.

5. LA APLICACIÓN DE LAS NORMAS DE ORDEN PÚBLICO Y LEYES DE POLICÍA

La tercera pieza de la determinación de la ley aplicable tras la fijación de la ley aplicable al contrato conforme al RRI (antes al Convenio de Roma) y la aplicación de las normas laborales del Estado de destino para determinadas condiciones de trabajo conforme a la Directiva 96/71 es el respeto a las normas de orden público o leyes de policía.

Podemos considerar normas de orden público y leyes de policía, o también "normas internacionalmente imperativas" (CALVO CARAVACA)[537], aquellas normas que se aplican en un territorio a todos los sujetos que operen en el mismo porque su inaplicación, cuando menos, dificultaría enormemente la convivencia pacífica y ordenada en el mismo. Los conceptos de normas de orden público y policía funcionan como sinónimos en el ámbito europeo, pero no deben confundirse con la excepción de orden público, prevista en el artículo 21 RRI[538].

---

537 CALVO CARAVACA, A. L. y CARRASCOSA GONZÁLEZ, J.: "Derecho aplicable (I). Técnicas de reglamentación. La norma de conflicto", en en CALVO CARAVACA, A. L., (Dir.) y CARRASCOSA GONZÁLEZ, J., (Dir.), *Tratado de Derecho Internacional Privado*, 2ª ed., Tirant lo Blanch, Valencia, 2022, pág. 498.

538 GARDEÑES SANTIAGO, M.: "Derecho imperativo y contrato internacional de trabajo", *Revista del Ministerio de Empleo y Seguridad Social*, núm. 132, pág. 172. La excepción de orden público entra en juego cuando, por aplicación de las normas de conflicto, se determina como ley aplicable una norma manifiestamente incompatible con el orden público del foro. Se trata así de una cuestión de aplicación de una ley, no de la determinación de una ley aplicable.

En apartados anteriores hemos afirmado que el RRI es una continuación del Convenio de Roma. En el caso de las leyes de policía, el artículo 9.1 RRI recoge el concepto que de esa figura hizo la Sentencia Arblade, dictada en 1999[539], cuando la norma hace referencia *a la salvaguardia de sus intereses públicos, tales como su organización política, social o económica, hasta el punto de exigir su aplicación a toda situación comprendida dentro de su ámbito de aplicación*[540].

La Directiva 96/71 se desarrolla sobre la base de las leyes de policía[541], en tanto el núcleo duro del artículo 3.1 de la Directiva 96/71, en virtud del que la legislación laboral del Estado de destino se aplicará a determinadas condiciones de trabajo de los desplazados, no deja de ser la aplicación de las leyes de policía de destino a determinadas cláusulas del contrato de trabajo de los desplazados.

5.1. Marco normativo

El artículo 9 RRI dispone:

> *1. Una ley de policía es una disposición cuya observancia un país considera esencial para la salvaguardia de sus intereses públicos, tales como su organización política, social o económica, hasta el punto de exigir su aplicación a toda situación comprendida dentro de su ámbito de aplicación, cualquiera que fuese la ley aplicable al contrato según el presente Reglamento.*
>
> *2. Las disposiciones del presente Reglamento no restringirán la aplicación de las leyes de policía de la ley del foro.*
>
> *3. También podrá darse efecto a las leyes de policía del país en que las obligaciones derivadas del contrato tienen que ejecutarse o han sido ejecutadas en la medida en que dichas leyes de policía hagan la ejecución*

---

539 CALVO CARAVACA, A. L. y CARRASCOSA GONZÁLEZ, J.: "Contrato internacional de trabajo…", obra cit., pág. 3083. El artículo 9.1 del RRI recoge la definición que el apartado 30 de la sentencia Arblade hace de las leyes de policía.

540 El apartado 30 de la sentencia Arblade dispone que "debe entenderse esta expresión en el sentido de que se refiere a las disposiciones nacionales cuya observancia se ha considerado crucial para la salvaguardia de la organización política, social o económica del Estado miembro de que se trate, hasta el punto de hacerlas obligatorias para toda persona que se encuentre en el territorio nacional de ese Estado miembro o con respecto a toda relación jurídica localizada en él."

541 KOCHANOWSKI, M.: "Rights of the Posted Workers - Directive 96/71/EC and the Evolution of Legislation Concerning Posted Workers", *Adam Mickiewicz University Law Review*, vol. 8, 2018, pág. 255.

del contrato ilegal. Para decidir si debe darse efecto a estas disposiciones imperativas, se tendrá en cuenta su naturaleza y su objeto, así como las consecuencias que se derivarían de su aplicación o de su inaplicación.

Como hemos señalado anteriormente, aunque no se suelan identificar como tales, las primeras normas de orden público que fija la Directiva 96/71 son las normas que regulan las condiciones del núcleo duro del artículo 3.1, es decir, las reguladoras del salario, tiempo de trabajo, etc. Estas normas nacionales de orden público están armonizadas o "europeizadas" porque están expresamente integradas en la Directiva (QUIÑONES ESCÁMEZ)[542]. Fuera del texto de la Directiva, la Propuesta de la Comisión Europea para la elaboración del RRI expresamente hace esta identificación, al señalar que "la aplicación de las leyes de policía del país de desplazamiento, prevista por la Directiva 96/71/CE, [...] no es otra cosa que una identificación de las normas de 'núcleo duro' con la categoría leyes de policía"[543].

En este mismo sentido, el Tribunal de Justicia, en la Sentencia Comisión contra Alemania (2005) señala[544]:

"Esta jurisprudencia [sobre la protección de los trabajadores como limitación de la libre prestación de servicios] se halla consagrada en el artículo 3, apartado 1, párrafo primero, letra c), de la Directiva 96/71, según el cual los Estados miembros velarán por que, cualquiera que sea la legislación aplicable a la relación laboral, las empresas mencionadas en la referida Directiva garanticen a los trabajadores desplazados en su territorio las condiciones de trabajo y empleo establecidas en el Estado miembro donde se efectúe el trabajo por lo que respecta, en particular, a las cuantías de salario mínimo, incluidas las incrementadas por las horas extraordinarias. El segundo párrafo de este mismo apartado aclara que el concepto de «cuantías de salario mínimo» se define «mediante la legislación y/o el uso nacional del Estado miembro en cuyo territorio el trabajador se encuentre desplazado»".

542 QUIÑONES ESCÁMEZ, A.: "Otra lectura de...", obra cit., pág. 449.

543 COMISIÓN EUROPEA: Propuesta de Reglamento del Parlamento Europeo y del Consejo sobre la ley aplicable a las obligaciones contractuales (Roma I), COM(2005) 650 final, 15.12.2005, pág. 13.

544 Sentencia de 14 de abril de 2005, Comisión contra Alemania (2005), C-341/02, EU:C:2007:809, apartado 25.

Recordemos que las normas que componen el núcleo duro son, tras la reforma de la Directiva 96/71, las relativas a las siguientes condiciones de trabajo:

a) *los períodos máximos de trabajo así como los períodos mínimos de descanso;*

b) *la duración mínima de las vacaciones anuales retribuidas;*

c) *la remuneración, incluido el incremento por horas extraordinarias; la presente letra no se aplicará a los regímenes complementarios de jubilación;*

d) *las condiciones de desplazamiento de los trabajadores, en particular por parte de empresas de trabajo temporal;*

e) *la salud, la seguridad y la higiene en el trabajo;*

f) *las medidas de protección aplicables a las condiciones de trabajo de las mujeres embarazadas o que hayan dado a luz recientemente, así como de los niños y de los jóvenes;*

g) *la igualdad de trato entre hombres y mujeres y otras disposiciones en materia de no discriminación.*

h) *las condiciones de alojamiento de los trabajadores, cuando el empleador se las proporcione a trabajadores que se encuentren fuera de su lugar de trabajo habitual*[545]*;*

i) *los complementos o los reembolsos en concepto de gastos de viaje, alojamiento y manutención previstos para los trabajadores que están fuera de su domicilio por motivos profesionales.*

Podemos diferenciar estas normas —digamos— privilegiadas de orden público, que la propia Directiva exige en todo caso, de las demás normas que cada Estado puede exigir si las justifica como tales. Hablamos de privilegio para los Estados, por cuanto las condiciones de trabajo contenidas en el artículo 3.1, no necesitan de justificación alguna por el Estado para ser exigidas como normas de policía[546].

---

545 La inclusión del alojamiento en el núcleo duro de condiciones de trabajo ha sido bienvenida en tanto su consideración como una norma de policía generaba dudas. RUBIN-OLIVIER, S.: "La révision de la directive sur le détachement des travailleurs. Premier succès de la France au service de «l'Europe qui protège»?", *Annuaire Français de Relations Internationales*, vol. XX, 2019, pág. 392.

546 PIIR, R.: "Safeguarding the posted…", obra cit., pág. 112.

Fuera de esta categoría destacada del artículo 3.1 de la Directiva 96/71, las autoridades pueden extender su normativa interna sobre determinadas condiciones de trabajo, al amparo del orden público, por aplicación del artículo 3.10 de la Directiva 96/71:

> *La presente Directiva no impedirá que los Estados miembros, respetando los Tratados, impongan a las empresas nacionales y a las empresas de otros Estados miembros, sobre la base de la igualdad de trato, condiciones de trabajo referidas a materias distintas de las enumeradas en el apartado 1, párrafo primero,* [las condiciones del "núcleo duro"] *en la medida en que se trate de disposiciones de orden público.*

Es preciso tener en cuenta que la redacción inicial del proyecto de directiva no contemplaba ninguna previsión sobre orden público, que muchos Estados reclamaban al amparo del artículo 7 del Convenio de Roma. La redacción del artículo 3.10 se incluyó a raíz de una declaración conjunta de la patronal y la federación europea de sindicatos de la construcción de 2 de noviembre de 1993, en la que se solicitaba a las instituciones europeas que la futura norma tuviera en cuenta "las disposiciones obligatorias de política social pública en los Estados miembros"[547].

La definición más práctica de estas normas de orden público se encuentra en la llamada Declaración nº 10[548], aprobada por el Consejo a la vez que la propia Directiva 96/71, y según la cual:

> *Debe considerarse que los términos "disposiciones de orden público" abarcan aquellas disposiciones obligatorias con respecto a las cuales no se pueden establecer excepciones y que, por su naturaleza y por su objetivo, se ajustan a las exigencias imperativas del interés público. Pueden estar incluidas en dichas disposiciones, en particular, la prohibición de los trabajos forzados o la implicación de autoridades públicas en el control del respeto de la normativa sobre condiciones de trabajo.*

A efectos prácticos, la Comisión Europea tiene una visión de qué puede ser disposición de orden público, inspirada en el principio de la irrenunciabilidad de derechos, de manera que, por ejemplo, la

547 CONSEJO: 9854/93, de 8.11.1993, pág. 1 y 3.

548 Una redacción en inglés de la Declaración 10 se contiene en CONSEJO: 10048/96, de 20.9.1996, pág. 4 y en el apartado 3 de la sentencia Comisión contra Luxemburgo (2008).

normativa de despido no podría tener la naturaleza de esta clase de disposiciones, pues, dependiendo de qué Estado se trate, es posible renunciar o no a ciertos derechos derivados de la extinción del contrato de trabajo[549].

5.2. Aplicación de la normativa de orden público. Justificación de los fines

Sobre la base del artículo 3.10 de la Directiva 96/71, los Estados, además del salario mínimo, la jornada, el trabajo de menores y demás condiciones contempladas en el artículo 3.1, podrán exigir a las empresas que desplazan trabajadores a su territorio el cumplimiento de otras disposiciones vigentes en su territorio y que consideren, digamos, irrenunciables. No tienen cabida en esta categoría las medidas impuestas por los Estados —CASAS BAAMONDE— para proteger la competitividad de las empresas locales mediante la imposición de exigencias injustificadas o desproporcionadas[550].

Un ejemplo de esta facultad se encuentra en la LDT, cuyo artículo 3.1 *f*) impone a las empresas que envían trabajadores a España respetar las normas reguladoras de *la no discriminación de los trabajadores temporales y a tiempo parcial*[551].

En su práctica, el TJUE define las normas de orden público como “las disposiciones nacionales cuya observancia se ha considerado crucial para la salvaguardia de la organización política, social o económica del Estado miembro de que se trate, hasta el punto de hacerlas obligatorias para toda persona que se encuentre en el territorio nacional de ese Estado miembro o con respecto a toda relación jurídica localizada en él”[552].

---

549 COMISIÓN EUROPEA: *The implementation of Directive 96/71/EC...*, cit., pág. 14.

550 CASAS BAAMONDE, M. E.: *Los desplazamientos temporales...*, obra cit., pág. 37.

551 Es cierto que el artículo 3.1 *g*) de la Directiva 96/71 proscribe en general cualquier discriminación, pero consideramos que ese mandato ha sido transpuesto por el artículo 3.1 *c*) de la LDT, relativo a la discriminación por razón de sexo, orientación, religión, etc. La no discriminación de trabajadores temporales y tiempo parcial sería así, en nuestra opinión, una norma de orden público añadida al amparo del artículo 3.10.

552 Sentencia Arblade, apartado 30.

La declaración de una materia como de orden público "constituye una excepción al sistema establecido por dicha Directiva [96/71][553]" y debe realizarse de forma expresa por la norma que así lo declare[554]. En todo caso, el Estado, como veremos, no tiene capacidad para declarar unilateralmente el carácter de orden público de la regulación de una condición de trabajo[555], y, desde luego, esta declaración no puede tener por objeto proteger intereses económicos (incluyendo entre ellos la protección contra el *dumping* social)[556], porque si cada Estado pudiera imponer unilateralmente sus normas de orden público o policía —CALVO CARAVACA— "el contrato internacional quedaría atrapado en un exagerado número de normas jurídicas internacionalmente imperativas de diversos Estados"[557].

La definición de norma de orden público que el TJUE hace exige, en nuestra opinión, dos matices. El primero es que este orden público no es un orden público "nacional" sino "europeo"[558], en el sentido de que se trata de un orden público que ha de ser respetuoso y en concordancia con las disposiciones de los Tratados, "so pena de vulnerar la primacía y la aplicación uniforme del Derecho comunitario"[559]. Este matiz es, a nuestro juicio, de una lógica aplastante pues, si cada Estado estableciera sin limitación leyes de policía para la exclusiva defensa de sus intereses, la Unión sería inviable[560]. Así, debemos interpretar el término "unilateralidad" antes empleado en el sentido de que un Estado unilateralmente podrá establecer

---

553 Sentencia Comisión contra Luxemburgo (2006), apartado 49.

554 Sentencia Laval, apartado 84.

555 CREMERS, J.: "Economic freedoms and labor standards in the European Union", *Transfer: European Review of Labour and Research*, vol. 22(2), 2016, pág. 153.

556 REICH, N.: "Free Movement v. Social Rights in an Enlarged Union - the Laval and Viking Cases before the ECJ", *German Law Journal*, núm. 9, 2008, pág. 147.

557 CALVO CARAVACA, A. L. y CARRASCOSA GONZÁLEZ, J.: "Contrato internacional de trabajo…", obra cit., pág. 3082.

558 GUTIÉRREZ-SOLAR CALVO, B.: *El desplazamiento temporal…*, obra cit., pág. 106.

559 Sentencia Arblade, apartado 31.

560 Así, la acción desarrollada por los sindicatos suecos en la sentencia Laval tendría por objeto (REICH) cerrar el mercado sueco de la construcción a las empresas de la Unión Europea. REICH, N.: "Free Movement…", obra cit., pág. 146.

medidas de policía y orden público dentro del marco comunitario, teniendo en cuenta las limitaciones que éste fija.

Es natural que la expresa intención de la ley alemana sobre desplazamientos, que era sencilla y claramente "proteger a las empresas alemanas del sector de la construcción frente a la creciente presión competitiva que se registra en el mercado interior europeo, esto es, frente a los prestadores de servicios extranjeros" fuese desautorizada por el TJUE en la sentencia Finalarte[561], al quedar fuera de este marco de orden público europeo.

Por aplicación del principio de primacía del Derecho comunitario, la defensa de la competencia, del mercado laboral o la lucha contra el *dumping* social en términos abstractos no puede considerarse un argumento que justifique la aplicación de una norma de policía[562]. En este sentido, el TJUE declara en la sentencia Portugaia, que "no cabe justificar medidas que constituyan una limitación de la libre prestación de servicios en aras de objetivos de carácter económico, como la protección de empresas nacionales"[563].

Recapitulando, podemos afirmar que el establecimiento de medidas de orden público y policía constituye objetivamente un obstáculo a la libre prestación de servicios, pues va a exigir a las empresas que desplazan trabajadores a un país el cumplimiento de condiciones adicionales a las fijadas por la Directiva 96/71. Para que esta limitación a la libertad declarada en los Tratados pueda ser acorde con el Derecho europeo, la aplicación de las leyes de policía sólo puede tener lugar cuando exista una justificación suficiente, esto es, que concurran "razones imperiosas de interés general"[564]. Aunque este concepto se define completamente en la sentencia Arblade, ya se venía utilizando desde la sentencia Webb[565].

---

561 Sentencia Finalarte, apartados 38 y 39.

562 La finalidad de la legislación alemana hizo que en la documentación preparatoria se reconociera que el objeto de la ley de desplazamiento era proteger a las empresas nacionales frente a la competencia en bajos salarios de los trabajadores desplazados. Evidentemente, esta justificación no es válida a los ojos del TJUE (sentencia Finalarte, apartado 38). DAVIES, P.: "The Posted Workers Directive and the EC Treaty", *Industrial Law Journal*, vol. 31 3, 2002, pág. 302.

563 Sentencia Portugaia, apartado 26

564 Sentencia Arblade, apartado 34.

565 LLOBERA VILA, M.: *El desplazamiento transnacional...*, obra cit., pág. 245.

La razón imperiosa de interés general es un concepto general que debe dilucidarse en el ámbito concreto. En el marco de los desplazamientos de trabajadores, la razón que el TJUE considera válida para limitar la libre prestación de servicios es la protección de los trabajadores desplazados[566]. Esta protección de los trabajadores no es una protección abstracta, sino que debe ser una protección real y adicional que el Estado de destino proporciona los trabajadores desplazados, es decir, que los trabajadores desplazados, al aplicarse las normas de orden público del Estado de destino, ganarán más dinero, descansarán más o recibirán alguna prestación de seguridad social adicional[567]. Por ejemplo, en la sentencia Wolff Müller se aprecia la responsabilidad solidaria entre contratista y subcontratista para el abono de salarios como forma de protección a los trabajadores en tanto razón imperiosa de interés general[568], incluso "cuando la protección del salario del trabajador no es el objetivo principal o sólo es un objetivo secundario de dicha normativa"[569]. Esta protección admite modulaciones respecto a los desplazados de corta duración y a tiempo parcial, esto es, los contemplados en la sentencia Mazzoleni[570].

Además de la protección de los trabajadores y con un alcance muy limitado, el TJUE considera como razón imperiosa de interés general la defensa del mercado de trabajo, lo que —en nuestra opinión— no debe interpretarse como defensa frente al *dumping* social, aunque pudiera tener cierta apariencia en algunas sentencias del TJUE[571], porque tal interpretación iría en contra del concepto de orden público europeo y, en consecuencia, de la primacía del Derecho de la Unión.

---

566 Sentencia Arblade, apartado 36.

567 LLOBERA VILA, M.: "Las medidas estatales de prevención del dumping social en la jurisprudencia del TJUE: la senda abierta hacia la sentencia Bundesdruckerei", *Lex Social. Revista de los derechos sociales*, vol. 5. 2015, pág. 92.

568 Sentencia de 12 de octubre de 2004, Wolff Müller, C-60/03, EU:C:2004:610, apartado 40.

569 Sentencia Wolff-Müller, apartado 45.

570 CASAS BAAMONDE, M. E.: *Los desplazamientos temporales...*, obra cit., pág. 34 y sentencia de 15 de marzo de 2001, Mazzoleni, C-165/98, EU:C:2001:162.

571 LLOBERA VILA, M.: "Las medidas estatales...", obra cit., pág. 95.

De acuerdo con la sentencia Webb[572], el TJUE admite la defensa del mercado local para garantizar el sistema nacional de intermediación laboral. En este asunto se decidía la posibilidad de la actuación transnacional de una ETT sin necesidad de autorización administrativa en el Estado de destino, ante lo cual el TJUE realizó una interpretación prudente de las normas de policía, para evitar abrir la puerta a agentes de otros Estados que pudieran introducir en el mercado nacional situaciones de cesión ilegal, empresarios aparentes o cualquier otra clase de abusos.

Para aplicar una medida como razón imperiosa de interés general, la jurisprudencia del TJUE exige que ésta se aplique a cualquier persona o empresa que ejerza una actividad en el Estado de destino, "en la medida en que dicho interés no quede salvaguardado por las normas a las que está sujeto el prestador en el Estado miembro en el que esté establecido"[573]. De esta doctrina, se concluye:

- Que la norma debe ser de aplicación general en el Estado de destino, tanto a empresas locales como a las de otros Estados, so pena de constituir una medida discriminatoria.
- Que la medida debe evitar (QUIÑONES ESCÁMEZ) el "doble empleo"[574], es decir, el solapamiento de medidas nacionales iguales. Si en el Estado de origen ya se exige una medida similar, no es posible exigirla adicionalmente en el Estado de destino[575].

Por otra parte, la medida debe tener un efecto de protección real respecto al orden público del Estado de destino, de tal manera que, si la medida es más anecdótica que eficaz, no cabe su implementación. En este sentido el TAELC en la sentencia Islandia, se planteó cómo la exigencia de una especie de complemento por incapacidad temporal para trabajadores desplazados podía ser crucial para el or-

---

572 Sentencia Webb, apartado 19. En este sentido, LLOBERA VILA, M.: "Las medidas estatales…", obra cit., pág. 93.

573 Sentencia de 28 de marzo de 1996, Guiot, C-272/94, EU:C:1996:147, apartado 11.

574 QUIÑONES ESCÁMEZ, A.: "Otra lectura de…", obra cit., pág. 448.

575 Los "timbres de mal tiempo" de la sentencia Arblade y medidas similares pueden ser un buen ejemplo. En este sentido, *Vid.* VII.2.

den público nacional, cuando el año anterior habían sido desplazados a ese país sólo 9 trabajadores[576].

5.3. Aplicación de la normativa de orden público. Proporcionalidad de los medios

En el apartado anterior hemos expuesto qué justificación se le exige a una medida fijada por un Estado para que, amparada en la protección de los trabajadores como razón imperiosa de interés general, pueda ser implementada frente a los prestadores de servicios provenientes de otros Estados.

Además del porqué, el TJUE ha de analizar el cómo de la medida a través del llamado juicio o test de proporcionalidad. En palabras del propio Tribunal de Justicia, el principio de proporcionalidad "exige que los actos adoptados no rebasen los límites de lo que resulta apropiado y necesario para el logro de los objetivos legítimamente perseguidos por la normativa controvertida, entendiéndose que, cuando se ofrezca una elección entre varias medidas adecuadas, deberá recurrirse a la menos onerosa, y que las desventajas ocasionadas no deben ser desproporcionadas con respecto a los objetivos perseguidos (sentencias Jippes y otros, antes citada, apartado 81, y Lennox, antes citada, apartado 76)"[577].

La aplicación del principio de proporcionalidad en el ámbito comunitario resuelve el conflicto que se crea entre una libertad comunitaria y otra posición jurídica[578]. Con este objetivo, se realiza un juicio (o un test) en el que se valora la adecuación entre los fines de una norma comunitaria (amparada en la correspondiente libertad) y los medios desplegados por un Estado para su consecución.

Mediante un pequeño juego consistente en retocar el párrafo 30 de la sentencia Finalarte, si una medida queda justificada por una ra-

---

576 Sentencia del TAELC de 28 de junio de 2011, Islandia, asunto E-12/10.

577 Sentencia de 10 de marzo de 2005, Tempelman, asuntos C-96 y 97/03, ECLI:EU:C:2005:145, apartado 47.

578 MENÉNDEZ MENÉNDEZ, A.: "Integración económica (el Derecho Constitucional económico de la UE)" en LÓPEZ CASTILLO, A., (Dir.), *Instituciones y Derecho de la Unión* Europea, 4ª ed., Tirant lo Blanch, Valencia, 2022, pág. 133.

zón imperiosa de interés general, con el juicio de proporcionalidad se intentará que[579]:

> "A este respecto, la aplicación a los prestadores de servicios de las normativas nacionales del Estado miembro de acogida puede prohibir [si no quedara más remedio], obstaculizar [lo mínimo] o hacer menos interesantes [pero aún atractivas] las prestaciones de servicios, en la medida en que tal aplicación genera gastos adicionales y supone un aumento de las cargas administrativas y económicas".

En el asunto Wolff Müller, el Tribunal de Justicia tuvo que valorar la compatibilidad con la libre prestación de servicios de un sistema de responsabilidad solidaria en el pago de salarios a los trabajadores de empresas subcontratistas. En la sentencia el Tribunal apunta a qué medidas son las proporcionadas:[580]

> "Se desprende del tenor del artículo 5 de la Directiva 96/71 que los Estados miembros disponen de un amplio margen de apreciación para definir la forma y la configuración de los procedimientos adecuados en el sentido del segundo guion de dicha disposición [procedimientos para que los trabajadores desplazados puedan reclamar el cumplimiento de sus derechos]. Sin embargo, al ejercer este margen de apreciación, los Estados miembros deben respetar en todo caso las libertades fundamentales garantizadas por el Tratado (véanse, en este sentido, las sentencias de 22 de enero de 2002, Canal Satélite Digital, C-390/99, Rec. p. I-607, apartados 27 y 28, así como de 25 de marzo de 2004, Karner, C-71/02, Rec. p. I-3025, apartados 33 y 34) y, por consiguiente, por lo que atañe al procedimiento principal, la libre prestación de servicios".

Para justificar que el Estado respeta la libertad garantizada por el Tratado, en esta clase de procedimientos, frente a la jurisdicción constitucional de los Estados, los Estados, y no el demandante, tendrá la carga de probar la adecuación de la medida[581]. En todo caso, podemos afirmar que en la sentencia Wolff Müller el TJUE se queda en el epígrafe anterior, el relativo a la justificación de la medida (que considera justificada) pero la tarea de analizar en detalle y valorar

---

579 Sentencia Wolff Müller, apartado 31.

580 Sentencia de 12 de octubre de 2004, Wolff Müller, C-60/03, EU:C:2004:610, apartado 30.

581 LLOBERA VILA, M.: *El desplazamiento transnacional...*, obra cit., pág. 249.

la adecuación de los medios a los fines la encomienda al juzgador nacional[582].

En otros casos, el Tribunal no sólo entra a valorar la adecuación de una medida a su finalidad y el respeto a las libertades, sino que propone alternativas a la misma. Así, en la sentencia Comisión contra Austria (2006)[583], en la que se juzgaba la adecuación de un sistema de confirmación de desplazamiento de trabajadores NTE, el Tribunal dispone[584]:

> "A este respecto, la obligación impuesta, en el marco de la AVRAG, a una empresa prestadora de servicios, de notificar previamente a las autoridades locales el desplazamiento de uno o varios trabajadores por cuenta ajena, la duración prevista de su estancia y la prestación o prestaciones de servicios que justifican tal desplazamiento constituye una medida igualmente eficaz que la exigencia controvertida, pero menos restrictiva. En efecto, permite a dichas autoridades controlar el cumplimiento de la normativa social y salarial austriaca durante el desplazamiento teniendo en cuenta las obligaciones que ya impone a la empresa la normativa social aplicable en el Estado miembro de origen".

En similares términos, la sentencia Comisión contra Alemania (2006)[585]:

> "Sin embargo, tal como puso de manifiesto el Abogado General en el punto 27 de sus conclusiones, la obligación de que el prestador de servicios efectúe una simple declaración previa acreditando que los trabajadores de que se trata se encuentran en situación regular, especialmente en cuestiones de residencia, permiso de trabajo y cobertura social, en el Estado miembro en el que dicha empresa los tenga en plantilla, garantiza a las mencionadas autoridades, de una manera menos restrictiva e igualmente eficaz que la que implica el control previo al desplazamiento, que los trabajadores se encuentran en situación regular y que ejercen su actividad principal en el Estado miembro en el que tiene su domicilio la empresa de prestación de servicios (véase, en este sentido, la sentencia Comisión/Luxemburgo, antes citada, apartado 46). Una exigencia de este tipo permite a las autoridades nacionales comprobar a posteriori los da-

---

582 Sentencia Wolff Müller, apartado 44.

583 Sentencia de 21 de septiembre de 2006, Comisión contra Austria (2006), C-168/04, EU:C:2006:595.

584 *Ibidem*, apartado 52.

585 Sentencia de 19 de enero de 2006, Comisión contra Alemania (2006), C-244/04, EU:C:2006:49, apartado 41.

> tos y adoptar las medidas necesarias en caso de que la situación de los trabajadores sea irregular. Esta obligación puede, por lo demás, consistir en una sucinta notificación de los documentos exigidos, especialmente cuando la duración del desplazamiento no permite ejercer un control de manera eficaz".

Para concluir este apartado, es necesario referirnos a la sentencia Mazzoleni[586]. Una empresa de seguridad francesa estuvo durante año y medio desplazando vigilantes para trabajar en un centro comercial de Bélgica, como forma de rotar personal y así evitar que los ladrones de la zona reconocieran a los guardas. Una inspección realizada por las autoridades belgas puso de manifiesto que la empresa estaba pagando un salario por debajo del exigido por el convenio colectivo aplicable, e inició un procedimiento sancionador, que terminó siendo revisado por el Tribunal de Justicia.

El TJUE aplicó la lógica de las razones imperiosas de interés general y la protección de los trabajadores como razón oponible en el caso de desplazamiento de trabajadores. No obstante, la sentencia advierte que esta doctrina hasta ese momento había sido articulada sobre la base de sentencias en las que los trabajadores eran trabajadores de la construcción que pasaban día tras día temporadas en un Estado distinto al de su establecimiento[587]. El caso de Mazzoleni no se ajustaba a estos parámetros porque se trata de prestaciones de servicios en zonas transfronterizas por muy cortos períodos de tiempo. En situaciones así, el Tribunal considera que la exigencia "de tales normas podría resultar desproporcionada cuando se trate de trabajadores de una empresa establecida en una región fronteriza que deban realizar, a tiempo parcial y durante breves períodos, parte de su trabajo en el territorio de uno o varios Estados miembros distintos del Estado de establecimiento de la empresa"[588]. Sentado este principio, el Tribunal encomienda a las autoridades nacionales la tarea de valorar la necesidad y proporción de la medida para garantizar la protección de los trabajadores.

---

[586] Sentencia de 15 de marzo de 2001, Mazzoleni, C-165/98, EU:C:2001:162.

[587] *Ibidem*, apartados 27 a 31.

[588] *Ibidem*, apartado 41.

Creemos que la sentencia Mazzoleni, por responder a un supuesto muy concreto en el que la temporalidad de la prestación nacional se lleva al límite, no deja de ser una reiteración de lo formulado en otras sentencias sobre proporcionalidad, sin que en absoluto vaya más allá de lo que señalan esas mismas sentencias. A nuestro juicio, Mazzoleni tiene mucho de emboscada para el TJUE, de la que intenta salir recordando la doctrina en vigor y señalando a las autoridades como responsables del juicio de proporcionalidad.

5.4. Sentencia Comisión contra Luxemburgo (2008)

La sentencia Comisión contra Luxemburgo (2008) constituye el referente para la fijación de las condiciones para el ejercicio de potestades administrativas de control amparado en el concepto de policía u orden público[589], esto es, en las ya identificadas como "razones imperiosas de interés general", así como del juicio de proporcionalidad. Esta sentencia, como Rüffert y Laval, fue contundentemente rechazada por parte de la doctrina, que la ha llegado a calificar como "el último de los cuatro jinetes del Tribunal"[590].

La sentencia analiza la ley luxemburguesa de 20 de diciembre de 2002, que transpone la Directiva 96/71[591]. El artículo 1 de la ley, basándose en la habilitación concedida por el artículo 3.10 de la Directiva 96/71, declaraba que *constituyen disposiciones de orden público nacional*, además del *núcleo duro* de las materias previstas en el artículo 3.1 de la Directiva 96/71, los *convenios colectivos de trabajo*, sin más concreción y sin exigir que necesariamente hubieran sido declarados de eficacia general.

---

589 Sentencia de 19 de junio de 2008, Comisión contra Luxemburgo (2008), C-319/06, EU:C:2008:350.

590 PECINOVSKY, P.: "Evolutions in the social case law of the Court of Justice. The follow-up cases of the Laval Quartet: ESA and Regiopost", *European Labour Law Journal*, vol. 7, 2016, pág. 237. La calificación de esta sentencia como *the last of the Court's four horsemen (el último de los cuatro jinetes del Tribunal)* pone de manifiesto el nivel de crítica al que se sometió al Tribunal de Justicia por las sentencias señaladas.

591 Diario Oficial del Gran Ducado de Luxemburgo A-154, de 31 de diciembre de 2002.

Otra de las obligaciones que la ley luxemburguesa imponía a las empresas que desplazaban trabajadores a ese país, que fue anulada por el TJUE, era la obligación de adecuar los salarios (todos los salarios, no sólo los salarios mínimos) al coste de la vida de ese país, de acuerdo con el artículo 1.1.2 de la citada norma. En este caso, el Tribunal reprochó a Luxemburgo no justificar la pertinencia de tal medida como forma de garantizar la paz social, que era la razón dada por dicho Estado. La mera alegación genérica del orden público no fue suficiente para el TJUE, que tampoco aceptó que la medida pudiera ser calificada como razón imperiosa[592].

Asimismo, la ley de 20 de diciembre de 2002 establecía una serie de obligaciones para las empresas que desplazaban trabajadores a Luxemburgo, tales como la comunicación del desplazamiento a la Inspección de Trabajo y Minas antes de comenzar la actividad, y la conservación ciertos documentos relacionados con el mismo a través de un mandatario residente en el Gran Ducado, por si fueran requeridos por las autoridades. La Comisión Europea consideró que tales exigencias eran contrarias a los Tratados por obstaculizar la libertad de prestación de servicios, en tanto constituían trabas y dificultades a los empresarios extranjeros que pretendían acceder a Luxemburgo para prestar sus servicios. El TJUE dio la razón a Comisión Europea en gran medida, con los razonamientos que a continuación se exponen.

En primer lugar[593], el TJUE entiende que el alcance de una excepción de orden público no puede ser impuesto unilateralmente por un Estado miembro, precisamente por la prevalencia del orden público europeo al que hemos hecho referencia anteriormente. Que un Estado fije por sí el alcance de la excepción de orden público tendría el mismo efecto que permitir que la validez de un contrato quede al arbitrio de una sola de las partes[594], con la dificultad añadida de que en la Unión Europea el contrato tiene veintisiete partes.

---

592 Sentencia Comisión contra Luxemburgo (2008), apartados 48 a 55.

593 *Ibidem*, apartado 30.

594 Recordemos que el artículo 1256 del Código Civil prohíbe que la validez y cumplimiento de un contrato quede al arbitrio de uno solo de los contratantes. La resistencia a la modificación unilateral del contrato deriva del Derecho Romano y se ha mantenido en nuestra tradición jurídica. GÓMEZ POMAR, F.: "El

Además, el TJUE declara que la reserva de orden público es una excepción a las libertades europeas y, por lo tanto, debe ser interpretada restrictivamente[595]. Por esta razón, el TJUE analiza en primer lugar la justificación alegada por Luxemburgo para incluir las normas de elaboración y aplicación de los convenios colectivos como materia amparada por la excepción de orden público. Como resultado de dicho análisis, el Tribunal considera que Luxemburgo no aporta una justificación suficiente para sustentar esta restricción a la libre prestación de servicios, motivo por el que la medida es declarada como una medida contraria a los Tratados.

En lo que se refiere a las herramientas de control administrativo impuestas por la ley de 20 de diciembre de 2002, el Tribunal declara que la exigencia de poner a disposición de la autoridad información sobre el desplazamiento antes de que se inicien los trabajos está redactada de una manera lo suficientemente ambigua como para disuadir a potenciales prestadores de servicios de actuar en Luxemburgo y[596], por lo tanto, incompatible con los Tratados[597]. En lo que se refiere al nombramiento de un mandatario residente en Luxemburgo, el Tribunal asume los razonamientos de la sentencia Arblade[598], en virtud de la cual la obligación de nombrar un representante en el Estado de destino se considera desproporcionada, pues los fines de control que se pretenden con esa medida se pueden obtener mediante otra clase de herramientas de cooperación administrativa que no resulten tan gravosas. Por este motivo, el TJUE acepta la petición de la Comisión Europea de declarar estas medidas contrarias a la libre prestación de servicios.

---

arbitrio de parte en la determinación del contenido y elementos del contrato", *Actualidad jurídica Uría Menéndez*, núm. 49, 2018, pág. 247.

595 Sentencia Comisión contra Luxemburgo (2008), apartado 30.

596 *Ibidem*, apartado 80 a 82.

597 El empleo de la ambigüedad en la redacción como argumento puede interpretarse como una forma de que el Tribunal evitara tener que entrar en el fondo de la cuestión, esto es, la compatibilidad con los Tratados de exigir una comunicación previa al desplazamiento, que posteriormente sería generalizado con la Directiva 2014/67. LLOBERA VILA, M.: "El desplazamiento temporal de trabajadores y normas de protección del estado de prestación temporal de servicios", *Revista del Ministerio de Empleo y Seguridad Social*, núm. 132, 2007, pág. 205.

598 Sentencia Arblade, apartado 15.

Capítulo VI

CONDICIONES DE TRABAJO APLICABLES A LOS TRABAJADORES DESPLAZADOS CONTEMPLADAS EN LA DIRECTIVA 96/71

1. INTRODUCCIÓN

La Directiva 96/71 ha generado una jurisprudencia que ha sido objeto de numerosos estudios[599]. Al fin y al cabo, la diferencia de condiciones de trabajo (y entre ellas principalmente el salario) existentes entre los ordenamientos laborales europeos puede ser determinante para el futuro de un proyecto, de una empresa, de un sector e incluso del nivel de empleo de un territorio[600]. No es lo mismo abonar un salario luxemburgués que un salario búlgaro, pues llegan a una proporción de cinco a uno[601].

El bloque de normas, sentencias y reflexiones doctrinales es poco sin la realidad que conforma el conjunto de contratos de trabajo, cartas de movilidad, cuadrantes de horario y recibos de salario. En el presente capítulo analizamos qué condiciones de trabajo del Estado de destino se aplican a los trabajadores desplazados por mandato de

---

599 Sólo respecto al Cuarteto Laval BARNARD recuerda que "Comenzó como una carpeta, luego un archivo, luego una caja grande". BARNARD, C.: "The calm after...", obra cit., pág. 1.

600 El desplazamiento de trabajadores puede condicionar el nivel de ocupación de una región. DE WISPELAERE, F., y PACOLET, J.: "Posting of workers as stabilizing mechanism. An enlarged notion of labour mobility as a prerequisite for an optimal currency area" (paper), *KU Leuven - HIVA*, 2015, pág. 10.

601 Respecto a los salarios mínimos, EUROSTAT. Eurostat - Data Explorer. Esta tabla recoge a varios Estados con un resultado vacío, en tanto no disponen de un salario mínimo. El salario mínimo en Luxemburgo en enero de 2024 es de 2570,93 euros y en Bulgaria de 477,04. Información disponible en EUROSTAT, 2024: "Minimum wages", *ec.europa.eu* [en línea], disponible en https://ec.europa.eu/eurostat/databrowser/view/tps00155/default/table?lang=en, [consulta mayo 2024].

la Directiva 96/71, así como la modulación que de ellas ha realizado el TJUE.

No se analizan todas las condiciones laborales contempladas en la Directiva 96/71 porque algunas son de pacífica interpretación o bien su aplicación es escasa, con la consecuencia de que no existe cuestionamiento alguno ni de su inclusión entre las condiciones a exigir a las empresas que desplazan ni de cómo se aplican a los desplazamientos. Por ejemplo, la previsión de trabajo de niños y jóvenes contemplada en el artículo 3.1 *f*) de la Directiva 96/71 exige la —en nuestra opinión— chocante pero no imposible situación de desplazamiento transnacional de un menor de edad. Por esta razón, no se realizará un análisis los apartados *f*), *g*) y *h*) del artículo 3.1 (respectivamente, trabajo de mujeres embarazas, que hayan dado a luz recientemente y menores; igualdad de trato y no discriminación, y alojamiento).

2. EL ARTÍCULO 3.1, APARTADOS A) A G), DE LA DIRECTIVA 96/71

Las principales condiciones de trabajo exigibles a los empresarios que desplazan trabajadores serán las fijadas por las normas imperativas (ley, reglamento, convenios y laudos de aplicación general o universal[602]) del Estado de destino. La elección de las condiciones de trabajo exigibles a las empresas que desplazan trabajadores en el texto primigenio de la Directiva 96/71 (y sin perjuicio de su similitud con el Proyecto de 1972) se basó en tres criterios[603]:

1°. Las condiciones de trabajo debían ser obligatorias en todos o en la mayoría de los Estados miembros.

2°. Las condiciones de trabajo debían ser obligatorias a todos los trabajadores del conjunto de actividades económicas y sectores.

602 La redacción original del artículo 3.1 de la Directiva 96/71 empleaba el término "general", que fue sustituido por "universal" mediante la Directiva 2018/957.

603 COMISIÓN EUROPEA: Propuesta de Directiva del Consejo relativa al desplazamiento de trabajadores..., cit., pág. 14-15.

3º. Las condiciones de trabajo exigibles debían ser compatibles con la naturaleza temporal del desplazamiento. Por este motivo, la modificación, suspensión o extinción del contrato de trabajo no se incluyeron en el proyecto de Directiva de 1991.

Sobre la base de estos criterios, y con evidente inspiración en el Proyecto de 1972[604], se fue perfilando la lista de condiciones de trabajo cuya aplicación debería ser garantizada a los trabajadores desplazados, proceso en el que adquirió destacada relevancia el debate de si la lista debía ser exhaustiva o no[605]. La posibilidad de los Estados de incluir condiciones no previstas en el artículo 3.1 no se incorporó en el texto hasta muy avanzados los trabajos[606].

De acuerdo con la redacción actual, tras las modificaciones e inserciones realizadas por la Directiva 2018/957, las condiciones de trabajo son las siguientes:

a) *los períodos máximos de trabajo así como los períodos mínimos de descanso;*

b) *la duración mínima de las vacaciones anuales retribuidas;*

c) *la remuneración, incluido el incremento por horas extraordinarias; la presente letra no se aplicará a los regímenes complementarios de jubilación;*

d) *las condiciones de desplazamiento de los trabajadores, en particular por parte de empresas de trabajo temporal;*

e) *la salud, la seguridad y la higiene en el trabajo;*

f) *las medidas de protección aplicables a las condiciones de trabajo de las mujeres embarazadas o que hayan dado a luz recientemente, así como de los niños y de los jóvenes;*

g) *la igualdad de trato entre hombres y mujeres y otras disposiciones en materia de no discriminación.*

h) *las condiciones de alojamiento de los trabajadores, cuando el empleador se las proporcione a trabajadores que se encuentren fuera de su lugar de trabajo habitual;*

---

604 *Vid.* Capítulo I.5, que incluye una tabla comparativa del Proyecto de 1972 y la redacción original de la Directiva.

605 CONSEJO: 5256/92, de 27.3.1992, pág. 16.

606 CONSEJO: 5291/95, de 7.3.1995, pág. 12.

i) los complementos o los reembolsos en concepto de gastos de viaje, alojamiento y manutención previstos para los trabajadores que están fuera de su domicilio por motivos profesionales.

Las dos últimas condiciones de trabajo (*h* e *i*) fueron incluidas por el artículo 1.2 *a*) de la Directiva 2018/957. El apartado *c*), sobre el salario, fue reformado por la misma Directiva 2018/957, principalmente para pasar del salario mínimo a la cuantía de la remuneración que se abone por el trabajo que se realice, en aplicación del principio de misma remuneración por el mismo trabajo, enunciado por el Presidente de la Comisión Europea Juncker en el discurso del estado de la Unión de 13 de septiembre de 2017[607].

El listado de condiciones de trabajo recogido en la Directiva de 1996 no difiere demasiado de la lista inicial que el Proyecto de 1972 contenía en su artículo 4. Esta identidad esencial entre las condiciones que en 1972 se consideraban necesarias y de las condiciones que a mitad de los años noventa terminaron publicadas en el Diario Oficial no hace sino confirmar, por un lado, el consenso sobre qué debe exigirse a los empresarios que desplazan trabajadores y, por otro, el carácter estructural y permanente de esas exigencias desvinculadas así de la coyuntura económica y política del momento en que fue adoptada definitivamente la Directiva.

3. LA DIRECTIVA 96/71 COMO "NORMA DE MÁXIMOS". EL ARTÍCULO 3.7

Una de las cuestiones más criticadas sobre la interpretación que el TJUE ha hecho de estas condiciones de trabajo ha sido su consideración como condiciones "máximas" para aplicarse a los trabajadores desplazados[608], esto es, no susceptibles de mejora, *a priori*.

---

607 JUNCKER, J. C.: "Discurso sobre el estado de la Unión 2017", cit.

608 CAMAS RODA, F. y MARTÍNEZ ASO, M.: "El cumplimiento de la normativa de seguridad y salud por las empresas que desplazan a trabajadores en el marco de una prestación de servicios transnacional", *Revista de Derecho Social*, núm. 45, 2009, pág. 5/17. CALVO GALLEGO, F. J.: "Desplazamientos transnacionales de…", obra cit., pág. 92. CARRASCOSA HERNÁNDEZ, L.: "Ley nacional aplicable (laboral y de seguridad social) al personal de vuelo y la incidencia del desplazamiento en la Unión Europea", en SÁNCHEZ DEL RÍO MORETA, I., (Dir.)

Partimos en primer lugar de la base, que, una vez más, es la ley aplicable al contrato de trabajo. De acuerdo con el artículo 8.1 del RRI, la ley aplicable es la elegida por las partes del contrato, con la condición de que esta ley elegida no *podrá tener por resultado el privar al trabajador de la protección que le aseguren las disposiciones que no pueden excluirse mediante acuerdo en virtud de la ley que, a falta de elección, habrían sido aplicables.*

3.1. El artículo 3.7 como garantía "de mínimos"

La condición fijada por el 8.1 del RRI constituye una garantía de mínimos. Si tomamos prestada la redacción del artículo 3.1 de la Directiva 96/71, esta condición significa que cualquiera que sea la legislación elegida por las partes, en todo caso serán de aplicación las normas que hubieran resultado de aplicación conforme a las normas subsidiarias previstas para el caso de que no se elija una ley por las partes. Es decir, las normas que hubieran resultado de aplicación como norma subsidiaria jugarán como mínimo (coincidan o no con la ley elegida por las partes) regulador de las condiciones de trabajo aplicables al contrato. Gracias a este precepto, el empresario no podrá imponer al trabajador la legislación que más le convenga (la de las condiciones de trabajo más bajas[609]), en un ejercicio del llamado *forum shopping*, esto es, de elección de la norma más conveniente para el empresario.

Sobre esta base, de respeto a las normas imperativas que resulten de aplicación, nada impide que el contrato de trabajo contenga condiciones de trabajo más beneficiosas que las previstas por la legislación aplicable[610].

En caso de que tenga lugar un desplazamiento de trabajadores al amparo de la Directiva 96/71, si las condiciones de trabajo del Estado de destino son peores que las del Estado de origen, la aplicación

---

y MARTÍNEZ MUÑOZ, M., (Coord.), *Congreso de derecho laboral aéreo solidario por el COVID-19*, Universidad Pontificia Comillas, Madrid, 2020, pág. 53.

609 CALVO CARAVACA, A. L. y CARRASCOSA GONZÁLEZ, J.: "Contrato internacional de trabajo…", obra cit., pág. 3554.

610 SALA FRANCO, T.: "Las fuentes reguladoras de la determinación…", obra cit., pág. 184.

del artículo 3.1 tendría por efecto que al trabajador desplazado se le aplicaran unas condiciones de trabajo inferiores a las que disfruta en su Estado habitual de actividad. Evidentemente, este efecto de la aplicación del artículo 3.1 no es deseado por el legislador, por el que ha previsto el apartado 7 del mismo artículo 3:

> *Lo dispuesto en los apartados 1 a 6 no impedirá la aplicación de condiciones de trabajo más favorables para los trabajadores.*

El TJUE ha confirmado en la sentencia Laval que, si un trabajador desplazado goza en origen de condiciones de trabajo mejores que las que rigen en el Estado de destino, dichas condiciones más beneficiosas se conservarán durante el desplazamiento, sin que el juego del artículo 3.1 de la Directiva 96/71 pueda resultar perjudicial por remitir a condiciones de trabajo de destino que sean peores que las de origen[611]:

> "El nivel de protección que debe garantizarse a los trabajadores desplazados al territorio del Estado miembro de acogida se limita, en principio, al previsto en el artículo 3, apartado 1, párrafo primero, letras a) a g), de la Directiva 96/71, salvo que dichos trabajadores ya disfrutaran, en virtud de la legislación o de convenios colectivos en el Estado miembro de origen, de condiciones de trabajo y empleo más favorables en relación con las materias previstas en dicha disposición".

El artículo 3.7 de la Directiva 96/71 garantiza que si un trabajador danés es desplazado a Bulgaria, mantendrá el salario danés, mientras que si un trabajador búlgaro es desplazado a Dinamarca, se le deberá garantizar el salario danés, por aplicación del artículo 3.1 de la Directiva 96/71.

Sobre la base de lo expuesto, podemos considerar que la Directiva 96/71 funciona como un mínimo no rebajable para los desplazamientos desde un Estado rico hacia un Estado menos rico.

3.2. La Directiva 96/71 como norma de máximos

Sin ponerse en duda el juego de la Directiva 96/71 como norma de mínimos en los términos señalados en el epígrafe anterior, la po-

---

[611] Sentencia Laval, apartado 81.

lémica se genera por la consideración de la norma como de máximos para los desplazamientos desde los Estados menos ricos a los Estados ricos. En este sentido la sentencia Laval dispuso[612]:

> "Sin embargo, el artículo 3, apartado 7, de la Directiva 96/71 no puede interpretarse en el sentido de que permite al Estado miembro de acogida supeditar la realización de una prestación de servicios en su territorio al cumplimiento de condiciones de trabajo y empleo que vayan más allá de las disposiciones imperativas de protección mínima. En efecto, en relación con las materias contempladas en su artículo 3, apartado 1, párrafo primero, letras a) a g), la Directiva 96/71 prevé expresamente el grado de protección cuyo respeto puede exigir el Estado miembro de acogida a las empresas establecidas en otros Estados miembros en favor de sus trabajadores desplazados a su territorio. Además, tal interpretación privaría de eficacia a la Directiva.
>
> Por tanto, sin perjuicio de la facultad de las empresas establecidas en otros Estados miembros de adherirse voluntariamente en el Estado miembro de acogida, en particular en el marco de un compromiso asumido hacia su propio personal desplazado, a un convenio colectivo de trabajo eventualmente más favorable, el nivel de protección que debe garantizarse a los trabajadores desplazados al territorio del Estado miembro de acogida se limita, en principio, al previsto en el artículo 3, apartado 1, párrafo primero, letras a) a g), de la Directiva 96/71, salvo que dichos trabajadores ya disfrutaran, en virtud de la legislación o de convenios colectivos en el Estado miembro de origen, de condiciones de trabajo y empleo más favorables en relación con las materias previstas en dicha disposición".

Es decir, las empresas que desplazan trabajadores a un Estado deben cumplir la legislación (leyes, reglamentos o convenios) del Estado de destino respecto a las condiciones de trabajo del núcleo duro y, si no lo hacen, podrán ser compelidas a ello. Pero más allá de la regulación de esas condiciones de trabajo, las empresas establecerán condiciones más favorables sólo si las asumen voluntariamente (se entiende que como resultado de una negociación) o si las condiciones del Estado de origen son superiores a las del Estado de destino, tal y como hemos explicado en el epígrafe anterior.

La interpretación que la doctrina mayoritaria ha dado de la Directiva 96/71 es que se trata de una norma de mínimos, como pueden

612 Sentencia Laval, apartado 80 y 81.

ser las directivas de armonización[613]. Sobre esta base, se consideraba que las condiciones mínimas eran susceptibles de mejora, incluso que dicha mejora podía ser impuesta por el Estado[614]. En contra de este enfoque de la doctrina, la sentencia Laval el TJUE declaró las condiciones del artículo 3.1 de la Directiva como las condiciones de trabajo aplicables a los trabajadores desplazados, más allá de las cuales (sea por mejora de las condiciones del núcleo duro, sea por exigir condiciones de trabajo distintas de las del núcleo duro) el cumplimiento de dichas condiciones no era exigible por el Estado.

En este sentido y con un enfoque que consideramos muy acertado, la Directiva 96/71 fija un máximo "de tutela que puede aplicarse a los trabajadores desplazados" (GUAMÁN HERNÁNDEZ) para reclamar el cumplimiento de aquellas normas que sean obligatorias para todas las empresas, locales y extranjeras, en el Estado de destino[615].

3.3. Valoración de la Directiva 96/71 como norma de máximos

Nuestra apreciación del artículo 3.7 coincide más con el Tribunal de Justicia que con la consideración por los laboralistas de una norma "de mínimos" y por los abogados de mercado interior como una norma "de máximos"[616]. Lo que para una parte mayoritaria de la doctrina es un ataque a los trabajadores desplazados, es, a nuestro juicio (y sin entrar a valorar la justicia de la medida) la simple consecuencia de una norma de Derecho Internacional Privado con base jurídica en el artículo 53 (y, por extensión, en la libre prestación de servicios del art. 56) del TFUE[617].

---

613 Las directivas en materia de seguridad y salud en el trabajo, como pueden ser las de lugares de trabajo o equipos de protección individual, son de *disposiciones mínimas.*

614 BODIROGA-VUKOBRAT, N. y HORAK, H.: "A more liberal and economic, and a less social, approach: The impact of recent ECJ rulings", *Croatian Yearbook of European Law and Policy*, 4, pág. 56.

615 GUAMÁN HERNÁNDEZ, A.: "Negociación colectiva, Derecho de la competencia y libertades de circulación en la Unión Europea", *Revista del Ministerio de Trabajo e Inmigración*, núm. 92, 2011, pág. 181.

616 BARNARD, C.: *EU Employment law*, obra cit., pág. 223.

617 En este sentido, BARNARD, C. en el IV Congreso de Movilidad Laboral Europea (2016), respecto a la total aplicación de las normas laborales de destino previstas en el Proyecto que culminó en la Directiva 2018/957, afirmó: "desde una

El TJUE no hace sino aplicar las normas, y si la Directiva 96/71 es una norma de Derecho Internacional Privado con una base jurídica en la libre prestación de servicios, como nadie parece discutir (*Supra* IV e *Infra* X) deberá interpretarse en la lógica de las normas de prestación de servicios y muy especialmente en el marco de acceso al mercado. Este "acceso al mercado" significa la eliminación de cualquier barrera, no sólo que impida la prestación de servicios en otro Estado, sino que incluso pueda disuadir o desanimar al prestador del servicio a hacerlo. En este sentido, la sentencia Säger ya afirmaba[618]:

> "Procede señalar, en primer lugar, que el artículo 59 del Tratado no sólo exige eliminar toda discriminación en perjuicio de quien presta servicios por razón de su nacionalidad, sino también suprimir cualquier restricción, aunque se aplique indistintamente a los prestadores de servicios nacionales y a los de los demás Estados miembros, cuando puede prohibir u obstaculizar de otro modo las actividades del prestador establecido en otro Estado miembro, en el que presta legalmente servicios análogos."

Para completar con la sentencia Vander Elst:

> "Procede señalar que el artículo 59 del Tratado no sólo exige eliminar toda discriminación en perjuicio de quien presta servicios por razón de su nacionalidad, sino también suprimir cualquier restricción, aunque se aplique indistintamente a los prestadores de servicios nacionales y a los de los demás Estados miembros, cuando puede prohibir u obstaculizar de otro modo las actividades del prestador establecido en otro Estado miembro, en el que presta legalmente servicios análogos (véase la sentencia de 25 de julio de 1991, Säger, C-76/90, Rec. p. I-4221, apartado 12)[619]."

---

base sindical, dirías 'por supuesto que se les deben atribuir los mismos derechos como cualquier otra persona trabajando en el Estado de destino', pero hay un problema legal, y el problema legal es que la base jurídica de la directiva no está en las disposiciones sociales del Tratado, no está en las disposiciones sobre libre circulación de trabajadores, sino que están en las disposiciones sobre servicios". ("*from a trade union background you would say "of course they should be given the same rights as anyone else working in the host state", but there is a legal problem, and the legal problem is that the legal basis of the directive is not in the social provisions of the Treaty, it is not in the provisions of free movement of workers, but it's in the provisions on services*"). BARNARD. C., 2016: Intervención en el IV Congreso de Movilidad Laboral Europea, en *youtube.com* [archivo de vídeo], disponible en https://www.youtube.com/watch?v=NK2DfecARkc [consulta mayo 2024].

618 Sentencia de 25 de julio de 1991, Säger, C-76/90, EU:C:1991:331, apartado 12.

619 Sentencia de 9 de agosto de 1994, Vander Elst, C-43/93, EU:C:1994:310, apartado 14.

Desde esta perspectiva, la Directiva 96/71 es una norma basada en la libre prestación de servicios[620], que funciona desde esta perspectiva del acceso al mercado como una guía laboral para el empresario que presta servicios en otros países —exagerando en cierto modo los términos—. Es una norma que, con el objeto de promover la prestación de servicios en otros Estados y eliminar cualquier restricción (hasta las "intuitivas"[621]), proporciona al empresario seguridad jurídica en entornos que le son absolutamente desconocidos, como son las relaciones laborales de un país al que temporalmente va a mover efectivos. La norma señala qué salario hay que pagar para cumplir las normas y eludir problemas en jurisdicciones totalmente ajenas al entorno habitual del empresario. Si no quedara claro qué pagar, la norma carecería de eficacia.

El primer informe realizado por el Parlamento Europeo sobre el proyecto de directiva en 1991 proponía como redacción alternativa a "tarifas mínimas de salario" contenidas en el texto de la Comisión, la expresión "tarifas de salario establecidas mediante convenios colectivos o, en su defecto, las tarifas mínimas de salario, incluidas las horas extraordinarias y los complementos salariales"[622]. De esta manera, el Parlamento Europeo tenía un enfoque a nuestro juicio más acertado, porque, al ser más descriptivo sobre el salario, daba una imagen más adecuada a lo perseguido por la norma: responder a qué salario se paga en el Estado de destino.

No podemos compartir así la consideración del artículo 3.1 como una norma laboral de "máximos", porque creemos que no es ni de máximos ni de mínimos[623]. Como una norma de conflicto, el precepto deroga las normas del Estado de origen —salvo que sean

---

620 Así lo confirma el Tribunal en las sentencias Hungría y Polonia, a las que ya nos hemos referido, aunque lo hace respecto a la Directiva 2018/957.

621 BARNARD, C.: *The substantive Law…*, obra cit., pág. 28.

622 PARLAMENTO EUROPEO: Informe a la Propuesta de Directiva COM(91)0230-20/91-SYN 346. Propuesta de directiva del Consejo relativa al desplazamiento de trabajadores en el marco de la prestación de servicios, DO C 72, de 15.3.93, pág. 93.

623 CALVO GALLEGO recuerda que el TJUE considera que la Directiva 96/71 "no es una norma típicamente social, de mínimos o de derecho necesario relativo". CALVO GALLEGO, F. J.: "Desplazamientos transnacionales de …", obra cit., pág. 92.

más beneficiosas— y declara aplicables las del Estado de destino para ciertas condiciones de trabajo[624], fijando así un umbral por debajo del cual los empresarios (locales y ajenos) estarán incumpliendo la ley. Esta norma se podrá mejorar por acuerdo entre empresarios y trabajadores[625], sin perjuicio de lo que reflexionemos sobre las medidas de conflicto colectivo y su consideración en la sentencia Laval en el capítulo correspondiente.

4. LOS PERÍODOS MÁXIMOS DE TRABAJO, ASÍ COMO LOS PERÍODOS MÍNIMOS DE DESCANSO, ARTÍCULO 3.1.A) DE LA DIRECTIVA 96/71

Aunque pudiera parecer que el tiempo de trabajo es una materia relevante en el desplazamiento de trabajadores, no existen sentencias europeas que conozcan de controversias sobre jornada, horario o descansos en este concreto campo. Probablemente la aplicación del tiempo de trabajo que se exige en el Estado de destino es una cuestión que no admite matices (40, 37, 35 o las horas que correspondan) ni comparaciones entre las normas de origen y de destino (como ocurre con el salario), de manera que los empresarios que desplazan trabajadores saben que o se ajustan a las normas de destino o podrán ser sancionados.

Sólo puede mencionarse como relevante la discusión que creemos un tanto bizantina de la sentencia STX, dictada por el TAELC[626]. En este caso, se analizaba la compatibilidad declarar de aplicación general de un convenio colectivo de construcción naval en Norue-

---

624 CARTER, D.: "Equal pay for…" obra cit., pág. 41.

625 La Directiva 96/71 no prohíbe negociar mejoras de las condiciones de trabajo. DE LA QUADRA-SALCEDO JANINI, T.: "TJCE —Sentencia de 18.12.2007, Laval, C-341/05— libre prestación de servicios-desplazamiento de trabajadores-la supuesta legalización del dumping social en el interior de la Unión Europea", *Revista de Derecho Comunitaria Europeo*, núm. 31, 2008, pág. 840. Esta negociación puede tener lugar tanto en el Estado de origen como adhiriéndose a un convenio más favorable, evidentemente de eficacia limitada, en el Estado de destino. JORENS, Y.: *Cross-border EU…*, obra cit., pág. 204.

626 Sentencia del TAELC de 23 de enero de 2012, STX, E-2/11.

ga con la Directiva 96/71[627]. Entre las cuestiones planteadas, se encontraba la posibilidad de imponer a los empresarios que desplazan trabajadores la jornada máxima normal de trabajo (*máximum normal working hours*) de dicho convenio[628].

La definición de la jornada máxima normal de trabajo es importante por cuanto condiciona la determinación de las horas extraordinarias, que es un concepto que, recordemos, se encuadra en el apartado *c*) del artículo 3.1 de la Directiva 96/71, esto es, incluido en el apartado dedicado al salario.

Varias empresas (entre ellas STX, que da nombre a la sentencia) impugnaron la declaración de universalidad del convenio colectivo con amparo en la Directiva 96/71, con el objeto de que no se aplicaran las previsiones sobre horas extraordinarias del convenio colectivo. Las empresas demandantes intentaban crear una especie de vacío normativo, en virtud del cual el umbral a partir del que se pagasen las horas extraordinarias no estaría contemplado en la Directiva 96/71, ya que, por un lado el artículo 3.1 *a*) aborda los *períodos máximos de trabajo*, sin que esta expresión diferencie si son ordinarios o extraordinarios y, por otro lado, el artículo 3.1 *c*) se limita a fijar una tasa mínima por la hora extraordinaria realizada, sin fijar a partir de qué momento de la jornada se tiene que devengar.

De todo ello se derivaría, según los demandantes, que el convenio colectivo noruego no se aplica a los desplazados para fijar el umbral a partir del que se devengan las horas extraordinarias. Debe tenerse en cuenta que, conforme al convenio colectivo debatido, la hora extraordinaria tenía un sobrecoste del cincuenta por cien, que llegaba al cien por cien en el caso de que esa prolongación de jornada tuviera lugar entre las 9 de la tarde y las 6 de la mañana[629].

---

627 En cierto modo, en la sentencia STX la autoridad noruega afrontó una situación similar a Laval, pero con mayor prudencia. Ante el abuso de desplazamiento de países con mano de obra barata a astilleros noruegos, en los que sólo había un convenio de eficacia limitada, se aplicó una ley de 1993 para declarar su eficacia general. La declaración de eficacia general se impugnó ante el TAELC, porque los empresarios del sector la consideraban contraria a la Directiva 96/71. El TAELC tuvo un enfoque bastante crítico con la declaración de universalidad, que no fue seguido por el Tribunal Supremo noruego.

628 Sentencia STX, apartado 7.

629 *Ibidem*, apartado 15.

El TAELC declara que la "jornada máxima normal de trabajo" está comprendida en el concepto de "períodos máximos de trabajo" del artículo 3.1 *a*) de la Directiva 96/71[630]. El matiz de "normal" hace pensar así que la Directiva contempla en su artículo 3.1*a*) tanto la jornada ordinaria como la jornada máxima incluyendo horas extraordinarias.

5. LA DURACIÓN MÍNIMA DE LAS VACACIONES ANUALES RETRIBUIDAS

Otra de las discusiones planteadas ante el TJUE en el ámbito del desplazamiento, más cercanas incluso al divertimento intelectual que a la aplicación práctica del Derecho, es la determinación de la naturaleza de la "paga de vacaciones", así denominada en la sentencia ESA[631].

El TJUE recuerda en esta sentencia que las vacaciones anuales remuneradas son un derecho reconocido en el artículo 31.2 de la Carta de los Derechos Fundamentales de la Unión Europea[632]. Al tratarse esta cuestión del pago de un salario durante un período de descanso, el TJUE une el artículo 3.1. *b*) de la Directiva 96/71, relativo a la duración mínima de vacaciones retribuidas, y el apartado *c*) sobre salario mínimo, de manera que, ya que dicho apartado "la duración mínima de las vacaciones anuales retribuidas, para lo que se aplicará el salario mínimo al que dicho trabajador tiene derecho durante el período de referencia"[633].

6. LAS CUANTÍAS DE SALARIO MÍNIMO (REMUNERACIÓN DESDE 2018)

A pesar de aparecer en tercer lugar en la enumeración del artículo 3.1 de la Directiva 96/71, el salario es el indiscutible foco de

630 *Ibidem*, apartado 58.

631 Sentencia de 12 de febrero de 2015, ESA, C-396/13, EU:C:2015:86. La sentencia emplea el término "paga de vacaciones".

632 DO C 202, de 7.6.2016, pág. 389-305.

633 Sentencia ESA, apartado 69.

atención de la norma y protagonista de las decisiones más polémicas —que no necesariamente más interesantes—[634]. Podemos afirmar que en pocas ocasiones se ha dado tanta importancia a una reforma normativa que consistía simplemente en cambiar dos palabras (*salario mínimo*) por una sola palabra (*remuneración*), como ocurrió con la negociación y aprobación de la Directiva 2018/957.

Examinamos la Directiva del *salario mínimo* y también la Directiva de la *remuneración.*

6.1. El salario antes de la Directiva 96/71

Como hemos recordado en este mismo capítulo, el proyecto de Reglamento relativo a los conflictos de Ley en materia de relaciones laborales en el interior de la Comunidad de 1972 ya contemplaba una lista de condiciones de trabajo exigibles a las empresas que desplazaban trabajadores, con una redacción muy similar a la que finalmente se aprobó en 1996. El artículo 4.2 *f*) del Proyecto se refería las *disposiciones relativas al salario mínimo garantizado por la ley o por los convenios colectivos y al pago de salario*[635].

La sentencia Portugaia resume muy bien cuál fue la opinión del TJUE sobre la exigencia del pago del salario mínimo del Estado de destino a los trabajadores desplazados en los años ochenta y noventa[636]:

> "En lo que atañe más específicamente a las disposiciones nacionales en materia de salarios mínimos, tales como las cuestionadas en el litigio principal, de la jurisprudencia del Tribunal de Justicia se desprende que, en principio, el Derecho comunitario no se opone a que un Estado miembro imponga a una empresa, establecida en otro Estado miembro y que efectúe una prestación de servicio en el territorio del primer Estado miembro, la obligación de pagar a sus trabajadores la retribución mínima que fijen las normas nacionales de dicho Estado (sentencias de 3 de febrero de 1982, Seco y Desquenne & Giral, asuntos acumulados 62/81 y 63/81,

---

634 CONTRERAS HERNÁNDEZ, O.: *Desplazamiento de trabajadores…*, obra cit., pág. 118.

635 COMISIÓN EUROPEA: Proposition de règlement (CEE) du Conseil relatif aux dispositions concernant les conflits de lois, cit.

636 Sentencia Portugaia, apartados 21 y 22.

> Rec. P. 223, apartado 14, y sentencias, antes citadas, Guiot, apartado 12; Arblade y otros, apartado 33, y Mazzoleni e ISA, apartados 28 y 29).
>
> En otras palabras, en principio, puede admitirse que cuando el Estado miembro de acogida aplica su normativa relativa al salario mínimo a los prestadores de servicios establecidos en otro Estado miembro persigue un objetivo de interés general, a saber, la protección de los empleados".

La sentencia Portugaia juzga unos hechos producidos en 1997, año en que la Directiva 96/71 aún no era exigible. Por este motivo, el razonamiento que hace el Tribunal no se basa en el Derecho derivado, sino directamente en los Tratados[637]. Por supuesto —ya se ha desarrollado la cuestión en el Capítulo V— entre las razones imperiosas que habilitan una restricción a la libre prestación de servicios se encuentra la protección de los trabajadores, más que evidente cuando se garantiza a los trabajadores el abono de un salario superior al que perciben en su Estado de origen.

La propuesta de Directiva puesta en marcha en 1991 incluía en su artículo 3.1 *b*) iii) la obligación del Estado de acogida de velar por que los trabajadores desplazados no fueran privados de las "tarifas mínimas de salario"[638], lo que resulta coherente con las "disposiciones de salario mínimo garantizado por la ley o por los convenios colectivos", a los que se refiere el artículo 4.1.2 *f*) del Proyecto de 1972, antes citado.

Aunque parezca evidente y no haya sido especialmente estudiado, consideramos necesaria una mínima referencia a por qué en la primera etapa de existencia de la Directiva se exigió la garantía del salario mínimo. La Directiva 96/71 es una norma de mercado, con base jurídica en la libre prestación de servicios y no en la política social de la Unión, que regula el comportamiento de operadores económicos en un mercado nacional que no es en el que habitualmente desarrollan su actividad. Al tratarse de una norma de mercado, su propósito inicial acogía dos principios muy claros: garantizar la seguridad jurídica y evitar las distorsiones de la competencia. Es muy interesante a

637 *Ibidem*, apartado 15.

638 COMISIÓN EUROPEA: Propuesta de Directiva del Consejo relativa al desplazamiento de trabajadores..., cit., pág. 21.

estos efectos la última frase del estudio preparatorio del proyecto de directiva de 1991, justo antes de pasar al concreto articulado[639]:

> "La proposición no tiene por objeto la armonización del derecho social, sino la determinación del derecho aplicable a las situaciones mencionadas. Se trata, en efecto, de garantizar la seguridad jurídica en el ejercicio de la prestación de servicios. El prestatario tiene interés en conocer de antemano y con precisión cuáles son las condiciones de trabajo aplicadas a los trabajadores en el Estado miembro donde se ejecuta la prestación".

Lo importante para las empresas que desplazan trabajadores es saber qué es lo que se paga a los trabajadores conforme a las normas exigibles en el Estado de destino, porque esa información les es fundamental incluso para aceptar el encargo o no en otro Estado. Probablemente la expresión "salario mínimo" no sea la más afortunada a la vista de lo que ocurrió con la sentencia Laval, porque da la impresión de que es necesariamente mejorable, pero si acudimos a la clásica definición (ALONSO OLEA) del salario mínimo como "suelo de contratación, debajo del cual es ilícito trabajar por cuenta de otro"[640], con la expresión salario mínimo se informaría al empresario que desplaza a un Estado de cuánto tiene que pagar para poder prestar servicios sin tener problemas en el Estado de destino, que es la forma de aportar la tan necesaria seguridad jurídica. Lo que se haga por encima de ese mínimo es ya cuestión de las partes, sin que para ello se pueda buscar amparo en la Directiva 96/71.

Para responder a la necesidad de certeza, el artículo 4.3 de la Directiva 96/71 obliga a los Estados a tomar *las medidas necesarias para que la información relativa a las condiciones de trabajo y de empleo contemplada en el artículo 3 sea generalmente accesible*, que se amoldó al espíritu de los tiempos con el artículo 5 de la Directiva 2014/67, cuyo apartado 2 *b*) exige *adoptar las medidas necesarias para dar públicamente a conocer, en el sitio web oficial único a escala nacional y por otros medios adecuados, la información sobre qué convenios colectivos son aplicables y a*

---

639 *Ibidem*, pág. 15. Posteriormente el Tribunal de Justicia empezó a considerar que el doble propósito de la Directiva era, por un lado, la garantía de una leal competencia y, por otro lado, la protección de los derechos de los trabajadores, como se pone de manifiesto en la Sentencia Laval, apartados 74 y 76.

640 ALONSO OLEA, M. y CASAS BAAMONDE, M. E.: *Derecho del Trabajo.* 15ª ed., Civitas, Madrid, 1997, pág. 323.

quién lo son, y sobre qué condiciones de trabajo deben aplicar los prestadores de servicios de otros Estados miembros.

El considerando 20 de la Directiva 2014/67 acentúa la vocación patronal de estos sitios web, por cuanto señala:

> *Dicho sitio web oficial único a escala nacional debe adoptar, como mínimo, la forma de portal web, y debe servir de puerta o punto principal de entrada y facilitar de forma clara y precisa enlaces a las fuentes de información pertinentes e indicaciones breves sobre el contenido de los sitios de internet y los enlaces mencionados. Tales sitios web deben incluir, en particular, los establecidos conforme a la legislación de la Unión con el fin de promover la actividad empresarial y de desarrollar la prestación de servicios transfronterizos.*

El enfoque de esta información es así el de la promoción de la libre prestación de servicios y el acceso al mercado, esto es, que los empresarios conozcan las exigencias en los Estados de destino, sin perjuicio de que los trabajadores y sus representantes puedan acceder igualmente a esa información.

Cabe así concluir que a lo largo de la negociación de la Directiva 96/71 existió cierto consenso sobre la necesidad de establecer entre las condiciones de trabajo exigibles un salario mínimo, siempre que ello no obligara a establecer un sistema de fijación de salario mínimo en aquellos Estados que no lo tenían[641].

Algunos Estados (Reino Unido, Dinamarca y Suecia) corrieron el riesgo de no establecer ningún mecanismo sectorial de exigencia de un salario mínimo[642], con perjuicio no sólo para los trabajadores desplazados, sino para la seguridad jurídica y de la credibilidad del muy necesario bloque normativo de desplazamiento de trabajadores en el marco de una prestación transnacional de servicios.

6.2. El salario mínimo en la Directiva 96/71

La Directiva 96/71 se publicó en el Diario Oficial el 21 de enero de 1997, con un artículo 3.1 *c*) redactado en los siguientes términos:

---

641 CONSEJO: 10048/96, de 20.9.1996, pág. 3.

642 COMISIÓN EUROPEA: *La aplicación de la Directiva 96/71/CE…*, cit., pág. 10.

> *Los Estados miembros velarán por que, cualquiera que sea la legislación aplicable a la relación laboral, las empresas mencionadas en el apartado 1 del artículo 1 garanticen a los trabajadores desplazados en su territorio las condiciones de trabajo y empleo relativas a las materias siguientes que, en el Estado miembro donde se efectúe el trabajo, estén establecidas:* [...]
>
> *c) las cuantías de salario mínimo, incluidas las incrementadas por las horas extraordinarias; la presente letra no se aplicará a los regímenes complementarios de jubilación profesional;* [...]
>
> *A los fines de la presente Directiva, la noción de cuantías de salario mínimo mencionada en la letra c) del párrafo primero se definirá mediante la legislación y/o el uso nacional del Estado miembro en cuyo territorio el trabajador se encuentre desplazado.*

En lo que se refiere a la aplicación del concepto de salario mínimo de acuerdo con la legislación del Estado de destino, la única exigencia es que el mecanismo de determinación no obstaculice la libre prestación de servicios[643].

El concepto y la aplicación del salario mínimo previsto en la Directiva 96/71 se ha ido construyendo "a golpe de" sentencia del Tribunal de Justicia[644], de las que a continuación exponemos los aspectos que consideramos de mayor interés.

6.2.1. Cómputo y comparación de los salarios entre Estados

Para calcular el salario que deben garantizar los empresarios que desplazan trabajadores, será de aplicación el sistema de cálculo por horas o a destajo vigente en el Estado de destino, siempre que se fijen por reglas vinculantes y transparentes, tal y como dispone la Sentencia ESA[645]. Esta fijación del salario mínimo de referencia tendrá asimismo en cuenta las normas de clasificación profesional del Estado

---

643 Sentencia de 7 de noviembre de 2013, Isbir, C-522/12, EU:C:2013:711, apartado 37. El TJUE no especifica cómo se puede obstaculizar la libre prestación de servicios.

644 RAMOS MORAGUES, F.: "El desplazamiento transnacional de trabajadores tras el 'nuevo' equilibrio instaurado por la Directiva (UE) 2018/957 (a propósito de las SSTJUE 8 diciembre 2020, asuntos C-620/18 y C-626/18)", *Revista Internacional y Comparada de Relaciones Laborales y Derecho del Empleo*, vol. 10, núm. 2, 2022, pág. 283.

645 Sentencia de 12 de febrero de 2015, ESA, C-396/13, EU:C:2015:86, apartado 45.

de destino "sobre la base de distintos criterios, como, en particular, la calificación, la formación, la experiencia de los trabajadores y/o la naturaleza el trabajo efectuado por éstos, se aplican en lugar de las normas aplicables a los trabajadores en el Estado miembro de origen"[646]. También estas normas deben ser vinculantes, accesibles y claras para quien desplaza trabajadores, si bien, por aplicación del artículo 3.7 de la Directiva 96/71, en caso de que el sistema de clasificación del Estado de destino sea menos beneficioso, se aplicará la clasificación de origen[647].

La primera comparación de las cuantías de salario mínimo de los Estados de origen y de destino de la realizó el Tribunal de Justicia en la sentencia Comisión contra Alemania (2005)[648].

La garantía de un salario mínimo para los trabajadores que llegan a trabajar a un país exige que este salario mínimo se compare con el que se viene abonando a los trabajadores en origen y, resultado de esta comparación, se determine si hay que abonar una diferencia al trabajador (si en origen se cobra menos que en destino) o el salario se queda igual (si en destino se cobra menos que en origen). Para comparar los salarios de los trabajadores desplazados a ese país, las autoridades alemanas elaboraron un vademécum que ordenaba que no se tuvieran en cuenta los complementos salariales pagados fijados por las normas de origen, a efectos de comparar con el salario mínimo alemán aplicable en el sector de la construcción. De esta manera, lo único que valía a las autoridades alemanas a efectos de comparación era, en términos de Derecho español, el salario base y el plus convenio, y no el resto de complementos salariales que pudieran tener reconocidos los trabajadores por la norma de origen.

La explicación aportada por Alemania en el procedimiento sobre este sistema de comparación se basaba en que el convenio de la construcción alemán, norma de referencia para fijar el salario mínimo, sólo regulaba lo que podría calificarse como "salario base", mientras

---

646 Sentencia ESA, apartado 43.

647 ALFONSO MELLADO, C. I.: "Desplazamientos de trabajadores en el ámbito europeo y garantías salariales (A propósito de la STJUE de 12 de febrero de 2015)", *Trabajo y Derecho*, núm. 5, 2015, pág. 3/6.

648 Sentencia de 14 de abril de 2005, Comisión contra Alemania (2005), C-341/02, EU:C:2007:809.

que los eventuales complementos que pudieran exigirse se encontraban en otra norma colectiva[649].

Este sistema de cálculo, a ojos de la Comisión Europea, constituía una traba a la libertad de prestación de servicios, pues suponía exigir a los empresarios que desplazaban trabajadores a Alemania abonar cantidades adicionales que ya se abonaban en origen en forma de otros complementos salariales. Dicho de otra manera, ¿por qué un empresario español, que estaba obligado en España a pagar 100 euros de complemento a un trabajador, no podía tener en cuenta esa cantidad para llegar a los, imaginemos, 1.500 euros exigidos como salario mínimo por el convenio colectivo alemán?

El gobierno alemán reconoció que mientras se desarrollaba el procedimiento seguido ante el Tribunal de Justicia había cambiado el criterio del vademécum[650]:

> "A raíz de esta modificación, se tienen en cuenta, al controlar el abono del salario mínimo, todos los pagos suplementarios llevados a cabo por el empresario establecido en otro Estado miembro, siempre que no se modifique en detrimento del trabajador la relación entre la prestación que efectúa, por un lado, y la contrapartida que percibe por otro".

A pesar de la modificación operada, el fallo de la sentencia es el siguiente[651]:

> "Declarar que la República Federal de Alemania ha incumplido las obligaciones que le incumben en virtud del artículo 3 de la Directiva 96/71/CE del Parlamento Europeo y del Consejo, de 16 de diciembre de 1996, sobre el desplazamiento de trabajadores efectuado en el marco de una prestación de servicios, al no haber reconocido, con excepción de la prima general concedida a los trabajadores del sector de la construcción, como conceptos que forman parte del salario mínimo los incrementos y los complementos que no modifican la relación entre la prestación del trabajador y la contrapartida que percibe y que han sido abonados por los empresarios establecidos en otros Estados miembros a sus trabajadores del sector de la construcción desplazados a Alemania".

---

649 *Ibidem*, apartado 21.

650 *Ibidem*, apartado 31.

651 *Ibidem*, fallo.

Los pronunciamientos del Tribunal de Justicia sobre la relación entre la prestación y la contrapartida constituyen, a nuestro juicio y después de años de estudio, uno de los párrafos más oscuros que puede encontrarse en la jurisprudencia europea sobre desplazamiento de trabajadores, para referirse a una figura tan sencilla como la obligación sinalagmática, la relación entre el trabajo prestado y su remuneración[652], sin que esta obligación llegue a abarcar elementos que pueden considerarse de política social —dotación a fondos de ahorro— pero no retribuyen ese trabajo[653].

Este equilibrio entre prestación y contrapartida se refiere, como expresa la sentencia Isbir, al "trabajo normal"[654]. En este caso, según el gobierno alemán no deberían tenerse en cuenta los conceptos salariales vinculados a los trabajos "que imponen exigencias especialmente elevadas en cuanto a la calidad del resultado o que establecen requisitos determinados y entrañan riesgos particulares tienen un valor económico superior al de las horas de trabajo habituales"[655]. De esta manera, cualquier trabajo prestado conforme a un estándar superior a ese rendimiento normal se considerará que altera el equilibrio entre prestación y contrapartida y, por ello, desvirtúa el cálculo del salario. Éste puede ser el caso de las primas de calidad o por trabajos insalubres, nocivos o peligrosos, de acuerdo con la misma sentencia Comisión contra Alemania (2005), en la que el TJUE declara[656]:

> "En efecto, es completamente normal que si el empresario exige que el trabajador realice un trabajo suplementario o en unas condiciones concretas, la citada prestación suplementaria se vea compensada para

---

652 CONTRERAS HERNÁNDEZ, O.: *Desplazamiento de trabajadores...*, obra cit., pág. 131.

653 Sentencia Isbir, apartado 44.

654 *Ibidem*, apartado 27. Una característica, cuando menos curiosa, de la sentencia Isbir es que, a pesar de tratarse de una cuestión de estricto Derecho interno en la que no concurría ningún elemento de movilidad entre Estados, el Tribunal de Justicia se consideró competente para conocer del asunto porque es necesaria una interpretación uniforme de las situaciones internas y de las situaciones reguladas por el Derecho Comunitario que se relacionen con el desplazamiento de trabajadores.

655 Sentencia Comisión contra Alemania (2005), apartado 22.

656 *Ibidem*, apartado 38.

> el citado trabajador sin que dicha compensación se tenga en cuenta para calcular el salario mínimo".

6.2.2. Qué no es salario mínimo

El TJUE en la sentencia Comisión contra Alemania (2005) recoge la posición concurrente de las partes en el procedimiento sobre qué conceptos no deben tenerse en cuenta como constituyentes del salario mínimo:[657]

> "El salario por las horas extraordinarias, las cotizaciones a los regímenes complementarios de jubilación profesional, las cantidades abonadas en concepto de reembolso de los gastos efectivamente realizados a causa del desplazamiento y, finalmente, las cantidades a tanto alzado calculadas sobre la base de un criterio distinto del horario. Lo que debe tenerse en cuenta es el importe bruto del salario".

Por otra parte, el TAELC rechazó la consideración como salario mínimo del pago por incapacidad temporal, tal y como lo fijaba la legislación islandesa, por tratarse de una medida de protección social ajena a la Directiva 96/71[658].

6.2.3. Horas extraordinarias

El salario por hora extraordinaria —expresamente recogido en el artículo 3.1 *c*)— parte, como se ha señalado en el subapartado anterior, de la consideración como tiempo de trabajo superiores de las "horas de trabajo normales" (*normal working hours*), y como tal queda cubierto por el apartado *a*) del propio artículo 3.1[659]. A este tiempo de trabajo que supere las horas normales les serán de aplicación los importes mínimos previsto para las horas extraordinarias, ahora sí fijados al amparo del apartado *c*) del artículo 3.1 de la Directiva 96/71[660].

---

657 *Ibidem*, apartado 29.

658 Sentencia del TAELC de 28 de junio de 2011, Islandia, E-12/10, apartado 50 y 53.

659 Sentencia STX, apartado 58.

660 *Ibidem*, apartado 59.

6.3. La remuneración en la Directiva 2018/957

La referencia que hacía la redacción original de la Directiva 96/71 al salario mínimo, unida a la inexistencia en algunos Estados de un sistema de declaración de los efectos *erga omnes* de los convenios colectivos, dio lugar a que en esos Estados fuera posible que dos trabajadores haciendo el mismo trabajo tuvieran salarios diferentes[661]. Esta situación dio pie a que el lema para el largo proceso de revisión de la Directiva 96/71 fuera "mismo salario para mismo trabajo", que adoptó el presidente Juncker o[662], dicho de otra manera, la aplicación de todos los elementos obligatorios en la remuneración del trabajador y no sólo el salario mínimo[663]. El proceso culminó con la aprobación de la Directiva 2018/957[664], en virtud de la que la redacción del artículo 3.1 *c*) se modificó en los siguientes términos:

> *La remuneración, incluido el incremento por horas extraordinarias; la presente letra no se aplicará a los regímenes complementarios de jubilación;*

El párrafo explicativo que en la redacción original remitía a la legislación y usos del Estado de destino es asimismo reformado por la Directiva 2018/957:

> *A los efectos de la presente Directiva, el concepto de remuneración vendrá determinado por la legislación o las prácticas nacionales del Estado miembro en cuyo territorio esté desplazado el trabajador y comprenderá todos los elementos constitutivos de la remuneración obligatorios en virtud de las disposiciones legales, reglamentarias o administrativas nacionales o de los convenios colectivos o los laudos arbitrales que, en dicho Estado miembro, hayan sido declarados de aplicación universal o de cualquier otro modo de aplicación, de conformidad con el apartado 8.*

---

661 CONTRERAS HERNÁNDEZ, O.: "Desplazamiento de trabajadores y la revisión...", obra cit., pág. 629.

662 JUNCKER, J. C.: "Discurso sobre el estado de la Unión 2017", cit.

663 COMISIÓN EUROPEA: Study supporting the Monitoring of the Posting of Workers Directive 2018/957/EU and of the Enforcement Directive 2014/67/EU. The situation of temporary cross-border mobile workers and workers in subcontracting chains, Oficina de Publicaciones de la Unión Europea, 2024, pág. 50.

664 JUNCKER, J. C.: "Discurso sobre el estado de la Unión 2017", cit.

La Comisión Europea, con ocasión de la evaluación de la Directiva 2018/957 (2024) aclaró que la igualdad de remuneración no significa que un desplazado reciba exactamente el mismo salario que su homólogo local, sino que le sea de aplicación la misma escala salarial[665].

Esperamos que la cuestión del "salario mínimo" o de la "remuneración" tenga una solución suficiente y duradera con la redacción dada por la Directiva 2018/957. En todo caso, sospechamos que, al tratarse una modificación más política que de calado jurídico laboral[666], las divergencias sobre el salario serán las mismas que con anterioridad a la modificación. "Salario mínimo" o "remuneración", al fin y al cabo, son el mismo perro con distinto collar, y en los Estados en los que sus sistemas de relaciones laborales no abordaban con suficiente claridad esta cuestión, seguirán teniendo problemas sobre el salario abonable a los trabajadores desplazados.

7. LAS CONDICIONES DE SUMINISTRO DE MANO DE OBRA, EN PARTICULAR POR PARTE DE EMPRESAS DE TRABAJO TEMPORAL

De acuerdo con los datos de la Comisión Europea, en el año 2021, el 3,6 por ciento de los Documentos Portátiles A1 (DPA1) emitidos para realizar un desplazamiento al amparo del artículo 12 RCSSS fue para trabajadores cedidos por empresas de trabajo temporal

---

665 COMISIÓN EUROPEA: *Commission staff working document accompanying the document Report from the Commission to the European Parliament, the Council and the European Economic and Social Committee on the application and implementation of Directive (EU) 2018/957 of the European Parliament and of the Council of 28 June 2018 amending Directive 96/71/EC concerning the posting of workers in the framework of the provision of services*, COM(2024) 320 final, 30.4.2024, pág. 9.

666 Con la sentencia ESA se puso de manifiesto que el principio de igual remuneración se aplicaba ya en muchos Estados antes de la reforma de la Directiva 2018/957. LHERNOULD, J. P.: "Directive (EU) 2018/957 of 28 June 2018 amending Directive 96/71/EC concerning the posting of workers in the framework of the provision of services. What will change in 2020?", *ERA Forum*, vol. 20, 2019, pág. 250.

(ETT)[667]. La proporción de desplazamientos es evidentemente pequeña, pero desde la propuesta de Directiva se incluyó el caso de puesta a disposición por una ETT en el ámbito de aplicación de la norma[668].

El movimiento de trabajadores mediante ETTs era una figura conocida por el Tribunal de Justicia tanto desde la perspectiva de seguridad social (Manpower y Webb) como desde la perspectiva laboral, más propia de la Directiva 96/71 (Seco Desquenne, que se menciona expresamente en la propuesta normativa[669]). La imagen de esta clase de agencias como entes próximos a la reducción de costes laborales y el funcionamiento de algunas de ellas fuera de los cauces formales confirmó la necesidad de incluirlas en la norma[670].

El artículo 1.3 *c*) de la Directiva 96/71 reconoce expresamente la operativa de las ETTs como una de las formas de desplazamiento de trabajadores en el marco de una prestación transnacional de servicios:[671]

> *En su calidad de empresa de trabajo temporal o en su calidad de agencia de colocación, desplazar un trabajador a una empresa usuaria que esté establecida o ejerza su actividad en el territorio de un Estado miembro, siempre que exista una relación laboral entre la empresa de trabajo temporal o la agencia de colocación y el trabajador durante el período de desplazamiento.*

---

667 DE WISPELAERE, F. *et al.*: *Posting of workers Report...*, cit., pág. 23. Es la última edición disponible a mayo de 2024. El artículo 12 RCSSS es el que se emplea, entre otros, en los casos de desplazamiento de trabajadores desde un Estado de origen a un Estado de destino. El artículo 13 del RCSSS se emplea para los casos en los que el trabajador va a prestar servicio en varios Estados, como puede ser un conductor de camión.

668 COMISIÓN EUROPEA: Propuesta de directiva del Consejo relativa al desplazamiento de trabajadores..., cit., pág. 13.

669 *Ibidem*, pág. 13.

670 HOUWERZIJL, M.; ROMBOUTS, B.: "Promoting or controlling cross-border temporary agency work?, en PICHRT, J. y KOLDINSKA, K. (Ed.): *Labour Law and social protection in a globalized world. Changing realities in selected areas of law and policy*. Wolkers Kluwer, 2018, pág. 129.

671 La redacción expuesta es la actual tras la reforma de la Directiva 2018/957. La redacción original recogía la incomprensible y casi vergonzante expresión "empresa de trabajo interino".

El artículo 3.1 *d*) de la Directiva 96/71 encomienda a los Estados a que los empresarios garanticen a los desplazados: *las condiciones de suministro de mano de obra, en particular por parte de agencias de trabajo interino* (*sic*)[672];

Aunque la actividad de las ETT se puede considerar una actividad compleja y, en un marco transnacional, potencialmente provocadora de conflicto, no existe ningún pronunciamiento del TJUE en materia de constitución y funcionamiento de ETTs respecto a la Directiva 96/71, aunque el TJUE sí ha fijado el contorno de qué ha de entenderse materialmente por suministro de mano de obra[673].

En este marco, la cuestión, a nuestro entender, más destacable de la puesta a disposición transnacional de trabajadores es la doble escala que el artículo 3.9 de la Directiva 96/71 creó desde su aprobación hasta la reforma de la Directiva 2018/957. La primera redacción de la norma disponía:

> *Los Estados miembros podrán disponer que las empresas mencionadas en el apartado 1 del artículo 1 garanticen a los trabajadores, con arreglo a la letra c) del apartado 3 del artículo 1, el beneficio de las condiciones que se apliquen a los trabajadores interinos en el Estado miembro en cuyo territorio se ejecute el trabajo.*

Si el Estado no optaba por esta posibilidad, un trabajador cedido por una ETT nacional podía estar plenamente equiparado en derechos a un trabajador de la empresa usuaria, mientras que un trabajador cedido por una ETT en una puesta a disposición transnacional únicamente se beneficiaría de la equiparación amparada por el artículo 3.1 de la Directiva, esto es, las condiciones del núcleo duro. Esta doble escala de condiciones de trabajo quedó consolidada a partir de la aprobación de la Directiva 2008/104/CE del Parlamento Europeo y del Consejo, de 19 de noviembre de 2008, relativa al trabajo a través de empresas de trabajo temporal[674], cuyo artículo 5.1 dispone:

---

672 Como hemos señalado, en la redacción original se utilizó una expresión importada del francés.

673 Sentencia de 18 de junio de 2015, Martin Meat, C-586/13, EU:C:2015:405, apartado 33.

674 DO L 327, de 5.12.2008, págs. 9-14.

> *Las condiciones esenciales de trabajo y de empleo de los trabajadores cedidos por empresas de trabajo temporal durante su misión en una empresa usuaria serán, por lo menos, las que les corresponderían si hubiesen sido contratados directamente por dicha empresa para ocupar el mismo puesto.*

De esta manera, el artículo 3.9 de la Directiva 96/71 ofrecía a los Estados la posibilidad de extender o no a los trabajadores transnacionales cedidos el mismo estatuto que los cedidos por empresas nacionales (a las que se aplicaba la Directiva 2008/14 y, en consecuencia, debían aplicar dicho estatuto), básicamente la equiparación de condiciones laborales entre trabajadores cedidos y trabajadores de la empresa usuaria.

No todos los Estados consideraron oportuno o necesario realizar esta equiparación. En 2018, quince Estados habían optado por la equiparación de condiciones, mientras que trece garantizaban la aplicación sólo de las condiciones de trabajo contenidas en el núcleo duro[675]. Desde el inicio del procedimiento normativo[676], la Directiva 2018/957 fue consciente de esta situación de desigualdad y propuso una solución, cuya redacción final se recogió en el actual artículo 1.*ter* de la Directiva 96/71:

> *Los Estados miembros dispondrán que las empresas a que se refiere el artículo 1, apartado 3, letra c), garanticen a los trabajadores desplazados las condiciones de trabajo que se aplican, con arreglo al artículo 5 de la Directiva 2008/104/CE del Parlamento Europeo y del Consejo, a los trabajadores cedidos por dichas empresas de trabajo temporal establecidas en el Estado miembro donde se realice el trabajo.*
>
> *La empresa usuaria informará a las empresas mencionadas en el artículo 1, apartado 3, letra c), de las condiciones de trabajo que aplica en lo que respecta a las condiciones de trabajo y de remuneración dentro del alcance previsto en el párrafo primero del presente apartado.*

De esta manera, las condiciones de los trabajadores cedidos a una empresa usuaria serán las mismas por aplicación del artículo 5 de la Directiva 2008/104, procedan de una ETT nacional o de una de otro

---

675 CONTRERAS HERNÁNDEZ, O.: *Desplazamiento de trabajadores...*, obra cit., pág. 116.

676 COMISIÓN EUROPEA: Propuesta de Directiva del Parlamento Europeo y del Consejo que modifica la Directiva 96/71/CE..., cit., pág. 7.

Estado de la Unión Europea. Con esta trascendente medida[677], la capacidad de los Estados queda ahora reducida a la garantía de otras condiciones que se apliquen a los trabajadores temporales, de acuerdo con el artículo 3.9 de la Directiva 96/71 revisada[678].

En último lugar, es necesario tener en cuenta la previsión que la Directiva 2018/957 incorpora al artículo 1.3 *c*) de la Directiva 96/71:

> *Cuando un trabajador que haya sido desplazado por una empresa de trabajo temporal o por una agencia de colocación para una empresa usuaria a que se refiere la letra c) deba realizar un trabajo en el marco de una prestación de servicios transnacional en el sentido de la letra a), b) o c) para la empresa usuaria en el territorio de un Estado miembro distinto de aquel en el que el trabajador trabaje habitualmente, bien para la empresa de trabajo temporal, la agencia de colocación o la empresa usuaria, se considerará que el trabajador ha sido desplazado a dicho territorio del Estado miembro por la empresa de trabajo temporal o por la agencia de colocación con la que el trabajador tenga una relación laboral. La empresa de trabajo temporal o la agencia de colocación se considerarán como empresa a efectos del apartado 1 y cumplirán plenamente las disposiciones pertinentes de la presente Directiva y de la Directiva 2014/67/UE del Parlamento Europeo y del Consejo.*
>
> *La empresa usuaria informará a la empresa de trabajo temporal o a la agencia de colocación que le haya facilitado el trabajador con tiempo suficiente antes del inicio del trabajo a que se refiere el párrafo segundo.*

Se prevé en este caso la cesión de un trabajador a una empresa usuaria que posteriormente le desplaza para realizar una prestación de servicios sobre la que ya constituye la propia puesta a disposición. Es éste el llamado "desplazamiento en cadena" que, aunque no está prohibido por la normativa, sí creaba alguna incertidumbre respecto a quién es el empleador real del desplazado[679]. En este caso, la reforma operada por la Directiva 2018/957 establece con total claridad que, aunque el segundo desplazamiento tenga lugar en el marco de

---

677 JUÁREZ PÉREZ, P.: "Desplazamiento de trabajadores…", obra cit., pág. 205.

678 GÁRATE CASTRO, F. J.: "La modificación de la Directiva 96/71/CE por la Directiva (UE) 2018/957: una mejor solución del conflicto entre la libre prestación de servicios y la protección sustantiva del trabajador desplazado en el marco de una prestación de servicios transnacional", *Derecho de las relaciones laborales*, núm. 11, 2019, pág. 10/18.

679 JUÁREZ PÉREZ, P.: "Desplazamiento de trabajadores…", obra cit., pág. 201.

la empresa usuaria, la empleadora continúa siendo la empresa de trabajo temporal.

Otra de las novedades aportadas por la Directiva 2018/957 es la obligación de la empresa usuaria de informar de las condiciones de trabajo aplicadas a sus trabajadores (por obra de la transposición de la Directiva 2008/104), precisamente para que sean aplicadas a los trabajadores desplazados.

8. LA SALUD, LA SEGURIDAD Y LA HIGIENE EN EL TRABAJO

La seguridad y salud en el trabajo es una materia armonizada en la Unión Europea, de acuerdo con la Directiva 89/391/CEE. Las directivas comunitarias de seguridad y salud que desarrollan la Directiva 89/391/CEE son generalmente normas de mínimos, sobre las que los Estados pueden fijar condiciones más exigentes o incluso sumarles nuevas, en línea con la tradición preventiva que pueda tener el país[680]. A pesar de la dimensión del bloque normativo europeo en materia de seguridad y salud, existen grandes lagunas de armonización preventiva en la normativa comunitaria, como es el riesgo eléctrico o la agricultura, en los que cada Estado regula las condiciones de seguridad y salud conforme a su lógica y tradición normativa. La ausencia de jurisprudencia del TJUE sobre seguridad y salud de trabajadores desplazados no hace sino multiplicar estas dudas.

Por su parte, es perfectamente válida la jurisprudencia favorecedora de la libre prestación de servicios, en virtud de la que no puede exigirse un doble cumplimiento (de las normas de origen y de destino) a las empresas que desplazan trabajadores. En este sentido, la sentencia Arblade toma como referencia la información preventiva que en todos los Estados de la Unión debe facilitarse a los trabajadores, de acuerdo con la Directiva 89/391/CEE, como justificación de

680 Un ejemplo de esta tradición preventiva puede ser el recurso preventivo contemplado en el artículo 32.bis de la Ley 31/1995, de 8 de noviembre, de prevención de riesgos laborales (LPRL), que es una figura preventiva que no deriva directamente de las directivas de seguridad y salud.

la no necesidad de duplicar determinadas obligaciones cuando se desplazan a trabajadores[681].

En este marco, podemos distinguir varios planos de cumplimiento de las obligaciones preventivas. El primer plano es el del establecimiento, en el que prima la aplicación de las normas del Estado de origen. Se incluye en este plano las normas reguladoras de la organización de la prevención de riesgos laborales en la empresa y la participación de los trabajadores. Por contraposición, podemos identificar este plano con las materias que no son estrictamente "condiciones de trabajo en materia de seguridad y salud"[682].

Partimos de que las empresas de la Unión Europea han tenido que organizar la gestión de la prevención de riesgos laborales conforme a la legislación de su Estado de establecimiento. De acuerdo con el principio del doble empleo (*Supra,* V.5.2) la organización preventiva no tiene por qué ser duplicada en el Estado de destino por el hecho de prestar temporalmente unos servicios, sino que debe ser asumida y respetada por las autoridades de destino. En este plano se incluiría, en términos de Derecho español, la organización preventiva regulada en el artículo 30 LPRL.

Podemos también incluir en este bloque, con matices, los deberes de evaluación de riesgos y planificación de la actividad preventiva. La evaluación del riesgo y la planificación de la actividad preventiva son materias propias de la gestión preventiva de la empresa, vinculadas más a su establecimiento que a los servicios que puedan prestar en otros Estados y, en consecuencia, creemos que deben incluirse en este primer plano. Esta afirmación no es incompatible con que la documentación preventiva deba tener en cuenta los riesgos durante la prestación de servicios en el Estado de destino, así como la legis-

---

681 Sentencia Arblade, apartado 69: "En segundo lugar, la Directiva 89/391/CEE del Consejo, de 12 de junio de 1989, relativa a la aplicación de medidas para promover la mejora de la seguridad y de la salud de los trabajadores en el trabajo (DO L 183, p. 1) dispone, concretamente en su artículo 10, que los trabajadores deben recibir todas las informaciones correspondientes a riesgos para la seguridad y la salud de los trabajadores".

682 CAMAS RODA, F. y MARTÍNEZ ASO, M.: "El cumplimiento de la normativa…", obra cit., pág. 110.

lación de dicho Estado, especialmente cuando la materia preventiva no está armonizada, como puede ser el caso del riesgo eléctrico.

El segundo plano es el de la prestación de servicios en un lugar determinado, con concretas las condiciones de seguridad, salud e higiene en el trabajo, en términos del artículo 3.1.e) de la Directiva 96/71 en la ejecución de trabajos específicos. En este ámbito se incluirían todas las normas con incidencia directa en las condiciones seguridad para la realización de los trabajos. Si en el Estado A la suficiente altura de las barandillas es 90 centímetros y en el Estado B es de un metro, cuando los trabajadores de A son desplazados a B, las barandillas tendrán que medir un metro. En el caso inverso, esto es, si las normas de seguridad del Estado de origen son más exigentes que las del Estado de destino, debemos recordar que el artículo 3.7 de la Directiva 96/71 establece la regla de la norma más favorable. Precisamente la aplicación de esta regla es lo que diferencia a la Directiva del RRI, cuyo artículo 9.1, al determinar la aplicación de las normas de policía, lo hace sin tener en cuenta otras normas, aunque sean más favorables[683]. Esto supondría, y albergamos algunas dudas, aplicar la norma preventiva de origen, circunstancia que sería —sobre todo si también hay trabajadores locales— de cierta complejidad y, hasta cierto punto, peligrosa para unos y para otros.

Apreciamos un tercer plano que podemos llamar *mixto*, porque acumula la posibilidad de cumplir en el Estado de establecimiento (en un principio más barato y fiable para la empresa que desplaza), pero conforme a las específicas exigencias del Estado de destino. Forma parte de este plano la vigilancia de la salud de los trabajadores desplazados, en el que nada impide que las pruebas se hagan en el Estado de establecimiento de la empresa, pero teniendo en cuenta los protocolos de vigilancia de la salud (si existen) vigentes en el Estado de destino[684].

---

683 PIIR, R.: "Safeguarding the posted...", obra cit., pág. 113. No obstante, el autor expresa dudas sobre la preferencia de la norma favorable de origen cuando se trata de seguridad y salud.

684 DIRECCIÓN GENERAL DE TRABAJO. MINISTERIO DE TRABAJO E INMIGRACIÓN: Consulta de 2 de agosto de 2007 de la Dirección General de Trabajo. Validez de reconocimientos médicos realizados en Portugal, La Ley 4181/2007. Consideramos que la respuesta dada por este centro directivo es insuficiente,

En similar sentido podemos considerar que la formación e información preventiva se integran en este tercer plano, por cuanto si la formación recibida en origen es suficiente conforme a las normas del Estado de destino, se estaría duplicando de forma innecesaria una obligación, con la consecuente traba a la libre prestación de servicios. En caso de que la formación sea insuficiente, deberá completarse para llegar a los estándares del Estado de destino[685].

Para terminar con el presente apartado, debemos señalar la consideración por parte de la doctrina de los trabajadores desplazados como trabajadores especialmente sensibles o, cuando menos, susceptibles de serlo, precisamente por el hecho de estar desplazados[686]. El llamado "estrés de la aculturación", reacción psicológica derivada de la entrada en contacto con otras culturas, es un término acuñado por la psicología, vinculado a situaciones de migración que puede dar lugar, entre otros, a ansiedad, depresión o confusión[687], que sin duda pueden tener incidencia en la seguridad y salud de los desplazados.

Desde esta perspectiva, y aún sin considerar procedente la automática calificación como de especialmente sensible del trabajador desplazado, hay que tener presente la concurrencia de determinados

---

por cuanto no hacen referencia al cumplimiento de los protocolos de vigilancia de la salud. No puede afirmarse que exista una armonización en materia de protocolos de vigilancia de la salud, y si existiera, ésta jugaría como mínimo mejorable por los Estados, con lo que, en todo caso, es necesario atenerse al protocolo del Estado de destino.

685 DIRECCIÓN GENERAL DE TRABAJO. MINISTERIO DE EMPLEO Y SEGURIDAD SOCIAL: Consulta de la Dirección General de Empleo, de 21 de noviembre de 2017 sobre formación en materia preventiva obligatoria de los trabajadores de una empresa danesa subcontratada por una empresa española, La Ley 3671/2017. Esta consulta responde a una pregunta sobre la suficiencia de la formación preventiva de unos trabajadores daneses que debían realizar en España unos trabajos de dragado, a la que la DGT termina por responder "se examinará la formación preventiva que la empresa danesa haya dado a sus trabajadores, y se comparará con la prevista en la legislación laboral española, debiendo, en su caso, colmarse las lagunas que existieran".

686 FERIA BASILIO, I. R.: "La protección de la seguridad y salud de los trabajadores desplazados" en QUINTERO LIMA, M. G. y PÉREZ GUERRERO, M. L., (Codir.): *La lucha contra la precariedad y las reformas en materia de desplazamientos temporales de los trabajadores*, Laborum, Murcia, 2020, pág. 323.

687 BERMÚDEZ, C. y BRIK, E.: *Terapia familiar sistémica. Aspectos teóricos y aplicación práctica*, Síntesis, Madrid, 2010, pág. 122.

factores de riesgo inherentes a una migración cualquiera (a efectos de un desplazamiento, podemos resaltar la nacionalidad o cultura de origen, el estatus legal, el tiempo de residencia)[688], podría merecer una consideración desde la perspectiva psicosocial.

9. LOS GASTOS DE MANUTENCIÓN

Uno de los conceptos que mayor dificultad puede suponer para determinar si ciertas cantidades abonadas por el empresario pueden ser tenidas en cuenta o no a efectos de cubrir el salario mínimo del Estado de destino son aquellos pagos que compensan o retribuyen la lejanía del lugar habitual de trabajo. La redacción que contenía la Directiva 96/71 desde su aprobación hasta la revisión realizada por la Directiva 2018/957 se limitaba a señalar en el segundo párrafo del artículo 3.7:

> *Se considerará que los complementos correspondientes al desplazamiento forman parte del salario mínimo, en la medida en que no se abonen como reembolso de los gastos efectivamente realizados originados por el desplazamiento, tales como gastos de viaje, alojamiento o manutención.*

Durante unos años, el único referente para esta clase de complementos fue la antes citada sentencia STX del TAELC, en la que se analizó la compatibilidad con el Acuerdo del Espacio Económico Europeo de una asignación por pernocta ("*assignments requirement overnight stays*"). Posteriormente, la sentencia ESA del TJUE realizó un análisis más profundo de esta cuestión[689], en una resolución que para parte significativa de la doctrina fue la corrección del enfoque "*pro business*" de las resoluciones anteriores[690]. No es ésta nuestra opinión sobre esta sentencia, que, a nuestros ojos, hace una interpretación cuasi literal de la norma, como creemos que también se hizo en las tan denostadas sentencias del Cuarteto Laval (*Infra*, X). Por otra par-

---

688 *Ibidem*, pág. 127.

689 Sentencia de 12 de febrero de 2015, ESA, C-396/13, EU:C:2015:86

690 RODRÍGUEZ-PIÑERO Y BRAVO-FERRER, M.: "Un nuevo enfoque de la Directiva 96/71 sobre la protección de los trabajadores desplazados", *Derecho de las relaciones laborales*, núm. 5, 2015, pág. 1/7.

te, más allá del plano doctrinal, que los trabajadores polacos tuvieran una sentencia a su favor en el Tribunal de Luxemburgo no significó que percibieran cantidad alguna de dinero en un plazo razonable de tiempo[691].

La sentencia ESA analiza el "complemento de trayecto diario" previsto en el convenio colectivo aplicable, que se debía abonar a los desplazados si el trayecto desde el domicilio al centro de trabajo duraba más de una hora (los trabajadores estaban alojados a unos 15 kilómetros del centro de trabajo). El Tribunal considera que con este complemento no se está compensando a los trabajadores por un gasto, sino por el tiempo consumido en el trayecto diario, por lo que este complemento entraría en la previsión del artículo 3.7 segundo párrafo (complementos no abonados como compensación de un gasto); en consecuencia, tendría la naturaleza de "salario mínimo" y debería ser tenido en cuenta a los efectos de comparar el salario de origen y el salario mínimo de destino. En similar sentido, el TJUE considera en el asunto Rapidsped que una dieta a tanto alzado y progresivo (su importe aumenta con los días de destacamento) no tiene por objeto cubrir unos gastos vinculados al desplazamiento, sino que tiene, como ocurría en la sentencia ESA, una naturaleza indemnizatoria[692].

Por otra parte, se plantea al Tribunal la consideración como componente del salario mínimo de una indemnización diaria para desplazados que, conforme al convenio colectivo aplicable, se abonaba a los trabajadores como cantidad a tanto alzado, de entre 34 a 36 euros. En este caso, el Tribunal considera que este pago tampoco compensa gastos, sino que "garantiza la protección social de los trabajadores que compensa los inconvenientes debidos al desplazamiento, que consisten en el alejamiento de los interesados de su entorno habitual", por lo que sería también un complemento vinculado al desplazamiento en el sentido del artículo 3.7 segundo párrafo de la Directiva 96/71.

Es interesante la duda planteada por el Abogado General sobre si estas medidas podrían dificultar la libre prestación de servicios,

---

691 Debido a procedimientos judiciales iniciados por la empresa tras el pleito ante el TJUE, en el año 2020 los trabajadores no habían recibido aún cantidad alguna de dinero. MATYSKA, A.: "Ambiguous Mobility: Polish…", obra cit., pág. 79.

692 Sentencia de 8 de julio de 2021, Rapidsped, C-428/19, EU:C:2021:548.

dado que los empresarios que desplazan trabajadores siempre van a tener que abonarlas, mientras que, a pesar de ser medidas de carácter general para nacionales y extranjeros, los empresarios locales y cercanos al centro de trabajo se verán libres de abonarlas en la mayoría de las ocasiones, pues sus trabajadores vivirán cerca del centro de trabajo. Pone el Abogado General en el otro plato de la balanza la protección social que supone la medida para "alcanzar un nivel de vida razonable durante el traslado laboral", pidiendo al Juzgador ponderar uno y otro interés, y velar por que las medidas no vayan más allá del objetivo propuesto[693].

Por el contrario, el TJUE considera que los importes abonados directamente por el empresario para sufragar el alojamiento de los trabajadores no pueden entrar en el cómputo del salario mínimo conforme al artículo 3.7 de la Directiva 96/71, aunque haya sido un pago directo y no un reembolso de gastos realizados por los trabajadores[694].

A la misma conclusión llega el Tribunal en lo que se refiere a la entrega de tiques de restaurante por el empresario a los trabajadores desplazados, advirtiendo en este caso que dicha entrega obedece a "la relación laboral establecida, en Polonia, entre los trabajadores y su empresario" (es decir, al contrato de trabajo)[695], con lo que no viene sino a compensar un gasto vinculado al desplazamiento.

Respecto a estos dos últimos conceptos, es interesante cómo el Abogado General trae a colación la teoría del equilibrio fijada en la Sentencia Comisión contra Alemania (2005)[696], para determinar que la inclusión de estas partidas abonadas a los trabajadores alteraría ese equilibrio entre los servicios prestados por el trabajador y la contraprestación recibida a cambio[697].

---

693 Conclusiones del Abogado General Wahl…, cit., apartados 97, 98 y 108.

694 Sentencia ESA, apartado 59.

695 Sentencia ESA, apartado 61.

696 Hemos hecho referencia a esta doctrina en el epígrafe 6.2, en virtud de la que el abono de cantidades por la realización de acciones no ordinarias en el contrato (por ejemplo, plus de peligrosidad) no ha de tenerse en consideración a efectos de fijación del salario mínimo.

697 Conclusiones del Abogado General Wahl…, cit., apartado 113.

Aunque no era en absoluto una de las prioridades y su incorporación a los borradores fue bastante tardía[698], la Directiva 2018/957 incluyó en el artículo 3.1 *i*) un nuevo elemento para la consideración de salario mínimo:

> *Los complementos o los reembolsos en concepto de gastos de viaje, alojamiento y manutención previstos para los trabajadores que están fuera de su domicilio por motivos profesionales.*

Al que a renglón seguido la propia norma matiza:

> *La letra i) se aplicará exclusivamente a los gastos de viaje, manutención y alojamiento en que hayan incurrido los trabajadores desplazados cuando estos deban viajar a y desde su lugar habitual de trabajo situado en el Estado miembro en cuyo territorio estén desplazados, o cuando su empleador los envíe temporalmente desde dicho lugar habitual de trabajo a otro lugar de trabajo.*

Esta referencia a los "gastos de desplazamiento" exigía asimismo una aclaración en el artículo 3.7 antes mencionado:

> *Los complementos específicos por desplazamiento serán considerados parte de la remuneración, en la medida en que no se abonen como reembolso de los gastos efectivamente realizados a causa del desplazamiento, tales como gastos de viaje, alojamiento o manutención. Sin perjuicio de lo dispuesto en el apartado 1, párrafo primero, letra i), el empresario reembolsará a los trabajadores desplazados estos gastos de conformidad con la legislación o las prácticas nacionales aplicables a la relación laboral.*
>
> *En caso de que las condiciones de trabajo aplicables a la relación laboral no indiquen si los elementos del complemento específico por desplazamiento se abonan en concepto de reembolso de gastos efectivamente realizados a causa del desplazamiento o como parte de la remuneración y, en su caso, cuáles son esos elementos, se considerará que la totalidad del complemento se abona en concepto de reembolso de gastos.*

La inclusión de los gastos de desplazamiento en la Directiva no hace sino integrar en la misma el criterio adquirido en la Sentencia ESA, de manera que los gastos que podemos calificar como internos (esto es, los que se realizan una vez llegados al Estado de destino)

---

698 La inclusión de los gastos de alojamiento como elemento a considerar en el salario mínimo aparece en documentos de trabajo dos años después de iniciada la negociación de la norma. CONSEJO: WK 3215/2018, de 14.3.2018, pág. 2-3.

deben abonarse en los mismos términos que se abonan a los trabajadores locales cuando tienen que hacer un viaje por motivos profesionales.

Por el momento no se ha dictado ninguna resolución del Tribunal de Justicia sobre este artículo 3.1 *i*) de la Directiva. Como zona gris que consideramos que es, pues la redacción de los complementos y la realidad del pago de los mismos dejan muchas dudas y abren un horizonte variado e incierto, no descartamos que estos complementos sean usados de forma abusiva, incluso fraudulenta, y que alguna situación conflictiva termine dando lugar a una cuestión prejudicial.

Capítulo VII

INSTITUCIONES JURÍDICAS AL MARGEN DE LA DIRECTIVA 96/71 APLICABLES A LOS TRABAJADORES DESPLAZADOS

El presente capítulo expone y analiza aquellos elementos que en muchas ocasiones se añaden a los desplazamientos de trabajadores, aunque no se recojan en el artículo 3 de la Directiva 96/71, y que son fundamentales para llevarlos a cabo. Las cuestiones de seguridad social son también fundamentales para los desplazamientos, pero se estudiarán en un capítulo específico (*Infra,* IX), precisamente por su importancia y por constituir un contraste muy interesante para analizar el objeto de la Directiva 96/71.

1. NACIONALES DE TERCEROS ESTADOS

Los trabajadores nacionales de terceros Estados (NTE) precisan de una autorización administrativa para trabajar en el Estado de la Unión Europea en el que residan habitualmente. La tenencia de una autorización para residir y trabajar en un Estado miembro concreto no permite, en términos generales, su movilidad laboral en el territorio de otros Estados de la UE; no son titulares de la libertad de circulación de trabajadores europeos.

Al tener su amparo en la libre prestación de servicios, una de las excepciones a esta limitación de la movilidad laboral de los NTE en la Unión Europea es precisamente el desplazamiento de trabajadores en el marco de una prestación transnacional de servicios, aunque el derecho a desplazar trabajadores NTE no figure expresamente ni en la Directiva 96/71 ni en ninguna otra norma europea. Ha sido la jurisprudencia del Tribunal de Justicia la que ha perfilado los contornos de esta especial movilidad.

La facultad de los Estados de comprobar que la libre prestación de servicios no se utilice fraudulentamente como coartada para introducir NTEs en su mercado laboral está claramente reconocida por el TJUE en las sentencias Rush Portuguesa (1990) y Arblade (1999)[699]. Una vez más, debemos recordar que la espita del desplazamiento y su necesaria regulación por la Directiva 96/71 se abre con la sentencia Rush Portuguesa, que abordó una cuestión de trabajo de extranjeros.

1.1. Permiso de trabajo

Si la conocidísima —1995— "Ley Bosman" (llamada "ley" por la prensa deportiva; en realidad era una sentencia del TJUE[700]) permitía alinear en las ligas nacionales deportistas ciudadanos de un Estado miembro sin que éste computara a efectos de las normas deportivas como jugador extranjero[701], podemos afirmar que la Sentencia Vander Elst (1996) es la Ley Bosman del desplazamiento de trabajadores[702], aun teniendo en cuenta que Vander Elst es anterior a Bosman[703].

El procedimiento administrativo nacional del que arranca el caso de Vander Elst consiste en la imposición por las autoridades francesas de una sanción de 30.000 francos a una empresa de demolición belga que, para realizar un trabajo en Reims, desplazó a trabajadores marroquíes que residían legalmente en Bélgica, eran titulares de un permiso de trabajo belga, cotizaban a la seguridad social de Bélgica

---

699 COMISIÓN EUROPEA: *Orientaciones en relación...*, cit., pág. 3. Las sentencias son la sentencia de 27 de marzo de 1990, Rush Portuguesa, C-113/89, EU:C:1990:142 y la sentencia de 23 de noviembre de 1999, Arblade, C-369 y 376/96, EU:C:1999:575.

700 Sentencia de 15 de diciembre de 1995, Bosman, C-415/93, EU:C:1995:463. En su fallo sentaba que "El artículo 48 del Tratado CEE se opone a la aplicación de normas adoptadas por asociaciones deportivas según las cuales, en los partidos de las competiciones por ellas organizadas, los clubes de fútbol sólo pueden alinear un número limitado de jugadores profesionales nacionales de otros Estados miembros."

701 Un análisis de la sentencia Bosman y las que posteriormente se han dictado en el ámbito deportivo se recoge en BARNARD, C.: *The substantive Law...*, obra cit., págs. 149-153

702 Sentencia de 9 de agosto de 1994, Vander Elst, C-43/93, EU:C:1994:310.

703 Esta mención a la jurisprudencia futbolística del TJUE no debe confundirnos: la sentencia Vander Elst se refiere a Raymond Vander Elst, empresario belga, y no a Leo Vander Elst, jugador de la selección belga de fútbol que marcó el penalti que eliminó a España del Mundial 86.

y además habían obtenido un visado francés de un mes de duración para poder entrar en ese país[704].

En abril de 1989, la Inspección de Trabajo francesa realizó controles en la obra en la que estos trabajadores prestaban servicios y constató que no disponían de permisos de trabajo expedidos por las autoridades francesas. La autoridad francesa fundamentó su sanción en el incumplimiento del artículo L-341 6 del Código de Trabajo, que exigía que cualquier extranjero que quisiera prestar servicios en Francia debía aportar, entre otros, un permiso de trabajo[705]. Frente a este acto, la empresa alegó que dicha exigencia era contraria a la libre prestación de servicios, circunstancia que provocó que, en último término, el tribunal nacional planteara una cuestión prejudicial en los siguientes términos[706]:

> "¿Deben interpretarse las disposiciones del Derecho comunitario consideradas en conjunto, y en particular los artículos 59 y 60 del Tratado CEE, en el sentido de que se oponen a que un Estado miembro de la Comunidad supedite el empleo en su territorio de trabajadores nacionales de un país tercero, que son empleados legales y habituales de una empresa establecida en otro Estado miembro de la Comunidad, a la obtención de un permiso de trabajo o al pago de un canon a un organismo de inmigración, cuando la citada empresa efectúe una prestación de servicios en dicho territorio?".

Ante la cuestión planteada, en primer lugar el TJUE recuerda el principio de movilidad en el empleo[707], en virtud del cual los trabajadores marroquíes, una vez concluido el encargo en Francia, regresarían a Bélgica, sin crear perjuicio ni distorsión al mercado laboral francés, circunstancia que hacía que las exigencias del Código de Trabajo fueran contrarias a los artículos 59 y 60 del TCEE, que establecen la libertad de prestación de servicios. Debemos en este sentido recordar que la sentencia Rush Portuguesa, detonante de la regulación de trabajadores desplazados, trataba ante todo una situación de ausencia de permiso de trabajo en el período transitorio de adhesión de Portugal a la CEE, y no sobre las condiciones de trabajo

---

704 Sentencia Vander Elst, apartado 4 y 5.
705 Sentencia Vander Elst, apartado 6.
706 *Ibidem*, apartado 10.
707 LYON-CAEN, A.: "Le droit, la mobilité…", obra cit., pág. 109.

aplicables a los trabajadores desplazados. Fue una pregunta accesoria de la representación de Francia ante el Tribunal sobre tal aspecto la que llevó al TJUE a abordar también esta cuestión.

Como argumentos adicionales, el TJUE recuerda la vigencia de los Acuerdos entre la CEE y Marruecos de 1976, en los que se proscribe cualquier discriminación por razón de la nacionalidad. Además, la sentencia descarta que los trabajadores pudieran estar sometidos a cualquier situación de riesgo de explotación laboral ni competencia desleal entre empresas, al disponer de un permiso de trabajo belga[708].

Las consideraciones de la sentencia Vander Elst cimentaron una línea que dio lugar a varias resoluciones posteriores del Tribunal, de las que se puede extraer un conjunto de reglas, siempre sobre la base de facilitar la movilidad de los NTE para la prestación de servicios por cuenta de un empresario que los desplaza a otro Estado[709]. Podemos destacar las siguientes:

- La materia de trabajadores de terceros Estados no ha sido armonizada, por lo que la valoración de las medidas debe estar sujeta a un juicio de proporcionalidad[710].
- No se puede exigir la obtención de un permiso de trabajo en el Estado de destino para un mero desplazamiento de trabajadores[711], ni figuras que puedan ser equivalentes[712].

---

708 Sentencia Vander Elst, apartados 25 y ss.

709 MUSSCHE, N. y LENS, D.: "The ECJ's Construction of an EU Mobility Regime-Judicialization and the Posting of Third-country Nationals", *Journal of Common Market* Studies, vol. 57, núm. 6, pág. 1253.

710 Sentencia de 19 de enero de 2006, Comisión contra Alemania (2006), C-244/04, EU:C:2006:49, apartados 32 y 45.

711 Sentencia de 2 de octubre de 2004, Comisión contra Luxemburgo (2004), C-445/03, EU:C:2004:655, apartado 50.

712 La confirmación de desplazamiento europeo austriaca, que equivalía a una autorización, fue censurada por el Tribunal de Justicia en la sentencia de 21 de septiembre de 2006, Comisión contra Austria (2006), C-168/04, EU:C:2006:595. En general, el control previo de los nacionales de terceros Estados no es acorde con la libertad de prestación de servicios si puede realizarse un control a posteriori de la situación de éstos, como señala la sentencia Comisión contra Alemania (2006), apartado 42.

- Tampoco cabe exigir un período mínimo de empleo previo en el Estado de origen[713], bajo la excusa de garantizar que no existen abusos sobre los trabajadores desplazados, ni la prestación de una fianza para cubrir los eventuales gastos de repatriación del trabajador[714].
- Los acuerdos de adhesión de nuevos Estados sí pueden contener medidas temporales, en virtud de las que se limite la libre prestación de servicios mediante nacionales de los Estados que ingresan en la Unión, incluyendo el suministro de mano de obra (ETTs)[715].
- No puede exigirse permiso de trabajo emitido por el Estado de destino en el caso de NTEs con permiso de trabajo en el Estado de origen, que son puestos a disposición por una empresa de otro Estado miembro[716], en tanto la puesta a disposición de trabajadores es una modalidad más de prestación de servicios conforme a jurisprudencia consolidada, además de estar expresamente prevista en el artículo 3.1 *c*) de la Directiva 96/71[717]. Por el contrario, la puesta a disposición de trabajadores por una empresa de un Estado de nuevo ingreso puede ser limitada por medidas nacionales temporales respecto a los ciudadanos de ese Estado[718].

La idea central de la doctrina del Tribunal de Justicia en esta manera es, en palabras de la Comisión Europea, que "el Estado

---

713 El proyecto de Directiva de desplazamiento de NTEs de 1999 sí contemplaba un período de carencia, con fundamento más en cuestiones de inmigración que de libre prestación de servicios. GÓMEZ ABELLEIRA, F. J.: "Mercado interior de servicios…", obra cit., pág. 15/51.

714 Sentencia Comisión contra Alemania (2006), apartado 50 y sentencia Comisión contra Luxemburgo (2004), fallo.

715 Sentencia de 10 de febrero de 2011, Vicoplus, C-307 a 309/09, EU:C:2011:64, apartado 4, que se refiere a los Acuerdos de Adhesión de Polonia, respecto al desplazamiento de trabajadores a Alemania y Austria (Anexo XII del Acta de Adhesión, entre otros, de Polonia, DO 2003, L 236, p. 33).

716 Sentencia Vicoplus, fallo y sentencia de 14 de noviembre de 2018, Danieli, C-18/17, EU:C:2018:904, fallo.

717 Sentencia de 17 de diciembre de 1970, Manpower, C-35/70, EU:C:1970:120, fallo y sentencia de 17 de diciembre de 1981, Webb, C-279/80, EU:C:1981:314, fallo.

718 Sentencia Vicoplus, apartado 33.

miembro de acogida no puede exigir requisitos administrativos ni condiciones adicionales a los trabajadores desplazados nacionales de terceros países si éstos están empleados legalmente por un prestador de servicios establecido en otro Estado miembro, sin perjuicio del derecho del Estado de acogida a comprobar que dichas condiciones se cumplen en el Estado miembro de establecimiento del prestador de servicios"[719].

A pesar de que, como se ha visto, la jurisprudencia del TJUE ha fijado un bloque de reglas bastante compacto en lo que se refiere a la circulación de NTEs en el marco de una prestación transnacional de servicios, la Comisión Europea promovió una propuesta de directiva del Parlamento Europeo y del Consejo relativa a las condiciones de desplazamiento de los trabajadores asalariados, nacionales de un tercer Estado, en el marco de una prestación de servicios transfronterizos[720], que venía a cubrir esta carencia de la Directiva 96/71[721]. El proyecto tenía por objeto dotar de una "tarjeta de prestación de servicios - CE" para facilitar la movilidad de los trabajadores que fueran desplazados al amparo de los apartados *a*) y *b*) del artículo 1.3 de la Directiva 96/71, esto es, los trabajadores enviados por su empresa, bien a prestar un servicio a un cliente, bien a un establecimiento o empresa del grupo (se excluían las puestas a disposición por ETTs). Para obtener esta tarjeta, sólo se exigía que el trabajador fuera residente en el Estado de establecimiento de la empresa y estuviera afiliado al régimen de seguridad social correspondiente. Esta propuesta fue retirada en el año 2005[722].

Sin perjuicio de este proyecto frustrado, es necesario tener en cuenta que la Comisión desde los borradores iniciales consideró que los trabajadores NTE se encontraban dentro del ámbito de aplicación de la Directiva 96/71[723].

---

719 COMISIÓN EUROPEA: *Orientaciones en relación…*, cit., pág. 6.

720 DO C 67, de 10.3.1999, pág. 12.

721 RODRÍGUEZ-PIÑERO ROYO, M.: "A modo de conclusión…", obra cit., pág. 356.

722 DO C 75, de 24.3.2005, pág. 10.

723 CONSEJO: 4165/92, pág. 12.

1.2. Entrada y residencia en el Estado de destino

Cuestión distinta a la tenencia de un permiso de trabajo es la entrada y residencia en un Estado miembro de la Unión, ámbito que no está armonizado por el Derecho europeo[724]. En consecuencia, cada uno de los Estados puede establecer los requisitos de entrada y permanencia en su territorio conforme a su propio criterio.

Este principio general tiene como excepción muy destacable el artículo 21 del Convenio de Aplicación del Acuerdo de Schengen de 14 de junio de 1985 (CAAS)[725], regulador del "Espacio Schengen", en virtud del que:

> *Los extranjeros titulares de un permiso de residencia expedido por una de las Partes contratantes podrán, al amparo de dicho permiso y de un documento de viaje que sean válidos, circular libremente durante un período de tres meses como máximo por el territorio de las demás Partes contratantes, siempre que cumplan las condiciones de entrada contempladas en las letras a), c) y e) del apartado 1 de 1 artículo 5 y que no figuren en la lista nacional de no admisibles de la Parte contratante de que se trate.*

Partiendo de que un permiso de trabajo expedido por un Estado habilita normalmente también a residir en él y de que el espacio Schengen actualmente abarca todo el EEE salvo Irlanda y Chipre, puede afirmarse que la libre circulación de residentes extranjeros conforme al artículo 21 del Convenio es la regla general y la exigencia de visado o permiso de residencia la excepción.

En todo caso, y con el objeto de exponer cómo el trámite de visado también se ha adecuado a los requerimientos de la libre prestación de servicios, es preciso recordar cómo, con el objeto de facilitar los desplazamientos de trabajadores, los Estados disponen de los llamados "visados Vander Elst", cuya tramitación es muy sencilla y su expedición prácticamente automática[726].

---

724 Sentencia Comisión contra Austria (2006), apartado 56.

725 Convenio de Aplicación del Acuerdo de Schengen de 14 de junio de 1985 entre los Gobiernos de los Estados de la Unión Económica Benelux, de la República Federal de Alemania y de la República Francesa relativo a la supresión gradual de los controles en las fronteras comunes. DO L 239, de 22.9.2000, pág. 19-62.

726 Sentencia Comisión contra Alemania (2006), apartado 33, en el que el Tribunal aprecia que la concesión de un visado Vander Elst en Alemania no lleva más de

La simplicidad de los visados Vander *Elst* para España se pone de manifiesto en la Instrucción de la Dirección General de Inmigración de 17 de noviembre de 2008, de la que no tenemos constancia que haya sido expresamente derogada, pero de la que tampoco hemos podido comprobar que se esté aplicando efectivamente[727]. De acuerdo con este documento, para obtener un visado de entrada en España para un desplazamiento de menos de tres meses, es suficiente un documento válido de viaje en los términos del Acuerdo Schengen (esto es, documentos que permitan cruzar una frontera). Para desplazamientos superiores a tres meses, la Instrucción exige que se solicite un visado ante el consulado del lugar de residencia del trabajador, pero la acreditación de la suficiencia económica se sustituye por la aportación del permiso de trabajo en el Estado de origen y el contrato de trabajo con la empresa que lo desplaza a España.

Tanto para los casos no regulados por el CAAS como para las situaciones que van más allá del período de tres meses previsto en el artículo 21 del mismo, el Estado de destino fijará las condiciones de entrada y residencia en su territorio de los trabajadores desplazados.

En este ámbito, insistimos, no armonizado, el TJUE ha reconocido un mayor margen a los Estados para la fijación de los requisitos de entrada y residencia que estimen oportunos. Esta facultad de las autoridades, más amplia que en otros aspectos del desplazamiento de trabajadores, se debe en gran medida a que el juicio de proporcionalidad tiene por un lado la libre prestación de servicios, pero, por otro lado, no pondera la protección de los derechos de los trabajadores, sino la seguridad jurídica de los trabajadores y el orden público, tal y como se pone de manifiesto en la sentencia SN[728]. De acuerdo con esta decisión del TJUE, el Estado puede reservarse la facultad de autorizar la entrada y residencia de los trabajadores desplazados:

---

siete días y la Administración carece de discrecionalidad para concederlo. En la sentencia Comisión contra Austria (2006), apartado 32, la Comisión considera que el visado para esta clase de trabajadores "tiene un carácter puramente formal y debería reconocerse de forma automática".

727 Instrucción de la Dirección General de Inmigración de 17 de noviembre de 2008, *www.migrarconderechos.es* [en línea] disponible en http://www.migrarconderechos.es/legislationMastertable/legislacion/rinstruccion_DGI_SGRJ_08_2008, [consulta mayo 2024].

728 Sentencia de 20 de junio de 2024, SN, C-540/22, EU:C:2024:530., apartado 92.

- En primer lugar, porque un sistema de permisos de residencia aporta seguridad jurídica a los trabajadores, quienes tienen una respuesta expresa y positiva de la autoridad del Estado de destino respecto a su *status* en ese territorio, esto es, "que no residen de manera ilegal" en el Estado de destino[729].
- En segundo lugar, los Estados tienen derecho a realizar los controles oportunos para salvaguardar el orden público. El hecho de que un NTE sea residente legal en el Estado de origen, no significa que no pueda suponer una amenaza para el orden público en el Estado de destino y[730], en consecuencia, las autoridades nacionales deben poder realizar las comprobaciones oportunas.

2. COTIZACIONES A REGÍMENES DE *PARASEGURIDAD SOCIAL*

En varios Estados de la Unión Europea existen fondos establecidos por convenio colectivo sectorial y financiados por cotizaciones abonadas por las empresas de ese sector, cuyo objeto es garantizar los ingresos de los trabajadores en determinadas circunstancias. Nos podemos referir a ellos en términos generales como los "fondos de vacaciones", que es como se refiere a ellos la Comisión Europea en la evaluación que elaboró de la Directiva 96/71 en el año 2003[731]. El apelativo de "fondos de mal tiempo" es igualmente válido, por cuanto algunos de estos fondos tienen por objeto compensar la ausencia de los salarios en los días en los que, debido a las inclemencias meteorológicas, no es posible trabajar en la construcción.

Con una filosofía en cierto modo comparable a la Fundación Laboral de la Construcción española[732], pero gestionando prestaciones económicas en vez de acciones formativas, nos atrevemos a referir-

---

729 *Ibidem*, apartado 77.

730 *Ibidem*, apartado 98.

731 COMISIÓN EUROPEA: *La aplicación de la Directiva 96/71/CE...*, cit., pág. 15.

732 Parte de la financiación de la Fundación Laboral de la Construcción proviene de las cuotas de las empresas regidas por el Convenio. Artículo 119.2 del VII Convenio colectivo general del sector de la construcción. BOE de 23.9.2023.

nos a estos mecanismos como sistemas de *paraseguridad social*, que no están amparados por el artículo 12 de RCSS[733], es decir, no forman parte del sistema de seguridad social del Estado de origen que pueda mantenerse durante el desplazamiento y excluya la aplicación del sistema de seguridad social del Estado de destino.

Estos sistemas de paraseguridad social suelen constituir un problema para las empresas que desplazan trabajadores a otro Estado. Como primer obstáculo, podría pensarse que, dado que los trabajadores desplazados no están cubiertos por ese fondo de vacaciones, no pueden prestar servicios en ese territorio. A este respecto, desde la perspectiva de la contratación pública, en 1989 el TJUE declaró en la sentencia Bentjees que la exigencia de condiciones de difícil cumplimiento por empresarios de otros Estados contravenía el principio de no discriminación por razón de la nacionalidad[734].

En todo caso, la paraseguridad social no deja de ser una medida proteccionista que puede generar una doble imposición[735], circunstancia que exige conocer la normativa del Estado a que se envían los trabajadores e, incluso valorar si se cumple en origen alguna medida equivalente[736].

El análisis que ha hecho el TJCE de estas instituciones es, a nuestro juicio, muy interesante porque, primero, los litigios ante él planteados son anteriores a la transposición de la Directiva 96/71, y, segundo, porque estas instituciones no están expresamente reguladas por la misma. De esta manera, la respuesta que el TJCE da en los asuntos Arblade (Bélgica) y Finalarte (Alemania), de 1999 y 2001 respectivamente, exige una interpretación basada en la ponderación de la libre prestación de servicios y la protección de los trabajadores

---

733 Tomamos para esta definición la referencia a la *carga social o parasocial* que realiza la sentencia Seco Desquenne en su apartado 14 (sentencia de 3 de febrero de 1982, Seco Desquenne, C-62 y 63/81, EU:C:1982:34).

734 Sentencia de 20 de septiembre de 1988, Bentjees, C-31/87, ECLI:EU:C:1988:422, apartado 30. En este caso, se rechazaba una oferta en un procedimiento de licitación porque la empresa, porque ésta no estaba en condiciones de contratar parados de larga duración.

735 GÓMEZ ABELLEIRA, F. J.: "La seguridad social de los trabajadores desplazados al extranjero ...", obra cit., pág. 464.

736 COMISIÓN EUROPEA: *La aplicación de la Directiva 96/71/CE...*, cit., pág. 16.

desplazados, en el juicio de proporcionalidad[737], gracias al que se evitará el doble empleo, una carga injustificada o una discriminación encubierta[738].

En ambos asuntos las empresas desplazaron trabajadores de la construcción a Estados donde existían sistemas de paraseguridad social con cotización obligatoria que, por supuesto, dichas empresas no estaban abonando. Se inició, en consecuencia, un procedimiento sancionador (Arblade) y una reclamación de las cotizaciones (Finalarte).

En el caso de Arblade, las dos empresas afectadas alegaron que ya estaban sometidas en Francia a un sistema de paraseguridad social similar al que estaban afiliadas en Bélgica. Esta doble cotización a los sistemas del Estado de origen y del de destino suponía una traba a la prestación transnacional de servicios.

En el caso de Finalarte la empresa no cotizaba a un sistema de cobertura del salario de vacaciones en el Estado de origen. Debemos aquí tener en cuenta además que los empresarios que desplazaban trabajadores tenían que cumplir unos requisitos y unas formalidades frente a la institución gestora del fondo, que iban más allá que los exigidos a los empresarios alemanes, como era tener que facilitar más datos sobre los trabajadores desplazados o que se considerase que los trabajadores desplazados constituían un centro de trabajo en su conjunto. Es decir, los empresarios que desplazaban trabajadores a Alemania tenían un trato más gravoso que los nacionales.

En ambos casos, por una razón o por otra, el establecimiento de sistemas de paraseguridad social suponían una traba adicional, financiera o burocrática, a los empresarios que desplazaban trabajadores a los Estados de destino, con claro perjuicio en comparación con los empresarios locales. La solución que dio el Tribunal sin amparo —insistimos— en la Directiva 96/71 porque aún no era exigible, marca unas líneas equilibradas, claras y útiles para interpretar no sólo los

737 Sentencia Arblade, apartados 50-54 y Finalarte, apartados 50-53.

738 QUIÑONES ESCÁMEZ, A.: "Otra lectura de…", obra cit., pág. 448.

regímenes de paraseguridad social, sino en general los mandatos de la propia Directiva 96/71[739].

En primer lugar, la obligación impuesta al prestador de servicios de cotizar a un sistema de paraseguridad social da lugar a una carga adicional, evidentemente impuesta por el Estado de destino, que puede constituir una restricción a la libre prestación de servicios[740]. No obstante, la protección de los trabajadores puede ser uno de los motivos o, mejor dicho, una razón imperiosa que justifique la imposición de esta carga adicional y restrinja la libre prestación de servicios (*Supra*, V)[741]. Para que exista una auténtica protección de los trabajadores, es fundamental que estos sistemas signifiquen una verdadera y efectiva mejora de la protección y condiciones de trabajo de los desplazados, y no constituyan lo que podría calificarse como un mero impuesto al desplazamiento que no contemple beneficio alguno para el trabajador. Así lo expresa el TJCE en el apartado 52 de la sentencia Arblade:

> "No puede justificarse una obligación impuesta al prestador de servicios de pagar cotizaciones patronales al Fondo del Estado miembro de acogida en el caso de que tales cotizaciones no den derecho a ninguna ventaja social a los trabajadores de que se trate (véase la sentencia Seco y Desquenne & Giral, antes citada, apartado 15)".

Al ser mencionada por el Tribunal en Arblade, los apartados 14 y 15 de la sentencia Seco Desquenne establecen[742]:

> "No cabe calificar de medio adecuado una normativa o práctica que impone con carácter general una carga social o parasocial, que restringe la libre prestación de servicios, a todos los prestadores de servicios establecidos en otro Estado miembro que empleen a trabajadores nacionales de países terceros, con independencia de que hayan cumplido o no la

---

739 VILLALBA SÁNCHEZ, A.: "El caso Arblade y Leloup (STJCE de 23 de noviembre de 1999, asuntos acumulados C-369/96 y C-376/96)", en GÁRATE CASTRO, F. J., (Coord.), *Desplazamientos transnacionales de trabajadores: (Estudios sobre la Directiva 96/71/CE)*, Aranzadi, Cizur Menor, 2011, pág. 262. La sentencia proporciona una solución que pretende conjugar la libre prestación de servicios con el respeto del sistema de protección social dentro de cada Estado miembro.

740 Sentencia de 23 de noviembre de 1999, Arblade, C-369 y 376/96, EU:C:1999:575, apartado 50.

741 Sentencia Arblade, apartado 51.

742 Sentencia de 3 de febrero de 1982, Seco Desquenne, C-62 y 63/81, EU:C:1982:34.

normativa en materia de salario social mínimo del Estado miembro en que se realiza la prestación [...]

El Derecho comunitario se opone a que un Estado miembro obligue a un empresario establecido en otro Estado miembro, que realiza obras en el primer Estado de forma temporal utilizando trabajadores nacionales de países terceros, a pagar la cuota patronal de las cotizaciones a la Seguridad Social correspondiente a dichos trabajadores, cuando dicho empresario está obligado ya al pago de cotizaciones comparables por esos mismos trabajadores y por los mismos períodos de actividad con arreglo a la legislación de su Estado de establecimiento y las cotizaciones pagadas en el Estado en que se realiza dicha prestación no originan un derecho de dichos trabajadores a ventaja social alguna".

En la Sentencia Finalarte, el TJCE considera necesario comprobar si la prestación exigida conforme a la legislación de Alemania supone para los trabajadores afectados una ventaja real, que contribuya de manera significativa a su protección social. Si los trabajadores ya gozan de un sistema de protección equivalente en el Estado de origen no existirá esta ventaja real, con lo que la contribución al sistema de protección del Estado de destino no podrá ser exigible, pues no podrá alegarse la protección de los trabajadores como razón imperiosa que justifique la restricción a la libre prestación de servicios que significa la medida:

> "Sólo podría estar justificado el pago de las cotizaciones patronales al Fondo del Estado miembro de acogida en el caso de que garantizaran a los trabajadores una ventaja que pudiera depararles una verdadera protección adicional, de la que no gozarían en caso de no pagarse aquéllas, y ello únicamente en el caso de que estas mismas cotizaciones fueran exigidas a todo prestador de servicios que desarrollara su actividad en el territorio nacional en el sector interesado."

Adicionalmente, la sentencia Finalarte repara en la diferencia de trato a la que estaban sometidos los empresarios extranjeros respecto a los alemanes para la gestión del fondo, a quienes se exigían más formalidades[743]. A este respecto, el TJCE considera justificada esta diferencia, siempre que con ello se salvaguarde la razón imperiosa de interés general que es la protección de los trabajadores, en tanto

---

743 Sentencia de 25 de octubre de 2001, Finalarte, C-49/98, C-50/98, C-52/98 a C-54/98 y C-68/98 a C-71/98, EU:C:2001:564, apartados 60 a 65.

existen diferencias objetivas entre las empresas establecidas en Alemania y las que no lo están. Por el contrario, si el control del cumplimiento de las normas sobre el fondo de paraseguridad social puede realizarse con la documentación exigida por la legislación alemana (es decir, con la documentación que el fondo exige a las empresas alemanas), no se podrá exigir la aportación de una documentación adicional a las empresas establecidas en otros Estados.

No podemos dejar de expresar nuestro gusto por las sentencias sobre paraseguridad social; por un lado, porque se dictaron sin amparo en una norma de Derecho derivado sino directamente en los Tratados y, por otro lado, porque en ellas apreciamos un sincero ejercicio de *iurisdictio*, en el que el Tribunal pondera los dos bloques sobre los que bascula el desplazamiento de trabajadores: la libre prestación de servicios y la protección de los trabajadores.

Muestra de la buena factura y razonabilidad de estas sentencias es la adopción de la cotización a los sistemas de paraseguridad social en la legislación de algunos Estados como una condición más a garantizar por los empresarios, aunque esta condición no esté recogida en la Directiva 96/71. La ley de Luxemburgo incluyó entre las materias de orden público laboral la inactividad obligatoria por cuestiones climáticas en su Ley de 2002[744], que fue objeto de una amplia impugnación por la Comisión Europea y un profundo correctivo por el Tribunal[745]. Pues bien, la Comisión Europea no incluyó entre las materias que, a su juicio, contravenían el Derecho derivado esta condición de trabajo, porque, suponemos, consideró debidamente amparada en el artículo 3.10 de la Directiva y adecuadamente ponderada.

En similares términos, la ley suiza de 8 de octubre de 1999 sobre trabajadores desplazados dispone en su artículo 2.2 que será exigible a los empresarios que desplacen trabajadores a Suiza la cotización a cajas de compensación establecidas por convenio colectivo, salvo que

---

744 Artículo 1.12, Loi du 20 décembre 2002 portant: 1. Transposition de la directive 96/71/CE du Parlement européen et du Conseil du 16 décembre 1996 concernant le détachement de travailleurs effectué dans le cadre d'une prestation de services; 2. Réglementation du contrôle de l'application du droit du travail. Diario Oficial de 31 de diciembre de 2002.

745 Sentencia de 2 de octubre de 2004, Comisión contra Luxemburgo (2004), C-445/03, EU:C:2004:655.

el empresario demuestre que paga por el mismo período cotizaciones a institución similar en su Estado de origen[746].

3. RELACIONES COLECTIVAS DE TRABAJO. LA INEVITABLE REFERENCIA A LA SENTENCIA LAVAL

Las directivas que regulan el desplazamiento de trabajadores no incluyen los derechos colectivos de los trabajadores entre el núcleo duro a garantizar a los desplazados. Con unos textos diferentes en matices lingüísticos, pero no jurídicos, la Directiva 2014/67 (artículo 1.2) como la Directiva 96/71 (art. 1.1 *bis*, insertado por la Directiva 2018/957) establecen los ámbitos de las directivas sobre desplazamiento de trabajadores y los derechos fundamentales relacionados con las relaciones colectivas de trabajo. Tomamos el texto recogido en la Directiva 96/71:

> *La presente Directiva no afectará en modo alguno al ejercicio de los derechos fundamentales reconocidos en los Estados miembros y a escala de la Unión, incluyendo el derecho o la libertad de huelga o de emprender otras acciones contempladas en los sistemas de relaciones laborales específicos de los Estados miembros, de conformidad con la legislación o las prácticas nacionales. Tampoco afecta al derecho a negociar, concluir y hacer cumplir convenios colectivos o llevar a cabo acciones colectivas conforme a la legislación o las prácticas nacionales.*

Esta escueta declaración de las Directivas 2014/67 y 2018/957, que a nuestro juicio es un paso de puntillas sobre la cuestión, deriva

---

746 Loi fédérale sur les mesures d'accompagnement applicables aux travailleurs détachés et aux contrôles des salaires minimaux prévus par les contrats-types de travail. Repertorio Oficial 823.20. Artículo 2.2: *Si les conventions collectives de travail déclarées de force obligatoire prévoient des contributions à des caisses de compensation ou à d'autres institutions comparables portant sur des garanties salariales, telles que vacances, jours fériés ou allocations familiales, ces dispositions s'appliquent également aux employeurs qui détachent des travailleurs en Suisse. La présente disposition n'est pas applicable si l'employeur prouve qu'il paie, pour la même période, des contributions à une telle institution dans l'État où il a son siège.*

de la crítica doctrinal a las sentencias Viking[747], sobre libertad de establecimiento, y Laval[748], sobre libertad de prestación de servicios[749].

Debemos comenzar el presente epígrafe recomendando que lo mejor para conocer y valorar la sentencia Laval es leer la sentencia Laval más de una vez. En segundo lugar, podemos considerar que con Laval se produjo una mezcla incendiaria: por un lado, la colisión entre los derechos fundamentales económicos europeos con los derechos sociales fundamentales nacionales y, por otro lado, la colisión de los derechos y expectativas de los trabajadores de los nuevos Estados miembros con los de los Estados viejos (BARNARD)[750].

Creemos que el único efecto jurídico verdaderamente destacable de la sentencia Laval fue que los Estados que no lo hicieron en su momento, adoptaron medidas de fijación de salario mínimo o de exigencia de la aplicación de convenios colectivos[751].

3.1. ¿Qué ocurrió en Laval?

Se ha afirmado con bastante acierto que el asunto Laval fue un conflicto interno de un Estado con un fuerte efecto transnacional[752].

En la segunda mitad de 2004, la empresa sueca L&P Baltic Bygg AB recurrió a su matriz letona Laval un Partneri Ltd para ejecutar diversas obras de construcción que se le habían adjudicado en Suecia. Para ello, se desplazaron trabajadores de Laval desde Letonia a Sue-

---

747 Sentencia de 11 de diciembre de 2007, Viking, C-438/07, EU:C:2007:772.

748 Sentencia de 18 de diciembre de 2007, Laval, C-341/05, EU:C:2007:809.

749 Respecto al Cuarteto Laval, BARNARD recuerda que "Comenzó como una carpeta, luego un archivo, luego una caja" (*It started as a folder, then a file, then a box*). *Papers, articles and books on the Court of Justice's decisions in Viking and Laval, and their progeny Rüffert and Commission v Luxembourg*. BARNARND, C.: "The calm after…", obra cit., pág. 1.

750 *Ibidem*, pág. 3.

751 MALMBERG, J.: *The Impact of the ECJ judgements on Viking, Laval, Rüffert and Luxembourg on the Practice of Collective Bargaining and the Effectiveness of Social Action* (IP/A/EMPL/ST/2009-11), Parlamento Europeo, 2010, pág. 15 y UGUR RIZZI, C, "The impact of…", obra cit., pág. 805.

752 SINDBJERG MARTINSEN, D. y BLAUBERGER, M.: "The Court of Justice…", obra cit., pág. 34.

cia con amparo en el artículo 1.3 *b*) de la Directiva 96/71[753]. Una de esas obras consistía en la construcción de un colegio en la localidad de Vaxholm, a la que se desplazaron 35 trabajadores desde Letonia.

En aquella época, Suecia carecía de un sistema de fijación del salario mínimo para los trabajadores en general y, en consecuencia, también para los trabajadores desplazados en el marco de una prestación transnacional de servicios. La fijación del salario en Suecia se realizaba mediante convenios colectivos que no tenían eficacia general, sino que requerían de la adhesión de la empresa.

La firma de un convenio colectivo de ámbito nacional por una empresa tenía como efecto, por un lado, desplegar un deber de paz y, por otro, provocar la negociación salarial a nivel local respecto al centro de trabajo concreto. En el caso de no llegarse a un acuerdo sobre los salarios, los convenios colectivos nacionales —recordemos, que no eran *erga omnes*— contenían importes salariales concretos en las llamadas "cláusulas de último recurso".

Evidentemente, los sindicatos suecos están facultados a adoptar medidas de conflicto colectivo en defensa de sus intereses.

Pues bien, el sindicato local de la construcción se acercó a la obra de Vaxholm a negociar las condiciones laborales de los trabajadores desplazados, pero recibieron la negativa de la empresa a negociar un salario. La empresa, que había celebrado dos convenios colectivos en Letonia, tampoco se adhirió al convenio estatal de sector, que contenía unas tablas salariales para el caso de que no se llegara a un acuerdo a nivel local. La negativa de la empresa a negociar fue respondida por el sindicato de la construcción con el bloqueo del centro de trabajo, que impedía acceder al mismo y[754], posteriormente, con una huelga de solidaridad del sindicato de electricistas en todas las obras de Laval.

---

[753] No deja de ser curioso que una de las sentencias más importantes sobre desplazamiento de trabajadores tenga su origen en un desplazamiento intragrupo, que se puede considerar menos problemático que los otros dos supuestos previstos en el artículo 1.3 de la Directiva.

[754] Sentencia Laval, apartado 34.

La situación de paro absoluto en la obra derivado del bloqueo hizo que Baltic quebrara y que los trabajadores letones regresaran a su país. Por este motivo:[755]

> "Laval presentó una demanda ante el Arbetsdomstolen [Tribunal sueco que conoció del caso] contra Byggnads, Byggettan [el sindicato de construcción] y Elektrikerna [el sindicato de electricistas] para que se declarara la ilegalidad tanto del bloqueo de las actividades como de la acción de solidaridad que afectaban al conjunto de sus proyectos de obra y se pusiera fin a estas medidas. También solicitó que se condenara a estas organizaciones sindicales a indemnizar el perjuicio sufrido."

El Tribunal sueco planteó una cuestión prejudicial en la que preguntaba:[756]

> "¿Es compatible con las disposiciones del Tratado CE relativas a la libre prestación de servicios y a la prohibición de discriminación por razón de la nacionalidad, así como con la Directiva [96/71], que los sindicatos, mediante medidas de conflicto colectivo consistentes en el bloqueo de las actividades, intenten obligar a un prestador de servicios extranjero a que se adhiera, en el Estado de acogida, a un convenio colectivo relativo a las condiciones de trabajo y empleo, como el [convenio colectivo de la construcción], si la legislación del Estado de acogida por la que se adapta el Derecho nacional a dicha Directiva carece de disposiciones expresas sobre la aplicación de condiciones de trabajo y empleo previstas en un convenio colectivo?".

Queremos llamar la atención sobre un detalle de la cuestión prejudicial que nos parece fundamental, y que en la mayoría de los artículos doctrinales pasa desapercibido: el tribunal sueco pregunta al Tribunal sobre la compatibilidad con la libre prestación de servicios de "medidas de conflicto colectivo consistentes en el bloqueo de las actividades"[757]. No se pregunta sobre el genérico derecho a la asociación, ni sobre el derecho a la sindicación o a la huelga, sino sobre

---

755 *Ibidem*, apartado 39.

756 *Ibidem*, apartado 40.

757 Como muestra significativa de esta afirmación DAVIES menciona en un artículo cincuenta y cinco veces la palabra huelga (*strike*) y sólo una la palabra bloqueo (*blocklade*) y otra vez bloqueado (*blockaded*), en este último caso para referirse a un bloqueo de camiones en Francia. DAVIES, A. C. L.: "One Step Forward, Two Steps Back? The Viking and Laval Cases in the ECJ", *Industrial Law Journal*, vol. 37, núm. 2, 2008, pág. 126-148.

el bloqueo de un centro de trabajo. En coherencia con la pregunta del tribunal nacional, las reflexiones del TJUE son prácticamente en toda la sentencia sobre el bloqueo del centro de trabajo, no sobre un abstracto derecho a la adopción de medidas de conflicto colectivo. No se trata, pues, de ponderar el recurso a medidas de conflicto colectivo, ni mucho menos al ejercicio del derecho de huelga, sino a una medida de conflicto consistente en que impedir que los trabajadores entren en el centro de trabajo.

3.2. Las claves de la sentencia Laval a los efectos del presente trabajo

La sentencia Laval es una sentencia que aborda muchas cuestiones, de las que sólo tomaremos las relacionadas con el objeto de nuestro trabajo. Por ello, nos limitamos a intentar contestar a la pregunta ¿Qué acciones puede y qué acciones no puede adoptar un sindicato respecto a las empresas que desplazan trabajadores al territorio de su Estado?

Comenzaremos por el final: los sindicatos no pueden realizar una acción que consista en bloquear un centro de trabajo como medida de presión para que se paguen salarios por encima de las cantidades aplicables en aplicación del artículo 3.1 *c*) de la Directiva 96/71, porque esta medida es contraria a la libertad de prestación de servicios[758]. De esta conclusión se pueden extraer dos elementos, que humildemente creemos que revelan lo que realmente subyace en el fondo de Laval:

3.2.1. La previsibilidad de las condiciones de trabajo y la consideración de la Directiva 96/71 como norma de máximos

La circunstancia que generó la decisión del TJUE en el asunto Laval es la absoluta indeterminación de las condiciones de trabajo para las empresas que desplazan trabajadores. Así lo expresa la sentencia[759]:

---

[758] Sentencia Laval, fallo.

[759] *Ibidem*, apartado 100.

"Puede afirmarse lo mismo, *a fortiori*, de la circunstancia de que, para conocer las cuantías de salario mínimo que deben abonar a sus trabajadores desplazados, dichas empresas puedan verse obligadas, mediante medidas de conflicto colectivo, a negociar por tiempo indeterminado con las organizaciones sindicales en el lugar de ejecución de la prestación de servicios".

Si la empresa sólo puede negociar los salarios una vez haya desplegado su actividad en el Estado de destino, se ve privada de la necesaria certidumbre respecto a sus costes salariales, que deberían estar calculados cuando se acepta el encargo que se va a ejecutar, si no antes, cuando se prepara la oferta económica (más si se concurre a una licitación pública). Por supuesto, la empresa puede tener contactos previos, estudiar antecedentes y hacerse una idea de lo que va a tener que pagar, pero aun así se trata de una situación de absoluta incertidumbre que es inaceptable para quien quiera emprender un proyecto. En este sentido la sentencia Laval razona[760]:

"En consecuencia, procede concluir, en esta fase, que un Estado miembro en el que las cuantías de salario mínimo no se determinan por una de las vías previstas en el artículo 3, apartados 1 y 8, de la Directiva 96/71 no está facultado para exigir, en virtud de dicha Directiva, a las empresas establecidas en otros Estados miembros, en el marco de una prestación de servicios transnacional, una negociación caso por caso, en el lugar de trabajo, teniendo en cuenta la cualificación y las funciones de los trabajadores, para que conozcan el salario que deberán abonar a sus trabajadores desplazados".

Porque, como norma de mercado, la Directiva 96/71 busca seguridad jurídica y previsibilidad, tal y como ponía de manifiesto el Proyecto de 1991:[761]

"La proposición no tiene por objeto la armonización del derecho social, sino la determinación del derecho aplicable a las situaciones mencionadas. Se trata, en efecto, de garantizar la seguridad jurídica en el ejercicio de la prestación de servicios. El prestatario tiene interés en conocer de antemano y con precisión cuáles son las condiciones de trabajo aplicadas a los trabajadores en el Estado miembro donde se ejecuta la prestación."

---

760 *Ibidem*, apartado 71.

761 COMISIÓN EUROPEA: Propuesta de directiva del Consejo relativa al desplazamiento de trabajadores..., cit., pág. 15.

Llamamos la atención sobre la forma del verbo "aplicar" del último inciso: el participio "aplicadas", esto es, que las condiciones de trabajo ya se tienen que estar aplicando en el Estado de destino antes de que se produzca el desplazamiento (conocer de antemano), cosa del todo imposible cuando esas condiciones de trabajo se van a negociar una vez iniciados los trabajos en aquel Estado.

La importancia que la Directiva 96/71 reconoce a la seguridad jurídica es apreciada por el Abogado General en el asunto Rüffert[762]:

> "La enumeración de esas reglas por el legislador comunitario refuerza la seguridad jurídica en la medida en que el prestador de servicios establecido en otro Estado miembro tiene en lo sucesivo la certeza de que estará obligado a cumplir un mínimo claramente identificable de reglas relativas a las condiciones de trabajo y de empleo vigentes en el Estado miembro del lugar de ejecución de la prestación. De forma correlativa el trabajador desplazado a un Estado miembro podrá exigir la aplicación a su favor de esas reglas cuyo carácter imperativo deriva directamente de la Directiva 96/71".

Creemos que el artículo 3.1 de la Directiva no debe interpretarse en el sentido de que fija unos máximos, sino que establece lo que se debe cumplir y se debe pagar para evitar problemas en un Estado en el que no se trabaja habitualmente, que es el propósito a cuya luz debe interpretarse la Directiva[763].

3.2.2. La proporcionalidad de la medida como elemento clave

No estamos seguros de que el resultado de la sentencia Laval hubiera sido el mismo si la acción colectiva realizada hubiera consistido en una huelga en sentido estricto, esto es, en la "suspensión colectiva y concertada en la prestación de trabajo por iniciativa de los trabajadores " (ALONSO OLEA y CASAS BAAMONDE)[764], o de cualquier otra medida de menor contundencia. La práctica totalidad de la doc-

---

762 Conclusiones del Abogado General, Sr. Yves Bot, presentadas el 20 de septiembre de 2007 en el Asunto C-346/06 (Rüffert), apartado 74.

763 VAN NUFFEL, P. y AFANAJSEVA, S.: "The Revised Posting...", obra cit., pág. 282.

764 ALONSO OLEA, M. y CASAS BAAMONDE, M. E.: *Derecho del Trabajo,* obra cit., pág. 954.

trina que ha escrito sobre Laval habla del "derecho de huelga"[765], de "acción colectiva"[766], de "acciones de conflicto"[767], pero no aborda directamente la medida consistente en el bloqueo de un centro de trabajo.

Desde nuestra perspectiva, la sentencia hace intencionadamente un alto número de precisiones, en el sentido de que la medida de conflicto colectivo empleada por los sindicatos suecos consistía en un bloqueo del centro de trabajo, y lo hace con el propósito de diferenciarla de otras medidas de conflicto menos intensas, para las que creemos que podrían existir otras interpretaciones de la norma. Este bloqueo ha sido calificado incluso como de "inusual eficacia"[768], dado que su efecto, unido a las acciones de solidaridad, dieron lugar a la quiebra de la empresa y al regreso de los trabajadores letones a su país.

En este sentido, la sentencia Laval recuerda el principio de proporcionalidad, que debe estar presente cuando un Estado extiende su legislación a trabajadores procedentes de otro Estado que temporalmente van a prestar un servicio[769]:

> "No obstante, la aplicación de tales normas debe ser adecuada para garantizar la realización del objetivo que persiguen, que consiste en la protección de los trabajadores desplazados, y no debe ir más allá de lo que sea necesario para alcanzarlo."

Prestemos atención al razonamiento clave de la sentencia Laval en lo que se refiere a la proporcionalidad de la medida[770]:

> "A este respecto, procede señalar que, en principio, un bloqueo iniciado por una organización sindical del Estado miembro de acogida que tiene por objeto garantizar, a los trabajadores desplazados en el marco de una prestación de servicios transnacional, las condiciones de trabajo y

---

765 DAVIES, A. C. L.: "One Step Forward…", obra cit., pág. 12/25.

766 VAN PEIJPE, T.: "Collective Labour Law…", obra cit., pág. 91.

767 GUAMAN HERNÁNDEZ, A.: "¿Normas internacionales versus Normas de la UE? De nuevo a propósito del caso Laval", *Relaciones Laborales*, núm. 11, noviembre 2014, pág. 5/24.

768 DAVIES, ACL.: "One Step Forward…", obra cit., pág. 136.

769 Sentencia Laval, apartado 57.

770 *Ibidem*, apartados 107-110.

empleo fijadas en un determinado nivel está comprendido en el objetivo de la protección de los trabajadores.

No obstante, debe considerarse que, por lo que se refiere a las obligaciones específicas relacionadas con la adhesión al convenio colectivo de la construcción, que las organizaciones sindicales pretenden imponer a las empresas establecidas en otros Estados miembros mediante medidas de conflicto colectivo como la controvertida en el asunto principal [es decir, el bloqueo del centro de trabajo], el obstáculo que dichas medidas suponen no puede justificarse a la luz de tal objetivo. En efecto, además de lo indicado en los apartados 81 y 83 de la presente sentencia, por lo que se refiere a los trabajadores desplazados en el marco de una prestación de servicios transnacional, el empresario de estos últimos está obligado, debido a la coordinación realizada por la Directiva 96/71, a respetar un núcleo de disposiciones imperativas de protección mínima en el Estado miembro de acogida.

Finalmente, en relación con la negociación salarial que las organizaciones sindicales quieren imponer, mediante medidas de conflicto colectivo como la controvertida en el litigio principal [es decir, el bloqueo del centro de trabajo], a las empresas establecidas en otro Estado miembro y que desplacen temporalmente a trabajadores al territorio del Estado miembro de acogida, procede señalar que, ciertamente, el Derecho comunitario no impide que los Estados miembros exijan a estas empresas que cumplan sus normas en materia de salario mínimo mediante medios adecuados (véanse las sentencias, antes citadas, Seco y Desquenne & Giral, apartado 14; Rush Portuguesa, apartado 18, y Arblade y otros, apartado 41).

No obstante, no pueden justificarse medidas de conflicto colectivo como la controvertida en el asunto principal [es decir, el bloqueo del centro de trabajo] con arreglo al objetivo de interés general mencionado en el apartado 102 de la presente sentencia cuando la negociación salarial que pretenden imponer a una empresa establecida en otro Estado miembro se inscribe en un contexto nacional caracterizado por la falta de disposiciones, cualquiera que sea su naturaleza, que sean suficientemente precisas y accesibles para evitar que, en la práctica, resulte imposible o excesivamente difícil para la empresa determinar las obligaciones que debe cumplir en materia de salario mínimo (véase, en este sentido, la sentencia Arblade y otros, antes citada, apartado 43)."

Creemos que el TJUE no decide sobre el abstracto derecho al ejercicio de medidas de conflicto colectivo, sino sobre el bloqueo de un centro de trabajo, que es una medida cuya contundencia está fuera de toda duda, porque si se expulsa a una empresa de un país impidiendo que pueda trabajar, evidentemente no se está respetando la libre prestación de servicios.

3.3. Después de Laval

Una vez dictada la sentencia por el Tribunal de Luxemburgo, el Tribunal nacional dictó sentencia sobre la base de la contestación a la cuestión prejudicial planteada. La sentencia sueca desestimó la petición de indemnización a la empresa porque ésta no fue capaz de acreditar las pérdidas económicas sufridas por el boicot, llamativo dado que la empresa había sido expulsada de la obra que le había sido adjudicada. Por el contrario, la sentencia sueca sí condenó a los sindicatos al pago de una indemnización punitiva por 50.000 euros[771].

Nada más dictarse la sentencia, los agentes sociales suecos comenzaron los trabajos para reformar la legislación sobre negociación colectiva[772]. Las autoridades suecas emprendieron una reforma legislativa que, en esencia, limitó las materias negociables entre empresas extranjeras y sindicatos suecos a las previstas en la Directiva 96/71; estableció como mínimos los salarios fijados en los convenios sectoriales y, en último lugar, prohibió la adopción de medidas de conflicto colectivo por los sindicatos locales respecto a las empresas extranjeras que ya tuvieran reconocidas unas condiciones de trabajo iguales a las disfrutadas en Suecia[773]. Además de Suecia, Dinamarca, Alemania y Luxemburgo adoptaron medidas internas de adaptación a las sentencias Laval y Viking[774].

---

771 RÖNMAR, M.: "Laval returns to Sweden: The Final Judgment of the Swedish Labour Court and Swedish Legislative Reforms", *Industrial Law Journal*, vol. 39, núm. 3, 2010, pág. 282.

772 VAN PEIJPE, T.: "Collective Labour Law...", obra cit., pág. 82.

773 GUAMÁN HERNÁNDEZ, A.: "¿Normas internacionales versus...", obra cit., pág. 7/24.

774 COMISIÓN EUROPEA: Propuesta de Reglamento del Consejo sobre el ejercicio del derecho a adoptar medidas..., cit., pág. 6.

3.4. Una pequeña reflexión sobre Laval.

3.4.1. La parte por el todo: de un caso concreto a una abstracta generalidad

El TJUE se cuidó mucho de que quedara claro en la sentencia Laval de que lo que se juzgaba era el bloqueo de un centro de trabajo como medida de presión para que la empresa se adhiriera a un convenio colectivo y negociara salarios.

En esta resolución judicial, nos encontramos ante un supuesto de hecho realmente complicado, lleno de matices y peculiaridades nacionales, de manera que las generalizaciones no son válidas a nuestro entender.

La actitud de tomar la parte por el todo incluso se contagió al Comité de Convenios de la Organización Internacional del Trabajo, que, en su informe de 2010, en relación con la reclamación del sindicato BALPA contra Reino Unido llegó a afirmar[775]:

> "La Comisión toma nota, en particular, de que la BALPA se refiere a las dos recientes decisiones del Tribunal Europeo de Justicia (TEJ), la Federación Internacional de los Trabajadores del Transporte y el Sindicato de Gente de Mar de Finlandia frente a Viking Line ABP (Viking) y Laval un Partneri, frente a Svenska Byggnadsarbetareforbundet (Laval), que sostenían que el derecho de huelga está sujeto a restricciones en virtud de la legislación de la Unión Europea cuando su efecto pueda impedir de manera desproporcionada la libertad de un empleador de establecer servicios o la libertad de suministrar servicios".

La sentencia Laval menciona la palabra "huelga" dos veces: una para indicar que en el bloqueo se utilizaron piquetes de huelga y otra para hablar de la aplicabilidad del artículo 137 del Tratado a los derechos de acción colectiva y huelga[776]. Por el contrario, utiliza la palabra "bloqueo" 13 veces.

---

775 ORGANIZACIÓN INTERNACIONAL DEL TRABAJO: Informe de la Comisión de Expertos en Aplicación de Convenios y Recomendaciones. Informe III (Parte 1ª). Informe General y observaciones referidas a ciertos países. Conferencia Internacional del Trabajo, 99ª reunión, 2010.

776 Sentencia Laval, apartados 34 y 88.

Se esté de acuerdo o no con ellas, todas las sentencias del Cuarteto Laval conocen de casos concretos a los que dan una respuesta basada en una argumentación amplia, razonable, coherente y, sobre todo, basada en el Derecho positivo. Criticar unas decisiones del Tribunal de Justicia y aplaudir otras corre el riesgo, en nuestra opinión, de superar el límite de la crítica jurídica y entrar en el terreno de la ideología. Ante esta tentación, siempre debemos tener presente que la ideología puede por supuesto tener por objeto la búsqueda de intereses elevados, pero no es el interés por la verdad (KELSEN)[777].

3.4.2. El "doble poder" de los sindicatos suecos sobre las empresas que desplazan trabajadores

El papel de los sindicatos suecos respecto a la fijación de las condiciones de trabajo de los trabajadores desplazados, tal y como se describe en la sentencia Laval es, en nuestra opinión, desproporcionado, por cuanto acumula las cualidades de autoridad pública y de entidad privada, de entidad monopolista del orden y de agente privado con intereses particulares.

Por un lado, los sindicatos suecos en su actuación frente a Laval ejercen de sindicatos, esto es, negocian convenios colectivos y condiciones de trabajo concretas de acuerdo con su legislación, que contempla la posibilidad de realizar, entre otras medidas de conflicto, un bloqueo del centro de trabajo; por otro, los sindicatos suecos en Laval ejercen de autoridad por delegación de la Administración. El Abogado General afirmó en sus conclusiones que:[778]

> "El método elegido por el Reino de Suecia, que tiene como finalidad garantizar que los trabajadores desplazados temporalmente a su territorio disfruten de las condiciones de trabajo y empleo establecidas en los convenios colectivos, y entre ellas, en principio, las relativas a la cuantía del salario, consiste en dejar que las organizaciones sindicales de trabajadores, en caso de que un prestador de servicios no firme tales convenios, adopten medidas de conflicto colectivo con el fin de obligar a ese empresario a suscribir dichos convenios, bien directamente, bien mediante un acuerdo de adhesión".

---

777 KELSEN, H.: *Teoría pura del Derecho*, traducido por Gregorio Robles Morchón, Trotta, Madrid, 2011, pág. 51.

778 Conclusiones del Abogado General Sr. Paolo Mengozzi..., cit. apartado 131.

Como se ha señalado, la Administración sueca no fijaba un salario mínimo, sino que esta función se encomendaba a los sindicatos; éstos negociaban con la empresa, acordaban el salario, controlaban el pago y, en su caso, adoptaban las medidas sancionadoras (y no, por ejemplo, la Inspección de Trabajo)[779]. En caso de no aceptar la empresa las condiciones propuestas por el sindicato, una de las opciones de las que disponían los sindicatos era bloquear el centro de trabajo, como medida de presión de enorme potencia.

En este sentido, DAVIES señala:

> "Debe tenerse en cuenta una diferencia significativa entre Viking y Laval sobre los hechos. Aunque ambos casos tratan el efecto horizontal de las disposiciones sobre libre circulación, puede argumentarse que la preocupación real en Laval es la forma en la que el gobierno sueco había elegido transponer la Directiva de Trabajadores Desplazados. Esto se demuestra por la larga discusión del Tribunal sobre la directiva, a pesar de que no podía invocarse frente al sindicato. El problema subyacente parece ser la incapacidad del Estado para regular el proceso de negociación colectiva en el que se basaba para la plena transposición de la directiva"[780].

Sobre la base de lo expresado, se puede concluir que en Suecia el mandato del artículo 3.1 de la Directiva 96/71, por el que *los Estados*

---

779 CREMERS, J., DOLVIK, J. E. y BOSCH, G.: "Posting of workers...", obra cit., pág. 533. Nótese que este artículo es anterior a la sentencia Laval.

780 DAVIES, ACL.: "One Step Forward...", obra cit., pág. 137. "*At this point, it is worth noting a significant difference between Viking and Laval on the facts. Although both cases involve horizontal effect of the free movement provisions, it is arguable that the ECJ's real concern in Laval is with the way in which the Swedish government had chosen to implement the Posted Workers Directive. This is evidenced by the Court's lengthy discussion of the directive despite the fact that this could not be relied upon horizontally as against the union. The underlying issue appears to be the state's failure to regulate the collective bargaining process on which it was relying for full implementation of the directive...*". "En este punto, vale la pena señalar una diferencia significativa entre Viking y Laval en los hechos. Aunque ambos casos implican el efecto horizontal de las disposiciones sobre la libre circulación, cabe argumentar que la verdadera preocupación del TJUE en el asunto Laval se refiere a la forma en que el Gobierno sueco había optado por aplicar la Directiva sobre trabajadores desplazados. Esto se pone de manifiesto en el largo debate del Tribunal sobre la Directiva, a pesar de que no podía invocarse horizontalmente frente a la Unión. El problema subyacente parece ser la falta de regulación por parte del Estado del proceso de negociación colectiva en el que se basaba para la plena aplicación de la directiva."

miembros velarán por que, cualquiera que sea la legislación aplicable a la relación laboral, las empresas mencionadas en el apartado 1 del artículo 1 garanticen a los trabajadores desplazados en su territorio las condiciones de trabajo, no era asumido por una autoridad pública, sino que era cedido a una entidad que no era un organismo público y que se valía de mecanismos privados de acción[781]. No debemos, por evidente, dejar de atender a que esta entidad privada, el sindicato, no es imparcial, sino defiende los intereses de los trabajadores y, si queremos ser más precisos, de los trabajadores del mercado laboral sueco.

En España, si una empresa paga salarios inferiores a los fijados en convenio colectivo, la autoridad laboral competente sanciona a la empresa que desplaza, o puede incluso promover un procedimiento penal. En ningún caso se bloquea el centro de trabajo por el mero hecho de existir infracciones laborales, y, si se bloqueara, existirá un procedimiento para que la empresa recurriera frente a dicho bloqueo, como podría ser un cierre patronal (art. 12 y 13 del Real Decreto-ley sobre Relaciones de Trabajo[782]).

La encomienda de una función pública a una entidad privada le otorga el monopolio de la fijación de los salarios de los trabajadores desplazados. Pero es que, además, para el ejercicio de esas funciones tiene unas facultades privadas que no se ajustan a las formalidades y limitaciones del ejercicio de una potestad pública. Por si fuera poco, al tratarse de sus derechos fundamentales (ejercicio de la libertad sindical), esa facultad goza de un estatus privilegiado[783].

3.4.3. La sentencia Laval es el espejo de la Directiva 96/71

Se ha de insistir (*Supra* II): desde su primer borrador la Directiva 96/71 es una norma de mercado o, al menos, es una norma de mer-

---

781 BARNARD, C.: *EU Employment law*, obra cit., pág. 224.

782 Real Decreto-ley 17/1977, de 4 de marzo, sobre relaciones de trabajo; BOE de 9.3.1977, y sentencia del Tribunal Constitucional 11/1981, de 8 de abril (BOE del 25).

783 Sentencia Laval, apartado 34. Cuando la empresa llamó a la policía por el bloqueo que estaba sufriendo, la respuesta fue que "dado que las medidas de conflicto colectivo eran lícitas según el Derecho nacional, no podían intervenir ni retirar los obstáculos físicos que impedían el acceso a las obras".

cado y secundariamente laboral. Si no se tiene esto en cuenta, y si no se trata desde esa perspectiva, ni se entiende ni se controla.

La cuestión que parece desconcertar a los jueces del Tribunal que conoció del asunto Laval es, desde nuestra perspectiva, que un empresario aterrice en un Estado miembro sin que sepa qué es lo que se paga como salario. Esta situación es destructiva para la libre prestación de servicios y para la construcción europea.

El razonamiento del Tribunal es coherente con la doctrina sobre normas basadas en el artículo 53 TFUE, esto es, la doctrina de acceso al mercado[784]. La lógica de esta doctrina en este caso concreto sería:

1°. La empresa no sabe qué salario va a tener que pagar a los trabajadores durante el desplazamiento,
2°. el salario se fija una vez que la empresa ya ha tenido que aceptar el encargo, para el que habrá tenido que elaborar un presupuesto al cliente,
3°. el salario tiene que ser negociado con los sindicatos locales,
4°. si no se negocia o no se negocia de acuerdo con las exigencias de los sindicatos locales, éstos pueden organizar un bloqueo del centro de trabajo,
5°. el bloqueo puede hacer imposible que la empresa cumpla el contrato y, en consecuencia, que no cobre,
6°. con lo que la empresa puede llegar a la conclusión de que mejor no embarcarse en aventuras,
7°. Circunstancia que, a largo plazo, llevará a que ninguna empresa se atreva a operar en el país en cuestión, dado que el sistema de fijación de salarios había creado una barrera invisible a la entrada de prestadores de servicios.

Tomando prestada la sentencia Arblade, este razonamiento "hace menos interesante" a las empresas prestar sus servicios en un Estado[785].

---

784 Respecto al acceso al mercado, BARNARD, C.: *The substantive Law...*, obra cit., pág. 27.

785 Según el apartado 33 de la sentencia Arblade, el Derecho Comunitario exige suprimir cualquier restricción a los prestadores de servicios "cuando pueda prohibir, obstaculizar o hacer menos interesantes las actividades del prestador".

Esta indeterminación en la fijación de los salarios no sólo perjudica al empresario, sino también al trabajador, de acuerdo con la Directiva (UE) 2019/1152 del Parlamento Europeo y del Consejo, de 20 de junio de 2019, relativa a unas condiciones laborales transparentes y previsibles en la Unión Europea[786], que exige que los empresarios informen a los trabajadores del salario que van a percibir (artículo 4.2 *k*), así como de determinadas condiciones de trabajo para el caso de que los trabajadores deban prestar sus servicios temporalmente fuera de su país (artículo 7). Estas obligaciones son de muy difícil cumplimiento si el salario concreto que van a percibir los trabajadores no está fijado cuando comienza el desplazamiento.

3.5. A efectos, prácticos, ¿qué condiciones de trabajo se deben garantizar a los trabajadores desplazados?

3.5.1. Necesidad de un ejercicio armonizado de los derechos

Como hemos señalado al comienzo del apartado, tanto la Directiva 2014/67 como la inserción realizada en similares términos por la Directiva 2018/957 en la Directiva 96/71, dejan claro que su contenido no afecta a los derechos fundamentales de los Estados miembros, especialmente los relacionados con la sindicación, las acciones colectivas y la negociación colectiva. Interpretamos estas matizaciones como la reacción del legislador comunitario a las sentencias del Cuarteto Laval[787]. El artículo 1.2 de la Directiva 2014/67 dispone[788]:

> *La presente Directiva no afectará en modo alguno al ejercicio de los derechos fundamentales reconocidos en los Estados miembros y a nivel de la Unión, incluyendo el derecho o la libertad de huelga o de emprender otras acciones contempladas en los sistemas de relaciones laborales*

---

786 DO L 186, de 11.7.2019, pág. 105-121.

787 CONTRERAS HERNÁNDEZ, O.: "Desplazamiento de trabajadores y la revisión…", obra cit., pág. 622.

788 El artículo 1.1 *bis* de la Directiva 96/71 dispone: *La presente Directiva no afectará en modo alguno al ejercicio de los derechos fundamentales reconocidos en los Estados miembros y a escala de la Unión, incluyendo el derecho o la libertad de huelga o de emprender otras acciones contempladas en los sistemas de relaciones laborales específicos de los Estados miembros, de conformidad con la legislación o las prácticas nacionales. Tampoco afecta al derecho a negociar, concluir y hacer cumplir convenios colectivos o llevar a cabo acciones colectivas conforme a la legislación o las prácticas nacionales.*

> *específicos de los Estados miembros, de acuerdo con el Derecho o las prácticas nacionales. Tampoco afecta al derecho a negociar, celebrar y hacer cumplir convenios colectivos y adoptar medidas de conflicto colectivo de acuerdo con el Derecho o las prácticas nacionales.*

El matiz es a nuestro juicio incompleto. Si bien la sentencia Laval trata el concreto caso del bloqueo, el Tribunal de Justicia de la Unión Europea sienta un principio tan evidente como necesario de tener en cuenta: los derechos fundamentales no son absolutos y deben armonizarse con los derechos contenidos en los Tratados[789]. De esta manera, las directivas sobre desplazamiento de trabajadores no pretenden afectar a los derechos fundamentales, pero, al mismo tiempo, los derechos fundamentales no pueden neutralizar las libertades comunitarias. Por esta razón, creemos que la matización antes señalada debería completarse con el principio contemplado el malogrado proyecto de Reglamento Monti II (2012)[790]:

> "El ejercicio de la libertad de establecimiento y de la libre prestación de servicios consagradas en el Tratado respetará el derecho fundamental a adoptar medidas de conflicto colectivo, incluidos el derecho o la libertad de huelga, y, a la inversa, el ejercicio del derecho fundamental a adoptar medidas de conflicto colectivo, incluidos el derecho o la libertad de huelga, respetará esas libertades económicas".

El primer inciso del párrafo se refiere a lo expresado por las directivas en materia de desplazamiento. El segundo inciso equilibra la balanza, de acuerdo con la jurisprudencia comunitaria. Uno y otro bloque normativo se respetarán, en el sentido de que ninguno de ellos puede anular totalmente el otro. Indudablemente, nos encontramos ante un recordatorio de que se deben respetar los derechos fundamentales, entre ellos la libertad de huelga, quedando por el momento a expensas de una futura decisión del TJUE la concreta interpretación de este mandato[791].

---

789 Sentencia Laval, apartado 94.

790 COMISIÓN EUROPEA: Propuesta de Reglamento del Consejo sobre el ejercicio del derecho a adoptar medidas…, cit., pág. 16.

791 LOUSADA AROCHENA, J. F.: "La reforma de la Directiva 96/71/CE a través de la Directiva (UE) 2018/957", *Ciudad del Trabajo*, núm. 11, 2018, pág. 68.

3.5.2. Posibilidad de ejercicio de medidas de conflicto colectivo

La segunda gran cuestión que se plantea es si se pueden adoptar medidas de conflicto colectivo para la mejora de condiciones de trabajo que estén contenidas en el artículo 3.1 de la Directiva 96/71. Según la doctrina derivada de la sentencia Laval, la normativa nacional (ley o convenio colectivo) fijará unas condiciones de trabajo "de máximos", cuya mejora no puede ser reclamada a través de medidas de carácter colectivo o, más bien, dicha reclamación quedará fuera de la tutela de las autoridades del Estado de destino[792].

Téngase en cuenta la complejidad y especialidad de la situación contemplada en la sentencia Laval, en la que existía un sistema nacional que carecía de un salario mínimo, con una negociación colectiva sin carácter universal en la que una empresa se niega a entrar en un juego en el que todas las empresas entraban voluntariamente.

En un sistema de relaciones laborales previsible, las condiciones de trabajo vienen fijadas por una ley o por un convenio colectivo. Si vienen fijadas por ley, cabe la posibilidad de mejorar dichas condiciones por convenio. Si existe un convenio, habrá probablemente un deber de paz que impida la adopción de medidas de conflicto durante un cierto tiempo (que dos sistemas tan diferentes como el sueco pre-Laval y el español contemplen un deber de paz en términos tan similares hace pensar que es un principio extendido en toda la Unión).

Sin ánimo de profundizar, Laval estudia un caso muy concreto y extremo (el bloqueo de un centro de trabajo) producido en una realidad laboral muy compleja, de manera que realizar una extrapolación de la solución del TJUE a otros casos es muy aventurado. Habrá que estar al caso concreto para determinar si es posible adoptar medidas de conflicto colectivo para modificar condiciones de trabajo contempladas en el artículo 3.1 de la Directiva 96/71.

---

792 GUAMÁN HERNÁNDEZ, A.: "Negociación colectiva, Derecho de la competencia...", obra cit., pág. 181.

Capítulo VIII

LA SEGURIDAD SOCIAL DE LOS TRABAJADORES DESPLAZADOS

1. PROPÓSITO DEL CAPÍTULO

Desde un primer momento se ha señalado que este trabajo no trata sobre la protección social de los trabajadores desplazados sino sobre la Directiva 96/71, que fija las condiciones de trabajo que se les aplica, pero no regula la faceta de seguridad social de esta forma de movilidad[793]. No obstante, consideramos imprescindible dedicar un capítulo a las reglas de seguridad social que acompañan a los trabajadores desplazados por varios motivos:

- Un análisis del desplazamiento de trabajadores quedaría incompleto si no se tuviera en cuenta la protección social de las personas que viajan a otro Estado para prestar un servicio. La seguridad social no se despega del trabajador cuando se produce un cambio del lugar de prestación de su trabajo.
- Las normas de seguridad social de los trabajadores desplazados tienen un origen, una naturaleza y un funcionamiento diferente a las contenidas en la Directiva 96/71. Este paralelismo de dos regímenes jurídicos que abordan una misma realidad cada uno desde su propio enfoque nos sirve como contraste de aquellas características que consideramos relevantes de la Directiva 96/71 a los efectos del presente estudio.
- Tal y como se ha expresado en el Capítulo I, las primeras cuestiones de las que tuvo que conocer el Tribunal de Justicia en materia de desplazamiento de trabajadores fueron por razón de la seguridad social y no de las condiciones de trabajo. Así, la seguridad social lleva años de ventaja a las condiciones laborales en su análisis por el TJUE.
- Creemos que el diferencial de costes de seguridad social es tanto o más importante que el que puede existir entre salarios y,

793 ÁLVAREZ CORTÉS, J. C.: "La protección social...", obra cit., pág. 191.

si existen riesgos de abuso y fraude en el desplazamiento, lo es tanto desde la perspectiva de las condiciones de trabajo como desde la protección social.

El Reglamento número 3 de 1958 regulaba la seguridad social de los trabajadores migrantes, y el Reglamento número 4 de 1958 establecía los mecanismos de ejecución del anterior. Sólo el régimen lingüístico y la inmunidad de los parlamentarios se regularon antes que la seguridad social de los trabajadores migrantes[794]. Hasta que no ingresaron en la CEE países, —podemos decir— pobres con mano de obra amenazadora, esto es España y Portugal[795], los únicos supuestos de desplazamiento, que podemos calificar como *protodesplazamientos*, se referían a cuestiones de seguridad social y desde esa perspectiva eran juzgados[796].

Dada su diferente naturaleza y fundamento jurídico en los Tratados, el trabajador enviado del artículo 12 RCSSS (libre circulación de trabajadores) y el trabajador desplazado del artículo 1 de la Directiva 96/71 (libre prestación de servicios) han tenido un desarrollo diverso. Esta diferenciación fue asumida por el primer documento presentado por la Comisión Europea en 2016 para la reforma del RCSSS. El texto diferencia al trabajador desplazado conforme a la Directiva 96/71 de otras situaciones distintas del desplazamiento, en las que "dicho empleador envíe a otro Estado miembro para efectuar un trabajo por cuenta de dicho empleador"[797].

No ponemos en este momento en cuestión que una clase y otra de trabajadores, desplazados o enviados, tengan fundamento distinto en los Tratados, ya que lo abordaremos en el Capítulo X. En todo caso sí creemos que la historia de la Directiva 96/71 hubiera sido distinta

---

794 MANEIRO VÁZQUEZ, Y.: "Las normas conflictuales ...", obra cit., pág. 250.

795 Irlanda y Portugal ya eran miembros de la CEE, pero su situación geográfica hace difícil un desplazamiento tan rápido y barato como puede hacerse desde la Península Ibérica.

796 Sentencia de 5 de diciembre de 1967, Van der Vecht, C-19/67, EU:C:1967:49 y Sentencia de 17 de diciembre de 1970, Manpower, C-35/70, EU:C:1970:120.

797 COMISIÓN EUROPEA: Propuesta de Reglamento del Parlamento Europeo y del Consejo por el que se modifican el Reglamento (CE) nº 883/2004, sobre la coordinación de los sistemas de seguridad social, y el Reglamento (CE) nº 987/2009, por el que se adoptan las normas de aplicación del Reglamento (CE) nº 883/2004, COM(2016) 815 final, de 13 de diciembre de 2016, pág. 31.

con una base jurídica anclada en la libre circulación de trabajadores y común con el bloque regulador de la seguridad social, en vez de quedar amparada por la libre prestación de servicios.

2. MARCO NORMATIVO E INSTITUCIONAL DE LA SEGURIDAD SOCIAL A NIVEL EUROPEO

En este primer apartado expondremos cómo funciona la seguridad social a nivel europeo para aquellos trabajadores que, por una razón o por otra, trabajan en más de un Estado miembro de la Unión a lo largo de su vida laboral. Si bien la normativa en la materia regula la seguridad social tanto de trabajadores por cuenta propia como trabajadores por cuenta ajena, desplazados a un Estado o que trabajen en varios Estados, para el propósito de este capítulo nos centramos en los trabajadores por cuenta ajena que trabajan habitualmente en un Estado y son enviados temporalmente a otro Estado[798].

2.1. Los reglamentos reguladores de la seguridad social europea

La regulación vigente en materia de coordinación de seguridad social se recoge en el Reglamento (CE) 883/2004 del Parlamento Europeo y del Consejo, de 29 de abril de 2004 sobre la coordinación de los sistemas de seguridad social[799] (RCSSS) y en el Reglamento (CE) 987/2009 del Parlamento Europeo y del Consejo, de 16 de septiembre de 2009, por el que se adoptan las normas de aplicación del Reglamento (CE) 883/2004, sobre la coordinación de los sistemas de seguridad social (RE)[800].

El puente entre los reglamentos de 1958 y los actuales lo construye, por un lado, el Reglamento 1408/71, del Consejo, de 14 de junio de 1971, relativo a la aplicación de los regímenes de seguridad social a los trabajadores por cuenta ajena, a los trabajadores por cuenta

---

798 No tratamos, por ejemplo, la situación de trabajadores cuya prestación de servicios se puede extender a varios Estados, como es el caso de los conductores de camión, cuya situación se regula por el artículo 13 del RCSSS.

799 DO L 166, de 20.04.2004, pág. 1-123.

800 DO L 284, de 30.10.2009, pág. 1-42.

propia y a los miembros de sus familias que se desplazan dentro de la Comunidad y[801], por otro lado, el Reglamento 574/72 del Consejo, de 21 de marzo de 1972, por el que se establecen las modalidades de aplicación del Reglamento (CEE) 1408/71 relativo a la aplicación de los regímenes de seguridad social a los trabajadores por cuenta ajena y a sus familiares que se desplacen dentro de la Comunidad[802]. Se ha llegado a decir, creemos que con gran acierto, que "el Reglamento 1408/71 es el instrumento comunitario más utilizado por los europeos y probablemente el menos conocido y valorado" (GARCÍA DE CORTAZAR)[803], opinión que sin duda se podrá extender al vigente RCSSS.

2.2. La Comisión Administrativa de Coordinación de los Sistemas de Seguridad Social. Las Decisiones A1 y A2

La interpretación de los reglamentos que regulan la seguridad social a nivel europeo corresponde a los juzgados y tribunales de los Estados miembros y, por supuesto, al TJUE, pero, además de estos intérpretes ordinarios de la norma, debe destacarse la actividad de un órgano que podemos calificar como administrativo, cuya opinión es muy tenida en cuenta a la hora de aplicar las normas de coordinación de la seguridad social: la Comisión Administrativa de Coordinación de los Sistemas de Seguridad Social (CACSSS).

El artículo 43 del Reglamento 3/58 creó una Comisión Administrativa, entonces sin denominación concreta, a cargo de varias tareas de gestión del complejo sistema que creaba esa misma norma. Entre las funciones encomendadas, se encontraba la resolución de cualquier asunto administrativo o de interpretación resultante de las disposiciones de ese reglamento y de los reglamentos posteriores. Actualmente, la CACSSS se regula en los artículos 71 y 72 RCSSS, que mantiene su función interpretativa. Las interpretaciones de la

---

801 DO L 149, de 5.7.1971. Edición española, Capítulo 05, Volumen 001, pág. 98-146.

802 DO L 74, de 27.3.1972. Edición española, Capítulo 05, Volumen 001, pág. 156-238.

803 GARCÍA DE CORTÁZAR NEBREDA, C.: "El campo de aplicación…" obra cit., pág. 51.

CACSSS (que se adoptan por mayoría cualificada) se publican en "decisiones" que concretan los mandatos del RCSSS o del RE, e incluso adaptan las normas a los cambios que se producen en el ámbito de las relaciones de trabajo sin tener que recurrir a la modificación del RCSSS.

Estas decisiones no son las decisiones fuente del Derecho comunitario, sino que se trata de soluciones a cuestiones concretas consensuadas por las administraciones de los Estados, que no son vinculantes[804]. Dada la complejidad de modificación y necesaria adaptación a la realidad laboral del RCSSS[805], las decisiones de la CACSSS, a pesar de no obligar, tienen un altísimo valor y consideración entre los operadores jurídicos, por la certidumbre interpretativa que aportan. Ejemplo de ello han sido las normas dictadas durante la Pandemia de COVID-19 sobre el teletrabajo transnacional[806], que aportaron seguridad jurídica para las situaciones sobrevenidas por el confinamiento de trabajadores transfronterizos.

En el marco del desplazamiento de trabajadores, la CACSSS ha venido publicando decisiones interpretativas del RCSSS y del RE. Las decisiones en vigor de aplicación al desplazamiento son la Decisión A1 y la Decisión A2[807], relativas a la ley de seguridad social aplicable a los trabajadores móviles en el marco de la Unión Europea.

---

804 CARRASCOSA BERMEJO, D.: "Coordinación de los sistemas nacionales de seguridad social (Reglamentos CE/883/2004 Y CE/987/2009)" en CASAS BAAMONDE, M. E. ª(Dir.) *et al.*, *Derecho Social de la Unión Europea. Aplicación por el Tribunal de Justicia*, Boletín Oficial del Estado, Madrid, 2023, pág. 738.

805 La última reforma del RCSSS se puso en marcha en 2016 y a la fecha aún no ha sido concluida. COMISIÓN EUROPEA: Propuesta de Reglamento del Parlamento Europeo y del Consejo por el que se modifican el Reglamento (CE) n.º 883/2004..., cit.

806 La CACSSS dictó normas para afrontar el teletrabajo durante la pandemia de COVID-19. COMISIÓN EUROPEA (CACSS): *Guidance note on telework*, cit.

807 Decisión Nº A1, de 12 de junio de 2009, relativa al establecimiento de un procedimiento de diálogo y conciliación sobre la validez de los documentos, la determinación de la legislación aplicable y el abono de prestaciones de acuerdo con el Reglamento (CE) nº 883/2004 del Parlamento Europeo DO C 106, de 24.04.2010, pág. 1-4 y Decisión Nº A2, cit.

2.3. La coordinación de los sistemas nacionales de seguridad social

Si bien los Tratados Constitutivos prevén la posibilidad de realizar una armonización en materia de protección social de los trabajadores[808], apenas se ha hecho uso de tal posibilidad[809]. A diferencia de la regulación de las condiciones de trabajo a nivel comunitario, no existe un sistema armonizado de seguridad social a través de directivas. En su lugar, los sistemas nacionales de protección social coexisten mediante normas europeas de carácter neutral respecto al contenido de la regulación nacional[810], que constituyen un puente entre dichos regímenes nacionales para proteger la libre circulación de los trabajadores[811].

Esta opción legislativa de no armonizar el fondo y limitarse a coordinar los sistemas nacionales permite que en la Unión Europea convivan los regímenes de protección social de todos y cada uno de los Estados miembros, cada uno de ellos con su propia historia y contexto económico y social[812], y respecto a los que los Estados no quieren perder autonomía frente a las Instituciones Europeas[813]. Hay que tener en cuenta que en el seno de la UE coexisten diversos modelos sociales, sin perjuicio de la natural tendencia a que los modelos se vayan aproximando entre ellos.

En este marco, el objetivo del Derecho europeo es coordinar estos sistemas para evitar tanto la pérdida de derechos como la doble

---

808 Artículo 137.1 *c*) y *k*) del Tratado de la Comunidad Europea y 153.1 *c*) y *k*) del Tratado de Funcionamiento de la Unión Europea.

809 VERSCHUEREN, H.: "Cross-Border Workers…", obra cit., pág. 185.

810 CARRASCOSA BERMEJO, D.: "Los Reglamentos de la Unión…" obra cit., pág. 3/22.

811 MARTÍN-POZUELO LÓPEZ, A.: "La prestación de servicios en varios Estados miembros en los Reglamentos comunitarios de coordinación: la gran olvidada en la lucha contra el dumping social… ¿hasta ahora?", *Labos, Revista de derecho del trabajo y protección social*, vol. 2 núm. 3, 2021, pág. 100.

812 WENANDER, H.: "Sincere Cooperation, Mutual Trust, and Mutual Recognition in Social Security Coordination", *Review of European Administrative Law*, vol. 13, núm. 3, 2020, pág. 90.

813 BASTERRA HERNÁNDEZ, M.: "El derecho a la Seguridad Social del trabajador transnacional en el marco comunitario: trabajos fronterizos o en diversos estados, actividades marítimas y aeroportuarias y desplazamiento temporal de trabajadores", *Revista de Derecho Social*, núm. 93, 2021, pág. 96.

cotización de los trabajadores que, a lo largo de su vida, trabajan en más de un Estado miembro[814]. Un mecanismo que, por el contrario, limitara los derechos de los trabajadores que prestan servicios en supuestos de transnacionalidad recortaría la movilidad laboral en contra de los Tratados y del propio espíritu de la Unión Europea[815]. Se establece así un sistema no de armonización sino de armoniosa coexistencia de sistemas de protección social, que necesariamente han de relacionarse cuando sus cotizantes y beneficiarios se mueven de un Estado a otro.

En estas situaciones de movilidad laboral, en las que un elemento personal (el trabajador) convive con un elemento territorial (el lugar donde rige un sistema de seguridad social concreto, esto es, el Estado de ese sistema) se pueden originar problemas transnacionales de difícil solución[816], en los que un trabajador puede verse afectado por dos sistemas nacionales a la vez, o por ninguno de ellos[817]. La solución se obtiene mediante la adopción en el ámbito de la protección social de técnicas propias del Derecho Internacional Privado, esto es, de la utilización de normas de conflicto[818].

En este marco de conflicto de leyes, que debe solucionarse por el RCSSS, es muy importante tener en cuenta el marcado carácter tuitivo de las normas de coordinación de la seguridad social, cuya aplicación debe conducir a dar una solución favorable para el trabajador-beneficiario o, cuando menos, a que la solución adoptada no le reste derechos[819].

---

814 CARRASCOSA BERMEJO, D.: "Desplazamiento en la UE…", obra cit., pág. 40.

815 BASTERRA HERNÁNDEZ, M.: "El derecho a la Seguridad Social…", obra cit., pág. 96.

816 *Ibidem*, pág. 97.

817 ÁLVAREZ CORTÉS, J. C.: "La protección social…", obra cit., pág. 186.

818 GÓMEZ ABELLEIRA, F. J.: "La seguridad social…", obra cit., pág. 445.

819 CARRASCOSA BERMEJO, D.: "Coordinación de los sistemas…", obra cit., pág. 743.

3. REGLAS DE DETERMINACIÓN DE LA LEY DE SEGURIDAD SOCIAL APLICABLE

3.1. El punto de partida del sistema: el principio de afiliación única

De acuerdo con el artículo 11.1 del RCSSS, que abre el Título II del mismo, sobre determinación de la legislación aplicable: *las personas a las cuales sea aplicable el presente Reglamento estarán sometidas a la legislación de un único Estado miembro.*

Esto es, como regla general ningún europeo puede estar afiliado al sistema de seguridad social de más de un Estado miembro al mismo tiempo. Cuestión distinta es que un trabajador, a lo largo de su vida laboral, preste servicios en empresas de distintos Estados, y esté sucesivamente afiliado a los sistemas de seguridad social de cada uno de ellos, para lo que serán de aplicación otras partes del RCSSS.

Junto a la coordinación de los sistemas, con el principio de afiliación única se pretende facilitar la movilidad laboral, al evitar la concurrencia de varias legislaciones nacionales. Esta concurrencia podría ser fuente de problemas como la doble cotización o el desconocimiento por el trabajador de qué institución de protección social es la que debe prestarle asistencia[820]. Se aplica así una ley única de manera global al trabajador, para todas las vicisitudes que pueda tener como cotizante y como beneficiario[821].

Con más o menos matices, el principio de afiliación única o de unicidad ha estado presente desde el Reglamento 3/58, con lo que podemos afirmar que es uno de los pilares de la movilidad de los trabajadores migrantes. Desde los años sesenta, el principio de unicidad quedó afianzado por el Tribunal de Justicia; en primer lugar por la sentencia Van der Vecht (1967), en la que se declaraba de aplicación una sola legislación de seguridad social (la del Estado de empleo, aunque no se resida en él). Posteriormente, en la sentencia Bentzinger (1973), en un caso en que el trabajador prestaba servicios para dos empresarios distintos en dos Estados distintos, se declaraba de

---

[820] MARTÍN-POZUELO LÓPEZ, A.: *La seguridad social de los trabajadores migrantes en la Unión Europea: ley aplicable a afiliación y cotización*, Tirant lo Blanch, Valencia, 2022, pág. 277.

[821] *Ibidem*, pág. 278.

aplicación la ley del lugar donde el trabajador residía y realizaba uno de los trabajos[822]. Esta sentencia pone de manifiesto la fortaleza del principio de unicidad, en tanto se aplica una sola ley de seguridad social, a pesar de existir dos empleadores de diferentes Estados.

Sentado el principio de unicidad, si los trabajadores móviles en la Unión Europea sólo pueden estar afiliados a un sistema de seguridad social en cada momento, las normas de determinación de la ley aplicable son fundamentales, más si se tiene en cuenta que la aplicación de una u otra ley nacional de seguridad social puede significar, desde la perspectiva empresarial, una diferencia en el coste de seguridad social de los trabajadores que, según el caso, puede llegar al 19 por 100[823]. Desde la perspectiva del trabajador, el sometimiento a uno u otro sistema de seguridad social puede significar una importante diferencia en el importe de las prestaciones recibidas (incluso el acceso a ellas o no), en caso de concurrir una concreta contingencia. Estos desequilibrios no sólo tienen lugar en la esfera privada, sino que también producen una tensión entre Estados emisores y receptores de desplazados[824].

3.2. La ley de seguridad social del lugar de empleo y la ley de seguridad social aplicable a los trabajadores desplazados

De acuerdo con el artículo 11.3 *a*) RCSSS, la única legislación de seguridad social a la que se someterán los trabajadores se fijará conforme al siguiente criterio: *La persona que ejerza una actividad por cuenta ajena o propia en un Estado miembro estará sujeta a la legislación de ese Estado miembro.* Es decir, la regla general es la aplicación de la ley donde el trabajador ejerza su actividad por cuenta ajena, esto es, el lugar de empleo, o *lex loci laboris*[825].

---

822 Sentencia de 1 de marzo de 1973, Bentzinger, C-73/72, EU:C:1973:26.

823 MARTÍN-POZUELO LÓPEZ, A.: “La prestación de servicios…”, obra cit., pág. 100.

824 SCHÖFFMANN, P. C.: “The Case of Alpenrind - The posting of workers and the binding nature of Portable Document A1”, Zbornik Znanstvenih Razprav, vol. LXXX, 2020, pág. 128.

825 MANEIRO VÁZQUEZ, Y.: “Las normas conflictuales …”, obra cit., pág. 252.

Sentado el principio de la *lex loci laboris*, existe una serie de reglas de conflicto para situaciones especiales[826], recogidas en los artículos 12 a 16 RCSSS, que constituyen una excepción a esa regla general. La razón de ser de las reglas especiales es dar una solución a casos en los que la aplicación de la regla general tendría por efecto dificultar el ejercicio de la movilidad europea[827]. Por este motivo, el artículo 11.3 *a*) RCSSS comienza con una salvedad que hemos omitido al inicio de este apartado:

> *A reserva de lo dispuesto en los artículos 12 a 16:* [...]
> *a) la persona que ejerza una actividad por cuenta ajena o propia en un Estado miembro estará sujeta a la legislación de ese Estado miembro* [...].

Es decir, el principio de la *lex loci laboris* se aplica sin perjuicio de una reserva a favor de las especialidades contenidas en los artículos 12 a 16 RCSSS, que más que especialidades son excepciones ese principio[828].

3.3. La excepción al principio de la lex loci laboris de los trabajadores desplazados. El mantenimiento de la ley del Estado de origen

Como hemos señalado (*Supra*, III), los desplazamientos de trabajadores son temporales, esto es, los trabajadores desplazados no tienen, *a priori*, la intención de instalarse en el Estado de destino en el ejercicio de la movilidad en el empleo[829].

Al no existir una vocación de permanencia en el Estado de destino, sino una intención de regresar al mercado de trabajo de origen y a su sistema de protección social, el artículo 12 RCSSS descarta la aplicación de lo que podemos llamar una *lex loci laboris temporalis* para el desplazamiento, y mantiene la ley del lugar de trabajo habitual

---

826 BASTERRA HERNÁNDEZ, M.: "El derecho a la Seguridad Social...", obra cit., pág. 110.

827 MARTÍN-POZUELO LÓPEZ, A.: "La prestación de servicios...", obra cit., pág. 101.

828 DESDENTADO BONETE, A.: "Trabajadores desplazados y trabajadores fronterizos en la Seguridad Social europea: del Reglamento 1408/1971 al Reglamento 883/2004", *Revista del Ministerio de Trabajo y Asuntos Sociales*, núm. 64, 2006, pág. 20.

829 LYON-CAEN, A.: "Le droit, la mobilité...", obra cit., pág. 109.

aunque transitoriamente no se esté trabajando allí. De esta manera, durante un tiempo determinado, el trabajador prestará servicios en un Estado a cuyo sistema de protección social no está vinculado. Dispone el artículo 12.1 RCSSS:

> *La persona que ejerza una actividad asalariada en un Estado miembro por cuenta de un empleador que ejerce normalmente en él sus actividades y a la que este empleador envíe para realizar un trabajo por su cuenta en otro Estado miembro seguirá sujeta a la legislación del primer Estado miembro, a condición de que la duración previsible de dicho trabajo no exceda de veinticuatro meses y de que dicha persona no sea enviada en sustitución de otra persona enviada.*

Es decir, mientras dure la actividad en otro Estado, y siempre que sea por menos de 24 meses, el trabajador que ha sido enviado por su empresario a otro Estado mantendrá la cobertura de seguridad social de su Estado de origen. De esta forma especial de protección no sólo se benefician los desplazados al amparo de la Directiva 96/71, sino todos los trabajadores que por razón de su trabajo tengan que desarrollar temporalmente su actividad en otro Estado, aunque esa actividad no implique una prestación de servicios a un tercero por cuenta de su empresario (realización de una prospección de mercado, asistencia a una reunión, formación, conferencia, etc.)[830].

Partiendo de la premisa de que el trabajador va a volver a su lugar de origen cuando el servicio haya terminado[831], se considera que la afiliación temporal a un sistema de seguridad social ajeno a la realidad en la que se normalmente desenvuelve el trabajador genera unas cargas administrativas que desincentivarían la libre prestación de servicios para su empresario y complicaría la carrera de seguro del trabajador[832], con el consiguiente desinterés en su movilidad laboral[833]. Por esta razón, se establece una ficción, según la cual el tra-

---

830 Nos remitimos aquí al epígrafe III.1.2, en el que se exponen los casos en los que no existe desplazamiento en los términos de la Directiva 96/71 por no existir la prestación de un servicio.

831 CARRASCOSA BERMEJO, D.: "Desplazamiento en la UE…", obra cit., pág. 42.

832 GARCÍA VIÑA, J.: "Algunas reflexiones sobre el campo de aplicación del Reglamento (CE) 883/2004, de 29 de abril", *Revista del Ministerio de Trabajo y Asuntos Sociales*, núm. 64, 2006, pág. 70.

833 GÓMEZ ABELLEIRA, F. J.: "La seguridad social…", obra cit., pág. 446.

bajador permanece en su territorio vinculado a su sistema originario de seguridad social.

A lo expresado podemos añadir como justificación la ineficiencia de una carrera de cotización hecha a base de las que podemos llamar afiliaciones *de picoteo* en varios Estados, en los que se puede haber prestado servicios unos pocos meses, cuando no semanas. La totalización y aplicación de la regla de *pro rata* de cada uno de esos períodos haría muy complejo el cálculo de las prestaciones[834]; y el resultado podría ser frustrante para las expectativas del trabajador.

3.4. Requisitos para mantener la aplicación de la ley de seguridad social del Estado de origen

Para hacer válida esta ficción y el consiguiente derecho al mantenimiento del sistema de seguridad social del Estado de origen mientras se prestan servicios en otro Estado, se deben cumplir una serie de requisitos, en gran medida paralelos a los exigidos a los desplazamientos de trabajadores por la Directiva 96/71.

3.4.1. El establecimiento en el Estado de origen

En primer lugar, la empresa que desplaza al trabajador debe estar establecida en el Estado de origen, esto es, debe ser una empresa real que trabaja de una manera reconocible en ese Estado[835], y —artículo 12 RCSSS— *ejerce normalmente en él* [en el Estado de origen] *sus actividades,* para lo que —artículo 14.2 RE— *realiza normalmente actividades sustanciales, distintas de la mera gestión interna.* Podemos afirmar que la norma exige que la empresa esté sinceramente establecida en el Estado de origen y que tal establecimiento no responda a una mera elección de "bandera de conveniencia". Debe prestar sus servicios y tener clientes en ese Estado de origen[836].

La Decisión A2 de la CACSSS aporta una lista no exhaustiva de criterios para discernir si una empresa está verdaderamente establecida

---

834 DESDENTADO BONETE, A.: "Trabajadores desplazados…", obra cit., pág. 21.

835 CARRASCOSA BERMEJO, D.: "Desplazamiento en la UE…", obra cit., pág. 53.

836 Sentencia de 3 de junio de 2021, Team Power, C-784/19, EU:C:2021:427, apartado 50.

en su Estado de origen y ejerce actividades habitualmente significativas en dicho Estado[837]:

> "El lugar en el que se encuentra la sede y la administración de la empresa, el número de miembros del personal administrativo que trabajan en el Estado miembro de establecimiento y en el otro Estado miembro, el lugar de contratación de los trabajadores desplazados, el lugar en el que se celebra la mayoría de los contratos con los clientes, la legislación aplicable a los contratos que la empresa celebra, por un lado, con sus trabajadores y, por otro, con sus clientes, el volumen de negocios realizado durante un período típico adecuado en cada Estado miembro en cuestión y el número de contratos ejecutados en el Estado de envío".

El ejemplo más ilustrativo del examen de estas actividades sustanciales más allá de la mera gestión interna puede darlo la sentencia Team Power (2021)[838]. Esta empresa era una ETT de Bulgaria que orientaba toda su actividad a la puesta a disposición de trabajadores en Alemania, sin prestar ningún servicio de puesta a disposición en su país de origen. La institución de seguridad social competente de Bulgaria se negó a expedir certificados A1 a los trabajadores cedidos por esta empresa porque, precisamente, consideraba que la empresa no tenía actividad en Bulgaria[839]. La empresa impugnó esta negativa en un procedimiento administrativo en el que, en última instancia, el TJUE ratificó la decisión de la institución de seguridad social búlgara de no conceder los A1. La sentencia Team Power consideró que la empresa, como no prestaba sus servicios de ETT en Bulgaria, no realizaba en ese país actividades sustanciales y, en consecuencia, los trabajadores no podían ser desplazados al amparo del artículo 12 RCSSS[840].

3.4.2. La afiliación al sistema de seguridad social del Estado de origen

Para mantener la afiliación al sistema de origen, el artículo 14 RE exige que el trabajador desplazado *inmediatamente antes de ocupar su*

---

837 Decisión Nº A2, cit., punto 2.

838 Sentencia Team Power, apartados 16-30.

839 En lo relativo al documento A1, *Vid.* epígrafe 4.1 de este mismo Capítulo.

840 Sentencia Team Power, fallo.

puesto de trabajo, esté ya sujeto a la legislación del Estado en el que la empresa que la emplea esté establecida.

El trabajador debe ser contratado antes del desplazamiento, pero, además, antes de la contratación y del desplazamiento tiene que estar integrado en el sistema de seguridad social del Estado de origen. Al encontrarnos en el ámbito de la seguridad social, la atención sobre el desplazado debe ser prestada en calidad de *asegurado* más que de *trabajador*[841]. En este contexto de visualización del trabajador como asegurado en vez de como parte de una relación laboral, podemos apreciar que las normas de seguridad social del artículo 12 RCSSS y 14 RE tienen un matiz importante respecto la regulación que establece el RRI sobre las obligaciones contractuales. Si la norma de conflicto contractual tiene en cuenta la habitualidad del trabajo del desplazado para la empresa como criterio, la norma de conflicto de seguridad social tiene en cuenta más bien un vínculo de anterioridad al desplazamiento que el vínculo de la habitualidad[842].

En el marco de seguridad social, es lógico hablar de afiliación previa al desplazamiento e, incluso de, digamos "afectación previa" del trabajador al sistema de seguridad social del Estado de origen[843]. Este concepto de afectación previa es más amplio que el de la contratación previa del trabajador pues, antes de su contratación, el trabajador desplazado puede estar vinculado al sistema de protección social del Estado de origen en calidad de beneficiario de prestaciones o de demandante de empleo. Desde la perspectiva de la seguridad social, el marco en el que se desenvuelve la temporalidad del desplazamiento no es el de una específica relación laboral entre el trabajador y un empresario concreto, sino que debe tenerse en cuenta en el conjunto de la vida laboral del trabajador[844].

El primer pronunciamiento del Tribunal de Justicia sobre la materia apuntaba una visión flexible y facilitadora del desplazamiento

---

841 LÓPEZ GANDÍA, J.: "El desplazamiento trasnacional de trabajadores: regulación aplicable en materia de Seguridad Social", *e-Revista Internacional de la Protección Social*, núm. extraordinario, 2022, pág. 24.

842 LLOBERA VILA, M.: "La Directiva 96/71/CE reformada…", obra cit., pág. 45.

843 CARRASCOSA BERMEJO, D.: "Desplazamiento en la UE…", obra cit., pág. 52.

844 GÓMEZ ABELLEIRA, F. J.: "Desplazamiento laboral transnacional…", obra cit., pág. 224.

en lo que se refiere a la afectación previa del trabajador desplazado al sistema de seguridad social de origen. La sentencia Van der Vecht (1967) determinó que haber sido ocupado o no previamente en el Estado de origen no era una cuestión determinante para la validez del desplazamiento, sino que lo que tenía que valorarse era el "conjunto de circunstancias de ocupación que ponen al trabajador bajo la dependencia de la empresa que encomienda la misión"[845]. Esta consideración se afianzó con el asunto Manpower (1970), en el que las puestas a disposición de trabajadores por ETTs hace más evidente la posibilidad de realizar contrataciones de trabajadores "para 'destinarlos' en otras empresas a fin de satisfacer necesidades momentáneas de personal calificado (sic)"[846]. En este caso, el Tribunal de Justicia no prestó tanta atención a la contratación del trabajador como al mantenimiento del vínculo con la ETT durante el desplazamiento, que es el tercero de los requisitos para mantener la aplicación de la legislación de seguridad social de origen, que analizamos en el siguiente apartado[847].

Puede que la doctrina de Manpower (1970) fuera suficiente para dar una respuesta a las puestas a disposición de trabajadores por ETTs en un marco de buena fe y ausencia de fraude, pero existía un evidente riesgo de *dumping* social al dejar abierta la posibilidad de establecer banderas de conveniencia para las ETTs[848].

La sentencia FTS o Fitzwilliam (2000) cubrió las deficiencias señaladas respecto a *dumping* social[849]. Para ello añadió que la ETT que

---

845 DESDENTADO BONETE, A.: "Trabajadores desplazados…", obra cit., pág. 23.

846 Sentencia Manpower, apartado 3.

847 *Ibidem*, apartado 18 y fallo.

848 Debe tenerse en cuenta que no existe una definición universal de *dumping* social. En este sentido, PARLAMENTO EUROPEO: *Informe sobre el dumping social en la Unión Europea*, (2015/2255(INI)), 18.8.2016. El Informe señala la ausencia de una definición de dumping social y apunta que una definición en este sentido el Parlamento Europeo considera que tal definición debería contener la "elusión de la legislación nacional y europea vigentes". Es decir, el *dumping* social debe contener un elemento infractor. La mera existencia de un diferencial de costes en un contexto de cumplimiento normativo no puede ser considerado *dumping* social. Tampoco existe una regulación europea sobre la materia: Sentencia de 11 de mayo de 2023, Sopra Steria, C-101/22 P, Sopra Steria, EU:C:2023:396, apartado 42.

849 Sentencia de 10 de febrero de 2000, FTS, C-202/97, EU:C:2000:75.

desplazara trabajadores a otros Estados debía ejercer normalmente actividades en su Estado de establecimiento (de origen)[850], ejercicio que vendría dado por una serie de criterios, como los que señala su apartado 43, el "lugar del domicilio social de la empresa y de su administración, la situación de la plantilla de personal administrativo, el lugar de celebración de los contratos laborales y mercantiles y el volumen de negocios"[851].

La doctrina de la sentencia FTS fue confirmada en la posterior sentencia Plum (2000)[852], que analizaba el caso de una empresa de construcción que se intentaba aprovechar de las condiciones sociales ventajosas de los Países Bajos, a pesar de que su actividad se desarrollaba en Alemania[853]. Finalmente, la Decisión A2 de la CACSSS recoge como pauta (insistimos, no es una norma en sentido estricto) los criterios sentados en su momento por la sentencia FTS[854].

3.4.3. El mantenimiento de la relación laboral durante el desplazamiento

El siguiente requisito para mantener la aplicación de la legislación de seguridad social de origen a los trabajadores desplazados es el mantenimiento de la relación laboral con el empresario comitente, es decir, que el empresario debe seguir ejerciendo sus potestades de dirección y control mientras el trabajador se encuentra en el Estado de destino[855]. A pesar de la antigüedad de esta sentencia, es válido una vez más lo expresado al respecto en Manpower[856]:

> "La continuidad, durante toda la duración del empleo, del vínculo de subordinación entre el trabajador y este empresario resulta en particular de que es éste el que abona el salario y puede despedirle por las faltas cometidas con ocasión del desempeño de su trabajo en la empresa que utiliza sus servicios".

---

850 *Ibidem*, apartado 30.

851 DESDENTADO BONETE, A.: "Trabajadores desplazados…", obra cit., pág. 24.

852 Sentencia de 9 de noviembre de 2000, Plum C-404/98, EU:C:2000:607.

853 DESDENTADO BONETE, A.: "Trabajadores desplazados…", obra cit., y pág. 24.

854 DECISIÓN Nº A2, cit., punto 2.

855 DESDENTADO BONETE, A.: "Trabajadores desplazados…", obra cit., pág. 25.

856 Sentencia Manpower, apartado 18.

El mantenimiento de la relación laboral nacida en el Estado de origen es precisamente la justificación tanto para el mantenimiento de la vinculación a la institución de seguridad social del Estado de origen en un país distinto, como para el desplazamiento de la Directiva 96/71[857]. Si ésta se rompe porque se crea una nueva relación laboral en el Estado de destino (o el desplazamiento se estaba utilizando para encubrir una relación laboral que en realidad se estaba desarrollando en el Estado de destino), procederá integrar en el ámbito del verdadero empleador y al trabajador en el régimen de seguridad social del Estado de destino, por aplicación del principio de *lex loci laboris* artículo 11.3 *a*) RCSSS.

3.4.4. Temporalidad

El desplazamiento ha de ser temporal, tanto desde la perspectiva de la Directiva 96/71 como del RCSSS. La temporalidad se identifica con la no integración del trabajador en el mercado de trabajo del Estado de destino, que es el fundamento para otorgarle un régimen especial; mantiene el vínculo con el sistema de protección social del Estado de origen.

Frente a la inconcreción de la Directiva 96/71, el artículo 12 RCSSS fija una duración máxima de 24 meses para que el desplazado disfrute de la protección otorgada por la seguridad social de su Estado de origen. El Reglamento 1408/71 fijaba 12 meses, ampliables por otros doce en situaciones excepcionales. Ante la crítica de diversos Estados por lo corto del período de referencia[858], y para evitar que los Estados tuvieran diferentes apreciaciones sobre las situaciones excepcionales, se amplió a 24 el período de desplazamiento, a riesgo del aumento de las situaciones de *dumping* social[859].

En último lugar, como cláusula de defensa de la temporalidad del desplazamiento, los trabajadores desplazados no pueden ser enviados en sustitución de otros desplazados previamente. Tan burdo mecanismo comprometería la vocación temporal del artículo 12, am-

---

857 GÓMEZ ABELLEIRA, F. J.: "Mercado...", obra cit., pág. 27/51

858 JORENS, Y. y SCHULTE, B.: "The implementation of...", obra cit., pág. 243.

859 LÓPEZ GANDÍA, J.: "El desplazamiento trasnacional...", obra cit., pág. 30.

parando situaciones fraudulentas de renovación cíclica de puestos permanentes de trabajo en el Estado de destino[860].

Pues bien, cuando la empresa desplaza a sus trabajadores en los términos señalados, en un "desplazamiento genuino"[861], éstos se mantendrán vinculados a la seguridad social del Estado de origen. Para acreditar esta relación con la institución de seguridad social del Estado de origen durante el desplazamiento si la empresa fuera requerida por las autoridades del Estado de destino, la institución de origen podrá emitir un Documento Portátil A1.

4. EL DOCUMENTO PORTÁTIL DE DESPLAZADO. EL CONFLICTO DE APLICACIÓN DE LEGISLACIÓN

4.1. El Documento Portátil de desplazado

El complicado régimen de mantenimiento de la legislación de seguridad social del Estado de origen necesita de una comprobación clara y sencilla por las autoridades del Estado de destino.

El ahora llamado Documento Portátil A1 (DPA1) y que en otros tiempos se llamó E-101 o certificado A1, fue concebido para acreditar la pertenencia de un trabajador a un sistema nacional de seguridad social concreto, cuando éste se encuentra fuera de su Estado de actividad habitual. Evidentemente, la primera decisión de la Comisión Administrativa fue para fijar el formulario de solicitud del certificado de desplazamiento, llamado entonces E1[862]. De esta manera, el actual DPA1 recoge una declaración de la institución de seguridad social del Estado de origen, por la que certifica que el trabajador desplazado está asegurado en su sistema y que se le mantiene afiliado al mismo durante el desplazamiento. Por aplicación del principio de afiliación única, el trabajador que porte un DPA1 emitido por la

---

[860] ÁLVAREZ CORTÉS, J. C.: "La protección social…", obra cit., pág. 200.

[861] Aunque referido principalmente a la Directiva 2014/67, GÓMEZ ABELLEIRA, F. J.: "Desplazamiento laboral transnacional…", obra cit., pág. 214.

[862] DO 3, de 16.1.1959, pág. 38-41.

institución de seguridad social de origen no podrá ser afiliado a la institución del Estado de destino[863].

El sistema de certificación depende o —para ser más precisos— es creíble en tanto se cumpla el principio de leal cooperación establecido en el artículo 4 TFUE, de manera que la institución de seguridad social emisora pueda acreditar que los documentos A1 responden a una realidad concreta de una empresa, un trabajador y un desplazamiento. Por esta razón, la emisión del DPA1 no es o no ha de ser una operación automática, sino que debe ser el resultado de una evaluación previa[864], pues si la empresa o el propio desplazamiento no cumplen con los requisitos anteriormente señalados, el trabajador desplazado no puede estar amparado por la seguridad social del Estado de origen. Puede así afirmarse que el control de los desplazamientos depende fundamentalmente de la entidad de seguridad social de origen que emite los documentos[865].

La Decisión A1 de la CACSSS fija una serie de cuestiones que deberían ser comprobadas por las instituciones emisoras de la certificación antes de expedirla[866], en atención al principio de leal cooperación entre las instituciones emisoras de todos los Estados miembros[867], con el propósito de evitar que empresas que no merecen el amparo del documento portátil lo puedan obtener. Si, en una revisión de oficio, la autoridad que lo expidió constata inexactitudes en los datos en cuya virtud se emitió el documento, podrá retirarlo[868]. Todas estas comprobaciones de la realidad que sustenta el documento tienen como justificación la intocabilidad o inatacabilidad de los DPA1. El artículo 5 RE dispone:

> *1. Los documentos emitidos por la institución de un Estado miembro que acrediten la situación de una persona a los efectos de la aplicación del Reglamento de base y del Reglamento de aplicación, y los justificantes so-*

---

863 Sentencia de 11 de julio de 2018, Comisión contra Bélgica (2018), C-356/15, EU:C:2018:555 apartado 85.

864 CARRASCOSA BERMEJO, D.: "Desplazamiento en la UE...", obra cit., pág. 57.

865 RENNUY, N.: "Posting of workers: Enforcement, compliance, and reform", *European Journal of Social* Security, vol. 22(2), 2020, pág. 213.

866 Decisión Nº A1, considerando 4.

867 Sentencia FTS, apartado 51.

868 Sentencia de 16 de noviembre de 2023, Zaklad Ubezpieczen Spolecznych Oddzial w Toruniu, Asunto C-422/22, EU:C:2023:869, fallo.

> *bre cuya base se hayan emitido dichos documentos, podrán hacerse valer ante las instituciones de los demás Estados miembros mientras no sean retirados o invalidados por el Estado miembro en el que hayan sido emitidos.*
>
> *2. En caso de duda sobre la validez del documento o la exactitud de los hechos en que se basa su contenido, la institución del Estado miembro que lo reciba se dirigirá a la institución emisora para pedirle las aclaraciones necesarias y, si procede, la retirada de dicho documento. La institución emisora reconsiderará los motivos de emisión del documento y en su caso lo retirará.*

La fortaleza del DPA1 ha sido también señalada por el TJUE en la sentencia Banks (2000)[869]:

> "Procede, pues, responder a la primera parte de la tercera cuestión que, mientras no se retire o no se declare su invalidez, el certificado E 101, expedido con arreglo al artículo 11 bis del Reglamento n° 574/72, vincula a la institución competente del Estado miembro al que el trabajador por cuenta propia se desplaza para efectuar un trabajo, así como a la persona que utiliza los servicios de dicho trabajador".

Y en la sentencia Herbosch Kiere[870]:

> "Mientras no se retire o no se declare su invalidez, el certificado E 101, se impone en el ordenamiento jurídico interno del Estado miembro al que se desplazan los trabajadores afectados y, por lo tanto, vincula a sus instituciones."

Es decir, como regla general, un DPA1 emitido por una institución de seguridad social da fe de que el trabajador desplazado pertenece al sistema de esa entidad emisora y, por aplicación del principio de unicidad, no puede ser afiliado al sistema de ningún otro Estado si no se retira previamente el DPA1.

4.2. El conflicto de aplicación de la legislación

Los conflictos de aplicación de la legislación de seguridad social son, en resumidas cuentas, conflictos en los que se pone en duda la

---

[869] Sentencia de 30 de marzo de 2000, Banks, C-178/97, EU:C:2000:169, apartado 48.

[870] Sentencia de 25 de enero de 2006, Herbosch Kiere, C-2/05, EU:C:2006:69, apartado 31.

correcta emisión de un DPA1, porque las condiciones antes señaladas para el mantenimiento de la seguridad social de origen no se cumplen. Se ataca el acto de emisión del DPA1 porque dicha emisión no ha tenido en cuenta la realidad de la empresa, del trabajador desplazado o del propio desplazamiento, ya que este documento está en el corazón del cumplimiento de las normas sobre desplazamiento[871].

Debemos advertir que, si un trabajador se encuentra prestando servicios en un Estado distinto a aquél en el que su empresa está establecida y no dispone del DPA1 emitido por la institución del Estado de origen, podrá ser integrado en el sistema de seguridad social del Estado de destino[872]. En este caso no existiría conflicto de leyes porque la ausencia de certificado hace que se aplique el principio de territorialidad del Estado de destino.

Pero en caso de que los trabajadores desplazados sean titulares de un DPA1, si la autoridad laboral del Estado de destino tiene sospechas fundadas (tal vez pruebas claras) de que esos DPA1 no deberían haber sido emitidos por incumplir los requisitos exigidos para ello (y, en consecuencia, empresa y trabajadores desplazados deben quedar en la órbita de la seguridad social del Estado de destino), por aplicación del artículo 5 RE antes señalado se debe iniciar un procedimiento de diálogo con la institución emisora del certificado, en orden a ponerse de acuerdo sobre qué hacer con dichos certificados y los trabajadores titulares de ellos.

Esta rigidez en el sistema de retirada de los DPA1 parece estar justificada por los efectos devastadores que una acción descoordinada podría tener sobre la concreta protección social de cada uno de los trabajadores desplazados, sea el desplazamiento real o ficticio. Si un Estado asumiera como propios de su sistema de seguridad social

---

871 RENNUY, N.: "Posting of workers…", obra cit., pág. 213.

872 Debe matizarse esta afirmación teniendo en cuenta que no hay reglas temporales sobre la emisión de un DPA1 con carácter retroactivo, de manera que, si el desplazado sin certificado está al menos dado de alta en el sistema de seguridad social de origen, podrá pedir la emisión "sonando la campana" de un certificado que lo ate al sistema de seguridad social del Estado de origen. Por otra parte, la afiliación en el Estado de destino, aunque sea por carecer de DPA1, no deja de contravenir el principio de afiliación única. En este sentido, sentencia Banks, apartado 57.

a trabajadores titulares de un DPA1 en vigor, sin tener en cuenta la posición del Estado emisor del certificado, quebraría el principio de unicidad[873], pues dichos trabajadores quedarían sometidos tanto al sistema de seguridad social de origen como al de destino. Como se ha señalado anteriormente, el principio de unicidad es el fundamento de la seguridad social a nivel europeo, por lo que no cabe una acción contraria al mismo, menos aún si es llevada de forma unilateral por un Estado.

En el caso de que la institución de seguridad social de destino asumiera unilateralmente a los desplazados, evidentemente exigirá al empresario las cuotas a su juicio devengadas, reclamación a la que el empresario puede negarse a pagar, con la complicación añadida de que probablemente carezca de bienes ejecutables en el Estado de destino, más allá de los créditos que le puedan deber clientes de sus servicios. Se produciría así una situación de afiliación y alta sin cotización efectiva, que no es en absoluto satisfactoria para ninguna institución de seguridad social.

Si no existe una coordinación, lo que podemos llamar una *coreografía administrativa* entre las instituciones de seguridad social de origen y de destino, existe riesgo de que el trabajador sea dado de baja en el Estado de origen y no sea dado de alta en el Estado de destino, y caiga así en el limbo de la protección social, con la pérdida de los derechos generados por el desplazado con su trabajo, independientemente de la ley aplicable.

La sentencia Comisión contra Bélgica (2018) dejó claro que la actuación unilateral de un Estado en materia de encuadramiento en su propio sistema de seguridad social contraviene la normativa sobre coordinación de los sistemas de seguridad social[874]:

> "En consecuencia, una normativa que, como los artículos 23 y 24 de la Ley Marco, autoriza a las autoridades competentes del Reino de Bélgica a que sometan unilateralmente a los trabajadores a la legislación belga de seguridad social se opone al principio de la afiliación de los trabajadores por cuenta ajena a un único régimen de seguridad social, establecido en el artículo 11, apartado 1, del Reglamento nº 883/2004, así como al principio de seguridad jurídica, que exige, en particular, que las normas

---

873 Sentencia FTS, apartado 54.

874 Sentencia Comisión contra Bélgica (2018), apartado 95.

> jurídicas sean claras, precisas y de efectos previsibles, en especial cuando puedan tener consecuencias desfavorables para los particulares y las empresas (véase en este sentido, entre otras, la sentencia de 12 de diciembre de 2013, Test Claimants in the Franked Investment Income Group Litigation, C-362/12, EU:C:2013:834, apartado 44 y jurisprudencia citada)".

Lo delicado de la situación y el riesgo de la pérdida de los derechos adquiridos por el trabajador hacen que los cuestionamientos de la validez del DPA1 sean excepcionales y muy justificados. Por ello, las autoridades de un Estado de destino que duden de la veracidad de los DPA1 deberán seguir el procedimiento indicado por la Decisión A1 de la CACSSS; en síntesis:

1°. El Estado de destino que duda de la validez del documento debe dirigirse a la entidad emisora del mismo para que ésta, a la vista de la información que desde el Estado de destino se le pueda proporcionar, haga las verificaciones oportunas en un plazo de tres meses (ampliable por otros tres) y, en su caso, reconsidere la emisión de los certificados y los retire.

2°. Si no se soluciona la controversia a este primer nivel (la solución vendría bien porque la entidad requirente retire la petición o bien porque la emisora retire el DPA1), cada Estado nombrará a una persona para que, en el plazo de seis semanas, se llegue a un acuerdo.

3°. Si tampoco se llega a un acuerdo, se abrirá un procedimiento de conciliación ante la CACSSS por un período de seis meses.

4°. Si, en última instancia, no se llegara a una solución, el Estado de destino puede, por un lado, instar una mediación en el seno de la CACSSS. Si no optara por la mediación, existen dos posibilidades: impugnar el acto de emisión del PDA1 ante los tribunales del Estado de origen (CARRASCOSA y MOLINA)[875], o —más teórico que práctico— instar un procedimiento de incumplimiento ante el TJUE al amparo de los artículos 258 y 259 del TFUE[876], caso que hasta el momento no se ha dado,

---

875 CARRASCOSA BERMEJO, D. y MOLINA MILLÁN, J.: "The binding nature...", obra cit., pág. 22/35.

876 CARRASCOSA BERMEJO, D.: "Coordinación de los sistemas...", obra cit., pág. 768.

entre otras cuestiones porque supondría un enfrentamiento directo entre Estados, que no es deseable[877].

En lo que se refiere a qué se debatirá en este procedimiento, el Punto 1 de la Decisión A2 da unas directrices sobre algunos (no es una lista exhaustiva) de los elementos que deben analizarse para concluir si la legislación a aplicar a los desplazados es la de uno o de otro Estado respecto a:

- La vinculación del trabajador al sistema de seguridad social de origen antes del desplazamiento.
- El mantenimiento de la relación laboral durante el desplazamiento.
- El establecimiento de la empresa en el Estado de origen.

No obstante lo expuesto, pueden darse situaciones de bloqueo por parte de las instituciones emisoras de los PDA1 cuando, con contravención del principio de cooperación leal, no retiren el certificado de sujeción a la legislación de origen a pesar de que existen pruebas contundentes de que éste fue emitido de forma inadecuada. La desidia de una administración nacional ampara, cuando menos culposamente, situaciones de fraude[878], actitud a la que el Tribunal de Justicia respondió en la sentencia Altun (2018)[879].

En este caso, la Inspección de Trabajo belga, en el marco explicado de la Decisión A1, remitió a la institución de seguridad social búlgara un expediente en el que se contenían pruebas de que una empresa de ese país podría estar haciendo uso de un certificado de forma irregular. La institución búlgara ignoró las pruebas aportadas por Bélgica y mantuvo la vigencia del certificado. Aun así, en Bélgica se desarrolló un procedimiento sancionador, en el que se planteó si en una situación como la descrita se podía proceder contra la empresa aún con el A1 en vigor. El TJUE declaró que el juez que conozca de un caso de fraude sobre la aplicación de las normas nacionales de seguridad social puede no tener en cuenta certificados A1 en vigor si:

---

877 CARRASCOSA BERMEJO, D. y MOLINA MILLÁN, J.: "The binding nature…", obra cit., pág. 22/35.

878 RENNUY, N.: "Posting of workers…", obra cit., pág. 213.

879 Sentencia de 6 de febrero de 2018, Altun, C-359/16, EU:C:2018:63.

- La institución emisora de los certificados no tiene en cuenta las pruebas que el Estado de destino le envía acreditando un posible fraude.
- El juez comprueba la existencia de dicho fraude.
- Se respetan las garantías procesales para la empresa.
- A lo que se debe añadir, que el Estado de destino se dirija a la institución emisora sin dilación desde que constata el fraude[880].

A pesar de la formulación aparentemente clara de los requisitos para poder prescindir del procedimiento de retirada del DPA1, la línea jurisprudencial abierta por Altun no aporta la claridad y la seguridad jurídica necesaria para saber cuándo se podría proceder de esta manera (VERSCHUEREN)[881], con lo que no es descartable que lleguen nuevos casos al Tribunal de Justicia.

En último lugar, es preciso señalar que las normas generales y salvedades a la ley aplicable en materia de seguridad social de los trabajadores desplazados pueden ser excepcionadas mediante acuerdo de los Estados (de las instituciones de seguridad social de los Estados), en virtud del artículo 16.1 RCSSS[882]: *Dos o más Estados miembros, las autoridades competentes de dichos Estados miembros o los organismos designados por dichas autoridades podrán prever de común acuerdo, y en beneficio de determinadas personas o categorías de personas, excepciones a los artículos 11 a 15.*

Es decir, siempre que se actúe en beneficio y con el consentimiento de los trabajadores afectados[883], que podemos interpretar en el

880 Sentencia de 2 de abril de 2020, CRPNPAC (también conocida como "Vueling"), C-370/17 y C-37/18, EU:C:2020:260, apartado 86 y fallo. En este caso, las autoridades francesas tardaron varios años en dirigirse a la Tesorería General de la Seguridad Social española para pedir la revocación de diversas tripulaciones aéreas presuntamente basadas en el aeropuerto Charles de Gaulle.

881 VERSCHUEREN, H.: "The CJEU's case law on the role of posting certificates: A missed opportunity to combat social dumping", *Maastricht Journal of European and Comparative Law,* vol. 27(4), 2020, pág. 497-498.

882 MARTÍN-POZUELO LÓPEZ, A.: "La prestación de servicios...", obra cit., pág. 101.

883 CARRASCOSA BERMEJO, D.: "Coordinación de los sistemas...", obra cit., pág. 767.

sentido de que no sean perjudicados en sus carreras de cotización, las instituciones de seguridad social de los Estados tienen una vía de escape excepcional a la aplicación de los artículos 11 a 15 RCSSS[884], gracias a la que pueden llegar a un acuerdo para no aplicar las reglas antes expuestas.

5. LA COMPLEJA RELACIÓN ENTRE LAS NORMAS DE COORDINACIÓN DE LOS SISTEMAS DE SEGURIDAD SOCIAL Y LA DIRECTIVA 96/71. RETOS SURGIDOS CON LA APROBACIÓN DE LA DIRECTIVA 2018/957

Llegados a este punto, se ha expuesto tanto el desplazamiento de trabajadores desde una perspectiva laboral —condiciones de trabajo que se les aplican— como desde una perspectiva de seguridad social —institución nacional a la que quedan vinculados—. Entre uno y otro bloque de regulación existen aspectos en común y aspectos divergentes, que a continuación analizamos.

5.1. Las similitudes

La primera similitud entre las dos regulaciones es la realidad sobre la que se aplican: ambas regulan el desplazamiento temporal de trabajadores a otro país, y ambas son necesarias para esta especial operación de movilidad laboral transnacional. Precisamente una de las dificultades del desplazamiento, y de este mismo trabajo, como se habrá podido apreciar desde su primer capítulo, es identificar la capa de condiciones de trabajo y la de seguridad social que envuelven al desplazamiento.

Como se ha expuesto en los apartados anteriores, el supuesto de hecho que ampara el estatuto especial del desplazamiento, esto es, la aplicación sólo de un núcleo duro de condiciones de trabajo y el mantenimiento de la legislación de seguridad social del Estado de origen, es compartido por la Directiva 96/71 y el RCSSS. Se trata en ambos casos de empresas que 1.– deben estar establecidas normal-

---

884 GÓMEZ ABELLEIRA, F. J.: "Desplazamiento laboral transnacional…", obra cit., pág. 217.

mente en un Estado, 2.– deben contratar antes del desplazamiento a personas afectas al sistema de seguridad social de origen, 3.– deben mantener la relación laboral con el trabajador mientras está desplazado en el Estado de destino y 4.– deben prestar un servicio temporal, tras el que el trabajador regresará al Estado de origen.

El supuesto de hecho a efectos de condiciones de trabajo y de seguridad social es común también a efectos de incumplimiento y fraude de ambas normativas. Las listas de criterios para comprobar la realidad del desplazamiento se comparten en buena medida (aunque no llegan a equipararse[885]) por el artículo 14 RE, la Decisión A2 para la seguridad social y por la Directiva 2014/67 para condiciones de trabajo. En el siguiente cuadro recogemos los dos últimos:

Punto 1 de la Decisión A2	**Artículo 4.2 de la Directiva 2014/67**
el lugar en el que se encuentra la sede y la administración de la empresa, el número de miembros del personal administrativo que trabajan en el Estado miembro de establecimiento y en el otro Estado miembro,	a) el lugar donde la empresa tiene su domicilio social y su sede administrativa, ocupa espacio de oficina, paga sus impuestos y cotizaciones a la seguridad social y, si procede, posee una licencia profesional o está registrada en las cámaras de comercio o los colegios profesionales pertinentes de acuerdo con la normativa nacional;
el lugar de contratación de los trabajadores desplazados	b) el lugar donde se contrata a los trabajadores desplazados y el lugar desde el que se les desplaza;
el lugar en el que se celebra la mayoría de los contratos con los clientes, la legislación aplicable a los contratos que la empresa celebra, por un lado, con sus trabajadores y, por otro, con sus clientes	c) el Derecho aplicable a los contratos que celebra la empresa con sus trabajadores, por un lado, y con sus clientes, por otro;
el volumen de negocios realizado durante un período típico adecuado en cada Estado miembro en cuestión y el número de contratos ejecutados en el Estado de envío	d) el lugar donde la empresa realiza su actividad empresarial fundamental y donde emplea personal administrativo;
	e) el número de contratos celebrados o la volumen de negocios obtenida en el Estado miembro de establecimiento, o ambos, teniendo en cuenta la situación específica de, entre otras, las empresas y PYME de reciente creación.

885 CALVO GALLEGO, F. J.: "Desplazamientos transnacionales de…", obra cit., pág. 99.

La segunda similitud; tanto la Directiva 96/71 como el RCSSS son normas que determinan la legislación aplicable en un conflicto de leyes. Si la Directiva es una norma propia del Derecho Internacional Privado, los artículos 11 a 16 RCSSS participan de la misma naturaleza[886].

5.2. Las diferencias

Aunque tratan una misma realidad, la Directiva 96/71 y el RCSSS contienen diferencias muy importantes, que parecen haber influido en cómo su interpretación por las autoridades y tribunales, y criticadas por la doctrina científica.

5.2.1. Génesis de una y otra norma

El RCSSS y la Directiva 96/71 han tenido una génesis y un desarrollo muy diferentes que creemos que han determinado su carácter.

Como se ha señalado (*Supra,* I), la protección social de los trabajadores móviles fue una cuestión presente desde la fundación del CEE. Se percibió que era un elemento fundamental para la construcción del mercado común. Sin embargo, la Directiva 96/71 nace como respuesta urgente a una sentencia del Tribunal de Justicia (Rush Portuguesa); la Directiva 2014/67 se pone en marcha ante la presión de la entrada de los Estados de Centroeuropa y la polémica generada por el Cuarteto Laval, y la revisión operada por la Directiva 2018/957 trae su causa en la necesidad de muchos políticos de encontrar chivos expiatorios ante la presión del "fontanero polaco" y el fomento del populismo que esta figura parecía provocar.

La determinación de la ley aplicable, aunque fundamental, es una parte muy pequeña en el conjunto del RCSSS. Por esta razón, la revisión de los artículos sobre esta materia se está negociando en el contexto de la reforma total del Reglamento, que se desarrolla infruc-

---

886 MARTÍN-POZUELO LÓPEZ, A.: "La prestación de servicios...", obra cit., pág. 100.

tuosamente desde hace años, precisamente por la trascendencia del conjunto del RCSSS para los trabajadores migrantes de la Unión[887].

5.2.2. El fundamento en los Tratados de una y otra norma

El artículo del Tratado del TFUE en el que se basa la Directiva 96/71 y el RCSSS es la diferencia más importante que pueden existir entre estas normas[888]. La primera de ellas se ampara en la libre prestación de servicios en los términos del artículo 53.1 y 62 TFUE (antiguo 57.2 y 66 TCE), mientras que la segunda norma, la de seguridad social, tiene su base legal en el artículo 48 TFUE (51 TCE), del ámbito de la libre circulación de trabajadores. Su diferente origen constitucional hace que los receptores primarios de las normas sean distintos; en la Directiva son los empresarios que desplazan trabajadores como titulares del derecho a prestar servicios en el territorio de la Unión, mientras que el RCSSS está redactado pensando en los trabajadores que deben poder circular libremente por los Estados de la Unión[889].

5.2.3. Reglamento vs directiva

Una evidente diferencia entre las normas es que la que trata las condiciones de trabajo es una directiva y la que coordina las normas de seguridad social es un reglamento. Como es sabido, el alcance de la directiva es más restringido, pues sólo se dirige a los Estados[890], mientras que el reglamento es de aplicación general. La diferencia entre los receptores de una norma —los Estados para la Directiva 96/71— y otra —las personas físicas y jurídicas para el RCSSS— la

887 COMISIÓN EUROPEA: Propuesta de Reglamento del Parlamento Europeo y del Consejo por el que se modifican el Reglamento (CE) n.º 883/2004..., cit.

888 La base jurídica de las normas europeas y la concreta base de la Directiva 96/71 se tratan en el Capítulo X.

889 El considerando 1 del RCSSS declara que *Las normas sobre coordinación de los sistemas nacionales de seguridad social forman parte del marco de la libre circulación de personas y deben contribuir a mejorar el nivel de vida y las condiciones de empleo de éstas.*

890 MIRANDA BOTO, J. M.: "Competencias, fuentes y papel de las instituciones de la UE en materia social", en CASAS BAAMONDE, M. E. (Dir.) *et al.*, *Derecho Social de la Unión Europea. Aplicación por el Tribunal de Justicia*, Boletín Oficial del Estado, Madrid, 2023, pág. 163.

norma incide, a nuestro parecer, lo que podemos llamar imagen de la norma, la percepción que los operadores jurídicos tienen de una y de otras regulaciones.

Los litigios relacionados con la Directiva 96/71 se dirigen a Estados, en el sentido de que se valora la adecuación de la legislación nacional, sea una ley, un reglamento o un convenio colectivo (*erga omnes* o no), con el frecuente resultado de que esas normas nacionales no satisfacen lo establecido en la Directiva; es decir, llama la atención a un Estado que ha establecido una norma con el fin, en la mayoría de los casos, de proteger su mercado local de trabajo. De las sentencias en aplicación del RCSSS y sus precedentes en materia de ley aplicable, dada la naturaleza del reglamento (norma directamente aplicable que resuelve un litigio entre instituciones de seguridad social y, en su caso, particulares) no se aprecian recriminaciones relevantes a la normativa estatal, sino la valoración de supuestos de hecho contenidos en el propio RCSSS; de esta manera, los operadores jurídicos locales no se ven reprochados en su actuación, incluso aunque pudieran verse afectados por el fallo de la sentencia. La diferente tipología de normas hace que los receptores de su interpretación estén esperándolas con *la guardia levantada* o no.

5.2.4. Los diferentes ámbitos

Precisamente porque derivan de distintas libertades reconocidas en los Tratados Constitutivos, los ámbitos de aplicación de cada una de las normas no son exactamente iguales, aunque tengan que relacionarse.

La Directiva 96/71 se aplica a tres casos claramente definidos por su artículo 1.3, a saber, el envío de trabajadores a otro Estado para prestar un servicio, la movilidad intragrupo y, en tercer lugar, la puesta disposición trasnacional de trabajadores por ETTs. Precisamente porque es la prestación de servicios la que justifica esta norma, sólo los casos de movilidad laboral que tengan su causa en ella serán amparados por ella y también tendrán su límite en tal libertad, frente a otras figuras de movilidad laboral[891]. Por el contrario, el manteni-

---

[891] CASAS BAAMONDE, M. E.: "Libre prestación de ...", obra cit., pág. 6.

miento de la legislación de origen al trabajador que es enviado a otro Estado desde la perspectiva de seguridad social no tiene un fundamento específico en la libre circulación de servicios sino en la libre circulación de trabajadores. De hecho, el artículo 12 RCSSS, que es el que se aplica a los trabajadores desplazados para prestar un servicio, no habla de desplazamiento sino de envío. El envío contempla una serie de situaciones de movilidad también en el empleo, pero que no tienen como fin prestar un servicio, sino, simplemente "para efectuar un trabajo por cuenta de dicho empleador"[892], que no tiene por qué consistir en prestar un servicio a un cliente, como puedan ser los viajes de negocios o la asistencia a cursos. Es decir, un *desplazado* conforme a la Directiva 96/71 no es necesariamente un *enviado* conforme al RCSSS o[893], en su caso, es una categoría muy especial de enviado. Uno de los objetivos de la reforma en curso del RCSSS es precisamente aclarar su relación con la Directiva 96/71[894].

5.2.5. El tratamiento jurisprudencial

Para completar lo relatado respecto a la diferente tipología de normativa, parece que el enfoque dado por el TJUE en la interpretación de estas normas ha sido desigual. El ámbito de seguridad social goza de un tratamiento más claro respecto al marco de las condiciones laborales del desplazamiento. El fundamento del RCSSS en la libre circulación de trabajadores permite considerar esta norma como más tuitiva que la Directiva 96/71[895], de modo que los pronunciamientos del TJUE pueden ser más claros y contundentes para lo-

---

892 COMISIÓN EUROPEA: Propuesta de Reglamento del Parlamento Europeo y del Consejo por el que se modifican el Reglamento (CE) n.º 883/2004..., cit., pág. 32.

893 DE WILESPEARE, F. y PACOLET, J.: "The benefits of posting. Facts and figures on the use of intra-EU posting" en ARNHOLTZ, J., (Ed.) y LILLIE, N. (Ed.), *Posted work in the European Union. The political economy of free movement*, Routledge, 2020, pág. 31.

894 JORENS, Y.: *Cross-border EU...*, obra cit., pág. 144.

895 CARBALLEDO PIÑEIRO, L.: "El derecho internacional privado...", obra cit., pág. 6/25.

grar el ya apuntado fin de sumar (o, al menos, no restar) protección social para el trabajador[896].

Frente a los polémicos pronunciamientos del Cuarteto Laval, no apreciamos sentencias en el marco del RCSSS que hayan recibido una crítica de la intensidad que aquellas sentencias recibieron, y sí algunas elogiadas por hacer frente al fraude[897]. En términos generales, los pronunciamientos del TJUE pueden calificarse en esta materia como contundentes en la protección de los trabajadores como cotizantes y futuros beneficiarios de prestaciones sociales. De manera muy sucinta, recordamos las siguientes sentencias:

- AFMB (2020)[898], en la que el TJUE aplica la doctrina del levantamiento del velo y determina como empresario real a una empresa de transportes neerlandesa que se valía de un empleador aparente chipriota para facilitarle mano de obra.
- Team Power (2021)[899], a la que hemos hecho referencia en este mismo capítulo. El TJUE confirma la negativa de la autoridad laboral búlgara a proveer de documentos A1 a los trabajadores de una ETT que no realizaba ninguna puesta a disposición en ese país y sólo prestaba servicios en Alemania.
- Alpenrind (2018)[900], en la que se confirma la prohibición de reponer trabajadores para el mismo puesto por encima del período de 24 meses, incluso cuando esta rotación se realiza mediante dos empresarios distintos.

Existen otros pronunciamientos que no favorecen al trabajador (A Rosa Fluschiff, 2017[901]), pero insistimos que el tono general de firmeza de las resoluciones en el marco del RCSSS al amparo de la libre circulación de trabajadores no se encuentran a nuestro parecer en las que interpretan la Directiva 96/71.

---

896 CARRASCOSA BERMEJO, D.: "Coordinación de los sistemas…", obra cit., pág. 743.

897

898 Sentencia de 16 de julio de 2020, AFMB, C-610/18, EU:C:2020:565.

899 Sentencia de 3 de junio de 2021, Team Power, C-784/19, EU:C:2021:427.

900 Sentencia de 6 de septiembre de 2018, Alpenrind, C-527/16, EU:C:2018:669.

901 Sentencia de 27 de abril de 2017, A-Rosa, C-620/15, EU:C:2017:309, en la que, en una situación de palmaria inadecuación del certificado E 101 a la realidad, se mantiene su inatacabilidad.

5.2.6. La solución dada por una y otra norma a la movilidad de trabajadores

Mientras que en el campo de la protección social el RCSSS opta por mantener la legislación del Estado de origen, la Directiva 96/71 aplica una serie de condiciones de trabajo conforme a las normas del Estado de destino[902]. Esta diferenciación tiene un efecto curioso: la consideración de trabajador a efectos de seguridad social se hará conforme a las normas de origen y, a efectos de las condiciones de trabajo aplicables al desplazado, conforme a las normas del Estado de destino[903].

5.2.7. La definición de la temporalidad

A pesar de que la Directiva 2018/957 fijó un umbral de 12 meses ampliables a 18 para agravar los efectos del desplazamiento de larga duración, la Directiva 96/71 no fija un límite temporal al desplazamiento, del que sólo se exige que sea temporal para no confundirlo con una situación de establecimiento. Por el contrario, el marco de seguridad social para los desplazamientos fija con toda claridad un límite temporal de cobertura de la seguridad social de origen: 24 meses. Compartimos la opinión de GÓMEZ ABELLEIRA, de que la imprecisión de una y la certeza en los límites de la otra coinciden con el marco privado en el que se desenvuelve la Directiva 96/71 y naturaleza pública de las normas de seguridad social coordinadas por el RCSSS[904].

5.2.8. Norma pública versus norma privada

La relación entre el empresario y el trabajador es una relación laboral, y la relación del empresario con el receptor de servicios es una relación mercantil, ambas relaciones de derecho privado,

---

902 RODRÍGUEZ-PIÑERO ROYO, M.: "A modo de conclusión…", obra cit., pág. 360.

903 CARBALLEDO PIÑEIRO, L.: "El derecho internacional privado…", obra cit., pág. 8/25.

904 GÓMEZ ABELLEIRA, F. J.: "Desplazamiento laboral transnacional…", obra cit., págs. 217.

que tendrían un difícil encaje en unos límites temporales fijos y estrictos, sobre todo cuando la consecuencia del exceso de esos límites sería, en la lógica comunitaria, fijar el establecimiento del empresario en el Estado de destino. Por el contrario, el riesgo de someter al empresario que desplaza trabajadores al imperio de una institución de seguridad social extranjera, la del Estado de destino, debe estar perfecta y expresamente medido, de forma que el poder de la institución de seguridad social del Estado de destino queda limitado y es totalmente previsible, al menos en cuanto a plazos se refiere.

5.2.9. La seguridad jurídica

Las características antes señaladas ponen de manifiesto que las normas de seguridad social permiten aportar una mayor seguridad jurídica a los desplazamientos de trabajadores que la que pueda aportar la Directiva 96/71. El bloque de seguridad social aporta una mayor certidumbre, fundamentalmente por el aval que supone la expedición de un DPA1 por una autoridad pública[905].

6. ¿ES LA DIRECTIVA 96/71 PEOR NORMA QUE EL RCSSS?

Puede dar la sensación de que el RCSSS y la Directiva 96/71 son como esos hermanos que van al mismo colegio y uno de ellos es la delicia de sus profesores, mientras que el otro está todos los días en el despacho del jefe de estudios.

En primer lugar, como hemos señalado, el RCSSS es una norma tuitiva con el claro objetivo de proteger, incluso mejorar si es posible, la situación del trabajador o beneficiario de prestaciones. La norma de seguridad social tiene así una pauta de interpretación muy marcada y netamente protectora del trabajador o beneficiario. En este sentido, podemos considerar que el RCSSS es una norma

905 GÓMEZ ABELLEIRA, F. J: "Mercado interior de servicios...", obra cit., pág. 27/51.

de cómoda interpretación desde la perspectiva del Derecho del Trabajo.

La Directiva 96/71 tiene, como ha señalado el Tribunal de Justicia en las sentencias Hungría y Polonia (2020)[906], un propósito principal, que es la garantía de la libre prestación de servicios, matizada con una especial atención o respeto a los derechos de los trabajadores desplazados y a los mercados de trabajo del Estado de destino, siempre con la seguridad jurídica como horizonte interpretativo. Es así una norma a la que se exige la "cuadratura del círculo"[907].

En el contexto de las sentencias del Cuarteto Laval la cuadratura se intentó lograr a base de una interpretación literal de la norma. Las reformas introducidas mediante la Directiva 2018/957 intentan aportar nuevos criterios interpretativos (*Infra*, XI) que, en una situación de duda, puedan inclinar la balanza del lado de los trabajadores y, sobre todo, del lado de los mercados de trabajo de los Estados ricos, que creemos que han sido los verdaderos promotores de la reforma de 2018[908].

De acuerdo con lo expuesto, consideramos que el RCSSS es una norma con unas pautas interpretativas más claras que la Directiva 96/71 y con un noble objetivo, propio de las normas de protección social, que le hace más resistente a la crítica que a su hermana melliza.

En segundo lugar, el RCSSS se desenvuelve en el terreno público, en el imperio de las instituciones de seguridad social de los Estados miembros, mientras que la Directiva 96/71 tiene una vocación privada, de relaciones entre empresario y trabajador y, en su caso, entre empresario y competidores locales. Es cierto que la mayoría de las

906 Sentencia de 8 de diciembre de 2020, Hungría contra Parlamento Europeo y Consejo de la Unión Europea ("Hungría"), C-620/18, EU:C:2020:1001, y sentencia de 8 de diciembre de 2020, Polonia contra Parlamento Europeo y Consejo de la Unión Europea ("Polonia"), C-626/18, EU:C:2020:1000.

907 Así considera BARNARD la relación entre las libertades comunitarias y el Derecho del Trabajo. BARNARD, C.: "Free Movement and Labour Rights: Squaring the Circle?", *Legal Studies Research. Paper Series, University of Cambrigde*, núm. 23, 2013, pág. 2/28.

908 En este sentido, recordemos la Carta de los Ministros de Austria, Bélgica, … cit.

sentencias del Tribunal de Justicia interpretando la Directiva 96/71 tienen su origen en una actuación de imperio (una sanción o una actuación de la Inspección de Trabajo local), pero se trata de actuaciones públicas que reprenden una conducta privada de una empresa que amenazaba el orden público local.

Para concluir, la necesaria certeza en una actuación transnacional viene dada en gran medida por el instrumento normativo utilizado. El Reglamento que regula la coordinación de los sistemas de seguridad social es, por su esencia, directamente aplicable en los Estados miembros y contenedor de supuestos de hecho y consecuencias jurídicas precisos. Por el contrario, la Directiva 96/71 es una norma que ha tenido que ser transpuesta a los ordenamientos nacionales, con interpretaciones dispares realizadas por los distintos Estados (algunas de ellas necesariamente revisadas por el TJUE) y con un mandato, el del artículo 3.1, del que no queda claro si se reconoce un derecho subjetivo al trabajador o una obligación al empresario. Véase art. 3.1 Directiva 96/71:

> *Los Estados miembros velarán por que, cualquiera que sea la legislación aplicable a la relación laboral, las empresas mencionadas en el apartado 1 del artículo 1 garanticen a los trabajadores desplazados en su territorio las condiciones de trabajo y empleo relativas a las materias siguientes.*

Mandato éste en el que no queda claro quién es el destinatario de la norma, si los Estados, los empresarios o los trabajadores.

Como ultimísima diferencia, no podemos olvidar que la normativa de seguridad social lleva casi cuarenta años de ventaja a la de desplazamiento, con lo que los posibles desajustes interpretativos e incluso escándalos que pudieran existir en sus primeros pasos fueron corregidos y, con el paso del tiempo, olvidados. Lamentablemente, desconocemos cuál fue el efecto en su momento de las sentencias Van der Vecht o Manpower, y si llegaron a levantar opiniones en contra como lo hizo el Cuarteto Laval.

Todo lo expuesto nos lleva a considerar que el RCSSS no es una norma mejor que la Directiva 96/71, sino que es una norma más fácil de interpretar y con un objetivo netamente tuitivo, que lleva a proteger a los trabajadores desplazados e indirectamente a los mercados laborales de los países a los que suele desplazarse a esos trabajadores, y que son quienes más activamente han criticado la Directiva 96/71.

En estas condiciones, no podemos afirmar que la Directiva 96/71 no sea peor norma, sino, en su caso, que el RCSSS es una norma más proclive a una interpretación pacífica de las normas de seguridad social que su homóloga respecto a las condiciones de trabajo.

Capítulo IX

REQUISITOS FORMALES Y CONTROL ADMINISTRATIVO DEL DESPLAZAMIENTO DE TRABAJADORES

1. INTRODUCCIÓN

El establecimiento de "obligaciones instrumentales" a la aplicación de las condiciones de trabajo del Estado de destino ha sido muy importante en el desarrollo de las normas sobre desplazamiento de trabajadores[909]. VERSCHUEREN afirma que en los diez primeros años de vida de la Directiva 96/71 se puso de manifiesto que el talón de Aquiles de esa norma era que no disponía medidas para realizar un control eficaz de los desplazamientos, esto es, no establecía obligaciones instrumentales[910]. Las carencias de la Directiva 96/71, evidenciadas con la ampliación centroeuropea de la Unión y la expansión del mercado interior de servicios[911], llevaron a la aprobación de la Directiva 2014/67[912], como forma de poner fin a la imprecisión que gobernaba el control administrativo establecido en el artículo 5 de la Directiva 96/71[913], así como de armonizar los mecanismos de

---

909 Creemos muy acertada esta expresión utilizada por GARCÍA NINET, J. A. y VICENTE PALACIO, A.: "La Ley 45/1999, de 29 de noviembre, relativa al desplazamiento (temporal y no permanente) de trabajadores en el marco de una prestación de servicios transnacional", *Revista del Ministerio de Trabajo y Asuntos Sociales*, núm. 27, 2000, pág. 32.

910 VERSCHUEREN, H.: "Cross-Border Workers…", obra cit., pág. 182.

911 CONTRERAS HERNÁNDEZ, O.: "Desplazamiento de trabajadores y la revisión…", obra cit., pág. 607.

912 BASTERRA HERNÁNDEZ, M.: "El contrato de trabajo en un contexto internacional: ley aplicable, desplazamiento temporal y orden público", *Revista Española de Derecho del* Trabajo, núm. 222, 2019, pág. 31/41.

913 GÁRATE CASTRO, F. J.: "La protección de los trabajadores en los desplazamientos temporales transnacionales", en CASAS BAAMONDE, M. E. (Dir.) *et al.*, *Derecho Social de la Unión Europea. Aplicación por el Tribunal de Justicia*, Boletín Oficial del Estado, Madrid, 2023, pág. 870.

aplicación de la Directiva 96/71[914]. En este sentido, existe un amplio consenso sobre que la clave del sistema es la Directiva 2014/67, que es el instrumento que permite hacer efectivos los derechos contenidos en la Directiva 96/71, incluidos los añadidos con la reforma operada por la directiva 2018/957[915]. La Comisión Europea considera que "el principal reto que supone garantizar la igualdad de protección de los trabajadores fronterizos sigue siendo la aplicación limitada de la legislación vigente y la medida en que mecanismos de control y recurso dentro de los Estados miembros y cooperación logran identificar a los empleadores que incumplen las normas y aplicar de manera efectiva las sanciones necesarias"[916].

Porque, además de la carga que puede suponer que un empresario se tenga que adaptar a los estándares laborales superiores que se aplican el Estado de destino[917], el establecimiento de formalidades burocráticas (la primera de ellas la sumisión a una autoridad laboral de otro país) constituye *per se* un elemento que puede disuadir o desanimar a un operador económico a prestar servicios en otro país. En este sentido, la sentencia Finalarte (2001) manifiesta[918]:

> "A este respecto, la aplicación a los prestadores de servicios de las normativas nacionales del Estado miembro de acogida puede prohibir, obstaculizar o hacer menos interesantes las prestaciones de servicios, en la medida en que tal aplicación genera gastos adicionales y supone un aumento de las cargas administrativas y económicas".

Para analizar este campo de juego de las formalidades y el control administrativo del desplazamiento, refrescamos la doctrina de acceso al mercado, en virtud de la que cualquier acción del Estado de destino que pueda incluso hacer menos interesante para un prestador de servicios acceder al mercado de ese país, se considerará contraria

---

914 COMITÉ DE LAS REGIONES: Dictamen del Comité de las Regiones. *El desplazamiento de trabajadores efectuado en el marco de una prestación de servicios.* DO C 17, de 19.1.2013, pág. 69.

915 CONTRERAS HERNÁNDEZ, O.: *La Directiva 2018/957, análisis…*, obra cit., pág. 49.

916 COMISIÓN EUROPEA: *Study supporting the Monitoring…*, cit., pág. 232.

917 CALVO GALLEGO, F. J.: "Desplazamientos transnacionales de…", obra cit., pág. 91.

918 Sentencia Finalarte, apartado 30.

al principio de libre prestación de servicios. Además del asunto Gebhard (1995) (*Supra*, I), esta doctrina se contempla en la sentencia Säger (1991)[919]. En este procedimiento se analizó la posibilidad de una especie de gestoría especializada en la tramitación de patentes establecida en el Reino Unido para prestar esos servicios no cualificados en otros Estados[920]. La sentencia Säger señala[921]:

> "La libre prestación de servicios, en tanto que principio fundamental del Tratado, únicamente podrá restringirse mediante regulaciones justificadas por el interés general y que se apliquen a toda persona o empresa que ejerza una actividad en el territorio del Estado destinatario, en la medida en que dicho interés no se halle salvaguardado ya por las normas a las que el prestador está sujeto en el Estado donde se encuentra establecido".

Fijado así que las restricciones a los prestadores intracomunitarios de servicios deben ser las estrictamente necesarias y debidamente justificadas, cualquier medida, como puede ser el cumplimiento de un trámite formal, es una potencial traba a la libertad comunitaria. No se trata exclusivamente de medidas que se puedan considerar discriminatorias por exigirse sólo a empresas extranjeras, sino que las medidas que se apliquen indistintamente en el Estado de destino pueden igualmente tener un efecto disuasorio para los prestadores extranjeros. En este sentido, la sentencia Arblade (1999) declara[922]:

> "Según jurisprudencia reiterada, el artículo 59 del Tratado no sólo exige eliminar toda discriminación en perjuicio del prestador de servicios establecido en otro Estado miembro por razón de su nacionalidad, sino suprimir también cualquier restricción, aunque se aplique indistintamente a los prestadores de servicios nacionales y a los de los demás Estados miembros, cuando pueda prohibir, obstaculizar o hacer menos interesantes las actividades del prestador establecido en otro Estado miembro, en el que presta legalmente servicios análogos".

---

919 Sentencia de 25 de julio de 1991, Säger, C-76/90, EU:C:1991:331.

920 La empresa se limitaba a avisar a los titulares de una patente que la anualidad iba a vencer y tramitar el pago de la misma, actividad muy alejada de las tareas de un agente de la propiedad industrial.

921 Sentencia Säger, apartado 15.

922 Sentencia Arblade, apartado 33.

Si bien esta doctrina del acceso al mercado puede aplicarse a cualquier norma nacional que genere costes de cumplimiento que afecten por igual a empresarios nacionales y extranjeros[923], tanto las formalidades vinculadas al desplazamiento como el trato con una autoridad pública desconocida son cargas que sólo se imponen a los empresarios que desplazan trabajadores de un Estado a otro, es decir que acceden a otro mercado. Si bien las condiciones de trabajo afectan por igual a los empresarios locales y extranjeros, las formalidades pueden tener una especial intensidad en los segundos, con la complicación que estas últimas pueden suponer para los desplazamientos.

Lo expresado hasta ahora no significa que las empresas que desplazan trabajadores a otro Estado deban ser inmunes a los poderes de las autoridades del Estado de destino y a los controles que éstas puedan establecer, ni que merezcan un tratamiento mejor que las locales. Por el contrario, es perfectamente posible que los Estados puedan imponer medidas de control sobre los desplazamientos[924], que, no obstante, deberán superar un juicio de proporcionalidad para confirmar que son compatibles con las libertades de los Tratados.

Sobre esta idea central del acceso al mercado, abordamos las principales medidas burocráticas y de control de las autoridades laborales, siempre buscando las razones que justifican (o no) su exigencia, precisamente por ser proporcionadas. Dado que la Directiva 2014/67 es heredera directa de la jurisprudencia del TJUE sobre las formalidades del desplazamiento, analizamos cada una de estas medidas sobre la base de las decisiones del Tribunal y cómo se han incorporado a la norma.

---

923 BARNARD, C.: *The substantive Law...*, obra cit., pág. 27.

924 Sentencia Rush Portuguesa, apartado 17.

2. LA INSUFICIENCIA DE LA DIRECTIVA 96/71 EN LA REGULACIÓN DE LAS FORMALIDADES Y EL CONTROL ADMINISTRATIVO. LA DIRECTIVA 2014/67

La primera regulación sobre desplazamiento de trabajadores se reveló insuficiente, en lo referente a formalidades y control administrativo.

El primer borrador de Directiva sobre desplazamiento de trabajadores era una sencilla norma de conflicto de leyes inspirada en el Proyecto de 1972, que se limitaba a declarar aplicable la ley del Estado de destino para una serie de condiciones de trabajo. Nada decía este texto inicial de trámites administrativos y otra clase de formalidades que las autoridades laborales de los Estados de destino pudieran exigir a las empresas[925].

La parquedad regulatoria de la burocracia de los desplazamientos en la propuesta de directiva no pasó inadvertida al Parlamento Europeo, que en su tabla de enmiendas propuso un artículo 3 *sexies* en el que se reconocía la potestad de las autoridades de controlar el cumplimiento de la directiva por las empresas que desplazaban trabajadores[926]. A raíz de estas tímidas propuestas del Parlamento Europeo y del CESE[927], la Comisión incluyó en su segunda propuesta unas —también tímidas— referencias al control de los desplazamientos a realizar por las autoridades y, en su caso, a la cooperación entre Estados. El final del proceso legislativo dio lugar al artículo 4.1 de la Directiva 96/71:

> *A efectos de la aplicación de la presente Directiva, los Estados miembros designarán, de acuerdo con las legislaciones y/o usos nacionales, uno o más centros de enlace o una o más instancias nacionales competentes.*

---

925 COMISIÓN EUROPEA: Propuesta de directiva del Consejo relativa al desplazamiento…, cit.

926 PARLAMENTO EUROPEO: Propuesta de directiva del Consejo relativa al desplazamiento de trabajadores en el marco de la prestación de servicios, 10 de febrero de 1993, DO 72, de 15.3.1993, pág. 84.

927 Las observaciones del CESE se limitaron a señalar la ausencia de procedimientos de aplicación y control de la Directiva. CONSEJO ECONÓMICO Y SOCIAL EUROPEO: Dictamen sobre la propuesta de Directiva del Consejo relativa al desplazamiento de trabajadores en el marco de la prestación de servicios. DO C 49, de 24.2.92, pág. 42.

Y artículo 5:

> *Los Estados miembros adoptarán las medidas oportunas en caso de incumplimiento de la presente Directiva.*
>
> *En particular, velarán por que los trabajadores o sus representantes dispongan de procedimientos adecuados para que se cumplan las obligaciones establecidas en la presente Directiva.*

Parece que la práctica ausencia de mecanismos de control específicos en la Directiva 96/71 es muestra irrefutable de su naturaleza de norma de Derecho Internacional Privado con una base jurídica de mercado, al menos en sus primeros años de rodaje.

Esta ausencia de regulación expresa de las formalidades de desplazamiento pudo haber sido enmendada a través de la llamada "Directiva de Servicios"[928], en la que, entre otras materias, se pretendía repartir las funciones de control entre los Estados de origen y de destino como mecanismo para facilitar la prestación de servicios y asegurar el cumplimiento de la Directiva 96/71[929]. El borrador inicial de la norma disponía en el artículo 24.2[930]:

> "En el caso al que se refiere el apartado 1, el Estado miembro de origen hará lo necesario para que el prestador tome todas las medidas adecuadas con el fin de poder comunicar a las autoridades competentes de su país, así como a las del Estado miembro de desplazamiento, en un plazo que vencerá a los dos años de haber finalizado el desplazamiento, la información siguiente:
>
> a) la identidad del trabajador desplazado,
>
> b) el cargo y los cometidos que se le encomiendan,
>
> c) los datos del destinatario,
>
> d) el lugar de desplazamiento,
>
> e) la fecha de inicio y fin del desplazamiento,
>
> f) las condiciones de empleo y de trabajo que se aplican al trabajador desplazado".

---

928 Directiva 2006/123/CE del Parlamento Europeo y del Consejo, de 12 de diciembre de 2006, relativa a los servicios en el mercado interior. DO L 376, de 27.12.2006, pág. 36-68.

929 COMISIÓN EUROPEA: Propuesta de Directiva del Consejo y del Parlamento Europeo relativa a los servicios..., cit., pág. 15.

930 *Ibidem*, pág. 68.

Esta redacción, de marcado carácter liberal (CALVO GALLEGO)[931], que creemos que no hubiera servido para nada, no llegó a la versión final de la norma publicada en el Diario Oficial, de manera que hasta la aprobación de la Directiva 2014/67, ninguna norma comunitaria recogió exigencias formales vinculadas al desplazamiento de trabajadores[932], ni se abordó el desamparo de los trabajadores desplazados, quienes se encontraban fuera de los sistemas de relaciones laborales de los Estados de destino para poder hacer efectivos sus derechos[933].

El silencio de las normas europeas en lo que se refiere a cuestiones formales no significó que las autoridades nacionales se abstuvieran de imponer medidas de control, fundamentalmente la obligación de que las empresas comunicaran el desplazamiento a las autoridades del Estado de destino[934], entre ellas la propia España, que incluyó la obligación de comunicar el desplazamiento desde la redacción inicial del artículo 5 LDT[935].

El limitado marco regulador del control de los desplazamientos, al menos a nivel comunitario, propició distintos conflictos en la aplicación de la Directiva 96/71 que terminaron ante el TJUE, en lo que podemos llamar jurisprudencia de ajuste. En el concreto ámbito de las formalidades y control de desplazamiento, diversas sentencias interpretaron el parco artículo 5; incluso, lo completaron. En la mayoría de las ocasiones el Tribunal concluyó que la medida establecida por el Estado no superaba el test de proporcionalidad y, en conse-

---

931 CALVO GALLEGO, F. J.: "Desplazamientos transnacionales de …", obra cit., pág. 108.

932 Es asimismo importante tener en cuenta que el artículo 3.1 *a*) de la Directiva de Servicios dispone que en caso de conflicto entre ésta y la Directiva 96/71, prevalecerá la segunda.

933 LILLIE, N.: "The right not to have rights: posted worker acquiescence and the European Union Labor Rights Framework", *Theoretical Inquiries in Law*, núm. 17, 2016, pág. 40.

934 Los mecanismos de comunicación más relevantes cuando se inició la elaboración de la Directiva 2014/67 eran los de Alemania, Bélgica, Francia y Dinamarca, cuyos datos se tuvieron en cuenta precisamente para elaborar la evaluación de impacto de la futura norma. COMISIÓN EUROPEA: *Revision of the legislative framework on the posting of workers…*, cit., pág. 17.

935 BOE 286, de 30.11.1999.

cuencia, debía ser menos restrictiva[936]. Esta jurisprudencia se expondrá en los apartados de cada una de las medidas de control.

La debilidad del control se hizo palpable con la entrada en la Unión de los Estados de Europa central y del este. Resultaba evidente que, por un lado, era necesario adoptar medidas de control y, por otro lado, dichas medidas debían ser armonizadas para evitar actitudes desproporcionadas de los Estados que pudieran recibir más trabajadores desplazados.

Los documentos preparatorios de la Directiva 2014/67 constataron la dificultad de las autoridades de controlar debidamente el cumplimiento de la Directiva 96/71[937]. El borrador del artículo 9.1 dedicado a las *Medidas de control nacionales*, recogía las siguientes:

a) La declaración del desplazamiento.
b) La obligación de conservar ciertos documentos a disposición de las autoridades.
c) La traducción esa documentación.
d) La obligación de designar una persona de contacto para negociar con los sindicatos locales las condiciones de trabajo (herencia de la sentencia Laval).

La redacción final del artículo 9.1 de la Directiva 2014/67 fija el marco general de las medidas de control de los desplazamientos. Dicho precepto afirma:

> *Los Estados miembros solo podrán imponer los requisitos administrativos y las medidas de control que sean necesarios para garantizar la supervisión efectiva del cumplimiento de las obligaciones que contemplan la presente Directiva y la Directiva 96/71/CE, siempre que estén justificados y sean proporcionados de conformidad con el Derecho de la Unión* [...].

Esta redacción recuerda en gran medida a lo establecido por la Directiva de Servicios respecto a los regímenes de autorización. La

---

936 VAN NUFFEL, P. y AFANAJSEVA, S.: "The Revised Posting...", obra cit., pág. 279.

937 COMISIÓN EUROPEA: Impact Assessment. *Revision of the legislative framework on the posting of workers in the context of provision of services Accompanying the document Proposal for a Directive of the European Parliament and the Council on the enforcement of Directive 96/71/EC concerning the posting of workers in the framework of the provision of services*, SWD(2012) 63 final, 21.3.2012. Partie II, pág. 112.

fijación en el apartado 2 del artículo 9 de una serie de medidas consideradas compatibles con este mandato (declaración de desplazamiento, nombramiento de representante...) puede hacer creer que este artículo 9 constituye una norma de máximos más allá de la que los Estados no pueden establecer medidas adicionales. No es así, los Estados pueden fijar medidas adicionales que sean consideradas compatibles con los fines de la Directiva. Por ejemplo, las empresas de construcción que pretendan desplazar trabajadores a España deberán inscribirse en el Registro de Empresas Acreditadas, para lo que la primera comunicación de desplazamiento que realicen tendrá también la consideración de solicitud de inscripción en dicho registro[938].

3. FORMALIDADES Y MEDIDAS DE CONTROL DEL DESPLAZAMIENTO

Dada la influencia de la jurisprudencia del Tribunal de Justicia en la redacción de la Directiva 2014/67 (que es reconocida en su considerando 23), al analizar las formalidades y medidas de control corresponde en primer lugar exponer la doctrina del TJUE, para luego entrar en la redacción de la Directiva.

3.1. Prohibición de la autorización

En el marco del Derecho europeo, se puede afirmar que el disfrute de una libertad comunitaria significa no tener que pedir permiso a un Estado para hacer algo en su territorio, entre otros supuestos para prestar un servicio. De esta manera, cualquier Estado de destino que supedite la prestación de un servicio en su territorio por un operador

---

[938] El Registro de Empresas Acreditadas se creó por la Ley 32/2006, de 18 de octubre, reguladora de la subcontratación en el Sector de la Construcción, con el objeto de que las empresas que desarrollen su actividad en el sector de la construcción deberán acreditar unos mínimos en materia de seguridad y salud en el trabajo. Para las empresas que Disposición adicional primera del Real Decreto 1109/2007, de 24 de agosto, por el que se desarrolla la Ley 32/2006, de 18 de octubre, reguladora de la subcontratación en el Sector de la Construcción (BOE del 25).

extranjero a obtener una autorización actúa de forma contraria a esa libertad.

Si bien en términos generales el sistema de autorizaciones está más vinculado a la libertad de establecimiento que a la libertad de prestación de servicios, es la Directiva de Servicios la que en su artículo 9 restringe los regímenes de autorización para la prestación de servicios en un Estado a los casos en los que sean necesarios conforme al juicio de proporcionalidad, para lo que es válido lo prescrito con la Sentencia Gebhard (1995)[939].

Evidentemente, ningún Estado ha cometido la torpeza de exigir una autorización a los desplazamientos de trabajadores como tales, pero sí se han producido casos en los que un Estado ha establecido trámites que, con otro nombre, tenían la naturaleza de autorización. Se trata de casos sobre trabajadores NTE desplazados por sus empresas para prestar un servicio (*Supra*, VII.1).

El primer caso relevante a los efectos de este capítulo tuvo lugar con la sentencia Comisión contra Luxemburgo (2004)[940], asunto en el que se juzgó la obligación de que los trabajadores nacionales de terceros Estados desplazados por sus empresas a Luxemburgo tuvieran que obtener una especie de permiso de trabajo, que sólo se expedía una vez que las autoridades luxemburguesas comprobaban que se cumplían determinadas condiciones. El TJUE consideró que este sistema sobre trabajadores extranjeros constituía un obstáculo a la libre prestación de servicios cuya imposición no podía justificarse por razones de imperiosa necesidad. Aplicando el test de proporcionalidad, el Tribunal ofreció una alternativa compatible con los Tratados[941]:

---

939 BARNARD, C.: *The substantive Law...*, obra cit., pág. 27 y sentencia de 30 de noviembre de 1995, Gebhard, C-55/94, EU:C:1995:411. Puede afirmarse que la sentencia Gebhard es a la libertad de establecimiento lo que la sentencia Säger es a la libre prestación de servicios. Los requisitos fijados por Gebhard para imponer una autorización son, de acuerdo con su fallo, "que se apliquen de manera no discriminatoria, que estén justificadas por razones imperiosas de interés general, que sean adecua das para garantizar la realización del objetivo que persiguen y que no vayan más de lo necesario para alcanzar dicho objetivo".

940 Sentencia de 2 de octubre de 2004, Comisión contra Luxemburgo (2004), C-445/03, EU:C:2004:655.

941 *Ibidem*, apartado 31.

> "Sin embargo, imponer a la empresa de prestación de servicios la obligación de notificar previamente a las autoridades locales el desplazamiento de uno o varios trabajadores por cuenta ajena, la duración prevista para su estancia y la prestación o prestaciones de servicios que justifican tal desplazamiento constituye una medida igualmente eficaz que la exigencia controvertida, pero menos restrictiva. Permite a dichas autoridades controlar que se observa la normativa social luxemburguesa durante el desplazamiento y tener en cuenta las obligaciones que ya impone a la empresa la normativa social aplicable en el Estado miembro de origen".

No deja de llamar la atención el papel activo del Tribunal, en el que además de juzgar la medida ofrece la alternativa de la declaración como método para cumplir con los Tratados. El TJUE volvió a incluir esta propuesta, de notificación en vez de autorización, en la sentencia Comisión contra Austria (2006), en la que se analiza un sistema de "confirmación de desplazamiento" exigido a empresas europeas que pretendían desplazar trabajadores NTEs a ese país[942].

Se puede concluir que, con carácter general, los sistemas de autorización del desplazamiento de trabajadores están prohibidos a nivel comunitario, salvo que una razón imperiosa de interés general exigiera tal trámite[943], situación de la que hasta el momento no tenemos constancia. Como alternativa, el sistema de notificación, declaración o comunicación es un mecanismo suficiente para que las autoridades del Estado de destino puedan controlar la entrada de trabajadores y cuya compatibilidad con la libre prestación de servicios está avalada por el Tribunal de Justicia.

Un análisis de los desplazamientos en general y no sólo los que requerían el desplazamiento de NTEs tiene lugar en la sentencia Dos Santos Palhota (2010)[944], en la que la autorización de desplazamiento se escondía bajo la apariencia de un sistema de notificación que exigía que la declaración de desplazamiento presentada por la empresa pasara primero por una certificación de recepción por la autoridad belga y —después— por la conformidad de esa misma autoridad,

---

942 Sentencia de 21 de septiembre de 2006, Comisión contra Austria (2006), C-168/04, EU:C:2006:595, apartado 52.

943 COMISIÓN EUROPEA: *Orientaciones en relación con…*, obra cit., pág. 5.

944 Sentencia de 7 de octubre de 2010, Dos Santos Palhota, C-515/08, EU:C:2010:589, apartado 33.

con la declaración expresa en los cinco días laborables siguientes a su presentación. Un sistema de notificación del desplazamiento articulado en estas condiciones constituye, según el TJUE, un obstáculo a la libre prestación de servicios[945].

4. COMUNICACIÓN DEL DESPLAZAMIENTO

Como acabamos de señalar, la simple puesta en conocimiento de las autoridades del Estado de destino al que se van a desplazar trabajadores es un mecanismo respetuoso con la libre prestación de servicios que, a su vez, proporciona información suficiente a las autoridades de destino sobre la empresa prestadora del servicio, el lugar de prestación, los trabajadores desplazados y demás aspectos relevantes para la fiscalización de estos movimientos de mano de obra. El Tribunal de Justicia nunca ha puesto objeciones a esta obligación instrumental[946].

La posibilidad de que las autoridades del Estado de destino exijan a las empresas que desplazan trabajadores a su territorio una comunicación con una serie de datos sobre el desplazamiento deriva, en última instancia, de la facultad reconocida por el TJUE a los Estados de realizar los controles necesarios sobre las empresas que prestan servicios en otros Estados y los trabajadores que para tal fin desplazan. Ya la sentencia Rush Portuguesa (1990) disponía en su apartado 17:

> "Los Estados miembros deberán tener la posibilidad de comprobar si una empresa portuguesa que realiza trabajos de construcción u obras públicas no se sirve de la libertad de prestación de servicios con otro fin, por ejemplo el de traer a su personal con fines de colocación o de puesta a disposición de trabajadores, en contravención del artículo 216 del Acta de adhesión".

Es lógico pensar que la primera expresión de ese control es precisamente conocer qué empresas van a prestar servicios en el Estado de destino y en qué condiciones. Si no se sabe dónde va a prestar

---

945 *Ibidem*, apartado 40.

946 LLOBERA VILA, M.: "El desplazamiento temporal de trabajadores…", obra cit., pág. 205.

servicios una empresa de otro país, que no tiene ningún arraigo en el Estado de la autoridad receptora, la realización de una inspección depende exclusivamente del azar, de la probabilidad de que un inspector de trabajo se tope con esa empresa en una visita *in situ*. Evidentemente esta declaración de datos a las autoridades sólo deben hacerla las empresas extranjeras, porque las nacionales ya están controladas de ordinario por dichas autoridades y tienen arraigo en el territorio.

A pesar del silencio de la Directiva 96/71 sobre la comunicación del desplazamiento, o precisamente por ese silencio, las normas nacionales de transposición establecieron mecanismos de declaración, mediante los que las empresas debían aportar determinados datos a las autoridades de destino, principalmente para facilitar los controles e inspecciones. Ya hemos señalado que varios Estados establecieron desde el principio estos mecanismos de control, que no fueron impugnados por la Comisión Europea ante el Tribunal de Justicia. En el año 2003, la Comisión contabilizó siete Estados que exigían una declaración previa[947], que para el año 2006 suponían casi la mitad —doce— de los Estados miembros (téngase en cuenta que habían ingresado diez en el año 2004)[948].

En 1998, la sentencia Finalarte realizó un primer análisis de la obligación de notificar un desplazamiento de trabajadores. En este caso no se discutía la validez de un sistema general de notificación de los desplazamientos a un país impuesto por la autoridad laboral, sino las concretas comunicaciones que debían realizarse en Alemania respecto a un régimen de paraseguridad social propio del sector de la construcción[949]. La sentencia razona[950]:

> "El hecho de que las empresas establecidas fuera de Alemania estén sometidas a obligaciones adicionales en lo que se refiere a los datos que deben aportar constituye, a fortiori, una restricción de la libre prestación

---

947 COMISIÓN EUROPEA: *Report from the Commission services on the implementation…, cit.*, pág. 17.

948 COMISIÓN EUROPEA: *Orientaciones en relación…*, cit., pág. 5.

949 Sentencia de 25 de octubre de 2001, Finalarte, C-49/98, C-50/98, C-52/98 a C-54/98 y C-68/98 a C-71/98, EU:C:2001:564. Los llamados regímenes de paraseguridad social se estudian en el epígrafe VII.2.

950 Sentencia Finalarte, apartado 71.

de servicios a los efectos del artículo 59 del Tratado (véase, en este sentido, la sentencia Arblade y otros, antes citada, apartado 59).

Esta restricción puede estar justificada si resulta necesaria para proteger efectivamente y por los medios adecuados la razón imperiosa de interés general que constituye la protección social de los trabajadores.

Además, el hecho de que las empresas establecidas fuera de Alemania no estén sometidas a las mismas obligaciones en lo que se refiere a los datos que deben aportar puede atribuirse a las diferencias objetivas que existen entre dichas empresas y las que están establecidas en Alemania.

En cambio, la obligación de aportar determinados documentos específicos al Estado miembro no está justificada si éste puede efectuar los controles necesarios sobre la base de los documentos que se lleven con arreglo a la normativa del Estado miembro de acogida (véase, en este sentido, la sentencia Arblade y otros, antes citada, apartado 64).

Con arreglo a las consideraciones antes expuestas, procede responder a la segunda cuestión, letra c), que corresponde al órgano jurisdiccional remitente determinar, habida cuenta del principio de proporcionalidad, los tipos de datos que las autoridades alemanas pueden legítimamente exigir a los prestadores de servicios establecidos fuera de Alemania. A tal fin, es preciso que el órgano jurisdiccional remitente evalúe si las diferencias objetivas que existan entre la situación de las empresas establecidas en Alemania y la de las empresas establecidas fuera de Alemania requieren objetivamente la información adicional que se exige a éstas".

Traemos aquí lo expresado en la sentencia Comisión contra Luxemburgo (2004), sobre la idoneidad de la notificación como alternativa al sistema de autorización para el desplazamiento de nacionales de terceros Estados[951]:

> "Sin embargo, imponer a la empresa de prestación de servicios la obligación de notificar previamente a las autoridades locales el desplazamiento de uno o varios trabajadores por cuenta ajena, la duración prevista para su estancia y la prestación o prestaciones de servicios que justifican tal desplazamiento constituye una medida igualmente eficaz que la exigencia controvertida, pero menos restrictiva. Permite a dichas autoridades controlar que se observa la normativa social luxemburguesa durante el desplazamiento y tener en cuenta las obligaciones que ya impone a la empresa la normativa social aplicable en el Estado miembro de origen".

[951] Sentencia de 2 de octubre de 2004, Comisión contra Luxemburgo (2004), C-445/03, EU:C:2004:655, apartado 31.

Lo expresado por el TJUE en este último apartado vale tanto para comunicar el desplazamiento de trabajadores nacionales de terceros Estados como para comunicar la realización del desplazamiento en su globalidad. Puede afirmarse que el TJUE, en Comisión contra Luxemburgo (2004) marca el camino a las autoridades en lo que se refiere a la comunicación del desplazamiento.

En el año 2006, la Comisión Europea publicó una comunicación con el muy sugerente título de *Orientaciones en relación con el desplazamiento de trabajadores efectuado en el marco de una prestación de servicios*[952]. El título no engaña; el documento puede ser interpretado en clave de manual de instrucciones para los Estados miembros sobre cómo establecer sistemas de control administrativo, probablemente ante la "ósmosis explosiva" que significó la ampliación de la Unión hacia Centroeuropa (OJEDA AVILÉS)[953]. De forma muy gráfica, este documento indica a los Estados qué se puede hacer y qué no se puede hacer en el marco de la burocracia del desplazamiento. Pues bien, la conclusión que expone la Comisión Europea respecto a la posibilidad de exigir una comunicación previa a las autoridades del Estado de destino es[954]:

> "Teniendo en cuenta la jurisprudencia existente, la Comisión considera que para que el Estado miembro de acogida pueda comprobar que se cumplen las condiciones de empleo establecidas en la Directiva, dicho Estado debería poder exigir, respetando el principio de proporcionalidad, que el prestador de servicios efectúe una declaración, a más tardar al inicio de los trabajos, en la que figuren datos sobre los trabajadores desplazados, la duración, el lugar y el tipo de servicio que prestan. La declaración podría contener la mención de que los trabajadores de terceros países desplazados se hallan en situación regular en el país de establecimiento del prestador de servicios, incluido en lo que respecta a los requisitos en materia de visado, y que están empleados legalmente en dicho país".

Sentada la validez de la notificación o comunicación de los desplazamientos, debe abordarse qué ha de comunicarse. El volumen de información que se debe trasladar a las autoridades del Estado de destino está muy relacionado, una vez más, con el principio de

952 COMISIÓN EUROPEA: *Orientaciones en relación*..., cit.
953 OJEDA AVILÉS, A.: "Una Autoridad Laboral...", obra cit., pág. 3/13.
954 COMISIÓN EUROPEA: *Orientaciones en relación*..., cit., pág. 6.

proporcionalidad. De acuerdo con la sentencia Finalarte, la proporcionalidad de la comunicación se mide en gran medida respecto a la cantidad de información requerida al prestador de servicios extranjero comparada con la información requerida al prestador de servicios local, comparación que corresponde realizar y valorar al juez nacional[955].

El TJUE volvió a valorar la cantidad de la información exigida en las comunicaciones de desplazamiento en la sentencia Comisión contra Bélgica (2012), en la que se analizó la proporcionalidad de los datos que los prestadores de servicios autónomos (no se debatía el contenido de las comunicaciones realizadas en desplazamientos de trabajadores por cuenta ajena) debían aportar al sistema de declaración de desplazamiento belga LIMOSA[956], que es la plataforma informática a través de la que las empresas que desplazan trabajadores a Bélgica presentan sus comunicaciones de desplazamiento.

Además de los prestadores de servicios con trabajadores dependientes, la autoridad belga proyectó en LIMOSA un formulario específico para trabajadores por cuenta propia que fueran a prestar sus servicios en ese país. Este formulario contenía varios apartados para completar, que, a juicio de la Comisión Europea, eran desproporcionados.

Insistimos en que la Comisión Europea planteó el recurso sólo respecto a la declaración de desplazamiento de los trabajadores autónomos y no respecto a las empresas con trabajadores por cuenta ajena. Es decir, la declaración de desplazamiento para el caso de trabajadores por cuenta ajena nunca fue puesta en duda, más si se tiene en cuenta que en el momento en que se ventiló este litigio ya existía un proyecto de directiva (que acabaría siendo la 2014/67) en la que se reconocía la posibilidad de establecer un sistema de declaración de desplazamiento de trabajadores por cuenta ajena[957].

955 Sentencia Finalarte, apartado 75.

956 Sentencia de 19 de diciembre de 2012, Comisión contra Bélgica (2012), C-577/10, EU:C:2012:814.

957 COMISIÓN EUROPEA: Propuesta de Directiva del Parlamento Europeo y del Consejo relativa a la garantía de cumplimiento…, cit.

Pues bien, para el caso de los trabajadores autónomos que quisieran prestar temporalmente servicios en su territorio, Bélgica exigía la aportación de diversos datos, en gran medida paralelos a los que se exigían a los trabajadores por cuenta ajena, con la justificación de que eran necesarios para prevenir el fraude, los abusos y el *dumping* social. El Tribunal consideró[958]:

> "Si bien es concebible que un Estado miembro pueda exigir a los prestadores autónomos de servicios establecidos en otro Estado miembro que se desplazan a su territorio para prestar un servicio que le comuniquen determinada información, lo es siempre que la comunicación esté justificada a la luz de los objetivos perseguidos. Sin embargo, el Reino de Bélgica no ha justificado de modo suficientemente convincente de qué modo la comunicación de esta información muy detallada es necesaria para cumplir los objetivos de interés general que invoca ni en qué medida la obligación de comunicar con carácter previo esta información no excede de los límites de lo necesario para alcanzar estos objetivos, siendo así que, sin embargo, le correspondía hacerlo (véase, en este sentido, la sentencia de 19 de junio de 2008, Comisión/Luxemburgo, C-319/06, Rec. p. I-4323, apartado 51 y jurisprudencia citada)."

Recordamos en este aspecto lo señalado en el Capítulo V, en el que afirmamos que la mera alegación de la protección del mercado local como argumento justificativo de una razón de interés general no es suficiente para sostener una medida restrictiva de la libre prestación de servicios, sino la razón alegada de interés general debe tener un carácter europeo[959], que impida que los Estados determinen unilateralmente su alcance[960], de manera que a su amparo fijen medidas proteccionistas contrarias a los Tratados.

Como última exigencia respecto al contenido de la declaración, en la sentencia Comisión contra Luxemburgo (2006), el TJUE sentó que la declaración debe ser clara, no ambigua[961]. Con esta afirmación, el Tribunal reprochaba a Luxemburgo que su normativa sobre desplazamiento habilitaba a la Inspección de Trabajo y Minas a que, mediante un mero requerimiento a la empresa, ésta les remitiera una

---

958 Sentencia Comisión contra Bélgica (2012), apartado 55.

959 GUTIÉRREZ-SOLAR CALVO, B.: *El desplazamiento temporal...*, obra cit., pág. 106.

960 Sentencia Comisión contra Luxemburgo (2006), apartado 30.

961 *Ibidem*, apartados 80 a 82.

serie de datos relevantes para que este organismo pudiera hacer las comprobaciones pertinentes (identificación de los trabajadores, cualificación, lugar y duración de los trabajos en Luxemburgo, etc.), de una manera en la que no quedaban claros los derechos y obligaciones de las empresas, ni las consecuencias en caso de incumplimiento.

Con clara base en estos antecedentes jurisprudenciales[962], la Directiva 2014/67 afrontó la inclusión de una declaración de desplazamiento con el exquisito cuidado de no constituir una carga desproporcionada[963]. Por este motivo, el artículo 9.1 del primer borrador disponía:

> "1. Los Estados miembros solo podrán imponer los requisitos administrativos y las medidas de control siguientes:
>
> a) la obligación del prestador de servicios establecido en otro Estado miembro de hacer una simple declaración a las autoridades nacionales competentes responsables, a lo sumo cuando comience la prestación de servicios, que podrá limitarse a indicar la identidad del prestador de servicios, la presencia de uno o más trabajadores desplazados claramente identificables, el número previsto de trabajadores desplazados, la duración prevista y la ubicación de dichos trabajadores, así como los servicios que justifican el desplazamiento;"

Que en el texto final adquirió la siguiente redacción[964], también como artículo 9.1 *a*):

> *Los Estados miembros solo podrán imponer los requisitos administrativos y las medidas de control que sean necesarios para garantizar la supervisión efectiva del cumplimiento de las obligaciones que contemplan la*

962 DEFFOSEZ, A.: "La directive 2014/67/UE relative à l'exécution de la directive 96/71/CE concernant le détachement de travailleurs: un premier pas dans une bonne direction", *Revue trimestrelle de droit européen*, núm. 4, 2014, pág. 7/16.

963 La evaluación de impacto de la Directiva 2014/67 llegó a valorar cuánto tiempo podría tardarse en elaborar una declaración de desplazamiento. COMISIÓN EUROPEA: *Revision of the legislative framework on the posting of workers*... Partie II, cit., pág. 138.

964 Las enmiendas a la norma propuestas por el Parlamento Europeo pueden consultarse en PARLAMENTO EUROPEO: Report on the proposal for a directive of the European Parliament and of the Council on the enforcement of directive 96/71/EC concerning the posting of workers in the framework of the provision of services (COM(2012)0131-C7-0086/2012-2012/0061(COD)), 4.7.2013, pág. 38-40.

> *presente Directiva y la Directiva 96/71/CE, siempre que estén justificados y sean proporcionados de conformidad con el Derecho de la Unión.*
>
> *Para ello, los Estados miembros podrán imponer, en particular, las medidas siguientes:*
>
> *a) la obligación del prestador de servicios establecido en otro Estado miembro de presentar una declaración simple a las autoridades nacionales competentes responsables, a más tardar cuando comience la prestación de servicios, en la lengua o una de las lenguas oficiales del Estado miembro de acogida, o en otra u otras lenguas aceptadas por el Estado miembro de acogida, que contenga la información pertinente necesaria para posibilitar los controles materiales en el lugar de trabajo, en particular:*
>
> *i) la identidad del prestador de servicios,*
>
> *ii) el número previsto de trabajadores desplazados claramente identificables,*
>
> *iii) las personas a las que hacen referencia las letras e) y f),*
>
> *iv) la duración previsible y las fechas previstas del comienzo y de la finalización del desplazamiento,*
>
> *v) la dirección o direcciones del lugar de trabajo, y*
>
> *vi) la naturaleza de los servicios que justifican el desplazamiento;*

La comunicación del desplazamiento es la primera de las medidas que la Directiva 2014/67 propone a los Estados y ha sido asumida por todos ellos (salvo en su momento el Reino Unido ni los países de la AELC) sin someterse a un modelo único de declaración ni un procedimiento común[965]. La mayoría de los Estados ha establecido sanciones en caso de que no se presente la declaración de desplazamiento[966].

5. FIANZAS

El Estado de destino no puede exigir una fianza a los empresarios que pretendan desplazar a trabajadores de terceros Estados con el argumento de que ésta cubre eventuales gastos de repatriación. Una vez más, el TJUE adopta un papel activo y propone la "adopción de órdenes expeditivas para la satisfacción de los gastos generados"[967],

---

965 EUROFOUND: *Improving the monitoring of posted workers in the EU.* Oficina de Publicaciones de la Unión Europea, 2020, pág. 17.

966 *Ibidem*, pág. 27.

967 Sentencia Comisión contra Luxemburgo (2004), apartado 47.

como instrumento más liviano para garantizar los intereses de dichos Estados.

6. DOCUMENTACIÓN DEL DESPLAZAMIENTO

6.1. Planteamiento general

Nadie pone en duda que las empresas que desplazan trabajadores a un Estado distinto de aquel en el que están establecidas se deben someter al control de las autoridades del lugar donde se están prestando los servicios, y una de las formas en las que las autoridades realizan ese control es mediante el examen de determinados documentos que puedan acreditar el cumplimiento de las condiciones de trabajo. Cuestión distinta es si ese control debe ser el mismo, mayor o menor que el que las autoridades ejercen sobre las empresas locales. Un control menor que el que se ejerce sobre las empresas del Estado de destino puede dar lugar a situaciones de fraude y abuso, mientras que un control excesivo (o incluso un control igual de intenso que el ejercido sobre los prestadores de servicio del Estado de destino) puede constituir una traba para la libre de prestación de servicios. Una vez más, es el juicio de proporcionalidad el que fijará la justa medida de dichos controles. En este sentido, el Tribunal de Justicia afirma[968]:

> "Por las razones ya expuestas en los apartados 61 a 63 de la presente sentencia, las exigencias de un control efectivo por parte de las autoridades del Estado miembro de acogida pueden justificar la obligación de un empresario, establecido en otro Estado miembro y que preste servicios en el Estado miembro de acogida, de tener determinados documentos a disposición de dichas autoridades a pie de obra o, como mínimo, en un lugar accesible y claramente identificado del territorio del Estado miembro de acogida [...]
>
> Habida cuenta del principio de proporcionalidad, corresponde al Juez nacional determinar qué documentos deben ser objeto de tal obligación."

---

[968] Sentencia Arblade, apartados 74 y 75.

6.2. Documentación exigible

Las empresas que desplazan trabajadores pueden ser requeridas a presentar documentos que acrediten el cumplimiento de determinadas normas laborales del Estado de destino. Salvando particularidades, la realidad laboral y la documentación que ésta genera es bastante homogénea en los Estados de la Unión Europea, gracias al proceso de armonización desarrollado en muchos de sus ámbitos. Esta homogeneidad se refleja en la similitud que puede existir entre los Estados respecto a la documentación de la relación laboral y sus vicisitudes (contrato de trabajo, nóminas, registro de jornada, etc.). Se hace evidente en este punto lo absurdo de duplicar documentos para cumplir las normas del Estado de origen y del Estado de destino. En este sentido, la sentencia Arblade (1999) señala[969]:

> "En efecto, los datos exigidos respectivamente por la normativa del Estado miembro de establecimiento y la del Estado miembro de acogida relativos, en particular, al empresario, al trabajador, a las condiciones de trabajo y a la retribución pueden diferir hasta tal punto que no puedan efectuarse las inspecciones exigidas por la normativa del Estado miembro de acogida sobre la base de documentos llevados con arreglo a la normativa del Estado miembro de establecimiento.
>
> En cambio, el mero hecho de que existan algunas diferencias de forma o de fondo no puede justificar que se lleven dos grupos de documentos, unos con arreglo a la normativa del Estado miembro de establecimiento, y otros con arreglo a la del Estado miembro de acogida, si la información que contienen los documentos exigidos por la normativa del Estado miembro de establecimiento basta, en su conjunto, para permitir la labor inspectora necesaria en el Estado miembro de acogida."

No obstante, esta manifestación del TJUE no es absoluta, en el sentido de que encomienda a las autoridades administrativas y judiciales de los Estados de destino a valorar la suficiencia de la documentación confeccionada conforme a las reglas del Estado de origen, o la necesidad (debidamente justificada) de hacer una nueva versión de los documentos conforme a las normas de destino. En el caso de que las autoridades exijan más documentos a las empresas que desplazan trabajadores que a las empresas locales, tal exigencia deberá estar también justificada. En este sentido, el TJUE consideró —sentencia

---

969 Sentencia Arblade, apartado 63 y 64.

Comisión contra Alemania (2006)— que no estaba justificado que se exigiera a las ETTs extranjeras que aportaran información no sólo de las cesiones realizadas en ese país sino también de las modificaciones que pudieran existir, cuando la información sobre las segundas no se requería a las empresas locales[970].

6.3. *Lugar de conservación de los documentos*

El acceso a los documentos laborales facilita el control administrativo de los desplazamientos, motivo por el que éstos deben encontrarse en un lugar accesible y claramente identificado[971], que debería coincidir con el centro o lugar de trabajo en el que se vayan a hacer las inspecciones[972]. Una vez ha terminado el desplazamiento y la empresa regresa a su Estado de origen, si la normativa de destino exigiera que se mantenga la documentación disponible hasta cumplirse un plazo determinado (un plazo de prescripción, por ejemplo), la solución no será que la conserve un depositario en el Estado de destino, sino que la empresa deberá remitirla a la autoridad. De esta manera, se cumplen los propósitos de la norma de una manera menos gravosa para el prestador de servicios[973].

6.4. *Traducciones*

Como acertadamente se manifiesta en la sentencia Comisión contra Alemania (2006), la eficacia de los controles *in situ* no puede fiarse a las capacidades lingüísticas de los inspectores locales, más si tenemos en cuenta que en la Unión Europea hay 24 lenguas oficiales a nivel de Estado, de manera que puede exigirse que la documentación que tenga que estar a disposición de las autoridades no sea muy larga ni compleja y, en consecuencia, no requiera una traducción muy gravosa[974].

---

970 Sentencia Comisión contra Alemania (2006), apartados 85 a 87.

971 Sentencia Arblade, apartado 61.

972 Sentencia Comisión contra Alemania (2006), apartado 71.

973 Sentencia Arblade, apartados 77 y 78.

974 Sentencia Comisión contra Alemania (2006), apartado 76.

Todas las cuestiones analizadas por el Tribunal de Justicia sobre documentación se incorporan al artículo 9.1 de la Directiva 2014/67, que permite a los Estados imponer:

> *b) la obligación de conservar o poner a disposición o de guardar copias en papel o en formato electrónico del contrato de trabajo o un documento equivalente a tenor de la Directiva 91/533/CEE del Consejo, incluida, cuando sea adecuado o pertinente, la información adicional a la que se refiere el artículo 4 de esa Directiva, las nóminas, las fichas con los horarios que indiquen el comienzo, el final y la duración del trabajo diario y los comprobantes del pago de salarios, o copias de los documentos equivalentes, durante el período de desplazamiento, en un lugar accesible y claramente identificado de su territorio, como puede ser el lugar de trabajo, a pie de obra o, en el caso de los trabajadores móviles del sector del transporte, la base de operaciones o el vehículo en el que se presta el servicio*
>
> *c) la obligación de entregar, en un plazo razonable, los documentos que contempla la letra b), una vez concluido el desplazamiento, a petición de las autoridades del Estado miembro de acogida;*
>
> *d) la obligación de proporcionar una traducción de los documentos mencionados en la letra b) a la lengua o una de las lenguas oficiales del Estado miembro de acogida o a otra u otras lenguas aceptadas por el Estado miembro de acogida* [...].

7. NOMBRAMIENTO DE UN REPRESENTANTE

El ejercicio de la libre prestación de servicios lleva implícita una falta de arraigo en el Estado de destino donde se va a trabajar temporalmente pues, en caso de que la empresa disponga de oficinas más o menos estables, podemos estar hablando de libertad de establecimiento. Esta ausencia de arraigo supone una dificultad grande para que las autoridades del Estado de destino puedan realizar un control efectivo del cumplimiento de las obligaciones establecidas en la Directiva 96/71.

Ya en la sentencia Arblade (1999) se señalaba la obligación establecida por la legislación belga de designar un mandatario que llevara los documentos laborales pertinentes, bien en el centro de trabajo, bien en su propio domicilio[975]. La ley luxemburguesa de des-

---

975 Sentencia Arblade, apartado 14.

plazamiento de 2002, que fue objeto de la sentencia Comisión contra Luxemburgo (2006), obligaba a que las empresas que carecieran de un establecimiento permanente en ese país designaran un mandatario residente en Luxemburgo que custodiara la documentación laboral, por si ésta era requerida por las autoridades, incluso cuando la prestación de servicios había concluido y la empresa había regresado a su país de establecimiento. Como se señalaba en Arblade, esta exigencia se consideraba desproporcionada y, una vez más, el TJUE tomó un papel activo y propuso que este mandatario fuera uno de los trabajadores desplazados[976]. La redacción del artículo 9.2 *e*) de la Directiva 2014/67 no llega tan lejos:

> *La obligación de designar una persona para que sirva de enlace con las autoridades competentes del Estado miembro de acogida en que se presten los servicios y para que envíe y reciba documentos o notificaciones, de ser necesario.*

Este representante no debe confundirse con el contemplado en el apartado *f*), que es el representante encargado de negociar con los sindicatos locales las condiciones de trabajo para situaciones como las producidas en Laval (aunque la Directiva 2014/67 no se atreva a mencionar ese nombre).

---

[976] Sentencia Comisión contra Luxemburgo (2006), apartado 91.

Capítulo X

LA BASE JURÍDICA DE LA DIRECTIVA 96/71

1. INTRODUCCIÓN

Tomando prestada la terminología del artículo 3.1 de la Directiva 96/71, el presente bloque es el *núcleo duro* de este trabajo. Hasta este momento hemos analizado la génesis y evolución de la Directiva 96/71, los parámetros para identificarla en el ordenamiento jurídico (ámbito y naturaleza) y, en tercer lugar, el despliegue de elementos que supone la puesta en práctica de un desplazamiento (condiciones laborales y de seguridad social, así como los requisitos de forma). En todos estos bloques, en mayor o menor medida según resultaba necesario, se ha señalado como característica de la Directiva, y en ocasiones motivo de los conflictos asociados a ella, la confusión existente entre el carácter laboral o de mercado de la norma.

Este último bloque se compone de este primer capítulo, en el que se estudiará la base jurídica de la norma, basculante entre esos dos polos, y en el segundo capítulo se pondrán de manifiesto los problemas que la base jurídica de la norma genera.

Más allá de su naturaleza, en el ámbito europeo, el objeto o finalidad de una norma es el que determina la libertad fundamental o principio de Derecho europeo que justifica su aprobación. Esta finalidad, económica o social a los efectos de nuestro estudio, se concreta en la referencia que se hace a un determinado precepto del Tratado, que habilita la aprobación de una norma y que suele ubicarse en el primer *visto* de su preámbulo[977]. El artículo del Tratado que justifica la elaboración de la norma es conocido como la base jurídica o *legal basis*[978].

---

977 UNIÓN EUROPEA: *Guía práctica común del Parlamento Europeo, del Consejo y de la Comisión para la redacción de textos legislativos de la Unión Europea*, Oficina de Publicaciones de la Unión Europea, 2015, pág. 26.

978 La base jurídica se define como “la disposición que atribuye la competencia para adoptar el acto en cuestión”. UNIÓN EUROPEA: *Guía práctica común...*,

La fijación de la base jurídica de una norma es determinante porque, al vincularla a un determinado artículo del Tratado, a su vez ligado a una concreta libertad o política comunitaria, le será de aplicación el medioambiente jurídico en el que se desenvuelve, esto es, la justificación de la necesidad de la propia norma, el procedimiento normativo a seguir, la elección de directiva o reglamento, la procedencia del principio de subsidiariedad, los principios interpretativos o la jurisprudencia del TJUE aplicable a su futura interpretación.

Las tensiones que existen en el desplazamiento de trabajadores, tanto entre empresas y autoridades nacionales como las derivadas de las sentencias del TJUE, en gran medida tienen su origen en la elección de su base jurídica por el legislador europeo[979]. La concurrencia intensa del ámbito laboral y del mercado en una misma norma ha permitido calificar la norma como una "bestia inusual": una medida de política social adoptada sobre la base jurídica del mercado único[980]. También podemos asemejar la Directiva 96/71 a una falla tectónica en la que chocan el Derecho del mercado interior con el Derecho del Trabajo, que ha provocado intensos terremotos en el Tribunal de Justicia.

De esta manera, el hecho de que una norma sea calificada como de servicios o de mercado (art. 53.1 y 56 del TFUE)[981] o laboral (art. 45 ó 151 y siguientes)[982] condiciona enormemente su desarrollo e interpretación. En este punto, queremos hacer una aclaración importante. A partir de este momento, cuando tratemos la pretendida laboralidad de la base jurídica de la Directiva 96/71, nos referiremos

pág. 26.

979 CALVO GALLEGO, F. J.: "Desplazamientos transnacionales de…", obra cit., pág. 88.

980 BARNARD, C.: "The calm after…", obra cit., pág. 13.

981 El artículo 56 TFUE declara la libre prestación de servicios, mientras que el artículo 53.1 regula el acceso a profesiones no reguladas, que es la base legal de la Directiva 96/71. Aunque el artículo 53 se encuadre en el bloque de establecimiento, el artículo 62 integra el 53 en el bloque de la libre prestación de servicios.

982 Aunque la libertad reconocida a los trabajadores de circular libremente por la Unión se contemple en el artículo 45 TFUE, creemos más correcto ubicar una eventual base legal de las normas de desplazamiento en el Título X del Tratado sobre Política Social (art. 151 y siguientes).

a una posible base amparada bien en los artículos del Tratado reguladores de la libre circulación de trabajadores, bien en los artículos del Tratado reguladores de la Política Social. Consideramos que cualquiera de estos bloques puede aceptarse como base jurídica laboral de la Directiva y, en términos generales, nos referiremos a ellos como un solo bloque, el laboral. En el otro lado de la balanza se encontrará en similares términos la libre prestación de servicios o las que venimos llamando "normas de mercado".

Uno de los ejemplos más ilustrativos de la importancia de la base jurídica es la controversia suscitada en la sentencia Laval sobre si las condiciones de trabajo del núcleo duro de la Directiva 96/71 funcionaban como mínimos o como máximos[983]. Si contemplamos la Directiva como una norma laboral, las condiciones de trabajo contenidas en el artículo 3.1 pueden interpretarse como mínimos que pueden ser mejorados para beneficio de los trabajadores mediante la negociación y, en caso de que fuera conveniente, mediante la adopción de medidas de conflicto. Por el contrario, si vemos la Directiva como una norma de mercado, las condiciones de trabajo se percibirán como máximos, cuya mejora será imposible sin la voluntad del empresario, sin que sea posible la adopción de medidas de conflicto colectivo, como así se interpretó[984].

Ante esta perspectiva de elección de una base jurídica entre dos principios, la defensa del mercado o la política social[985], podría plantearse una solución tan sencilla como establecer una doble base jurídica. Lamentablemente, conforme a la jurisprudencia del Tribunal de Justicia, las normas sólo pueden tener una base jurídica o, cuando menos, se prefiere que así sea. En este sentido, la sentencia República Checa (2019)[986]:

---

983 Sentencia Laval, apartado 81.

984 VAN NUFFEL, P. y AFANAJSEVA, S.: "The Revised Posting...", obra cit., pág. 282. Como señalamos en el epígrafe VII.3.2, no estamos de acuerdo con la consideración de la norma como de máximos o de mínimos.

985 Con el término "Política Social" nos referimos a la alternativa a la base legal "de mercado", que vendría, bien por los preceptos de libre circulación de trabajadores bien por los de política social previstos en los Tratados.

986 Sentencia de 3 de diciembre de 2019, República Checa contra Parlamento Europeo y Consejo de la Unión Europea ("República Checa"), C-482/17, EU:C:2019:1035, apartado 31.

> "Procede recordar, con carácter preliminar, que de reiterada jurisprudencia del Tribunal de Justicia se desprende que la elección de la base jurídica de un acto de la Unión debe fundarse en elementos objetivos susceptibles de control judicial, entre los que figuran la finalidad y el contenido de dicho acto. Si el examen del acto en cuestión muestra que este persigue un doble objetivo o que tiene un componente doble y si uno de ellos puede calificarse de principal o preponderante, mientras que el otro solo es accesorio, dicho acto debe fundarse en una sola base jurídica, a saber, aquella que requiere el objetivo o el componente principal o preponderante (sentencia de 23 de enero de 2018, Buhagiar y otros, C-267/16, EU:C:2018:26, apartado 41 y jurisprudencia citada)."

Es decir, salvo que exista un equilibrio perfecto entre los objetivos perseguidos por una norma, habrá que optar por una sola base jurídica, que será la señalada por el interés preponderante. Esta elección obligada de una sola base jurídica hizo que en el concreto caso de la Directiva 96/71, donde se optó por la libre prestación de servicios, sólo se reflejara la finalidad de mercado de la norma y no la laboral[987].

Así, la base jurídica de la Directiva 96/71 se constituye por el artículo 57.2 y el 66 TCE (actuales 53.1 y 62 TFUE). El artículo 57.2 dispone que:

> *Con el mismo fin, el Consejo adoptará, antes de la expiración del período transitorio, directivas para la coordinación de las disposiciones legales, reglamentarias y administrativas de los Estados miembros relativas al acceso y ejercicio de las actividades no asalariadas. Será necesaria la unanimidad, a propuesta de la Comisión y previa consulta al Parlamento Europeo, para aquellas directivas cuya ejecución en un Estado miembro al menos implique una modificación de los principios legales vigentes relativos al régimen de las profesiones en lo que se refiere a la formación y a las condiciones de acceso a las mismas de las personas físicas. En los demás casos, el Consejo decidirá con arreglo al procedimiento previsto en el artículo 189 B.*

El artículo 57.2 se encuentra integrado en el Capítulo II del TCE, sobre libertad establecimiento, con lo que es necesario que, a efectos de integrar el desplazamiento de trabajadores en la libre prestación de servicios, se utilice el artículo 66, que extiende el ámbito de la

---

987 BOTTERO, M.: *Posting of workers…*, obra cit., pág. 64.

libre prestación de servicios a determinados artículos sobre libertad de establecimiento, entre ellos el al artículo 57.2:

> *Las disposiciones de los artículos 55 a 50, ambos inclusive, serán de aplicación a las materias reguladas por el presente capítulo* [Capítulo III del TCE, sobre Servicios].

Esta opción por la base jurídica de mercado provoca una insuficiencia laboral del marco de desplazamiento de trabajadores porque, aunque su articulado se refiera a condiciones de trabajo, el medioambiente jurídico en el que se va a desenvolver será el de la libre prestación de servicios y el mercado interior.

La duda sobre la base jurídica de las normas de desplazamiento ha estado presente desde su elaboración. En los primeros momentos de la negociación, varias delegaciones manifestaron su reserva sobre la base jurídica de la norma[988], que fue contestada en un primer momento por el Servicio Jurídico del Consejo cuando algunas delegaciones quisieron añadir al artículo 57.2 TCE, el 100 (sobre aproximación de legislaciones)[989]. Una vez retirado el proyecto y vuelto a poner en marcha, se plantearon dudas sobre la posible inclusión del artículo 100, al que se añadió el 235 del TCE[990], hasta tal punto que el COREPER solicitó un informe del Servicio Jurídico del Consejo para aclarar esta cuestión[991]. El informe afirmó con rotundidad que la base jurídica de la norma eran el artículo 57.2 y el 66 TCE, el primero de ellos regulador del acceso a las actividades no asalariadas y el segundo que integra estas actividades en el marco de la libre prestación de servicios.

Durante el período en el que la Directiva estaba aprobada y publicada pero aún no era exigible, el TJUE siguió aplicando exclusivamente los artículos sobre libre prestación de servicios[992], aunque

---

988 CONSEJO: 8255/92, de 9.10.1992, pág. 3.

989 El Servicio Jurídico contestó con la doctrina de preferencia de una sola base jurídica. CONSEJO: 9790/92, de 10.11.1992, pág. 3.

990 CONSEJO: 11359/94, de 29.11.1994, pág. 7.

991 CONSEJO: 11745/94, de 5.12.1994.

992 QUIÑONES ESCÁMEZ, A.: “Otra lectura de…”, obra cit., pág. 436.

nada hubiera impedido una aplicación conjunta de dichos artículos con los relativos a la libre circulación de trabajadores[993].

A pesar de que la Directiva 96/71 fija claramente la base jurídica en el artículo 57 TCE, los interrogantes volvieron a aparecer en las dos revisiones que ha tenido la norma. Con ocasión de la elaboración de la Directiva 2014/67, el Comité de las Regiones planteó de nuevo la duda sobre la base jurídica de esta última norma en relación con la Directiva 96/71[994]. Posteriormente, en los primeros momentos de la negociación de la Directiva 2018/957 se revisita la cuestión[995], sugiriéndose esta vez la posibilidad de ampliar la base jurídica, para tener en cuenta la dimensión laboral de los desplazamientos de trabajadores. Esta vía no fue desarrollada.

Finalmente, los procedimientos de anulación promovidos por Hungría y Polonia contra la Directiva 2018/957 han permitido que el Tribunal de Justicia analizase la base jurídica de esta norma, y llegase a conclusiones que creemos extrapolables a la norma de 1996[996]. Los pronunciamientos del TJUE al respecto se analizan *Infra,* XI.4.

La alternativa entre mercado o laboral de la base de la Directiva 96/71 es también lógica en tanto la norma tiene demasiados receptores con intereses contrapuestos, como para tener una finalidad única y clara; además, los principios comunitarios objeto del debate —servicios o política social— llevan desde los años 90 convergiendo y entrelazándose[997]. Las empresas locales que compiten con prestadores de servicios extranjeros, los trabajadores locales amenazados por la competencia de los desplazados y los propios desplazados son titulares de intereses diferentes, que coexisten en esta figura jurídica del

---

993 VERSCHUEREN, H.: "Cross-Border Workers…", obra cit., pág. 176.

994 COMITÉ DE LAS REGIONES: Dictamen del Comité de las Regiones. *El desplazamiento de trabajadores…*, cit., pág. 69.

995 CONSEJO: 9309/16, de 3.6.2016, pág. 5.

996 Sentencia de 8 de diciembre de 2020, Hungría contra Parlamento Europeo y Consejo de la Unión Europea ("Hungría"), C-620/18, EU:C:2020:1001 y Sentencia de 8 de diciembre de 2020, Polonia contra Parlamento Europeo y Consejo de la Unión Europea ("Polonia"), C-626/18, EU:C:2020:1000.

997 CARRASCOSA GONZÁLEZ, J. y RODRÍGUEZ-PIÑERO ROYO, M.: "Desplazamientos temporales de…", obra cit., pág. 2/24.

desplazamiento y su regulación por la Directiva 96/71[998]. Tenemos la sensación de que, en la balanza de la base jurídica del desplazamiento, a pesar de que los platos están muy al ras, se hace necesario que uno de los intereses en juego tenga más peso que el otro.

A continuación, se exponen las razones para considerar la Directiva 96/71 como una norma de mercado, las razones para considerar la laboralidad de la norma y también rebatirla y, finalmente, la evolución de la interpretación de la norma a la luz de estos dos polos. En este sentido, la aprobación de la Directiva 2018/957 supone un punto de inflexión: concilia intereses contrapuestos, pero reduce la seguridad jurídica que venía aportando la norma.

2. LA BASE JURÍDICA DE LA DIRECTIVA 96/71: LA LIBRE PRESTACIÓN DE SERVICIOS

Dada la relación que existe entre la Directiva 96/71 y las sentencias del TJUE que la precedieron, debemos referirnos a las sentencias Seco Desquenne, Vander Elst y Rush como punto de partida de la Directiva 96/71.

En todas estas sentencias se dilucida la compatibilidad de ciertas medidas adoptadas por los Estados con una libertad comunitaria concreta: la libre prestación de servicios. En Seco Desquenne (1982) se trata de la exigencia de unas determinadas cotizaciones sociales para vejez e invalidez; en Vander Elst (1994), la movilidad bajo el paraguas de su empresa de nacionales de terceros Estados, y en Rush Portuguesa (1990), el traslado temporal de trabajadores portugueses en un momento en el que estos trabajadores aún no gozaban del derecho a la libre circulación.

En la sentencia Seco Desquenne, el TJUE señala[999]:

> "Consta que el Derecho comunitario no se opone a que los Estados miembros hagan extensiva la aplicación de sus legislaciones o de los convenios colectivos laborales celebrados por los interlocutores sociales en materia de salarios mínimos a toda persona que realice un trabajo por

---

998 GÓMEZ ABELLEIRA, F. J.: "Desplazamiento laboral transnacional…", obra cit., pág. 220.

999 Sentencia Seco Desquenne, apartado 14.

cuenta ajena, aunque sea de carácter temporal, en su territorio, con independencia de cuál sea el país de establecimiento del empresario, al igual que el Derecho comunitario tampoco prohíbe a los Estados miembros hacer cumplir dichas normas por todos los medios adecuados al efecto.

No obstante, no cabe calificar de medio adecuado una normativa o práctica que impone con carácter general una carga social o parasocial, que restringe la libre prestación de servicios, a todos los prestadores de servicios establecidos en otro Estado miembro que empleen a trabajadores nacionales de países terceros, con independencia de que hayan cumplido o no la normativa en materia de salario social mínimo del Estado miembro en que se realiza la prestación, habida cuenta de que una medida general de este tipo no contribuye, por su naturaleza, a asegurar el cumplimiento de dicha normativa ni a beneficiar en modo alguno a la mano de obra de que se trata."

Es decir, la carga social impuesta por las autoridades de Luxemburgo es una carga que afecta a la libre prestación de servicios, concepción que se repite en la sentencia Rush[1000]:

"Del conjunto de consideraciones precedentes se deduce que procede responder a las cuestiones primera y segunda que los artículos 59 y 60 del Tratado CEE y los artículos 215 y 216 del Acta de adhesión del Reino de España y de la República Portuguesa deben interpretarse en el sentido de que una empresa establecida en Portugal que lleva a cabo prestaciones de servicios en el sector de la construcción y de las obras públicas en otro Estado miembro puede desplazarse con su propio personal, traído de Portugal, por el tiempo que duren las obras de que se trata. En tal caso, las autoridades del Estado miembro en cuyo territorio deben realizarse las obras no pueden imponer condiciones al prestador de servicios referentes a la contratación de mano de obra in situ o a la obtención de un permiso de trabajo para el personal portugués."

No olvidemos que Rush Portuguesa es una sentencia sobre trabajo de extranjeros durante el período transitorio tras la incorporación de un Estado a la CEE. La multa que se impuso a Rush se basaba en que los trabajadores desplazados desde Portugal no tenían permiso de trabajo para trabajar en Francia, situación para la que la doctrina de no integración en el mercado de trabajo de destino tiene sentido; jurídicamente esos trabajadores no podían integrarse en el mercado de destino al carecer de permiso de trabajo. En todo caso, la cuestión

---

[1000] Sentencia Rush Portuguesa, apartado 19.

decisiva, que terminó por poner en marcha el procedimiento normativo para elaborar la Directiva 96/71, fue la pregunta formulada por Francia en el mismo procedimiento judicial, que no tenía estrecha relación con el debate sobre la exigencia de un permiso de trabajo. A esta pregunta el Tribunal respondió con la doctrina ya asentada en Seco[1001]:

> "Hay que precisar por último, a raíz de las preocupaciones expresadas a este respecto por el Gobierno francés, que el Derecho comunitario no se opone a que los Estados miembros extiendan su legislación, o los convenios colectivos de trabajo celebrados por los interlocutores sociales, a toda persona que realice un trabajo por cuenta ajena, aunque sea de carácter temporal, en su territorio, con independencia de cuál sea el país de establecimiento del empresario: el Derecho comunitario no prohíbe tampoco a los Estados miembros que impongan el cumplimiento de dichas normas por medios adecuados al efecto (sentencia de 3 de febrero de 1982, Seco y Desquenne, asuntos acumulados 62/81 y 63/81, Rec. 1982, p. 223)."

A este párrafo debemos la Directiva 96/71 y todo lo que ella ha traído consigo, tanto los aspectos positivos como los negativos.

¿Por qué la doctrina Seco Desquenne no provocó la puesta en marcha de una norma reguladora del desplazamiento de trabajadores y sí lo hizo Rush Portuguesa años después, tomando un párrafo de aquélla? La primera razón es geoeconómica: en 1982 Portugal y España no eran parte de la CEE y no constituían una amenaza. La segunda es que en Seco Desquenne no se analiza el efecto del desplazamiento en el mercado de trabajo local y sí se hace en Rush con la teoría de la no integración. Si unimos ambas razones, podemos pensar que, hasta la entrada de España y Portugal en la CEE, existía la concepción de un mercado único continental de la CEE en la que las diferencias salariales entre los Estados existían pero no eran preocupantes[1002]; la entrada de los países ibéricos exige fijar mercados de trabajo nacionales dentro del mercado común, con el objetivo de defenderlos. Para defender los mercados de trabajo, pero también para defender a la CEE de medidas desproporcionadas de defensa de esos

---

1001 *Ibidem*, apartado 18.

1002 Irlanda y Grecia eran parte de la CEE pero su ubicación hacía poco rentable un desplazamiento.

mercados de trabajo nacionales, se concibe la idea de elaborar una directiva que regule el desplazamiento de trabajadores.

La no integración en el mercado de trabajo local en la sentencia Rush Portuguesa tiene un fundamento muy claro: esos trabajadores portugueses no se podían integrar en el mercado francés de trabajo porque no tenían el permiso correspondiente. El problema es que este principio de no integración se confirmó en la sentencia Finalarte (2001), pero en este último caso los períodos transitorios ya habían expirado y los trabajadores portugueses gozaban de libertad de circulación por sí mismos sin necesitar el paraguas de la libre prestación de servicios. A pesar de que los trabajadores desplazados estaban en una situación distinta, la sentencia Finalarte da la misma solución que en Rush Portuguesa, en cuanto a la no integración en el mercado de trabajo, con la consiguiente confusión que genera una misma solución a dos situaciones diferentes[1003].

Sobre esta base jurisprudencial, la directiva llamada a regular el desplazamiento de trabajadores en el marco de una prestación transnacional de servicios tuvo desde el primer momento su base jurídica en la libre prestación de servicios. Como hemos señalado al tratar la naturaleza de la norma, el primer borrador de la Directiva 96/71 ya manifestaba:

> "El artículo 3, disposición central de la propuesta, no pretende armonizar las normas materiales de los Estados miembros sobre la legislación laboral y las condiciones de trabajo [...]. En este sentido, no se trata de un instrumento de derecho de trabajo (sic), sino de una propuesta sobre derecho internacional privado estrechamente relacionada con la libre prestación de servicios"[1004].

Durante la negociación de la Directiva, tanto en su primera como en su segunda parte, las dudas sobre la base jurídica se plantearon en el GAS. Por esta razón, el COREPER de 25 de noviembre de 1994 solicitó un informe *ad hoc* del Servicio Jurídico del Consejo para abor-

---

1003 MARTIN, D.: "Comments on Gottardo (Case C-55/00 of 15 January 2002), Finalarte (Case C-49/98 of 25 October 2001) and Portugaia Construçoes (Case C-164/99 of 24 January 2002)", *European Journal of Migration and Law*, núm. 4, 2002, pág. 373-374.

1004 COMISIÓN EUROPEA: Propuesta de directiva del Consejo relativa al desplazamiento de trabajadores..., cit., pág. 14.

dar específicamente la cuestión de la base jurídica. Resumimos los argumentos que aborda la nota que resume el dictamen del Servicio Jurídico, fechada el 5 de diciembre de 1994[1005]:

- En primer lugar, la finalidad de la norma, de acuerdo con la documentación preparatoria, es remover las trabas a la libre prestación de servicios, especialmente identificando las condiciones de trabajo aplicables en el Estado de destino, sin que se produzca una armonización de la normativa aplicable.
- Esta finalidad exige que la libertad que ampare este fin sea la de prestación de servicios reconocida en el artículo 60 TCE en el sentido dado por el TJUE, esto es, eliminar toda discriminación por razón de la nacionalidad del prestador de servicios, incluyendo aquellas figuras que, teniendo una apariencia neutral, puede obstaculizar el ejercicio de dicha libertad.
- Según el Servicio Jurídico del Consejo, el objeto principal de la Directiva no es la protección de los trabajadores. La protección de los trabajadores es un efecto del cumplimiento del propósito primario de la Directiva, un efecto indirecto. Las normas nacionales de transposición de la Directiva estarán dirigidas primera y principalmente a las empresas.
- Este informe confirma la posición inicial de la Comisión Europea, en la que se fijaba como base legal los artículos 57.2 y 66 del Tratado constitutivo de la Comunidad Europea.

Por su parte, en la tramitación de la Directiva 2018/957 la Comisión de Empleo y Asuntos Sociales del Parlamento Europeo planteó una consulta similar a la Comisión de Asuntos Jurídicos, con un resultado parecido al del Consejo: la base jurídica de la Directiva 96/71 y, en consecuencia, la norma que se estaba tramitando, debía tener su base en el artículo 53 TFUE[1006].

1005 CONSEJO: 11745/94, de 5.12.1994, pág. 3 a 5.

1006 PARLAMENTO EUROPEO: Informe sobre la propuesta de Directiva del Parlamento Europeo y del Consejo que modifica la Directiva 96/71/CE del Parlamento Europeo y del Consejo, de 16 de diciembre de 1996, sobre el desplazamiento de trabajadores efectuado en el marco de una prestación de servicios (COM(2016)0128 - C8-0114/2016 - 2016/0070(COD)), A8-0319/2017. 19-10-2017, pág. 35.

De esta manera, la Directiva 96/71 encuentra su fundamento en el actual artículo 53.1 y 62 TFUE (anteriores 57.2 y 66 TCE), pero, a su vez, la Directiva 96/71 es expresión práctica de la libre prestación de servicios, de manera que una y otra norma se refuerzan[1007].

Puede así concluirse que la base jurídica se encuentra en el actual artículo 53.1 TFUE porque "el objetivo fundamental de la Directiva no es una armonización del derecho social, sino determinar el Derecho aplicable en tales situaciones con el fin de facilitar la libre prestación de servicios en el interior de la Comunidad" (PALAO MORENO)[1008].

2.1. Literalidad de la Directiva 96/71

Además de la finalidad de mercado que predomina en la norma, creemos que el artículo 3.1 de la Directiva 96/71 no está redactado como sería de esperar de una norma laboral:

> *Los Estados miembros velarán por que, cualquiera que sea la legislación aplicable a la relación laboral, las empresas mencionadas en el apartado 1 del artículo 1 garanticen a los trabajadores desplazados en su territorio las condiciones de trabajo y empleo relativas a las materias siguientes que, en el Estado miembro donde se efectúe el trabajo, estén establecidas* [...]

La norma no convierte, al menos de forma clara y directa, al trabajador en sujeto activo de un derecho, sino que obliga a los Estados a velar por que las empresas garanticen a sus trabajadores las condiciones de trabajo del "núcleo duro". Como señala la nota del Servicio Jurídico antes mencionada, la norma va principalmente dirigida a las empresas[1009], y rebaja al trabajador de titular de un derecho subjetivo a mero beneficiario de una obligación de vigilancia encomendada a las autoridades del Estado de destino. El trabajador no es tratado, a nuestro entender, como una persona titular de derechos laborales, sino como objeto de una serie de ventajas competitivas de las em-

---

[1007] BARNARD, C.: "The UK and Posted Workers: The Effect of Commission v Luxembourg on the Territorial Application of British Labour Law", *Industrial Law Journal*, vol. 38, núm. 1, 2009, pág. 127 y Sentencia Rüffert, apartado 36.

[1008] PALAO MORENO, G.: "Directiva 96/71/CE...", obra cit., pág. 378.

[1009] CONSEJO: 11745/94, de 5.12. 1994, pág. 4.

presas prestadoras de servicios, que deben ser anuladas aplicando las condiciones de trabajo del Estado de destino. La anulación de ventajas competitivas redunda en beneficio del trabajador, que, si procede, cobrará un salario superior al que suele cobrar en el Estado de origen.

Esta desposesión del trabajador de un derecho subjetivo va en línea con el fenómeno de la "reificación "de la prestación de servicios, en virtud de la que el componente material de la prestación de servicios doblega al elemento personal, a imagen de lo que ocurre en la libre circulación de mercancías[1010]. De esta manera, la norma hace al trabajador "objeto" del desplazamiento y su posición jurídica deriva de los derechos asignados al empleador (RIBES MORENO)[1011], con lo que la atribución de derechos no le vendrá sino de forma accesoria o secundaria. Esta "cosificación de la libre prestación de servicios imprime así un fuerte carácter liberalizador al artículo 49 TCE/1999, que difumina las consideraciones tuitivas que caracterizan las libertades personales, y especialmente a la libre circulación de trabajadores" (GUTIÉRREZ-SOLAR)[1012].

Desde esta perspectiva, la Directiva 96/71 no busca prioritariamente que los trabajadores desplazados cobren una cantidad concreta de salario, sino que el empresario que desplaza tenga un coste salarial determinado que no sea inferior a los costes laborales inferiores que los empresarios del Estado de destino. Aunque mejore la protección de los desplazados, es la libre prestación de servicios el principio que prevalece y fundamenta la norma[1013].

RODRÍGUEZ-PIÑERO Y BRAVO-FERRER aclara que no se trata de una directiva social, sino que posee un objeto, solución jurídica y finalidad predominantemente económica[1014]. CASAS BAAMON-

---

[1010] GUTIÉRREZ-SOLAR CALVO, B.: *El desplazamiento temporal*..., obra cit., pág. 123.

[1011] RIBES MORENO, M. I.: "El concepto de trabajador...", obra cit., pág. 101.

[1012] GUTIÉRREZ-SOLAR CALVO, B.: *El desplazamiento temporal*..., obra cit., pág. 124.

[1013] CONTRERAS HERNÁNDEZ, O.: "Desplazamiento de trabajadores y la revisión...", obra cit., pág. 613.

[1014] RODRÍGUEZ PIÑERO Y BRAVO-FERRER, M.: "El desplazamiento temporal...", obra cit., pág. 2/8.

DE aprecia una doble finalidad, tanto la protección de la libre competencia como la de los derechos de los trabajadores desplazados, si bien considera que, aunque la Directiva 96/71 tiene "apariencia de directiva de carácter social", su finalidad es predominantemente económica[1015]. LOUSADA cree que no se trata de una directiva social en el sentido que tradicionalmente han sido entendidas[1016]. De estas apreciaciones, puede colegirse que el interés primario de la norma es la protección del mercado interior; los derechos de los trabajadores quedan en un segundo lugar. RODRÍGUEZ-PIÑERO Y BRAVO-FERRER considera que, en el ámbito europeo, al margen de la defensa del trabajador, se ha hecho primar la libre prestación de servicios por encima de cualquier control del mercado de trabajo y al margen de la defensa del trabajador, en tanto el trabajador permanece vinculado a la legislación social del Estado de origen[1017].

A este carácter secundario de la protección de los trabajadores frente a la libre prestación de servicios, podemos añadir la concepción según la cual los derechos sociales son "derechos de segunda división" que, en caso de colisionar con derechos civiles-mercantiles siempre van a salir perdiendo (BARNARD)[1018], ya que la Directiva no es una herramienta concebida en su origen para la defensa de los derechos de los trabajadores[1019]. Dicho de otra manera (RODRÍGUEZ-PIÑERO) tiene una fuerte dimensión económica y una débil dimensión social[1020].

De acuerdo con lo expuesto, la Directiva 96/71 tiene un déficit laboral no derivado de su contenido, que podemos calificar de laboral, porque no deja de señalar unas condiciones de trabajo que deben ser aplicadas a trabajadores, sino por el enfoque que su base jurídica

---

1015 CASAS BAAMONDE, M. E.: *Los desplazamientos temporales…*, obra cit., pág. 57-62.

1016 LOUSADA AROCHENA, J. F.: "La reforma de la Directiva…", obra cit., pág. 66.

1017 RODRÍGUEZ-PIÑERO Y BRAVO FERRER, M.: "El desplazamiento temporal de trabajadores y la Directiva 96/71/CE", *Relaciones Laborales*, núm. 23, 1999, pág. 2/7.

1018 BARNARD, C.: "Are social 'Rights' rights?", *European Labour Law Journal*, vol. 11(4), 2020, pág. 356.

1019 BARNARD, C.: "The UK and Posted…", obra cit., pág. 126.

1020 RODRÍGUEZ PIÑERO Y BRAVO-FERRER, M.: "El desplazamiento temporal…", obra cit., pág. 1/8.

de mercado le da. Considerar la Directiva 96/71 como una norma de protección de los trabajadores en sí es un error (BARNARD)[1021].

3. ARGUMENTOS A FAVOR Y EN CONTRA DE LA LABORALIDAD DE LA DIRECTIVA 96/71

Entre todas las críticas negativas recibidas por la Directiva 96/71 es, a efectos de este apartado, relevante aquella que la señala como uno de los peores instrumentos modernos de política social en la Comunidad Europea[1022]. Esta afirmación pone de manifiesto que la Directiva 96/71 se concibe por muchos como un instrumento de política social, más concretamente como una norma laboral.

Podemos en este sentido afirmar que existe una identificación de la Directiva con una norma propia del Derecho del Trabajo, que se produce de forma intuitiva. El título de la norma (*desplazamiento de trabajadores efectuado en el marco de una prestación de servicios*) leído por un laboralista le hará prestar más atención al término *desplazamiento de trabajadores* que al término *prestación de servicios* y, en consecuencia, asumirá la norma como parte integrante del bloque laboral.

Una razón añadida para esta identificación de la Directiva 96/71 con una norma laboral puede adivinarse en la jurisprudencia anterior a la propia norma. Al fin y al cabo, en las sentencias Seco Desquenne o Rush Portuguesa el TJUE, aplicando la protección de los trabajadores como imperiosa razón de interés general, permitía aplicar condiciones de trabajo del Estado de destino como una *condición más favorable* propia del Derecho del Trabajo, en detrimento del principio de continuidad del contrato, propio del Derecho Internacional Privado[1023]. Este razonamiento, que es internacionalprivatista para el caso concreto de los desplazados de países pobres a países ricos, se

1021 BARNARD, C.: *EU Employment Law*, obra cit., pág. 228.

1022 DAVIES la califica como "*One of the most neglected of the modern social policy instruments of the Community*". DAVIES, P.: "The Posted Workers Directive…", obra cit., pág. 298.

1023 NOGUEIRA GUASTAVINO, M.: "Plena validez de la base competencial de la Directiva (UE) 2018/957, de modificación de la Directiva 96/71/CE sobre el desplazamiento de trabajadores efectuado en el marco de una prestación de servicios, así como de la ampliación de las condiciones de empleo de los traba-

interpreta como la norma mínima laboral. Con estos antecedentes, no es de extrañar que el laboralista que quiera encuadrar debidamente la norma tendrá que hacer el esfuerzo intelectual de buscar las razones para comprender que la norma no es una norma laboral, sino de mercado[1024].

La eventual integración de la Directiva 96/71 en la normativa social le atribuiría unas características (considerarla una norma de mínimos, aplicación del principio de norma más favorable, condición más beneficiosa, etc.) que en realidad no tiene, con el riesgo de que la realidad de la aplicación de la norma provoque desaliento o frustración al laboralista[1025], así como de culpar a Tribunal de Justicia de distanciarse del modelo social europeo[1026]. Los laboralistas más conscientes del origen de mercado de la Directiva 96/71 no se han visto sorprendidos por las decisiones del Tribunal, aunque hayan echado de menos que la norma fuera un poco más allá de señalar la ley aplicable al trabajador desplazado[1027].

Como analizaremos más adelante, el mayor exponente de esta inadecuada percepción de la Directiva 96/71 como norma laboral es probablemente la consideración de la norma de máximos cuando, desde una perspectiva laboral, debería ser una norma de mínimos susceptible de mejora. La amplia crítica doctrinal y sindical a las sentencias del Cuarteto Laval por hacer valer las libertades económicas por encima de los derechos de los trabajadores desplazados tiene[1028], a nuestro juicio, el denominador común de tener un enfoque predominantemente laboralista, que no sólo fue asumido por determinada doctrina y sindicatos, sino también por los Estados ricos de la Unión para intentar imponer la aplicación de su legislación laboral a todas las personas que trabajen en su territorio, posición que es de todos conocido cedió ante la sentencia Comisión contra Luxemburgo

---

jadores desplazados que lleva a cabo", *Revista de Jurisprudencia Laboral*, núm. 2, 2021, pág. 9/10.

1024 DAVIES. P.: "Posted workers: single…", obra cit., pág. 573.

1025 GÁRATE CASTRO, F. J.: *Los desplazamientos de trabajadores…*, obra cit., pos. 275/3368.

1026 VERSCHUEREN, H.: "Cross-Border Workers…", obra cit., pág. 177.

1027 JORENS, Y.: *Cross-border EU…*, obra cit., pág. 148.

1028 CONTRERAS HERNÁNDEZ, O.: "Desplazamiento de trabajadores y la revisión…", obra cit., pág. 607.

(2006)[1029]. Este enfoque laboralista lleva incluso a la doctrina a considerar que el TJUE hace una interpretación restrictiva de la norma, cuando, por ejemplo, en la sentencia Rüffert, lo que el TJUE hace es evitar una interpretación *contra legem* de la Directiva 96/71, al no dar validez a convenios colectivos no declarados *erga omnes* ni sometidos al artículo 3.8 de la Directiva[1030].

3.1. Argumentos para la laboralidad

Como hemos señalado, una de las finalidades (no la principal) de la Directiva 96/71 es la protección de los trabajadores. Es comprensible que quienes día a día se dedican a las relaciones laborales, y que son quienes más trabajan la norma en su actividad profesional, antepongan este propósito a la finalidad de promover y proteger la libre prestación de servicios[1031]. Esta percepción puede verse alentada si se concibe el artículo 3 de la Directiva como una norma de conflicto de leyes con un contenido sustantivo, que va más allá de la mera indicación de la legislación aplicable al supuesto[1032].

Desde nuestra perspectiva, tampoco podemos afirmar que la doctrina haya impugnado de forma generalizada y contundente la naturaleza de mercado de la Directiva 96/71, no existen voces que clamen que estamos ante una norma laboral y nada más. Tenemos la sensación de que los laboralistas asumen que el propósito principal de la norma no es la protección de los trabajadores, sino facilitar la libre prestación de servicios y[1033], en el mejor de los casos, la finalidad de mercado que fundamenta la Directiva se acepta colocándola al mismo nivel que la protección de los trabajadores[1034].

1029 BARNARD, C.: "The UK and Posted…", obra cit., pág. 123.

1030 ORLANDINI, G.: "Desplazamiento transnacional y dumping salarial en la Unión Europea", *Revista de Derecho* Social, núm. 78, 2017, pág. 145.

1031 DAVIES, A. C. L.: "One Step Forward", obra cit., pág. 128.

1032 CAMPO COMBA, M.: *The Law aplicable to cross-border contracts involving weaker parties in EU International Private Law*, 1ª ed., Springer, 2021, pág. 294.

1033 BARNARD, C.: "The UK and Posted…", obra cit., pág. 126.

1034 FLYNN, C.: "The Protection of Workers' Rights and the Freedom of Movement: Compatible objectives in the EU Legal Order? A Critical Analysis of the Laval and Rüffert Judgments of the ECJ", *Irish Journal of European Law*, núm. 16, pág. 182.

En cierto modo, apreciamos que la norma es interpretada por la dotrina laboral como una norma que no queda más remedio que sea de prestación de servicios, pero en el fondo es una norma laboral porque regula condiciones de trabajo (*eppur è una norma del lavoro,* podría señalar el laboralista en términos de Galileo).

Frente a esta aceptación de la Directiva 96/71 como norma de mercado, una de las soluciones propuestas por la Confederación Europea de Sindicatos a raíz de Laval y Viking fue dar la vuelta a los principios rectores, esto es, cambiar las prioridades de aplicación mediante la inclusión de una cláusula de progreso en los siguientes términos[1035]:

> "Nada en los Tratados, y en particular ninguna de las libertades económicas o reglas de competencia tendrá prioridad sobre los derechos sociales fundamentales y el progreso definido en el artículo 2. En caso de conflicto, prevalecerán los derechos sociales fundamentales."

La propuesta de los sindicatos tenía una evidente dificultad de ser aceptada porque precisamente la lógica de la libre prestación de servicios, que, insistimos, es la base de las directivas sobre desplazamiento, responde precisamente al razonamiento opuesto, el del acceso al mercado y el test de proporcionalidad[1036].

De acuerdo con este razonamiento, las medidas laborales constituyen una *carga* para la libre prestación de servicios que debe ser eliminada y sólo si son consideradas medidas justificadas por razones imperiosas de interés general (la protección de los trabajadores es válida como tal) serán merecedoras de aprobación por el TJUE[1037]. De esta primera consideración debemos, pues, concluir, que la libre prestación de servicios es la regla general (o, si queremos llamarlo de otra manera, la finalidad principal) y la protección de los trabajadores la excepción (la finalidad secundaria).

Como se apreciará en los siguientes ejemplos, que son las sentencias de desplazamiento del Cuarteto Laval, el TJUE no hace sino

1035 CONFEDERACIÓN EUROPEA DE SINDICATOS, 2008: "Proposal for a social progress protocol", en *etuc.org* [en línea], disponible en https://www.etuc.org/en/proposal-social-progress-protocol [consulta mayo 2024].

1036 En este sentido, *Vid.* el epígrafe V.5.3.

1037 Sentencia Arblade, apartados 33, 34 y 36.

aplicar este razonamiento. El razonamiento parte de la libre prestación de servicios, porque es la base jurídica de la norma y, en este contexto, valora las posibilidades que puede haber de limitar esta libertad, sin que en los casos estudiados en estas sentencias encuentre justificación suficiente para ello.

En el asunto Comisión contra Luxemburgo (2006) ese país había añadido al núcleo duro de condiciones de trabajo otras condiciones no contempladas en el artículo 3.1 de la Directiva, entre ellas los convenios colectivos en términos generales, sin matiz alguno[1038]. Para justificar este añadido, Luxemburgo se basó en las razones de imperiosa necesidad del artículo 3.10, a través de una mención genérica a la protección de los trabajadores[1039]. Pues bien, dado el carácter de excepcional de la protección de los trabajadores como argumento para justificar las medidas limitadoras de la libertad de prestación de servicios, la alegación genérica no fue suficiente a ojos del Tribunal de Justicia. Creemos que la exigencia de detallar la concurrencia de la protección de los trabajadores como medida de imperiosa necesidad confirma la posición secundaria de la protección de los trabajadores respecto a la libre prestación de servicios.

En el asunto Laval, estandarte de la crítica a la Directiva 96/71, tampoco se pone en duda el carácter principal de la libre prestación de servicios (insistimos, las preguntas formuladas en la cuestión prejudicial versan sobre la compatibilidad con el artículo 49 TCE y con la propia Directiva). Los actores asumen el marco de libre prestación de servicios como principio rector de los desplazamientos e intentan encajar los diversos hechos y medidas enjuiciados como excepciones (sea por el art. 3.7, sea por el art. 3.10 de la Directiva) o como razones imperiosas de interés general[1040]. Como especialidad de Laval, se añaden los derechos fundamentales por el ejercicio de las medidas de conflicto colectivo, para reforzar el argumento de fondo de protección de los trabajadores, con el resultado de todos conocido.

1038 Sentencia Comisión contra Luxemburgo (2006), apartado 36.

1039 *Ibidem*, apartado 52.

1040 FLYNN, C.: "The Protection of…", obra cit., pág. 183. El autor se lamenta que el TJUE no apreciara el ejercicio de la actividad sindical como una razón imperiosa de interés general.

En la sentencia Rüffert, también se alegó la protección de los trabajadores como argumento para justificar la vigencia del convenio de la construcción que, recordemos, no había sido declarado de aplicación general, sin que el TJUE lo acepte como justificación de tal medida[1041].

Como muy bien expresa LOUSADA AROCHENA, "la doctrina laboralista [criticaba] que, en la resolución de esos casos, se había dado una clara prevalencia a las libertades económicas en la medida en que ostentan eficacia directa horizontal basada en los tratados con la inmediata consecuencia de interpretación restrictiva de todas aquellas limitaciones aplicables a su ejercicio, las cuales se deberían someter al cumplimiento de exigencias de necesidad, adecuación y proporcionalidad, mientras que los derechos sociales, y, en particular, los derechos de acción sindical y huelga, no encontraban un sustento comunitario ni tan explícito ni desde luego de tanta intensidad, pasando a ser considerados —desde una pura perspectiva mercantilista— como eventuales causantes de limitaciones de las libertades económicas."

Asumiendo esta reflexión y continuando el razonamiento, podemos aventurar que el éxito de quienes defendían las tesis laboralistas hubiera significado una interpretación de la norma contraria a su literal, pues tanto en Laval como en Rüffert se reconocía que los convenios colectivos analizados (Rüffert) o el resultado de una negociación salarial con los sindicatos suecos (Laval) no gozaban de la eficacia *erga omnes*, claramente exigida por el artículo 3.8 de la Directiva. Quizás en una norma cuya finalidad principal fuera la protección de los trabajadores encontrara ese sustento comunitario suficiente que consiguiera hacer valer los convenios colectivos señalados, por ejemplo, a través de la jurisprudencia comunitaria sobre no discriminación por razón de la nacionalidad de los trabajadores[1042].

Cierta doctrina no entiende este déficit laboral de la Directiva 96/71 y el, en nuestra opinión, consecuente planteamiento del TJUE. La reacción ante la decisión del TJUE, cuando el foco se pone exclusivamente en argumentos laboralistas y no se contempla la libre

---

1041 Sentencia Rüffert, apartados 37 y 38.

1042 RENTERO JOVER, J.: "Y ahora Rüffert…", obra cit., pág. 122.

prestación de servicios como finalidad primaria de la Directiva, es directamente la desacreditación del Tribunal[1043].

Como intento, no de revertir la prelación de principios en juego, pero sí de al menos equilibrarlos, durante la negociación de la Directiva 2018/957 el Parlamento Europeo, en su posición tras la primera lectura del proyecto[1044], incluyó un artículo 1. *bis* con el siguiente contenido[1045]:

> "La presente Directiva garantizará la protección de los trabajadores desplazados durante su desplazamiento en lo que se refiere a la libre prestación de servicios, estableciendo disposiciones obligatorias sobre las condiciones de trabajo y la protección de la salud y la seguridad de los trabajadores que deben respetarse."

Que venía precedido por el también nuevo considerando 22 de esta posición del Parlamento Europeo:

> "La presente Directiva establece un marco equilibrado en materia de libertad de prestación de servicios y de protección de los trabajadores desplazados, que es no discriminatorio, transparente y proporcionado, a la vez que respetuoso con la diversidad de los sistemas nacionales de relaciones laborales. La presente Directiva no impedirá la aplicación de condiciones de empleo y trabajo más favorables para los trabajadores desplazados."

1043 *Ibidem*, pág. 117. El autor considera que "en esa dirección de derribar las 'murallas sociales', viene colaborando el TJCE que parece haber perdido totalmente su norte y haberse transformado de un órgano judicial sereno [...] en un elemento activo más de una política comunitaria regresiva, al servicio, si no exclusivo, sí claramente prioritario, del libre mercado [...]". CASADO ABARQUERO, M.: "Hacia la mercantilización...", obra cit., 22/25, señala que "Quizás por un desconocimiento profundo del sistema general de fuentes del Derecho del Trabajo, el tribunal comunitario llega a afirmar que una normativa como la alemana en materia de contratación pública no puede entenderse orientada a la protección general de los trabajadores."

1044 PARLAMENTO EUROPEO: Resolución legislativa del Parlamento Europeo, de 29 de mayo de 2018, sobre la propuesta de Directiva del Parlamento Europeo y del Consejo que modifica la Directiva 96/71/CE del Parlamento Europeo y del Consejo, de 16 de diciembre de 1996, sobre el desplazamiento de trabajadores efectuado en el marco de una prestación de servicios (COM(2016)0128-C8-0114/2016-2016/0070(COD)), DO C 76, de 29.5.2018, pág. 226-229.

1045 CONSEJO: 9467/18, de 1.6.2018, pág. 19.

Estas dos propuestas fueron rápidamente asumidas por el Consejo y se mantuvieron hasta la versión de la Directiva 2018/957 publicada en el Diario Oficial[1046].

Si bien es cierto que esta declaración del artículo 1.1 no supone un giro significativo en la cuestión del objetivo preponderante de la norma[1047], se introduce en el articulado de la misma lo que antes sólo se podía deducir: que la norma tiene también el objeto de proteger a los trabajadores durante su desplazamiento[1048].

3.2. La casi imposible base jurídica laboral de la Directiva 96/71

A las razones expuestas en el apartado anterior para la no laboralidad de la norma, debe añadirse el principal argumento: la Directiva 96/71 no tiene una base jurídica de naturaleza laboral porque, sencillamente, es imposible —o, mejor dicho— muy difícil que la tenga.

Por mayor o menor que sea el contenido y finalidad laboral de la norma, ningún precepto del bloque social de los Tratados le podía dar un soporte adecuado. En este sentido, el Abogado General en las Conclusiones de la sentencia Hungría señaló que[1049]:

> "Las dificultades en la regulación del desplazamiento transnacional de trabajadores derivan, en el fondo, de que la Unión carece de competencia para armonizar las condiciones laborales. Son los Estados miembros quienes ostentan esa competencia, lo que se traduce en notables diferencias entre las condiciones laborales y salariales de cada uno de ellos."

1046 CONSEJO: 7350/18, de 28.3.2018, pág. 12 y ss. Aunque el documento final de la posición del Parlamento Europeo fue aprobado en la sesión de 28 a 31 de mayo de 2018, es muy probable que el Consejo adelantara las negociaciones con diversos documentos, como el informe de la Comisión de Empleo en el que se recogían las enmiendas, que es de 19 de octubre de 2017. PARLAMENTO EUROPEO: Informe sobre la propuesta de Directiva del Parlamento Europeo y del Consejo que modifica la Directiva 96/71/CE…, cit.

1047 CONTRERAS HERNÁNDEZ, O.: "Desplazamiento de trabajadores y la revisión…", obra cit., pág. 618.

1048 LOUSADA AROCHENA, J. F.: "La reforma de la Directiva…", obra cit., pág. 67 y 68.

1049 Conclusiones del Abogado General M. Campos Sánchez-Bordona, presentadas el 28 de mayo de 2020. Asunto C-626/18, Hungría, apartado 18.

Aunque sea adelantarnos al siguiente epígrafe, que trata las sentencias del Tribunal de Justicia que han puesto fin a la discusión, debemos en este apartado analizar el articulo 153 TFUE (antiguo 137 TCE), que es el precepto que los demandantes en esos procedimientos (Hungría y Polonia) consideraban que debía ser la base jurídica de la Directiva 2018/957. Como hemos advertido antes, consideramos que las argumentaciones sobre la base jurídica de la Directiva 2018/957 son perfectamente aplicables a la Directiva 96/71.

El artículo 153 TFUE dispone:

> *1. Para la consecución de los objetivos del artículo 151, la Unión apoyará y completará la acción de los Estados miembros en los siguientes ámbitos:*
>
> *a) la mejora, en concreto, del entorno de trabajo, para proteger la salud y la seguridad de los trabajadores;*
>
> *b) las condiciones de trabajo;*
>
> *c) la seguridad social y la protección social de los trabajadores;*
>
> *d) la protección de los trabajadores en caso de rescisión del contrato laboral;*
>
> *e) la información y la consulta a los trabajadores;*
>
> *f) la representación y la defensa colectiva de los intereses de los trabajadores y de los empresarios, incluida la cogestión, sin perjuicio de lo dispuesto en el apartado 5;*
>
> *g) las condiciones de empleo de los nacionales de terceros países que residan legalmente en el territorio de la Unión;*
>
> *h) la integración de las personas excluidas del mercado laboral, sin perjuicio del artículo 166;*
>
> *i) la igualdad entre hombres y mujeres por lo que respecta a las oportunidades en el mercado laboral y al trato en el trabajo;*
>
> *j) la lucha contra la exclusión social;*
>
> *k) la modernización de los sistemas de protección social, sin perjuicio de la letra c).*
>
> *2. A tal fin, el Parlamento Europeo y el Consejo:*
>
> *a) podrán adoptar medidas destinadas a fomentar la cooperación entre los Estados miembros mediante iniciativas para mejorar los conocimientos, desarrollar el intercambio de información y de buenas prácticas, promover fórmulas innovadoras y evaluar experiencias, con exclusión de toda armonización de las disposiciones legales y reglamentarias de los Estados miembros;*
>
> *b) podrán adoptar, en los ámbitos mencionados en las letras a) a i) del apartado 1, mediante directivas, las disposiciones mínimas que habrán de aplicarse progresivamente, teniendo en cuenta las condiciones y reglamentaciones técnicas existentes en cada uno de los Estados miembros. Ta-*

les directivas evitarán establecer trabas de carácter administrativo, financiero y jurídico que obstaculicen la creación y el desarrollo de pequeñas y medianas empresas. El Parlamento Europeo y el Consejo decidirán, con arreglo al procedimiento legislativo. [...]

En la sentencia Hungría, el TJUE analiza la posibilidad de que alguna de las dos opciones del apartado 2 de este artículo pudieran servir de base jurídica para la Directiva y llega a la conclusión de que no es posible. En el caso del apartado *a*), el artículo 153 se limita a establecer sistemas de cooperación, que no tiene nada qué ver con el contenido de la Directiva 2018/957. En el caso del apartado *b*), que posibilita realizar armonizaciones en materias propias de la política social, la Directiva 2018/957 actúa, como hemos señalado, como una norma de Derecho Internacional Privado que señala unas normas aplicables a una situación con un componente de extranjería. De esta manera, el artículo 153.2 TFUE no puede servir como base jurídica de la Directiva 2018/957[1050].

De igual manera, en 1996 esta Directiva no habría podido tener fundamento en el artículo 137 TCE (GUTIÉRREZ-SOLAR CALVO). El artículo 137 exigía para la aprobación de sus normas la mayoría cualificada del artículo 251, pero el artículo 137.1.6 TCE excluía de su ámbito las remuneraciones de los trabajadores, con lo que la regulación del desplazamiento sólo sería posible conforme a las normas generales previstas en los artículos 94 y 95 para lo que, en última instancia, hubiera sido necesaria la unanimidad para su aprobación[1051].

De acuerdo con lo expuesto, la fijación de una base legal del bloque social de los Tratados se hacía o bien imposible por el difícil encaje con el contenido de la norma o bien impracticable por el procedimiento normativo al que, en su caso, hubiera sido sometida (recordemos que la Directiva se aprobó con el voto en contra de Reino Unido y la abstención de Portugal[1052], con lo que pensar en una

---

1050 Sentencia Hungría, apartados 67 y 68.

1051 GUTIÉRREZ-SOLAR CALVO, B.: *El desplazamiento temporal...* obra cit., pág. 166-168.

1052 CALVO CARAVACA, A. L. y CARRASCOSA GONZÁLEZ, J.: "Contrato internacional de trabajo...", obra cit., pág. 3570.

unanimidad se hace realmente difícil, aunque no imposible)[1053]. Así, podemos afirmar que la base jurídica de la Directiva 96/71 (y, por supuesto, de la 2018/957) sólo puede ser una: la libre prestación de servicios.

4. LAS SENTENCIAS DE HUNGRÍA Y POLONIA. LA DOBLE FINALIDAD DE LA DIRECTIVA

4.1. Planteamiento

Hungría y Polonia, además de votar en contra de la Directiva 2018/957, los días 2 y 3 de octubre de ese año 2018 promovieron sendos recursos de anulación contra la recién aprobada norma[1054], entre otras cuestiones por considerar que tenía una base jurídica inadecuada. Con este argumento y otros, estos países solicitaban la anulación de ciertos artículos y, subsidiariamente, la anulación total de la norma.

Aunque hubiera sido deseable que las sentencias desarrollaran más alguno de los argumentos[1055], e incluso se puede pensar que el TJUE se ha limitado a mantener la actual base jurídica sin explorar posibles alternativas[1056], los razonamientos y decisiones de estas sentencias condicionarán la movilidad laboral el marco de prestación de servicios en Europa en los próximos años[1057].

1053 CARTER señala que la fijación de la libertad de prestación de servicios como base jurídica tuvo como principal justificación evitar en el Consejo un procedimiento que exigiera unanimidad. CARTER, D.: "Equal pay for…", obra cit., pág. 54.

1054 RAMOS MORAGUES, F.: "El desplazamiento transnacional…", obra cit., pág. 287.

1055 FERNÁNDEZ AVELLO, N.: "Aplicación de las condiciones…", obra cit., pág. 2/18

1056 RYZSKA, J.: "The new situation of posted workers in the framework of provision of services in the internal market of the European Union. Gloss to the Judgment of the Court of Justice of 8 December 2020 in Case C-626/18 Republic of Poland v Parliament and the Council of the European Union", *Opolskie Studia Administracyjno-Prawne*, vol. 19(2), 2021, pág. 134.

1057 CONTRERAS HERNÁNDEZ, O.: "Hungría y Polonia contra las nuevas reglas reguladoras del desplazamiento de trabajadores ¿merece ser anulada la Directiva (UE) 2018/957?", *Trabajo y Derecho*, núm. 78, 2021, pág. 1/18.

Adviértase que la exposición que haremos de las sentencias de Hungría y Polonia se centrarán en el argumento de la elección inadecuada de la base jurídica y sólo accesoriamente atenderemos al análisis que el Tribunal de Justicia hizo de otros argumentos esgrimidos por las demandantes, como la infracción del artículo 153 TFUE o la desviación de poder.

Los procedimientos iniciados por Hungría y Polonia se dirigían, evidentemente, contra la Directiva 2018/957, pero el razonamiento que el Tribunal de Justicia hace sobre la norma reformante es igualmente válido para la norma reformada[1058]:

> "De este modo, en el caso de una normativa que, como la Directiva impugnada, modifica una normativa existente, debe tenerse en cuenta igualmente, a efectos de la identificación de su base jurídica, la normativa existente que modifica y, en concreto, su objetivo y su contenido (sentencia de 3 de diciembre de 2019, República Checa/Parlamento y Consejo, C-482/17, EU:C:2019:1035, apartado 42)."

Además, el objetivo de la norma original y de la norma reformada son valorados por el Tribunal de forma conjunta[1059], por lo que permite afirmar que lo que el TJUE considere de la Directiva 2018/957 es en gran medida predicable de la Directiva 96/71.

Centrándonos en el resultado de las sentencias, si el TJUE hubiera dado la razón a estos dos países y hubiera considerado que la base jurídica de la Directiva 2018/957 era el artículo 153 TFUE, podría existir cierta duda sobre la base jurídica de la Directiva 96/71. En ese caso, el TJUE hubiera tenido que justificar por qué la base de 2018 se apartaba de la base de 1996. Por el contrario, como el Tribunal confirmó la aplicabilidad del artículo 53 TFUE y la libre prestación de servicios como base de la Directiva 2018/957, no hizo sino confirmar la finalidad de ambas normas.

1058 Sentencia Hungría, apartado 42.

1059 Sentencia Polonia, apartado 55.

4.2. Pretensión y argumentos de Hungría y Polonia

Sobre esta base, en sus demandas de dos y tres de octubre de 2018, Hungría y Polonia solicitaban al Tribunal de Justicia que anulara los siguientes artículos de la Directiva 2018/957:

- El artículo 1.2 a)
- El artículo 1.2 b)
- El artículo 1.2 c) (sólo Hungría)
- El artículo 3.3
- Toda la directiva (con carácter principal para Hungría y carácter subsidiario para Polonia).

De los diversos argumentos a favor de su anulación, el más relevante (y de mayor interés para nosotros) es la inadecuada elección de la base jurídica de la norma. Como hemos señalado en numerosas ocasiones, la Directiva 2018/957 tiene su base jurídica en los artículos 53.1 y 62 TFUE, esto es, los preceptos sucesores de los artículos 57.2 y 66 TCE, bajo el paraguas de la libre prestación de servicios. Pues bien, según los Estados demandantes, dado que el contenido de la Directiva 2018/957 es laboral en su práctica totalidad (apreciación compartida por el Abogado General[1060]) la base jurídica no puede ser una norma de mercado sino la norma de protección de los trabajadores, esto es, el artículo 153 TFUE. Polonia considera incluso que el contenido de la Directiva, además de no promover la actividad económica en el mercado único, incluso socava el artículo 53 TFUE[1061].

4.3. La base única y más específica de una norma

Aunque es posible la existencia de una norma de derecho derivado con una doble base jurídica[1062], lo querido tanto por el legislador

[1060] Conclusiones del Abogado General M. Campos Sánchez-Bordona, presentadas el 28 de mayo de 2020. Asunto C-626/18, Polonia, apartado 74.

[1061] *Ibidem*, apartado 19.

[1062] Muestra de ello es la Directiva (UE) 2019/1 del Parlamento Europeo y del Consejo, de 11 de diciembre de 2018, encaminada a dotar a las autoridades de competencia de los Estados miembros de medios para aplicar más eficazmente las normas sobre competencia y garantizar el correcto funcionamiento del mercado interior. DO L 11, de 14.1.19, pág. 3-33.

como del juzgador europeo es que tengan una sola. Con una sola base jurídica se evitan conflictos de bloques normativos y de procedimiento, motivo por el que siempre se va a promover que la norma tenga una sola base y, únicamente cuando el equilibrio de finalidades sea exacto y pacífico, cabrá una base doble. En este sentido, la sentencia Polonia recuerda[1063]:

> "Si el examen del acto en cuestión muestra que este persigue un doble objetivo o que tiene un componente doble y si uno de ellos puede calificarse de principal o preponderante, mientras que el otro solo es accesorio, dicho acto debe fundarse en una sola base jurídica, a saber, aquella que requiere el objetivo o el componente principal o preponderante".

En el caso de que la norma trate varios objetivos e intereses y en ausencia de lo que podríamos calificar de un *equilibrio perfecto de objetivos* que permita una doble base, la base jurídica deberá coincidir el objetivo preponderante sobre aquel otro objetivo que se considere accesorio[1064], "cuando exista en los Tratados una disposición más específica que pueda constituir la base jurídica del acto controvertido, este debe fundarse en esa disposición"[1065].

La regla general es así que haya una sola base jurídica en las normas de Derecho derivado, sobre la base de los criterios de preponderancia del objetivo perseguido o de especialidad de la base jurídica, criterios que son complementarios y perfectamente compatibles.

4.4. La opción del Tribunal de Justicia por la libre prestación de servicios

En las sentencias de Hungría y Polonia el TJUE considera que la Directiva 2018/957 tiene una sola base jurídica, el artículo 53 y 62 TFUE, esto es, la libre prestación de servicios, si bien reconoce un peso mayor a la protección de los trabajadores como objetivo de la norma, respecto al valor que se le venía dando anteriormente. En todo caso, las mejoras vinculadas a la protección de los trabajado-

1063 Sentencia Polonia, apartado 43.
1064 Sentencia República Checa, apartado 43.
1065 Sentencia Hungría, apartado 43.

res que esta Directiva aporta siguen quedando supeditadas a la libre prestación de servicios[1066].

En situaciones en las que se analiza la base jurídica de una norma que modifica otra norma preexistente, debe tenerse en cuenta el objetivo y contenido de la norma modificada[1067]. En este sentido, el TJUE no cuestiona en las dos sentencias estudiadas que el artículo 57.2 TCE fuera la base jurídica de la Directiva 96/71, con lo que podemos entender que la confirma.

Respecto a la base jurídica de la Directiva 2018/957, el Tribunal lleva a cabo la reclamada por BARNARD "cuadratura del círculo"[1068], gracias a un concepto presente en el considerando 10 de la Directiva 2018/957, la *libre prestación de servicios en condiciones equitativas*, llamada a ser la clave de bóveda de la interpretación de la Directiva de desplazamiento en los siguientes años o incluso décadas.

La necesidad y a la vez la justificación de esta cuadratura viene derivada de los cambios producidos en el mercado interior desde la aprobación de la Directiva 96/71, especialmente por la ampliación de la Unión en 2004, 2007 y 2013, en la que empresas con estándares laborales muy inferiores a los Estados ya miembros comenzaron a prestar sus servicios desplazando trabajadores a esos países[1069]. No es necesario reiterar lo expuesto en el Capítulo II sobre los efectos del desembarco de las empresas de Centroeuropa, a la que debe añadirse la polémica producida por las sentencias del Cuarteto Laval. Como señala muy diplomáticamente el considerando 4 de la Directiva 2018/957, *más de veinte años después de su adopción, se ha hecho necesario evaluar si la Directiva 96/71/CE del Parlamento Europeo y del Consejo sigue logrando el equilibrio adecuado entre la necesidad de fomentar la libre prestación de servicios y garantizar condiciones de competencia equitativas, por un lado, y la necesidad de proteger los derechos de los trabajadores desplazados, por otro.*

1066 SALA FRANCO, T. y LALAGUNA HOLZWATH, E.: "Evolución y aspectos críticos del desplazamiento de trabajadores en el ámbito de la Unión Europea", *Revista de Trabajo y Seguridad Social. CEF*, 2016, p. 51.

1067 *Ibidem*, apartado 40.

1068 BARNARD, C.: "Free Movement and Labour…", obra cit., pág. 2/28.

1069 Sentencia Hungría, apartados 62 y 63.

La evaluación del equilibrio entre los intereses en juego y la corrección del mismo a través de una norma que reformara parcialmente la Directiva 96/71 era perfectamente posible, en tanto el Derecho de la Unión no priva al legislador europeo de adaptar una norma a "cualquier modificación de las circunstancias o a cualquier evolución de los conocimientos habida cuenta de que le incumbe la tarea de velar por la protección de los intereses generales reconocidos por el Tratado FUE y de tomar en consideración los objetivos transversales de la Unión recogidos en el artículo 9 de ese Tratado, entre los que figuran la exigencias relacionadas con la promoción de un nivel de empleo elevado y con la garantía de una protección social adecuada"[1070].

En este contexto de cambio de las condiciones económicas y laborales, y con esta habilitación al legislador comunitario, la Directiva 2018/957 fue aprobada con una base jurídica localizada en el artículo 53.1 TFUE, es decir, en un precepto de marcado carácter mercantil, que es confirmada por el Tribunal de Justicia.

El razonamiento de la sentencia parte de la afirmación del artículo 53.1 TFUE, anterior 57.2 TCE, como base jurídica de la Directiva 96/71. El Tribunal parte de considerar que el objetivo de esa norma era "permitir la libre prestación transnacional de servicios dentro del mercado interior en el marco de una competencia leal y garantizar el respeto de los derechos de los trabajadores"[1071], para el que recurrió a la base jurídica del artículo 57.2 (sin que el TJUE se plantee que pudiera haber optado por otros preceptos)[1072].

Una vez se ha asumido que la libre prestación de servicios es la base jurídica de la Directiva 96/71, que fijaba un equilibrio entre intereses mercantiles y laborales, el objeto de la Directiva de 2018 es

---

1070 Sentencia Hungría, apartado 41.

1071 *Ibidem*, apartado 64. No podemos compartir esta apreciación del TJUE, que nos parece en extremo bondadosa, al señalar que se tuvo en cuenta la protección de los trabajadores en la redacción de la Directiva 96/71. Lo más parecido a este principio es el considerando 6, que recuerda que la elección de la ley aplicable no podrá tener por efecto privar al trabajador de la protección que hubieran brindado las normas imperativas en falta de elección. El resto de la norma, a nuestro entender, se olvida bastante de la protección de los trabajadores, como hemos puesto de manifiesto a lo largo de este trabajo.

1072 Sentencia Polonia, apartado 69.

ajustar ese equilibrio tras más de veinte años de aplicación[1073], durante los cuales el mercado interior ha cambiado, principalmente por la incorporación de los Estados de Centroeuropa[1074]. Como *aggiornamento* de la norma de desplazamiento tras dos décadas de vigencia, la reforma que realiza la Directiva 2018/957 es, en palabras del Abogado General, "importante, pero limitada"[1075], por lo que la base jurídica de la norma no tiene por qué verse afectada.

La adaptación de la norma a los tiempos consiste básicamente en dulcificar el enfoque de mercado interior, pero sin perder su vocación de norma promotora de la libre prestación de servicios. Para ello, el TJUE se vale de la posibilidad de que la adaptación de la norma a las nuevas realidades tenga en cuenta los objetivos transversales contenidos en el artículo 9 TFUE, entre los que se encuentran la consecución de un nivel de empleo elevado y la protección social adecuada[1076].

Con esta perspectiva el Tribunal busca y encuentra en el considerando 10 de la Directiva 2018/957 la ansiada cuadratura del círculo. El considerando comienza afirmando que *es necesario garantizar una mayor protección de los trabajadores para salvaguardar la libre prestación de servicios en condiciones equitativas tanto a corto como a largo plazo* [...].

La *libre prestación de servicios en condiciones equitativas* supone a nuestro juicio la reconciliación de los intereses contrapuestos o, mejor dicho, la integración de la protección de los trabajadores en la libre prestación de servicios. Creemos que este concepto va a ser la clave de la interpretación de las normas laborales sobre desplazamiento de trabajadores en los próximos años o décadas.

1073 *Ibidem*, apartado 54.

1074 *Ibidem*, apartado 67.

1075 Conclusiones del Abogado General M. Campos Sánchez-Bordona, presentadas el 28 de mayo de 2020. Asunto C-626/18, Hungría, apartado 75.

1076 Sentencia Polonia, apartado 46.

Capítulo XI

EL EFECTO DE UNA BASE JURÍDICA BASADA EN LA LIBRE PRESTACIÓN DE SERVICIOS. EL DÉFICIT JURÍDICO LABORAL DE LA DIRECTIVA 96/71

1. EL DÉFICIT JURÍDICO LABORAL DE LA DIRECTIVA 96/71

Llegados al último capítulo de este trabajo, podemos afirmar que la Directiva 96/71 adolece de un déficit laboral, a pesar de ser una norma que fija condiciones de trabajo para una determinada categoría de trabajadores: los desplazados temporalmente a un Estado distinto de aquél en el que suelen prestar servicios.

1.1. ¿Una Directiva 96/71 con base legal laboral?

La causa última de este déficit es, como se ha explicado, la opción del legislador por la libertad de prestación de servicios como fundamento de la norma, como su base jurídica.

La Directiva 96/71 tiene un contenido genuinamente laboral que no se puede obviar y que, creemos, siempre va a dar una luz de laboralidad a la norma. La cuestión es si este contenido es suficiente para considerar la Directiva como una norma integrada en el marco del Derecho del Trabajo. Ya hemos explicado (*Supra,* X.3.2) cómo la norma terminó por recurrir a la libre prestación de servicios para su base jurídica. Si bien esta solución era la más fácil (aun siendo la más fácil, la negociación de la norma duró cinco años), la opción por la laboralidad siempre fue posible. Tengamos en cuenta:

– La dificultad de que el fundamento de la norma fuera la protección social era de origen político. Recordemos que la inclusión de previsiones sobre salarios desbordaba el marco del artículo 137 TCE e imponía la unanimidad para lograr un acuerdo[1077]. Es decir, encontrar una base diferente a la libre prestación de servicios era posible, pero muy difícil. De hecho, el resultado de las votaciones de la Directiva 96/71 sólo tuvo el voto en contra de Reino Unido y la abstención Portugal.

- La posibilidad de fijar más de una base jurídica también se planteó en el GAS del Consejo hasta en dos ocasiones[1078]. Durante elaboración de la norma la protección de los trabajadores tuvo una importancia inferior a la libre prestación de servicios, con el efecto de que estos dos polos fueran vistos de manera desigual y los artículos 57.2 y 66 TCE terminaron por constituir la base jurídica de la norma.

El Proyecto de 1972, del que parten los trabajos de la Directiva 96/71, tenía una base jurídica en la libre circulación de trabajadores y no la libertad de prestación de servicios, si bien ha de tenerse presente que el ámbito de la norma iba más allá de los desplazamientos. El literal del artículo 1.3 *b*) la Directiva 96/71, sobre el movimiento intragrupo, no contempla ninguna prestación de servicios, pues su inserción en la norma se debe a evitar el uso de esta figura para eludir el artículo 1.3 *a*). Este caso concreto del movimiento de mano de obra entre empresas vinculadas no tiene así una relación directa con la libre prestación de servicios, de manera que podría tener más sentido una base en la protección de los trabajadores.

Exponiendo estas dos posibilidades, que reconocemos que no son en absoluto las más fáciles de sacar adelante, queremos señalar que la Directiva 96/71 podría haber sido una norma laboral. La norma se ampara en la libre prestación de servicios por opción legislativa, no por estricta necesidad.

Si la norma pudo haber tenido una base jurídica laboral es porque tanto su finalidad como su contenido tienen un fuerte componente laboral que, cuando es aplicada, no siempre se pone de manifiesto, y desde esta perspectiva sí creemos que puede hablarse de déficit laboral de la Directiva 96/71.

1077 GUTIÉRREZ-SOLAR CALVO, B.: *El desplazamiento temporal…* obra cit., pág. 169.

1078 *Vid.* epígrafe X.2.

1.2. El déficit laboral es principalmente interpretativo

La Directiva 96/71 contiene una relación de condiciones de trabajo que el Estado de destino debe velar por que el empresario aplique a los trabajadores que desplaza a su territorio en los términos de la legislación del mismo.

Si la norma menciona diversas condiciones de trabajo ¿dónde entonces está el déficit? ¿Por qué echamos en falta más laboralidad en la norma? Pues bien, creemos que las carencias laborales de la Directiva 96/71 no están tanto en el literal de la norma como en su interpretación. Es su naturaleza y su base jurídica las que hacen que la norma se interprete a la luz del mercado interior y de la libre prestación de servicios, y no desde un prisma laboral (sea al amparo de la libre circulación de trabajadores, sea al amparo de los preceptos de política social de los Tratados) de manera que, al tener la Directiva una base de libertad de prestación de servicios, el TJUE ha desbancado la protección de los trabajadores desplazados (MOREAU)[1079].

La Directiva 96/71, como norma de Derecho Internacional Privado europeo, responde a unos criterios interpretativos propios, de entre los que debemos destacar el teleológico[1080]. Como se ha desarrollado en el capítulo anterior, la finalidad de una norma determina su base jurídica; en consecuencia, la fijación de una base jurídica determina el medioambiente jurídico en el que se desenvolverá y, en último término, su interpretación y aplicación.

Los principios interpretativos o aplicativos no parten de abstracciones jurídicas, sino que se asientan sobre el Derecho positivo vigente en cada momento[1081]. Por esta razón, el encuadramiento de una norma en una concreta libertad comunitaria hace que ésta se someta a lo que podemos calificar la disciplina de esa libertad, entre la que se encuentran los principios interpretativos y de aplicación propios de ese bloque jurídico. El empleo de un principio como "prescripción interpretativa" de una norma obliga al intérprete a entender

---

1079 MOREAU, M. A.: "Le détachement de…", obra cit., pág. 586.

1080 CALVO CARAVACA, A. L. y CARRASCOSA GONZÁLEZ, J.: "El Derecho Internacional Privado…", obra cit., pág. 219 y 220.

1081 MERCADER UGUINA, J.: *Los principios de aplicación del Derecho del Trabajo. Formación, decadencia y crisis*, Tirant lo Blanch, Valencia, 2015, pág. 23.

sus preceptos de la manera que más se acerque a lo fijado por ese principio, bajo pena de impugnación por no ajustarse al mismo (ROJO BELADIEZ)[1082], por lo que, en cierto modo, el intérprete queda *cautivo* del principio. En el caso de la Directiva 96/71, el Tribunal es cautivo de los principios de mercado, que son lo que se recogen en ella, y no factores sociales[1083].

Al tener su fundamento en los artículos 57.2 y 66 TCE y los actuales 53.1 y 62 del TFUE, vinculados ambos a la libertad de prestación de servicios[1084], la interpretación y aplicación de la Directiva 96/71 no ha obedecido a lo que se espera de una norma laboral, precisamente porque los principios a los que se somete son principios de mercado único y no sociales.

La inadecuación de los principios de interpretación y aplicación es, a criterio nuestro, la sombra que ha perseguido y persigue a la Directiva 96/71, pues se trata de una norma que contempla la aplicación de condiciones de trabajo que se interpreta y aplica no a través de principios laborales (norma mínima, condición más beneficios) sino por principios rectores del mercado interior (seguridad jurídica, reducción de cargas, reconocimiento mutuo), con la gravedad añadida de que unos y otros principios son en muchas ocasiones antagónicos[1085]. Tomando la fórmula de Carnelutti para explicar la naturaleza del convenio colectivo[1086], puede afirmarse que el déficit laboral de la Directiva 96/71 consiste en que la norma es *Un ibrido che ha il corpo del lavoro e l'anima del mercato*; tiene un contenido laboral impregnado de un espíritu de mercado.

1082 ROJO BELADIEZ, M.: *Los principios jurídicos*, Civitas, Madrid, 2010, pág. 152.

1083 CARTER, D.: "Equal pay for…", obra cit., pág. 55

1084 *Supra*, XI.3.2.

1085 GÓMEZ ABELLEIRA, F. J.: "Mercado interior de servicios…", obra cit., pág. 4/51.

1086 *Il corpo del contratto e l'anima della legge.* MONTOYA MELGAR, A. y ALONSO OLEA, M.: La buena fe en el Derecho del Trabajo. Discurso leído el día 18 de junio de 2001 en el acto de su recepción como académico de número por el Excmo. Sr. Don Alfredo Montoya Melgar y contestación del Excmo. Sr. D Manuel Alonso Olea, Real Academia de Jurisprudencia y Legislación, Madrid, 2001, pág. 102.

2. MANIFESTACIONES DEL DÉFICIT DE LABORALIDAD EN LA INTERPRETACIÓN DE LA NORMA

La interpretación de la norma de acuerdo con principios de libre prestación de servicios en pleitos que normalmente versan sobre condiciones de trabajo pone de manifiesto la insuficiencia laboral de la Directiva 96/71 casi de forma dramática, pues se trata de una norma laboral que no puede ser laboral.

Lo chocante es que las carencias se manifiestan no en interpretaciones exóticas o extravagantes de la norma, sino por aplicación del literal de sus preceptos. A continuación, exponemos las manifestaciones más llamativas de esta interpretación conforme a principios de mercado y libre prestación de servicios.

2.1. La inaplicación del principio de igualdad de trato a los trabajadores

En virtud del principio de igualdad de trato, los trabajadores migrantes tienen derecho a disfrutar de las mismas condiciones laborales que los trabajadores locales. Este principio favorece tanto a los trabajadores migrantes como a los trabajadores locales frente situaciones de *dumping*[1087].

El efecto más inmediato de considerar la Directiva 96/71 como una norma propia de la libre prestación de servicios y no de la libre circulación de trabajadores es que los trabajadores desplazados no se podrán beneficiar del principio de igualdad de trato respecto a los trabajadores del Estado de destino[1088]. A diferencia de lo que ocurre con los trabajadores migrantes dentro de la Unión, a los desplazados no les es de aplicación el artículo 45.2 TFUE, según el cual l*a libre circulación supondrá la abolición de toda discriminación por razón de la nacionalidad entre los trabajadores de los Estados miembros, con respecto al empleo, la retribución y las demás condiciones de trabajo.*

1087 VERSCHUEREN, H.: "The European Internal…", obra cit., pág. 135.

1088 HOUWERZIJL, M. y BERNTSEN, L.: "Posting of Workers: From…", obra cit., pág. 163.

El artículo 3.1 de la Directiva 96/71 consagra esta desigualdad entre desplazados y trabajadores locales, en cuanto no declara la aplicación de todas las condiciones de trabajo del Estado de destino a los primeros, sino que limita esta igualdad de trato a una lista cerrada de condiciones de trabajo.

La explicación de esta inaplicación del principio de igualdad ya la hemos dado en diversas ocasiones en este trabajo; los trabajadores desplazados no se integran en el mercado de trabajo del Estado de destino[1089], no emigran por iniciativa y ventura propia, sino por orden de su empresario[1090]. Más que entre trabajadores, creemos que la Directiva 96/71 busca el igual trato entre empresarios extranjeros y locales, para lo que sirven de ejemplo los apartados 8 y 9 del artículo 3 de la Directiva respecto a los convenios colectivos, a los que se exige ser de eficacia general o, en su defecto, de general aplicación siempre que se respete la igualdad de trato entre prestadores de servicios (es decir, empresarios) extranjeros y locales.

Así, en la sentencia Laval el TJUE busca garantizar la igualdad de trato cuando no se acepta el sistema sueco de negociación de los salarios obra por obra[1091], que puede dar lugar a un trato desigual. Pero no nos encontramos ante una igualdad de trato para los trabajadores, sino ante la búsqueda de la igualdad entre empresarios, porque la Directiva 96/71 es una norma de mercado.

2.2. *La aplicación del test de proporcionalidad de manera estricta*

La segunda consecuencia de que la Directiva 96/71 sea interpretada como una norma con base jurídica de mercado y no de política social es la consideración de la normativa laboral del Estado de destino como una potencial (y, a veces, real) barrera a la libre prestación de servicios. En la sentencia Finalarte (2001), en la que se planteaba la posibilidad de exigir la cotización a favor de un fondo de vacacio-

---

1089 LYON-CAEN, A.: "Le droit, la mobilité...", obra cit., pág. 110.

1090 RODRÍGUEZ-PIÑERO Y BRAVO FERRER, M.: "El desplazamiento temporal...", obra cit., pág. 78.

1091 Sentencia Laval, apartado 71.

nes alemán a las empresas de construcción extranjeras que prestaban temporalmente servicios en ese país, el TJUE razona[1092]:

> "A este respecto, consta en particular que dichos prestadores de servicios tienen que observar determinadas formalidades administrativas, incluida la obligación de facilitar datos al fondo.
>
> Este menoscabo de la libre prestación de servicios sólo puede estar justificado si es necesario para la consecución efectiva de un objetivo de interés general, y ello siempre que se utilicen los medios adecuados."

En consecuencia, las normas laborales que pretendan exigir a los prestadores de servicios condiciones ubicadas más allá del núcleo duro del artículo 3.1 de la Directiva 96/71 se presumen una carga o limitación de la actividad económica[1093]; para ser consideradas compatibles con los Tratados tendrán que ser sometidas al test de proporcionalidad.

Para superar esta prueba (*Supra,* V), deberá concurrir una razón imperiosa de interés general, que en el caso de una norma laboral es la protección de los trabajadores[1094]. En el caso de normas laborales materiales, las que reconocen derechos a los trabajadores, la protección de los trabajadores no debe ser abstracta ni teórica[1095], sino que debe constituir una protección concreta, palpable y que genere un beneficio añadido a la protección que el trabajador disfruta conforme a su legislación laboral de origen[1096].

Respecto a las normas de control que la administración laboral pueda exigir a los prestadores de servicios extranjeros, el test de proporcionalidad —en nuestra opinión— es de muy difícil superación, porque una norma administrativa de control no constituye una ventaja concreta y palpable para el trabajador, por lo que la protección no es tan directa e inmediata como lo es una norma sustantiva que le reconoce beneficios. Las medidas de control crean una relación entre la autoridad del Estado de destino y el empresario que desplaza,

---

1092 Sentencia Finalarte, apartados 36 y 37.

1093 LOUSADA AROCHENA, J. F.: "El desplazamiento de trabajadores en el marco de una prestación trasnacional de servicios: el estado de la cuestión", *Ciudad del Trabajo,* núm. 2, 2018, pág. 90.

1094 Sentencia Arblade, apartado 36.

1095 *Vid.* epígrafe V.6.

1096 Sentencia Seco Desquenne, apartado 10.

a la que se aplica el principio propio de mercado interior de reducción de cargas administrativas al mínimo imprescindible. Creemos que éste es el motivo por el que el TJUE, por ejemplo, en la sentencia Comisión contra Luxemburgo (2006) no aprecia que exista la concurrencia de la protección de los trabajadores en su plenitud y[1097], en aras de la proporcionalidad, suele exigir a los Estados que rebajen las exigencias administrativas y busquen mecanismos de control más livianos para las empresas[1098].

Se aplica así el test de proporcionalidad a las normas laborales de manera muy restrictiva[1099], a pesar de que la protección de los trabajadores constituya en sí mismo un bien de difícil crítica (se le podría aplicar la expresión inglesa *applepie and motherhood*[1100]). La explicación a esta, digamos, frialdad en la valoración de las medidas laborales es que no nos encontramos ante la protección de trabajadores propia del Derecho del Trabajo, sino ante la protección de los trabajadores desde la perspectiva del mercado interior, elemento que es tratado con distancia por el Tribunal o, cuando menos, de manera muy restrictiva. Este tratamiento sorprende y despista al laboralista[1101], incluso lo puede llevar a la frustración[1102], porque espera que se aplique en todo caso y en todo su esplendor la protección de los trabajadores; por el contrario, se protege más al empresario que presta servicios en otro Estado que a los trabajadores a su servicio que desplaza.

1097 Sentencia Comisión contra Luxemburgo (2006), apartado 46.

1098 VAN NUFFEL, P. y AFANAJSEVA, S.: "The Revised Posting…", obra cit., pág. 279.

1099 BARNARD, C.: "The UK and Posted…", obra cit., pág. 126.

1100 *Applepie and motherhood* (tarta de manzana y maternidad) es una expresión inglesa que se refiere a esas cuestiones que gustan a todo el mundo, a las que nadie puede poner objeciones.

1101 En varios ámbitos de ha calificado a la norma como "antisocial" o "antisindical" GUAMÁN HERNÁNDEZ, A.: "La internacionalización de las relaciones laborales: principales cuestiones procesales, laborales y fiscales" en LÓPEZ TERRADAS, E., (Dir.), *La internacionalización de las relaciones laborales. Principales cuestiones procesales, laborales y fiscales*, Valencia, Tirant lo Blanch, 2017, pág. 138.

1102 GÁRATE CASTRO, F. J.: *Los desplazamientos de trabajadores…*, obra cit., pos. 263/3668.

2.3. *Norma de máximos o norma de mínimos*

Una de las manifestaciones más evidentes de la dualidad entre norma de mercado y norma laboral es la diferente apreciación de la Directiva 96/71 como norma de máximos o como norma de mínimos. Esta dualidad tiene su origen en la sentencia Laval, cuando afirma[1103]:

> "Sin perjuicio de la facultad de las empresas establecidas en otros Estados miembros de adherirse voluntariamente en el Estado miembro de acogida, en particular en el marco de un compromiso asumido hacia su propio personal desplazado, a un convenio colectivo de trabajo eventualmente más favorable, el nivel de protección que debe garantizarse a los trabajadores desplazados al territorio del Estado miembro de acogida se limita, en principio, al previsto en el artículo 3, apartado 1, párrafo primero, letras a) a g), de la Directiva 96/71, salvo que dichos trabajadores ya disfrutaran, en virtud de la legislación o de convenios colectivos en el Estado miembro de origen, de condiciones de trabajo y empleo más favorables en relación con las materias previstas en dicha disposición."

Con este planteamiento, que continuó en la sentencia Rüffert (2008)[1104], la sentencia Laval cambió la percepción de muchos operadores jurídicos de la Directiva 96/71, al señalar el artículo 3.1 de la misma como techo de las condiciones de trabajo garantizado en el Estado de destino, no como suelo mejorable. La norma fija así el límite de protección de los derechos contenidos en su artículo 3.1, que sólo podrá ser mejorado con la voluntad del empresario, por acuerdo con los representantes de los trabajadores, o también cuando las condiciones de trabajo del Estado de origen resultaran más beneficiosas[1105].

El mero hecho de entrar en la consideración de si estamos ante una norma de mínimos o de máximos es ya, en nuestra opinión, una reflexión con mirada laboralista. Desde esta perspectiva, parte con-

---

1103 Sentencia Laval, apartado 81.

1104 GUAMÁN HERNÁNDEZ, A.: "Desplazamiento trasnacional de trabajadores y convenios colectivos (Parte Tercera): el Caso Rüffert. Comentario a la Sentencia del Tribunal de Justicia de las Comunidades Europeas, de 3 de abril de 2008 (Rüffert, C 346/06)", *Aranzadi Social*, núm. 20, 2008, pág. 47/59.

1105 VAN NUFFEL, P. y AFANAJSEVA, S.: "The Revised Posting...", obra cit., pág. 282.

siderable de la doctrina laboral interpretó este apartado como un máximo que no puede ser mejorado[1106].

La explicación a este golpe de timón que las sentencias señaladas hacen a la Directiva 96/71, a la que añadimos la sentencia Comisión contra Luxemburgo (2006), se encuentra en que el TJUE parte del razonamiento de base de que la norma rectora de los desplazamientos no es una norma típicamente social de mínimos o de derecho necesario relativo. Por el contrario, como norma de mercado que es conforme a su base jurídica, la Directiva 96/71 se constituye como un instrumento de máximos limitante de las potestades nacionales (e incluso de los agentes sociales en el caso Laval) frente a la libertad de prestación de servicios. El juzgador tiene la obligación de adecuar los hechos a una norma que es de mercado e interpretarla conforme a criterios de mercado, esto es, facilitar al máximo el acceso de los prestadores de servicios a otros Estados. En este contexto, la reserva de orden público, como limitación de esta libertad, debe interpretarse restrictivamente y nunca unilateralmente por el Estado[1107].

Probablemente la percepción de mínimo o de máximo de la Directiva 96/71 es el ámbito en el que se pone de manifiesto más claramente la importancia de la base jurídica a los efectos de interpretar una norma. Una norma que es en apariencia laboral y es asumida como propia por la doctrina laboralista, en realidad no lo es, y es interpretada por el juzgador conforme a su base jurídica con un resultado que sorprende a los operadores jurídicos laborales. Si la Directiva 96/71 hubiera tenido su anclaje constitucional en un artículo propio de la política social europea, la consideración de esa norma como un suelo mejorable hubiera sido más que probable[1108], teniendo en to-

---

1106 La crítica a la posición del TJUE en Laval se convirtió en hegemónica, sin que pueda apreciarse una mínima posición alternativa a esta crítica. BARNARD, C.: "The calm after…", obra cit., pág. 10.

1107 CALVO GALLEGO, F. J.: "Desplazamientos transnacionales de…", obra cit., pág. 92 y 93.

1108 Sin perjuicio de lo expuesto como forma de expresar la divergencia entre norma de mercado y laboral, vez más debemos reiterar nuestro desacuerdo con la perspectiva de máximos o mínimos de la Directiva 96/71. Creemos que se trata de una norma de conflicto que señala una ley aplicable que nos constituye ni máximo ni mínimo, como exponemos en el siguiente subepígrafe.

do caso en cuenta que su naturaleza es la de una norma de Derecho Internacional Privado.

2.4. *La seguridad jurídica*

No podemos dejar de dar nuestra opinión a la elección que el TJUE hace de la Directiva 96/71 como norma de máximos en el apartado 81 de la sentencia Laval antes reproducido.

Como se trata de una norma de mercado amparada en los artículos 57.2 y 66 TCE (actual 53.1 y 62 TFUE), la interpretación de la Directiva siempre tenderá a facilitar la libre prestación de servicios, por lo que las excepciones a esta libertad en forma razones de interés público serán miradas con lupa. Además de las cuestiones objeto del procedimiento, creemos que en los razonamientos jurídicos de las sentencias del Cuarteto Laval hay un principio latente, que es determinante para entender la interpretación que le brinda el TJUE: la seguridad jurídica.

Una clave en el ámbito del Derecho Internacional Privado y de las normas sobre mercado interior es precisamente la seguridad jurídica, la previsibilidad. Las empresas, cuando van a trabajar en un Estado en el que no lo suelen hacer, deben saber exactamente qué se les va a exigir en cuanto pongan pie en ese territorio. Precisamente, el fin del Derecho Internacional Privado en general es anticipar qué norma se ha de aplicar a una relación jurídica, y el gran logro de esta Directiva es armonizar las condiciones de trabajo que se aplicarán a los desplazados porque, de lo contrario, en cada país se podría pedir una cosa distinta.

El primer borrador de directiva, de 1991, terminaba su parte explicativa, inmediatamente antes del articulado, con la siguiente advertencia[1109]:

> "La proposición no tiene por objeto la armonización del derecho social, sino la determinación del derecho aplicable a las situaciones mencionadas. Se trata, en efecto, de garantizar la seguridad jurídica en el ejercicio de la prestación de servicios. El prestatario tiene interés en conocer de

---

1109 COMISIÓN EUROPEA: Propuesta de directiva del Consejo relativa al desplazamiento de trabajadores..., cit., pág. 15.

antemano y con precisión cuáles son las condiciones de trabajo aplicadas a los trabajadores en el Estado miembro donde se ejecute la prestación."

De acuerdo con lo expuesto, cualquier situación que no pudiera preverse, incluso bastante antes de iniciarse los trabajos[1110], contravendrá la seguridad jurídica como garantía de la libre prestación de servicios. La sentencia Comisión contra Luxemburgo (2006) aborda las situaciones de incertidumbre, al analizar los requerimientos de información que podía realizar la Inspección luxemburguesa a las empresas que desplazaban trabajadores a su territorio[1111]:

> "Pues bien, dichas ambigüedades, [sobre el momento de presentación de la información, la posibilidad de paralización de los trabajos y las consecuencias penales del incumplimiento] que caracterizan el artículo 7, apartado 1, de la Ley de 20 de diciembre de 2002, pueden disuadir a las empresas que deseen desplazar trabajadores a Luxemburgo de ejercer su libertad de prestación de servicios. En efecto, por una parte, el alcance de los derechos y de las obligaciones de tales empresas no se deduce con precisión de la referida disposición. Por otra parte, las empresas que no hayan cumplido las obligaciones establecidas por dicha disposición pueden ser objeto de sanciones de cierta importancia."

O, como señala el Abogado General en el Asunto Rüffert[1112]:

> "La enumeración de esas reglas por el legislador comunitario refuerza la seguridad jurídica en la medida en que el prestador de servicios establecido en otro Estado miembro tiene en lo sucesivo la certeza de que estará obligado a cumplir un mínimo claramente identificable de reglas relativas a las condiciones de trabajo y de empleo vigentes en el Estado miembro del lugar de ejecución de la prestación. De forma correlativa el trabajador desplazado a un Estado miembro podrá exigir la aplicación a su favor de esas reglas cuyo carácter imperativo deriva directamente de la Directiva 96/71."

1110 Para poder presentar un presupuesto a un cliente privado o concurrir a una licitación pública es necesario conocer con precisión, entre otros, los costes de mano de obra que deberán afrontarse.

1111 Sentencia Comisión contra Luxemburgo (2006), apartado 81.

1112 Conclusiones del Abogado General Sr. Yves Bot…, cit., apartado 74. Téngase en cuenta que en estas Conclusiones se abogaba por dar validez al convenio colectivo no declarado *erga omnes*.

Pensamos que en sus interpretaciones el TJUE no está exactamente pensando en una norma de mínimos o de máximos, sino sencillamente en la norma que debe ser aplicada como garantía de la seguridad jurídica. Si por una aplicación imprevista de las normas de destino los costes presupuestados para el desplazamiento se disparan, la prestación del servicio quedará gravemente comprometida o frustrada. Creemos que es este razonamiento el que rige las decisiones del TJUE en las sentencias del Cuarteto Laval.

Una muestra de este interés en reforzar la seguridad jurídica, en este caso por parte legislador comunitario, se encuentra en la más reciente de las normas sobre desplazamiento, que ha armonizado la documentación que las autoridades pueden pedir a las empresas de transporte respecto a sus conductores. Cuando se aprobó la Directiva 2014/67, su artículo 9.1 *b*) facultaba a las autoridades nacionales a exigir documentación laboral a los conductores de camiones y autocares[1113]. Esta disposición fue interpretada por Francia como una habilitación para realizar controles exhaustivos a estos transportistas, al amparo de la llamada Ley Macron (2016)[1114]. Alemania y Austria se sumaron a esta campaña de controles, lo que les valió a estos tres Estados la apertura de un procedimiento de infracción por parte de la Comisión Europea[1115], sin perjuicio de que asimismo presentara esta propuesta de Directiva específica para el sector en el mes de mayo de 2017[1116], que terminó siendo la Directiva (UE) 2020/1057[1117].

1113 Esta documentación no era en absoluto escasa: *contrato de trabajo o un documento equivalente a tenor de la Directiva 91/533/CEE del Consejo (1), incluida, cuando sea adecuado o pertinente, la información adicional a la que se refiere el artículo 4 de esa Directiva, las nóminas, las fichas con los horarios que indiquen el comienzo, el final y la duración del trabajo diario y los comprobantes del pago de salarios, o copias de los documentos equivalentes, durante el período de desplazamiento, en un lugar accesible y claramente identificado de su territorio, como puede ser el lugar de trabajo, a pie de obra o, en el caso de los trabajadores móviles del sector del transporte, la base de operaciones o el vehículo en el que se presta el servicio.*

1114 Décret n° 2016-418 du 7 avril 2016, cit.

1115 CHATZILAOU, K.: "Directive 2020/1057...", obra cit., pág. 379.

1116 VELÁZQUEZ FERNÁNDEZ, M.: "La transposición al ordenamiento...", obra cit., pág. 245-246.

1117 Directiva (UE) 2020/1057 del Parlamento Europeo y del Consejo, de 15 de julio de 2020, por la que se fijan normas específicas con respecto a la Directiva 96/71/CE y la Directiva 2014/67/UE para el desplazamiento de los conducto-

El artículo 1.11 de la Directiva 2020/1057 establece taxativamente los trámites administrativos y de control que se pueden imponer a las empresas de transporte en relación al desplazamiento de sus conductores; un control mucho más limitado que lo previsto en el artículo 9.1 *b*) de la Directiva 2014/67.

Imaginemos que no existiera una norma sobre control de los desplazamientos en el transporte por carretera y que las autoridades nacionales tuvieran la potestad para imponer unilateralmente y sin límite los mecanismos de control que estimaran necesarios. En este caso, los conductores en la cabina del camión deberían llevar un dossier de documentación laboral, preparada para ser presentada conforme a los requerimientos administrativos de cada uno de los Estados por los que transitaran.

3. LOS PRINCIPIOS. PROBLEMA Y SOLUCIÓN AL DÉFICIT LABORAL PROVOCADO POR LA BASE JURÍDICA DE LA DIRECTIVA 96/71. LOS CONSIDERANDOS

3.1. Los principios interpretativos dependen del marco fijado por la base jurídica

En el marco comunitario, la base jurídica de la norma determina los principios a partir de los que debe ser interpretada. En el caso de la Directiva 96/71, nos encontramos ante una disyuntiva entre principios laborales o principios de mercado interior o libre prestación de servicios. Estamos, al fin y al cabo, ante un problema de principios de diferentes ramas del Derecho.

Los principios de Derecho del Trabajo son resumidos por MERCADER[1118]:

> "En el Derecho del Trabajo, la aplicación de las normas laborales ha suscitado históricamente y suscita en la actualidad importantes problemas

---

res en el sector del transporte por carretera, y por la que se modifican la Directiva 2006/22/CE en lo que respecta a los requisitos de control del cumplimiento y el Reglamento (UE) 1024/2012. DO L 249, de 31.7.2020, pág. 49-65.

1118 MERCADER UGUINA, J.: *Los principios de aplicación…*, obra cit., pág. 22.

que se vinculan por el uso de los denominados 'principios específicos', 'principios peculiares' o, de forma más generalizada, 'principios de aplicación del Derecho del Trabajo', entre los que tradicionalmente se han incluido el principio '*in dubio pro operario*'; los principios de norma mínima y de norma más favorable; el de condición más beneficiosa y, en fin, el principio de irrenunciabilidad de derechos, como limitativo del de autonomía de la voluntad."

En el marco comunitario, el Tribunal de Justicia es consciente de la desigual posición del trabajador en la relación laboral[1119]:

"A este respecto, también ha de recordarse que el trabajador debe ser considerado la parte débil de la relación laboral, de modo que es necesario impedir que el empresario pueda imponerle una restricción de sus derechos."

Así como de la protección que merece[1120]:

"En cambio, una serie de períodos de trabajo desarrollados sin que entre ellos se intercale el tiempo de descanso necesario puede, en su caso, perjudicar al trabajador o, al menos, supone el riesgo de sobrepasar las capacidades físicas de éste, poniendo así en peligro su salud y su seguridad, de modo que un tiempo de descanso otorgado con posterioridad a dichos períodos no puede garantizar correctamente la protección de los intereses de que se trata. Como se ha señalado en el apartado 70 de la presente sentencia, este riesgo es aún más real en el caso del servicio de atención continuada que presta un médico en un centro sanitario, a fortiori cuando tal servicio se añade al horario de trabajo normal."

Por otra parte, el carácter de norma de mínimos, esto es, mejorable a nivel nacional para una mayor protección del trabajador, está presente en las normas comunitarias del ámbito laboral. Así, el artículo 1.3 de la Directiva marco en materia de seguridad y salud dispone[1121]:

La presente Directiva no afecta a las disposiciones nacionales y comunitarias, existentes o futuras, que sean más favorables para la protección de la seguridad y de la salud de los trabajadores en el trabajo.

1119 Sentencia de 2 de marzo de 2023, IH, C-477/21, EU:C:2023:140.

1120 Sentencia de 9 de septiembre de 2003, Jaeger, C-151/02, EU:C:2003:437.

1121 Directiva 89/391/CEE del Consejo, de 12 de junio de 1989, relativa a la aplicación de medidas para promover la mejora de la seguridad y de la salud de los trabajadores en el trabajo. DO L 183, de 29.6.1989, p. 1-8.

Respecto a la interpretación de las normas de mercado o de libre prestación de servicios, creemos que el centro de gravedad lo constituye el llamado "principio de acceso al mercado"[1122], recogido en una reiterada doctrina jurisprudencial[1123], que puede condensarse en un párrafo del Tribunal de Justicia de la sentencia Arblade[1124]:

> "Según jurisprudencia reiterada, el artículo 59 del Tratado no sólo exige eliminar toda discriminación en perjuicio del prestador de servicios establecido en otro Estado miembro por razón de su nacionalidad, sino suprimir también cualquier restricción, aunque se aplique indistintamente a los prestadores de servicios nacionales y a los de los demás Estados miembros, cuando pueda prohibir, obstaculizar o hacer menos interesantes las actividades del prestador establecido en otro Estado miembro, en el que presta legalmente servicios análogos."

Con una base jurídica fijada en los artículos 53.1 y 62 TFUE, la interpretación de la norma deberá fundamentarse en los principios propios del mercado interior o de la libertad de prestación de servicios, sin que los principios sociales puedan tener un papel destacado. Ésta es, a nuestro juicio, la clave de la *mala fama* de la Directiva 96/71. Es una norma de mercado interior que, como tal, debe interpretarse conforme a principios de mercado interior, no según principios laborales. Aunque indiscutiblemente recoja instituciones sociales, el enfoque con el que se tratan es el del mercado interior, y no del Derecho del Trabajo.

Resulta más que llamativo que la cuestión de los principios, que consideramos clave para comprender y, en su caso, para, digamos, *domesticar* la Directiva 96/71, haya tenido escasa relevancia, aun cuando su base jurídica fue sometida al Tribunal de Justicia por Hungría y Polonia. Los recursos de anulación presentados por estos Estados contra la Directiva 2018/957 permitieron hacer un análisis de los valores, objetivos, legalidad y consecuencias de la norma de 2018, extrapolables a la de 1996[1125].

1122 BARNARD, C.: *The substantive Law*..., obra cit., pág. 27.

1123 FOTINOPOULOU BASURKO, O.: "Libertades económicas comunitarias...", obra cit., pág. 253.

1124 Sentencia Arbalde, apartado 33.

1125 CONTRERAS HERNÁNDEZ, O.: "Hungría y Polonia contra...", obra cit., pág. 2/12.

El acercamiento de la norma de mercado a postulados laborales no era una operación fácil. Dado que la base jurídica no se podía modificar, la opción del legislador, que el juzgador ha comprendido perfectamente, fue la adición de principios interpretativos laborales a los principios de mercado interior que se le venían aplicando a la norma. Como estos principios laborales no derivan naturalmente de la base jurídica de la Directiva, ha sido necesario introducirlos expresamente en el texto de la Directiva 96/71 a través de la Directiva 2018/957.

3.2. *La modulación de los principios como forma de modular la norma*

En gran medida, las propias sentencias sobre la Directiva 2018/957 reconocen que la realidad del desplazamiento de trabajadores había desbordado la regulación que establecía la Directiva 96/71[1126]. La incorporación de los Estados de Centroeuropa en 2004 y 2007, en un marco de concepción estricta del mercado interior, unida a una interpretación de la Directiva en clave de acceso al mercado habían provocado las quejas de los sindicatos y de los Estados ricos principalmente. Estos últimos forzaron un cambio de rumbo (*Supra*, II) de, entre otras cuestiones, la interpretación de la norma, como ahora veremos.

Desde el Cuarteto Laval ha existido cierta esperanza en un cambio de apreciación del Tribunal de Justicia. A pesar de las apariencias, el punto de inflexión no se produce con las sentencias Regiopost (2015) y ESA (2015). El enfoque de estas decisiones del TJUE es coherente con el del Cuarteto Laval; lo que cambian son los hechos. Son éstos los que dan lugar a una interpretación conforme a las expectativas de los laboralistas, a la que puede añadirse algún síntoma de mayor comprensión de la cuestión social[1127]. Sencillamente, en Regiopost existía una ley que cuantificaba el salario mínimo exigible y en ESA un convenio colectivo de aplicación general, con lo que

---

1126 Sentencia Hungría, apartados 62 y 63.

1127 PECINOVSKY, P.: "Evolutions in the social case law of the Court of Justice. The follow-up cases of the Laval Quartet: ESA and Regiopost", *European Labour Law Journal*, vol, 2016, pág. 307-309.

una interpretación literal de la norma permitía llegar a soluciones contrarias a Laval y Rüffert sin que el TJUE perdiera un ápice de coherencia.

Estas sentencias beben de las mismas fuentes normativas y de interpretación que las del Cuarteto Laval. La mera voluntad de cambio en el criterio del Tribunal sería inviable. Se trata de sentencias que mantienen el razonamiento basado en el mercado interior y la libre prestación de servicios, pero a las que los hechos y las normas nacionales aplicables llevan a una solución favorable a los trabajadores.

Este cambio no se produce ni de forma súbita ni sólo en el seno del Tribunal de Justicia. En el año 2010, la Comisión Europea encargó a Mario Monti la elaboración de un informe para fijar las bases de una reconfiguración y relanzamiento del mercado único europeo; informe que fue evacuado el 9 de mayo de 2010 y es popularmente conocido como el Informe Monti[1128]. El informe reconoce la existencia de asimetrías entre la integración de los mercados y la protección social, que deben superarse con un mercado interior sostenible, para el que esgrime el "principio de economía social de mercado altamente competitiva", introducido por el Tratado de Lisboa (2009) en el artículo 3.3 TUE[1129]. A renglón seguido de este planteamiento, el informe pasa a exponer las posibles soluciones a los problemas en el desplazamiento de trabajadores, circunstancia que evidencia el interés del profesor Monti por que el desplazamiento se ajuste a los esquemas de dicha forma de organización económica. El ejercicio de la libre prestación de servicios sólo puede desenvolverse, por su propia esencia, en un sistema de economía de mercado, mas esta economía de mercado debe asumir un componente social que la aparte de planteamientos liberales excesivos.

Tras el Informe Monti, la Comisión Europea publicó la Comunicación "Hacia un Acta del Mercado Único. Por una economía social de mercado altamente competitiva. Cincuenta propuestas para trabajar, emprender y comerciar mejor todos juntos"[1130]. La Comunicación interpreta la economía social de mercado partiendo de la pre-

1128 MONTI, M.: *A new strategy*..., cit.

1129 Tratado de Lisboa, artículo 1.4).

1130 COMISIÓN EUROPEA: *Hacia un Acta del Mercado*..., cit.

misa de que un mercado único ha de apoyarse en todos los agentes del mercado: las empresas, los consumidores y los trabajadores. En este contexto, la Comisión, en lo que atañe a los desplazamientos de trabajadores, propone, entre otras medidas, la elaboración de una directiva, que finalmente fue la Directiva 2014/67[1131].

Otro de los parámetros que marcan el cambio de orientación en la interpretación de la Directiva 96/71 es la incorporación de la protección social como objetivo de la Unión.

Tanto el Informe Monti como la Comunicación señalan la economía social de mercado como referencia para el desarrollo de la Unión, que, entre otros, puede tener como principio la llamada a un "orden correcto" (*right order*) en las relaciones entre el capital, el trabajo y los gobiernos[1132]. El concepto de orden es un elemento clave en la economía social de mercado, tal y como lo pone de manifiesto su ideador, el ministro de economía, canciller y artífice del milagro alemán de la posguerra, Ludwig Erhard[1133]:

> "Se me puede tachar de idealismo, por haber intentado —con la puesta en práctica de la Economía Social de Mercado— unir el orden a la libertad para que reine más justicia. 'Orden' no ha de entenderse aquí ni exclusiva ni predominantemente como orden jurídico en un sentido esquemático, sino como orden vital de una comunidad en su más honda significación."

Podemos entender que la Directiva 2018/957 busca incorporar ese orden correcto al marco legal del desplazamiento de trabajadores; un marco de actuación en un mercado libre y no intervenido, en el que el propio empresario deba ser consciente hasta dónde puede llegar cuando juega con el diferencial de costes salariales (los de

---

1131 *Ibidem*, pág. 30. Medida número 30: "La Comisión aprobará en 2011 una propuesta legislativa destinada a mejorar la aplicación de la Directiva sobre el desplazamiento de trabajadores, propuesta que podría incluir una aclaración del ejercicio de los derechos sociales fundamentales en el contexto de las libertades económicas del mercado único o completarse con dicha aclaración".

1132 KARSTEN, S. G.: "The social market economy and the moral problem in modern capitalism", *International Journal of Social Economics*, vol. 17, núm. 3, 1990, pág. 30

1133 ERHARD, L.: *Economía social de mercado. Su valor permanente*, traducido por Ignacio Miralbell, Rialp, Madrid, 1994, pág. 130.

seguridad social irían vinculados al Reglamento 883/2004). Como veremos, el orden de la economía social de mercado se traduce al ámbito del desplazamiento de trabajadores como equidad.

Porque, más allá de la inserción del término "remuneración" en el artículo 3.1 *c*) de la Directiva 96/71, la profunda reordenación que (intencionadamente o no) provoca la Directiva 2018/957 es la de la introducción de este orden correcto en los desplazamientos de trabajadores. Se trata de un cambio sutil y abstracto, que pretende facultar al intérprete de la norma para dar un sentido más social que el que hasta ese momento podía darse con la normativa en vigor. Así, en vez de realizar un cambio traumático (como podría haber sido dar a la norma una base jurídica de política social), se pretende mantener el bloque regulador del desplazamiento en los parámetros de mercado, pero a la vez se dota al intérprete de la norma de instrumentos que, en caso de flagrante perjuicio a los trabajadores o a los mercados laborales receptores de desplazados, puedan ser utilizados para dar soluciones desde la propia normativa de desplazamiento y del mercado interior.

Esta modificación se hace a través de los considerandos de la Directiva 2018/957.

3.3. Los considerandos, el vehículo para llevar a cabo la modulación de la norma

El considerando es una figura característica del Derecho Comunitario[1134], que puede definirse como "la parte del acto [normativo] que contiene la motivación de este y que se intercala entre los vistos [la base jurídica] y la parte dispositiva [los artículos] del acto"[1135], en

---

1134 KLIMAS, T. y VAICIUKAITE, J.: "The law of recitals in European Community legislation", *ILSA Journal of International & Comparative Studies*, vol. 15, 2008, pág. 67.

1135 UNIÓN EUROPEA: *Guía práctica común del Parlamento Europeo, del Consejo, de la Comisión para la redacción de textos legislativos de la Unión Europea*, Oficina de Publicaciones de la Unión Europea, 2015, pág. 31.

el que se recogen objetivos, referencias a otras normas, a veces definiciones y, principalmente, se justifica la propia norma[1136].

De acuerdo con el artículo 296 TFUE, los actos jurídicos de la Unión Europea deberán estar motivados; no como mera formalidad, sino como medio de "permitir a las partes defender sus derechos, al Tribunal de Justicia ejercer su control y a los Estados miembros, así como a cualquier ciudadano interesado, conocer las circunstancias en que la Comisión ha aplicado el Tratado"[1137]; requisito que se cumple precisamente a través de la inserción de *vistos* y *considerandos* en el preámbulo de la norma[1138]. La ausencia de esta justificación puede ser causa de nulidad del acto legislativo[1139].

Además de ser un elemento obligatorio y fundamental para la producción normativa, en el que se justificará que las Instituciones han actuado en el marco de sus competencias, los considerandos son herramientas esenciales en la interpretación de la norma[1140], para definir, entre otras cuestiones, el objetivo de una norma, esto es, su base jurídica[1141].

3.4. Los considerandos de la Directiva 2018/957

La Directiva 2014/67, primera respuesta a las denuncias de insuficiencia de la Directiva 96/71, no contempla la necesidad de proteger a los trabajadores o, mejor dicho, protegerlos como finalidad primaria de las normas de desplazamiento. La protección que los considerandos de la Directiva 2014/67 reconocen a los trabajadores se presta de forma indirecta y sutil, en tanto el propósito de la norma

1136 HUMPHREYS, L. *et al.*: "Recitals to Normative Provisions in EU Legislation to Assist Legal Interpretation", en *28th Annual International Conference on Legal Knowledge and Information Systems, JURIX 2015.*, pág. 2/9.

1137 Sentencia de 4 de julio de 1963, Alemania contra Comisión, C-24/62, EU:C:1963:14, pág. 388.

1138 DEN HEIJER, M., VAN DEN ABEELEN, T. y MASLYKA, A.: "On the use and misuse of recitals in European Union law", *Amsterdam Law School Legal Studies Research Paper*, núm. 31. 2019, pág. 3.

1139 Sentencia Alemania contra Comisión, pág. 389.

1140 HUMPHREYS, L. *et al.*: "Mapping Recitals to…", obra cit., 2/9.

1141 DEN HEIJER, M., VAN DEN ABEELEN, T. y MASLYKA, A.: "On the use…", obra cit., pág. 5.

es asegurar y promover que se cumpla lo previsto en la Directiva de 1996 que, como venimos afirmando, tiene su interés principal en la protección de los prestadores de servicios y el mercado, por encima de la derivada social[1142].

La inclusión de herramientas que puedan facilitar una interpretación más atenta con los derechos de los trabajadores como tales, y no como recursos productivos, tiene lugar con la Directiva 2018/957. Creemos que uno de los objetivos más importantes de esta norma no se aprecia de forma clara en el articulado, sino en los considerandos, a través de los que pretende crear un clima interpretativo favorable al trabajador y establecer un equilibrio entre las libertades en juego[1143]. Más allá de reformular determinadas condiciones de trabajo, aclarar cuestiones sobre ETTs o facilitar la aplicación de determinadas clases de convenios colectivos, la Directiva 2018/957 pretende fijar un verdadero equilibrio en la concepción de la Directiva 96/71 como norma mestiza de mercado y de protección de los trabajadores. Este equilibrio no se logra en el articulado, sino en la interpretación del objeto y finalidad de la norma, es decir, en sus considerandos. Este propósito de equilibrio se reconoce en el considerando 24:

> *La presente Directiva establece un marco equilibrado en materia de libertad de prestación de servicios y de protección de los trabajadores desplazados, que es no discriminatorio, transparente y proporcionado, a la vez que respetuoso con la diversidad de los sistemas nacionales de relaciones laborales. La presente Directiva no impedirá la aplicación de condiciones de trabajo más favorables para los trabajadores desplazados.*

Insistimos en que en la época del Cuarteto Laval el Tribunal de Justicia no tenía —desde nuestra perspectiva— herramientas de Derecho positivo suficientes para compensar la visión casi exclusivamente de mercado de la directiva original de desplazamiento[1144]. En ella, los trabajadores son vistos más como un recurso productivo que como personas titulares de derechos, muestra de lo cual es que los considerandos de esa norma apenas se acuerdan de ellos. Más allá de

---

1142 CASAS BAAMONDE, M. E.: *Los desplazamientos temporales…*, obra cit., pág. 57-62.

1143 CARTER, D.: "Equal pay for…" obra cit., pág. 66.

1144 Aunque es cierto que en las sentencias del Cuarteto Laval el Tribunal ni llama la atención ni mucho menos se lamenta de esas ausencias.

la referencia al respeto de los derechos de los trabajadores que hace su considerando 5, podemos afirmar que, de acuerdo con el resto de los considerandos de la Directiva 96/71, los trabajadores no merecen protección por sí mismos sino porque las normas de Derecho Internacional Privado así lo disponen. Con esta redacción el Tribunal tuvo que afrontar los casos del Cuarteto Laval.

Como corrección a la norma originaria, la Directiva 2018/957 pone sobre la mesa una serie de considerandos que llevan a que el bloque regulador del desplazamiento complete el *orden correcto* de la economía social de mercado: la Directiva 96/71 se dedicó al capital, la Directiva 2014/67 al gobierno y la 2018/957 se dedicará al trabajo, poniendo de relieve objetivos sociales, como al fin y al cabo hace el TFUE[1145]. Veamos cuáles son los considerandos.

Considerando 1:

> *La libre circulación de los trabajadores, la libertad de establecimiento y la libre prestación de servicios son principios fundamentales del mercado interior consagrados en el Tratado de Funcionamiento de la Unión Europea (TFUE). La Unión profundiza en la aplicación y cumplimiento de estos principios con el fin de garantizar la igualdad de condiciones para todas las empresas y el respeto de los derechos de los trabajadores.*

Considerando 3:

> *Según el artículo 3 del Tratado de la Unión Europea, la Unión fomentará la justicia y la protección sociales. De conformidad con el artículo 9 del TFUE, en la definición y ejecución de sus políticas y acciones, la Unión tendrá en cuenta las exigencias relacionadas con la promoción de un nivel de empleo elevado, con la garantía de una protección social adecuada, con la lucha contra la exclusión social y con un nivel elevado de educación, formación y protección de la salud humana.*

Considerando 4:

> *Más de veinte años después de su adopción, se ha hecho necesario evaluar si la Directiva 96/71/CE del Parlamento Europeo y del Consejo sigue logrando el equilibrio adecuado entre la necesidad de fomentar la libre prestación de servicios y garantizar condiciones de competencia equitativas, por un lado, y la necesidad de proteger los derechos de los trabajadores desplazados, por otro. Con el fin de garantizar la aplicación*

1145 JORENS, Y.: *Cross-border EU…*, obra cit., pág. 164.

uniforme de las normas y alcanzar una verdadera convergencia social, junto con la revisión de la Directiva 96/71/CE debe darse prioridad a la aplicación y ejecución de la Directiva 2014/67/UE del Parlamento Europeo y del Consejo.

Considerando 10:

Es necesario garantizar una mayor protección de los trabajadores para salvaguardar la libre prestación de servicios en condiciones equitativas tanto a corto como a largo plazo, en particular evitando que se vulneren los derechos garantizados por los Tratados. Sin embargo, las normas que garantizan a los trabajadores esa protección no pueden afectar a la potestad de las empresas que desplazan trabajadores al territorio de otro Estado miembro de acogerse al derecho de libre prestación de servicios, incluso en los casos en los que el desplazamiento supere los doce o, en su caso, 18 meses. Toda disposición aplicable a los trabajadores desplazados en el contexto de un desplazamiento superior a doce o, en su caso, 18 meses debe, por tanto, ser compatible con dicha libertad. De conformidad con una jurisprudencia consolidada, las restricciones a la libre prestación de servicios solo son admisibles si están justificadas por razones imperiosas de interés general y si son proporcionadas y necesarias.

A estos considerandos, que aportan una nueva cara a la interpretación de la Directiva 96/71[1146], debemos añadir los considerandos que justifican y explican las novedades que la Directiva introduce en las condiciones de trabajo de los desplazados.

Los Considerandos 1 y 3 buscan elevar la consideración que la protección de los derechos de los trabajadores merece en la regulación del desplazamiento[1147], que hasta ese momento tenía un papel secundario. Con estos dos considerandos se quiere dar a la protección de los trabajadores una importancia equiparable a la de la libre prestación de servicios y promoción del mercado interior, es decir, que ambos polos tengan un equilibrio real. Los considerandos buscan elevar la categoría de los derechos de los trabajadores a un plano

---

1146 LHERNOULD, J. P.: "Directive (EU) 2018/957...", obra cit., pág. 250.

1147 La inclusión en la Directiva 2018/957 de la referencia al artículo 9 del TFUE puede interpretarse como una forma de reconciliar los objetivos de mercado interior con los objetivos sociales de la Unión. JORENS, Y.: *Cross-border EU...*, obra cit., pág. 55.

igual que la protección del mercado interior y la libre prestación de servicios.

Si la equiparación de principios se desarrolla en los considerandos 1 y 3, los considerandos 4 y 10 realizan una tarea si cabe más interesante y operativa a efectos interpretativos. Estos considerados buscan integrar la protección de los derechos de los trabajadores en el marco de protección del mercado interior, para así lograr el buscado equilibrio de intereses mediante dos expresiones muy similares: el primero de los considerandos menciona *garantizar condiciones de competencia equitativas* y el segundo *salvaguardar la libre prestación de servicios en condiciones equitativas,* porque el mercado interior no sólo ha de ser libre, sino también justo (VERSCHUEREN)[1148]. Como hemos señalado la equidad a la que estos considerandos se refieren la traducción al desplazamiento del orden de la economía social de mercado.

Tenemos en este punto que realizar una precisión lingüística que, como ocurrió en la sentencia Van der Vecht (1967), podría provocar procedimientos ante el Tribunal de Justicia[1149]: a pesar de que la versión española de la Directiva 2018/957 emplea en ambos considerandos el término "equitativas", la versión inglesa, que es en la versión que al fin y al cabo se trabajó y se negoció la norma, no usa las mismas palabras. El considerando 4 emplea la expresión *level playing field,* y el considerando 10 *fair basis.* El primero de ellos fue introducido como enmienda del Parlamento Europeo[1150], mientras que *fair basis,* que tampoco figuraba en el primer borrador de la norma, fue incluido por el GAS del Consejo meses después de comenzar el procedimiento legislativo[1151].

Aunque se utilicen expresiones diferentes en inglés, que es la lengua en la que se negocian los proyectos normativos europeos, las versiones en español y en francés (esta última lengua es la de trabajo del

---

1148 VERSCHUEREN, H.: "The CJEU endorses the revision of the Posting of Workers Directive", *ERA FORUM,* núm. 22, 2021, pág. 565.

1149 Como se expone en el Capítulo I, una de las razones del procedimiento ante el Tribunal de Justicia en la sentencia Van der Vecht era que la versión neerlandesa del Reglamento 3/58 difería de las demás versiones.

1150 CONSEJO: 6783/18, de 9.3.2018, pág. 7.

1151 CONSEJO: 13761/16, de 28.10.2016, pág. 7.

Tribunal de Justicia) emplean respectivamente la expresión *equitativa* y *equitable.* A la vista del recurso a estas expresiones, creemos que, en todo caso e independientemente de la concreta expresión que se emplee, los considerandos pretenden destacar la idea de equidad.

Esta novedosa idea[1152], en lo que se refiere a las condiciones de trabajo aplicables a los trabajadores, es decir, en lo que respecta a la protección de los derechos de los trabajadores, se resume en la sentencia Hungría, cuando expresa[1153]:

> "Para ello [para garantizar el equilibrio entre libre prestación de servicios y protección de los derechos de los trabajadores], el legislador de la Unión pretendía, al aprobar la Directiva impugnada, garantizar la libre prestación de servicios en condiciones equitativas, esto es, dentro de un marco normativo que haga que la competencia no se base en la aplicación, en un mismo Estado miembro, de condiciones de trabajo y de empleo de un nivel sustancialmente diferente dependiendo de si el empresario está o no establecido en ese Estado miembro, ofreciendo al mismo tiempo una mayor protección a los trabajadores desplazados, la cual constituye, como se indica en el considerando 10 de esta Directiva, el medio de 'salvaguardar la libre prestación de servicios en condiciones equitativas'."

Y cuando afirma[1154]:

> "De este modo, habida cuenta del objetivo que perseguía la Directiva 96/71, esto es, permitir la libre prestación transnacional de servicios dentro del mercado interior en el marco de una competencia leal y garantizar el respeto de los derechos de los trabajadores, el legislador de la Unión, en atención a la evolución de las circunstancias y de los conocimientos expuesta en los anteriores apartados 62 y 63, podía basarse, para adoptar la Directiva impugnada, en la misma base jurídica a la que se recurrió para adoptar la Directiva 96/71. En efecto, para alcanzar en la mayor medida posible este objetivo en un contexto que había cambiado, el legislador de la Unión podía considerar necesario adaptar el equilibrio en el que se basaba la Directiva 96/71 reforzando los derechos de los trabajadores desplazados en el Estado miembro de acogida, de forma que la competencia entre las empresas que desplazan trabajadores a ese Estado miembro y las establecidas en el mismo tenga lugar en condiciones más equitativas."

1152 LLOBERA VILA, M.: "La Directiva 96/71/CE reformada…", obra cit., pág. 31.

1153 Sentencia Hungría, apartado 51.

1154 *Ibidem*, apartado 64.

Es decir, la protección de los trabajadores se incorpora como elemento indisociable a la prestación del servicio, lo que, desde nuestra perspectiva tiene dos consecuencias. La primera de ellas es que se evita la contradicción entre dos principios contrapuestos. A partir de ahora, el debate no puede ser libertad empresarial frente a protección de los trabajadores porque ambos principios son parte de la prestación de servicios en condiciones equitativas. Por expresarlo de manera clara, se ha superado el debate entre el artículo 53 o 153 TFUE como base jurídica.

En segundo lugar y como consecuencia de lo anterior, a partir de ahora la protección de los trabajadores podrá —deberá— ser amparada también desde el prisma del mercado interior, gracias a la garantía de que los servicios deben prestarse en condiciones equitativas, es decir, sin que la ventaja competitiva que busque el prestador de servicios sea a costa de los derechos de los trabajadores. Puede así afirmarse que la protección de los derechos de los trabajadores queda cubierta desde este momento por el propio artículo 53 TFUE, de manera que en adelante podrá invocarse este precepto y no los pertenecientes a la política social o libre circulación de trabajadores para argumentar un menoscabo de los derechos de los trabajadores desplazados.

Esta armonía entre los principios ya fue esbozada mucho antes de las sentencias de Hungría y Polonia por GUTIÉRREZ-SOLAR CALVO, quien señalaba que "si se resalta el carácter imprescindible de los objetivos sociales, también para la consecución de los objetivos económicos, se defenderá la necesidad de adoptar la vía mediata de la protección de los primeros para la satisfacción de los segundos"[1155]. Se protegen los derechos de los trabajadores para proteger el mercado y la libre prestación de servicios. Desde esta perspectiva de competencia, se puede afirmar que la Directiva 2014/67, y muy especialmente la Directiva 2018/957, tienen como prioridad eliminar

1155 GUTIÉRREZ-SOLAR CALVO, B.: *El desplazamiento temporal…* obra cit., pág. 183. Las otras dos opciones propuestas la potenciación de los intereses sociales en la creencia de que éstos arrastrarán un progreso social y el *sacrificio proporcional* de cada uno de los intereses en juego.

las distorsiones del mercado provocadas por los desplazamientos de trabajadores[1156].

4. EL FUTURO: LA LIBRE PRESTACIÓN DE SERVICIOS EN CONDICIONES EQUITATIVAS

La libre prestación de servicios en condiciones equitativas es la cuadratura del círculo que muchos estaban buscando para reducir la conflictividad relacionada con el desplazamiento de trabajadores[1157]. Ese recurso productivo, cuya importancia quedaba en segundo plano, se eleva al primer nivel y se tiene como elemento principal para valorar la calidad del mercado de los servicios. Si en un contexto determinado (territorio, sector o incluso licitación de un contrato administrativo) no existe equidad entre los prestadores de servicios por cuestiones de índole laboral, se estará vulnerando la libertad de prestación de servicios declarada en el artículo 53 TFUE.

Creemos firmemente que la prestación de servicios en condiciones equitativas va a ser el faro de la interpretación del desplazamiento de trabajadores en los próximos años, mientras no tenga lugar un cambio brusco en la composición de la Unión Europea o en el mercado interior. Recordamos a DE CASTRO Y BRAVO cuando decía que "los principios jurídicos son la base en que descansa la organización jurídica; la parte permanente del Derecho y también la parte cambiante y mudable que determina la evolución jurídica"[1158].

En este nuevo horizonte de interpretación de las normas de desplazamiento de trabajadores nos lleva a hacer algunas reflexiones o, con más atrevimiento, una prognosis.

1156 ZACCARIA, M. L.: "To protect or not to protect? Analysis of some key factors of the amended Rules of posting at the intersection of free Movement of workers and the fundamental Rights of workers" (paper), *János Bolyai Research Scholarship of the Hungarian Academy of Sciences*, 2020, pág. 28.

1157 BARNARD, C.: "Free Movement and Labour…", obra cit., pág. 2/28.

1158 DE CASTRO Y BRAVO, F.: *Derecho Civil de España*, Madrid, Civitas, 1984, pág. 420.

4.1. Incertidumbre sobre la incertidumbre

La reducción de la incertidumbre es un instrumento fundamental para el mercado interior y así se reconoció en los documentos preparatorios de la Directiva 96/71, a los que se ha hecho referencia anteriormente[1159]. Aunque consideradas injustas por muchos[1160], una de las virtudes que tiene la interpretación del Tribunal de Justicia en las sentencias del Cuarteto Laval es la previsibilidad, que consideramos deriva de una interpretación literal de la norma, más que de un oscuro interés por privar a los trabajadores de sus derechos.

Un claro ejemplo de la falta de certidumbre es el rechazo del modelo sueco de fijación del salario a través de la negociación colectiva centro por centro. Sobre la base de lo explicado en la sentencia Laval, para tener certeza de los salarios que va a abonar, el prestador de servicios debería negociar éstos con el sindicato local incluso antes de elaborar un presupuesto de obra y hacer la oferta al promotor, operación del todo absurda. La sentencia Laval afirma[1161]:

> "En consecuencia, procede concluir, en esta fase, que un Estado miembro en el que las cuantías de salario mínimo no se determinan por una de las vías previstas en el artículo 3, apartados 1 y 8, de la Directiva 96/71 no está facultado para exigir, en virtud de dicha Directiva, a las empresas establecidas en otros Estados miembros, en el marco de una prestación de servicios transnacional, una negociación caso por caso, en el lugar de trabajo, teniendo en cuenta la cualificación y las funciones de los trabajadores, para que conozcan el salario que deberán abonar a sus trabajadores desplazados".

Como puede apreciarse, el Tribunal señala el problema del desconocimiento por parte de la empresa de cuánto hay que pagar a los trabajadores; es decir, existía una incertidumbre sobre qué salario abonar a los trabajadores desplazados.

1159 *Vid.* Epígrafe XII.2.4.

1160 BARNARND, C.: "The calm after...", obra cit., pág. 1.

1161 Sentencia Laval, apartado 71.

Con anterioridad a la Directiva 2018/957, la seguridad jurídica, la previsibilidad de las condiciones de trabajo, quedaba asegurada con una interpretación literal de la Directiva (Laval, Rüffert). Los salarios podían ser altos, pero se conocían de antemano. A partir de 2018, la interpretación literal de la norma puede ser matizada con el principio de equidad en la prestación de servicios, con el riesgo de que la defensa de la certidumbre sobre las condiciones de trabajo no sea tan firme como lo ha sido hasta entonces. No creemos que se llegue a una interpretación *contra legem*[1162], pero sí que puedan realizarse interpretaciones favorables a los trabajadores que antes eran imposibles, precisamente porque no había principios interpretativos que pudieran sustentarlas.

Pues bien, las condiciones equitativas en las que se deben desenvolver los desplazamientos desde la Directiva 2018/957 pueden matizar la literalidad de la norma, con la consecuencia de hacer crecer la incertidumbre de los prestadores de servicios, quienes pueden tener la duda de si la estricta aplicación de las normas de transposición de la Directiva 96/71 aportan por sí mismas unas condiciones equitativas o no son suficientes para aportarlas.

4.2. Una visión más social

La interpretación que los operadores jurídicos, especialmente el Tribunal de Justicia, tengan que hacer de las normas de desplazamiento no podrán pasar por encima de la dimensión social que la Directiva de 2018 ha aportado[1163].

Tener en cuenta la cuestión social en el desplazamiento no significa necesariamente que ésta tenga más peso que la interpretación favorable a la libre prestación de servicios, que sigue siendo la base

---

1162 En la sentencia Nilsson el TJUE rechaza la posibilidad de que un considerando sea utilizado para establecer una excepción no prevista en la propia norma. Sentencia de 19 de noviembre de 1998, Nilsson, C-162/97, EU:C:1998:554, apartado 55.

1163 VAN NUFFEL, P. y AFANAJSEVA, S.: "The Revised Posting…", obra cit., pág. 301.

jurídica de la norma[1164]. Sí creemos que en aquellas cuestiones en los que ambos bloques choquen y que antes podían resolverse con una simple interpretación literal de la norma, deberán ahora completarse con razonamientos que justifiquen el respeto a los derechos de los trabajadores desplazados y a las condiciones equitativas.

4.3. *La inadecuación del concepto de dumping social*

Si la lucha contra, en un sentido amplio, las desigualdades laborales derivadas del desplazamiento de trabajadores se van a realizar desde una perspectiva de competencia y de mercado, es necesario crear un concepto, una figura jurídica, que sea la base para el control de los desplazamientos en condiciones equitativas. A lo largo de este estudio se ha mencionado el *dumping* social como una amenaza tanto a los mercados de trabajo receptores de desplazados como a los derechos de estos trabajadores.

El concepto de *dumping* social no es válido para asumir esta función, pues ni siquiera tiene una definición en la legislación comunitaria[1165], sino que sólo cuenta con una referencia en un documento del Parlamento Europeo[1166]. En realidad, definir el *dumping* social en el marco europeo no es una tarea sencilla[1167], entre otras cosas porque, a primera vista, resulta imposible en un mercado sin fronteras interiores.

4.4. *El alcance de este nuevo enfoque*

El ámbito de esta nueva interpretación al amparo de la libre prestación de servicios en condiciones equitativas no debería afectar a la totalidad de las reglas del desplazamiento de trabajadores.

El equilibrio entre libre prestación de servicios y protección de los derechos de los trabajadores es un equilibrio entre sujetos privados,

---

1164 No puede esperarse que con la Directiva 2018/957 situaciones como la de Laval vayan a merecer una solución totalmente opuesta a la que se dio en esa sentencia. LHERNOULD, J. P.: "Directive (EU) 2018/957...", obra cit., pág. 256.

1165 Sentencia Sopra Steria, apartado 42.

1166 PARLAMENTO EUROPEO: *Informe sobre el dumping...*, cit.

1167 CARTER, D.: "Equal pay for..." obra cit., pág. 47.

sea individuales (los trabajadores, los empresarios que desplazan) o colectivos (el mercado de trabajo del Estado de destino, compuesto por empresas y trabajadores privados). En este equilibrio no participan las autoridades nacionales que ejercen potestades de imperio, a quienes se les seguirá aplicando el test de proporcionalidad con todo su rigor cuando pretendan introducir alguna medida de control de los desplazamientos.

CONCLUSIONES

Tras el estudio realizado, podemos extraer las siguientes conclusiones:

PRIMERA.– El desplazamiento de trabajadores es una forma de movilidad laboral utilizada por las empresas desde la creación de las Comunidades Europeas. Desde los primeros pasos del proyecto europeo, se han producido situaciones de conflicto con origen en el diferencial de costes existente entre las empresas que desplazaban trabajadores y los mercados de trabajo de los Estados de destino. Por esta razón, desde los años 60 se han reclamado soluciones normativas para las condiciones de trabajo de los desplazados.

Así, la elaboración y aprobación de la Directiva 96/71 no responde ni a un momento específico de la construcción europea ni a un planteamiento ideológico concreto, sino a una necesidad sentida casi desde la génesis de la Comunidad Económica Europea. La mundialización de la economía y la liberalización de las prestaciones de servicios producidas a nivel internacional en los años ochenta y noventa intensificó la demanda de una regulación de los desplazamientos —que ya existía en seguridad social—, pero no alumbró exactamente esa necesidad, latente ya desde décadas en Europa.

SEGUNDA.– Las tres principales normas europeas reguladoras de las condiciones de trabajo de los desplazados que ejecutan una prestación transnacional de servicios (Directivas 96/71, 2014/67 y 2018/957) han sido elaboradas en situaciones que podemos calificar de "estrés normativo", en tanto se han elaborado como respuesta urgente a la colisión producida entre empresarios y trabajadores, a la vez que entre Estados ricos y Estados pobres, bajo un intenso y poco frecuente foco político.

La Directiva 96/71 se elaboró como respuesta a la entrada en la CEE de España y Portugal, que facilitó a las empresas ibéricas, capaces de prestar sus servicios en obras de construcción de toda la Comunidad, acceso pleno e inmediato al mercado interior, con la bendición del Tribunal de Justicia. Más tarde, la Directiva 2014/67 se aprobó como respuesta técnica para establecer un control de las empresas de los Estados de Europa central y del este, que habían desplegado una estrategia de desplazamientos muy agresiva en los Estados de Europa occidental. En último lugar, la Directiva 2018/957 ofrece la respuesta política a la entrada de los Estados de Europa central y del este, que la Directiva 2014/67 no había sido capaz de dar, siempre de acuerdo con la perspectiva de los Estados ricos.

TERCERA.– La Directiva 96/71 es una norma de Derecho Internacional Privado con la finalidad principal de promover y defender la libre prestación de servicios en el mercado interior, si bien posee un contenido propio del Derecho del Trabajo. Puede hablarse de un déficit laboral de la norma porque las condiciones de trabajo que ocupan el articulado de la Directiva no son interpretadas como derechos de los trabajadores, sino que los trabajadores desplazados son vistos como un mero recurso productivo y las condiciones de trabajo se consideran formas de empleo de dicho recurso, al fin y al cabo, costes de producción que pueden diferir entre prestadores de servicios locales y extranjeros.

Independientemente del nuevo enfoque que se está dando a la interpretación de la norma tras la aprobación de la Directiva 2018/957, a los que haremos referencia más adelante, la regulación de las condiciones de trabajo de los desplazados siempre va a realizarse a través de una norma de Derecho Internacional Privado, con una base jurídica en la libre prestación de servicios y, en consecuencia, se aplicará conforme a ese contexto normativo.

CUARTA.– Al tratarse de una norma de Derecho Internacional Privado, que se limita a dar solución a un conflicto de leyes mediante la remisión a una norma nacional concreta, la defensa de los derechos de los desplazados y del mercado de trabajo local debe realizarse precisamente por la ley del Estado, no por la norma europea. La Directiva 96/71 remite a un bloque normativo nacional, que es el responsable exclusivo de garantizar el disfrute de unas determinadas condiciones de trabajo y velar por que se desarrolla una leal competencia entre las empresas locales y los prestadores de servicios de otros Estados de la Unión Europea. Culpar a la Directiva y al TJUE de la incapacidad de la normativa nacional de dar una suficiente protección a su propio mercado de trabajo no es otra cosa que matar al mensajero.

La mala prensa de sentencia Laval es muestra de la confusión sobre la naturaleza de la Directiva 96/71, de considerarla una norma laboral cuando es una norma de Derecho Internacional Privado. La "injusticia" que supone la sentencia Laval no es causada por la Directiva 96/71, sino por la norma nacional de transposición o, mejor dicho, por su insuficiencia. Suecia no fijó una legislación adecuada para asumir a los trabajadores desplazados, y así fue avisada por la Comisión Europea años antes del bloqueo de la obra de construcción que generó el caso Laval, sin que este país hiciera nada al respecto. El problema no fue lo que decía o lo que no decía la Directiva, tampoco cómo lo interpretaba el Tribunal, sino lo que decía y lo que no decía la normativa sueca sobre desplazados.

QUINTA.– Que una norma europea deje de ser calificada como una norma de armonización no exime a los Estados miembros de tomar las medidas necesarias para adaptar su normativa nacional a la realidad jurídica que el instrumento comunitario crea. Esta normativa interna dictada a la luz de la norma europea debe garantizar ciertos bienes y valores igualmente europeos, como puede ser la leal competencia entre empresas, la transparencia del mercado de trabajo o la suficiencia del salario recibido que, ante el vacío que se puede producir entre la nueva norma europea y la norma nacional, pueden quedar en peligro.

En lo que se refiere a la relación entre la legislación europea y la nacional, es el Estado el que debe adaptarse a Europa y no Europa al Estado.

SEXTA.– La teoría de la movilidad en el empleo, base de la legislación y de la jurisprudencia comunitaria sobre el desplazamiento de trabajadores, no ha contemplado adecuadamente la realidad que pretende explicar.

Según esta teoría, la no equiparación de las condiciones laborales de los trabajadores que son desplazados temporalmente a un territorio con las condiciones de los trabajadores locales se justifica en que los desplazados, digamos, *orbitan* sobre el mercado de trabajo del Estado de destino, no llegan a *posarse* en él, por cuanto su presencia se vincula a un servicio que tiene un período limitado de tiempo para su ejecución y se espera que, cuando concluya, el trabajador regrese a su Estado de origen. Esta teoría puede describir con bastante exactitud el desplazamiento de nacionales de terceros Estados, anclados al permiso de trabajo expedido por las autoridades de origen, pero consideramos que no explica la complejidad de los desplazamientos de trabajadores que gozan de una libre circulación plena.

Los trabajadores que, si quieren, se pueden quedar en el Estado de destino una vez terminado el desplazamiento —todos los que sean ciudadanos comunitarios de Estados que hayan pasado el período de adhesión— no están integrados en el mercado de trabajo durante el desplazamiento, pero son perfectamente "integrables" en él. Regresarán a su Estado de origen si no encuentran un empleo en el Estado de destino, si no se quedan en el Estado de destino buscando trabajo o si no son contratados por otra empresa del Estado de origen para desplazarlos una vez más al Estado de destino.

Este colectivo de trabajadores —y, por supuesto, de empresas que los emplea y desplaza— puede tener un efecto económico en el mercado de trabajo local del Estado de destino, en tanto provoca un mercado de trabajo paralelo basado en fuerza laboral desplazada. Muchos llaman incorrectamente a este fenómeno "*dumping* social".

SÉPTIMA.– No puede existir *dumping* social en un mercado único, cualquiera que sea su dimensión. De la misma manera que las empresas y trabajadores extremeños no hacen *dumping* a los trabajadores guipuzcoanos por tener unos convenios colectivos con salarios inferiores, los trabajadores rumanos no hacen *dumping* a los alemanes cuando prestan un servicio en el marco de un desplazamiento en el que se respeta la Directiva 96/71, la norma alemana de transposición, el RCSSS y el RE.

OCTAVA.– La sentencia Laval no fija un criterio suficiente para poder hacer una ponderación entre el abstracto derecho al ejercicio de una acción colectiva y la libre prestación de servicios, porque aborda un conflicto extremo, como es el bloqueo de un centro de trabajo.

El Tribunal de Justicia en el asunto Laval realiza un juicio de proporcionalidad de la concreta medida adoptada por los sindicatos suecos: la asfixia de la empresa hasta su liquidación mediante el bloqueo de la obra de construcción. Una acción de este tipo tiene, por su naturaleza y sus efectos, muy difícil conciliación con la libertad de empresa y la libre prestación de servicios, con lo que la solución del Tribunal difícilmente hubiera sido dar luz verde a este tipo de medidas.

De esta manera, las acciones colectivas que no supongan la generación de un daño muy grave o irreparable al empresario no tienen por qué ser incompatibles con la libertad de prestación de servicios.

NOVENA.– Las medidas fijadas por los Estados para controlar los desplazamientos que tengan lugar en su territorio se someten a un test de proporcionalidad muy exigente, en el que la adecuación de los medios a lo fines pretendidos se analizan en detalle, principalmente porque no aporta un beneficio directo, palpable y cuantificable al concreto trabajador, sino un marco general de cumplimiento de los estándares laborales. Al encuadrarse en el ámbito de la libre prestación de servicios y el mercado interior, los instrumentos de control se configuran *prima facie* como una carga para los prestadores de servicios, que incluso puede presumirse caprichosa, molesta y merecedora de ser eliminada. Si el test de proporcionalidad realizado por el TJUE no suprime directamente la medida, es más que probable que la reduzca a su mínima expresión.

Teniendo en cuenta las facilidades que la tecnología de hoy da para gestionar grandes cantidades de información si así es exigido por la autoridad laboral, el test de proporcionalidad debería tener también en cuenta el beneficio que aporta un control eficaz, y no reducido al *mínimum minimorum*, de los desplazamientos de trabajadores. Más que un test de proporcionalidad, proponemos un test de "razonabilidad", que también tenga en cuenta el valor que un control suficiente de los desplazamientos aporta al orden y la transparencia en el mercado interior de los servicios.

DÉCIMA.– Aunque se optó desde su primer borrador por una base jurídica amparada en la libre prestación de servicios, la Directiva 96/71 podría haber tenido otro fundamento en los Tratados. Podría haber sido una directiva con una base jurídica laboral si así se hubiera considerado políticamente viable y oportuno, con el principal obstáculo de una aprobación por unanimidad. En este caso, la norma reguladora de los desplazamientos hubiera sido una norma con una base jurídica anclada en el bloque de política social de los Tratados, pero, probablemente, con un articulado más facilitador de la libre prestación de servicios. Portugal y, sobre todo, Reino Unido —que no votaron a favor de la Directiva 96/71— muy posiblemente hubieran promovido un texto flexible respecto a las cuestiones de mercado que, no obstante, hubiera sido interpretado con parámetros laborales, con el hipotético resultado de una norma más cercana en su planteamiento e interpretación al Reglamento de Coordinación de los Sistemas de Seguridad Social.

Hay que pensar que, si la aprobación de la Directiva 96/71 supuso cinco años de negociación, una unanimidad hubiera alargado más, si cabe, ese proceso.

DECIMOPRIMERA.– La propuesta de una nueva norma europea que regule el desplazamiento de trabajadores que, en resumidos términos, tuviera prácticamente la misma redacción que la actual Directiva 96/71, pero con una base jurídica en un artículo del Tratado sobre política social es una solución impracticable e innecesaria. La Directiva 96/71 lleva un rodaje de casi treinta años, al que tanto los Estados como las empresas han adecuado su legislación y su forma de actuar frente a esta forma de movilidad. La norma funcionará con muchos reproches, justos e injustos, pero funciona.

La modificación de la base jurídica de la Directiva sobre desplazamientos, con la consiguiente modificación en su aplicación e interpretación, supondría una alteración profunda de efectos desconocidos y, en consecuencia, poco deseables, sobre una realidad que está adoptando un nuevo enfoque desde la interpretación de sus preceptos, aun con una base jurídica de mercado.

DÉCIMOSEGUNDA.– La seguridad jurídica es el principio fundamental que subyace en la Directiva 96/71. Como norma de mercado, la Directiva tiene por objeto facilitar a los prestadores de servicios su desembarco en otro Estado miembro, que, en el diverso y complicado marco de las relaciones laborales europeas, se encarna en la previsibilidad: el previo conocimiento de las condiciones de trabajo de obligado cumplimiento en el lugar de operaciones. El resto de los aspectos de la norma, incluyendo el derecho subjetivo de los trabajadores al disfrute de unas determinadas condiciones de trabajo, son cuestiones secundarias a la seguridad jurídica, por mucho que a los laboralistas nos cueste admitir.

Así como la Directiva 96/71 es y siempre será una norma con una base jurídica de mercado, precisamente por ello la seguridad jurídica seguirá siendo el principio rector de los desplazamientos de trabajadores, sin perjuicio de que con la Directiva 2018/957 la protección de los trabajadores haya adquirido una entidad relevante como principio de la norma, que pueda de cierta manera matizar la seguridad jurídica.

DÉCIMOTERCERA.– La Directiva 96/71 está en pleno proceso de evolución interpretativa. El principal cambio operado por la Directiva 2018/957 no es aún patente entre los operadores jurídicos. El cambio en los considerandos ha flexibilizado la interpretación de la Directiva, que antes era esclava de su articulado. El considerando 10 de la Directiva, con la expresión "libre prestación de servicios en condiciones equitativas", constituye una suerte de válvula de escape, que habilita al juzgador a interpretar la norma no sólo conforme a la realidad del tiempo, sino muy especialmente a la realidad —económica— del lugar donde ha de ser aplicada.

Con la "libre prestación de servicios en condiciones equitativas", la Directiva 2018/957 integra la protección de los trabajadores desplazados en las cuestiones de mercado, en tanto que vincula las condiciones de trabajo de éstos a la competencia, de manera que la vulneración de los derechos de los desplazados puede considerarse una vulneración de la leal competencia, parámetro totalmente alineado con la naturaleza de mercado de la Directiva 96/71.

El trabajador desplazado gozará de una mayor protección, no por el hecho de ser un trabajador, sino por ser un *factor* que puede distorsionar la competencia entre empresarios extranjeros y locales. Una vez más, esta conclusión es de difícil comprensión para el laboralista, pero, dado que hasta el momento la defensa de los derechos de los trabajadores por los medios tradicionales no ha tenido un éxito abrumador, no debemos tener miedo a este nuevo enfoque, que, frente al ideal irreal —nos permitimos parafrasear al filósofo francés— tiene la virtud de ser posible.

DÉCIMOCUARTA.– La incorporación al tablero interpretativo de la Directiva 96/71 de la libre prestación de servicios en condiciones equitativas puede reducir la seguridad jurídica en los desplazamientos que —insistimos— es el principio rector de la norma. El principio de condiciones equitativas, que se formula de manera genérica en la Directiva 2018/957 y que, aunque muy apreciado por el Tribunal de Justicia, apenas es desarrollado en las sentencias Hungría y Polonia, puede ser utilizado por el intérprete de la Directiva en forma de comodín que lo libere de una interpretación literal del articulado, como ocurría en la jurisprudencia anterior.

Esta liberación, insistimos, puede mermar la seguridad jurídica en el marco de un desplazamiento. El régimen laboral aplicable a los desplazados hasta las sentencias Hungría y Polonia (2020) era el resultado de una interpretación literal de la Directiva 96/71, que señalaba una norma nacional como aplicable y unas determinadas condiciones de trabajo. La inclusión de la equidad en las condiciones de trabajo tras estas sentencias difumina los claros límites que aportaba la literalidad de la interpretación anterior y abre un escenario incierto respecto a qué criterios determinarán una prestación de servicios en condiciones equitativas.

Si antes de la Directiva 2018/957 y de las sentencias Polonia y Hungría los mandatos de la Directiva de desplazados estaban escritos en piedra, en esta nueva etapa el intérprete de la norma dispone de un pequeño cincel, con el que podrá perfilar, modelar y limar estos mandatos, pero nunca borrarlos.

BIBLIOGRAFÍA

ALFONSO MELLADO, C. I.: "Desplazamientos de trabajadores en el ámbito europeo y garantías salariales (A propósito de la STJUE de 12 de febrero de 2015)", *Trabajo y Derecho,* núm. 5, mayo de 2015. Pág. 99-104.

ALONSO OLEA, M.: *Introducción al Derecho del Trabajo,* 2ª ed., Editorial Revista de Derecho Privado, Madrid, 1968

ALONSO OLEA, M. y CASAS BAAMONDE, M. E.: *Derecho del Trabajo,* 15ª ed., Civitas, Madrid, 1997.

ÁLVAREZ CORTÉS, J. C.: "La protección social en los desplazamientos transnacionales temporales de trabajadores dentro de la Unión Europea: las relaciones entre la Directiva 96/71 y los Reglamentos 883/2004 y 987/2009 de coordinación de las legislaciones de seguridad social", en MARTÍNEZ-GIJÓN MACHUCA, M. A., (Coord.), PÉREZ GUERRERO, M. L., (Dir.) y QUINTERO LIMA, M. G., (Dir.), *La lucha contra la precariedad y las reformas en materia de desplazamientos de los trabajadores,* Laborum, Murcia, 2020, pág. 171-208.

ALZAGA RUIZ, I.: "La intervención normativa de la Unión Europea en materia de prevención de riesgos laborales", Revista del Ministerio de Trabajo, Migraciones y Seguridad Social, núm. 138, 2018, pág. 59-90.

ARNHOLTZ, J. y LILLIE, N.: "European Integration and the Reconfiguration of National Industrial Relations. Posted Work as a Driver of Institutional Change", en ARNHOLTZ, J. (Ed.) y LILLIE, N. (Ed.), *Posted work in the European Union. The political economy of free movement,* Routledge, 2020, pág. 1-30.

AYUSO MOZAS, R.: "El desplazamiento transnacional de trabajadores en Francia", *Revista General de Derecho del Trabajo y de la Seguridad Soc*ial, núm. 19, 2009.

BARNARD, C.: "The UK and Posted Workers: The Effect of Commission v Luxembourg on the Territorial Application of British Labour Law", *Industrial Law Journal,* vol. 38, núm. 1, 2009, pág. 122-132.

BARNARD, C.: "The calm after the storm: time to reflect on EU (labour) law scholarship following the decisions in Viking and Laval", *Legal Studies Research, Paper Series, University of Cambridge,* núm. 55, 2010.

BARNARD, C.: *EU Employment law,* Oxford University Press, 4ª ed., Oxford (Reino Unido), 2012.

BARNARD, C.: "Free Movement and Labour Rights: Squaring the Circle?", *Legal Studies Research. Paper Series. University of Cambrigde,* núm. 23, 2013.

BARNARD, C.: "Are social 'Rights' rights?", *European Labour Law Journal,* vol. 11(4), 2020, pág. 351-363.

BARNARD, C.: *The substantive Law of the EU. The Four Freedoms,* Oxford University Press, 7ª ed., Oxford (Reino Unido), 2022.

BASTERRA HERNÁNDEZ, M.: "El contrato de trabajo en un contexto internacional: ley aplicable, desplazamiento temporal y orden público", *Revista Española de Derecho del Trabajo*, núm. 222, 2019.

BASTERRA HERNÁNDEZ, M.: "El derecho a la Seguridad Social del trabajador transnacional en el marco comunitario: trabajos fronterizos o en diversos estados, actividades marítimas y aeroportuarias y desplazamiento temporal de trabajadores", *Revista de Derecho Social*, núm. 93, 2021, pág. 95-118.

BERMÚDEZ, C. y BRIK, E.: *Terapia familiar sistémica. Aspectos teóricos y aplicación práctica*, Síntesis, Madrid, 2010.

BJELINSKI. F. y ZERAVCIC, K. "Posted workers in the EU: lost between conflicting interests and single market objectives", *Croatian Yearbook of European Law and Policy*, núm. 16, 2020, pág. 95-133.

BODIROGA VUKOBRAT, N. y NORAK, H.: "A more liberal and economic, and a less social, approach: the impact of recent ECJ rulings", *Croatian Yearbook of European Law and Policy*, vol. 4, pág. 49-74.

BOTTERO, M.: *Posting of workers in EU Law. Challenges of Equality, Solidarity and Fair Competition*, Wolters Kluwer International, 2020.

BUSSCHAERT, G. y PECINOVSKY, P.: "The (Non)Application of the Posting of Workers Directive to Aircrew: How a lack of legal certainty leads to a failure to apply the posting rules in the aviation industry", *European Employment Law Cases*, nº 4, 2020, pág. 226-240.

CALVO CARAVACA, A. L. y CARRASCOSA GONZÁLEZ, J.: "El Derecho Internacional Privado de la Unión Europea y el Derecho Internacional Privado español. Fuentes y sistema normativo", en CALVO CARAVACA, A. L., (Dir.) y CARRASCOSA GONZÁLEZ, J., (Dir.), *Tratado de Derecho Internacional Privado*, 2ª ed., Tirant lo Blanch, Valencia, 2022, pág. 198-317.

CALVO CARAVACA, A. L. y CARRASCOSA GONZÁLEZ, J.: "Derecho aplicable (I). Técnicas de reglamentación. La norma de conflicto", en en CALVO CARAVACA, A. L., (Dir.) y CARRASCOSA GONZÁLEZ, J., (Dir.), *Tratado de Derecho Internacional Privado*, 2ª ed., Tirant lo Blanch, Valencia, 2022, pág. 486-679.

CALVO CARAVACA, A. L. y CARRASCOSA GONZÁLEZ, J.: "Contrato internacional de trabajo", en CALVO CARAVACA, A. L., (Dir.) y CARRASCOSA GONZÁLEZ, J., (Dir.), *Tratado de Derecho Internacional Privado*, 2ª ed., Tirant lo Blanch, Valencia, 2022, pág. 3525-3588.

CALVO GALLEGO, F. J.: "Desplazamientos transnacionales de trabajadores en el seno de la Unión Europea: aspectos individuales y lucha contra la precariedad" en MARTÍNEZ-GIJÓN MACHUCA, M. A., (Coord.), PÉREZ GUERRERO, M. L., (Dir.) y QUINTERO LIMA, M. G., (Dir.), *La lucha contra la precariedad y las reformas en materia de desplazamientos de los trabajadores*, Laborum, Murcia, 2020, pág. 81-140.

CAMAS RODA, F. y MARTÍNEZ ASO, M.: "El cumplimiento de la normativa de seguridad y salud por las empresas que desplazan a trabajadores en el marco de una prestación de servicios transnacional", *Revista de Derecho Social*, núm. 45.

CAMPO COMBA, M.: *The Law aplicable to cross-border contracts involving weaker parties in EU International Private Law*, 1ª ed., Springer, 2021.

CARBALLEDO PIÑEIRO, L.: "El derecho internacional privado y los Desplazamientos temporales de trabajadores de la Unión Europea", *Actum Social*, núm. 119, 2017.

CARRASCOSA BERMEJO, D.: "Coordinación de los sistemas nacionales de seguridad social (Reglamentos CE/883/2004 Y CE/987/2009)" en CASAS BAAMONDE, M. E. (Dir.), *et al.*, *Derecho Social de la Unión Europea. Aplicación por el Tribunal de Justicia*, Boletín Oficial del Estado, Madrid, 2023, pág. 737-802.

CARRASCOSA BERMEJO, D.: "Los Reglamentos de la Unión Europea sobre coordinación de los sistemas de seguridad social (Rgtos CE/883/2004 y CE/987/2009): propuesta de modificación de 13-12-2016 y tendencias interpretativas en la reciente jurisprudencia del Tribunal de Justicia", *Actum Social*, núm. 119, 2017.

CARRASCOSA BERMEJO, D.: "Desplazamiento en la UE y dumping social en el mercado único: estado de la cuestión y perspectivas", *Revista del Ministerio de Trabajo, Migraciones y Seguridad Social*, núm. 142, 2019, pág. 37-70.

CARRASCOSA BERMEJO, D. y MOLINA MILLÁN, J.: "The binding nature of posting PDA1 issued under EU social security Coordination Regulations and the possible role of national courts", *ERA FORUM*, 2023.

CARRASCOSA BERMEJO, D.: "Coordinación de los sistemas nacionales de seguridad social (Reglamentos CE/883/2004 Y CE/987/2009)" en CASAS BAAMONDE, M. E. (Dir.) *et al.*, *Derecho Social de la Unión Europea. Aplicación por el Tribunal de Justicia*, Boletín Oficial del Estado, Madrid, 2023, pág. 737-802.

CARRASCOSA GONZÁLEZ, J. y RODRÍGUEZ-PIÑERO ROYO, M.: "Desplazamientos temporales de trabajadores en la Comunidad Europea y ley aplicable al contrato de trabajo", *Relaciones Laborales*, núm. 2, 1993.

CARRASCOSA GONZÁLEZ, J.: *La ley aplicable a los contratos internacionales: el Reglamento Roma I*, Colex, La Coruña, 2009.

CARRASCOSA HERNÁNDEZ, L.: "Ley nacional aplicable (laboral y de seguridad social) al personal de vuelo y la incidencia del desplazamiento en la Unión Europea", en SÁNCHEZ DEL RÍO MORETA, I., (Dir.) y MARTÍNEZ MUÑOZ, M., (Coord.), *Congreso de derecho laboral aéreo solidario por el COVID-19*, Universidad Pontificia Comillas, Madrid, 2020, pág. 41-62.

CARRILLO POZO, L. F.: "La ley aplicable al contrato de trabajo plurilocalizado: el reglamento Roma I", *Revista del Ministerio de Empleo y Seguridad* Social, núm. 132, 2017, pág. 129-172.

CARTER, D.: "Equal pay for equal work in the same place? Assessing the revision to the Posted Workers Directive", *Croatian Yearbook of European Law and Policy*, vol. 14(1), 2018, pág. 31-68.

CASADO ABARQUERO, M.: "Hacia la mercantilización de la Directiva 96/71/CE sobre desplazamiento temporal de trabajadores", *Revista de Justicia Laboral*, núm. 40, 2009, pág. 11-30.

CASADO ABARQUERO, M.: "Cláusulas sociales y contratación pública: su incidencia en los desplazamientos transnacionales de trabajadores", *Revista Aranzadi Unión Europea*, núm. 10, 2017.

CASAS BAAMONDE, M. E.: *Los desplazamientos temporales de trabajadores en la Unión Europea y en el Espacio Económico Europeo*, Civitas, Madrid, 2001.

CASAS BAAMONDE, M. E.: "Libre prestación de servicios y desplazamientos de trabajadores temporales en Europa en la era global: objetivos y significación de la ley" en CASAS BAAMONDE, M. E., (Dir.) y DEL REY GUANTER, S., (Dir.), *Desplazamientos de trabajadores y prestaciones de servicios transnacionales*, 1ª ed., Consejo Económico y Social, Madrid, 2002, pág. 1-40.

CASAS BAAMONDE, M. E.: "Desplazamientos temporales de trabajadores e interpretación judicial del Convenio de Roma", *Relaciones Laborales*, núm. 1, 1994, pág. 3-12.

CHATZILAOU, K.: "Directive 2020/1057 du 15 juillet 2020: quelle protection pour les chauffeurs routiers détachés?", *Droit ouvrier*, núm. 874, 2021, pág. 378-383.

COMTE, E.: "Promising more to give less: International disputes between core and periphery around European posted labor, 1955-2018", *Labor History*, vol. 60, núm. 6, 2019, pág. 749-764.

CONTRERAS HERNÁNDEZ, O.: "Desplazamiento de trabajadores y la revisión del marco legal europeo: ¿el principio del fin del *dumping* social y la competencia desleal?", *Revista de Derecho Comunitario Europeo,* núm. 69, 2021, pág. 601-650.

CONTRERAS HERNÁNDEZ, O.: "Hungría y Polonia contra las nuevas reglas reguladoras del desplazamiento de trabajadores ¿merece ser anulada la Directiva (UE) 2018/957?", *Trabajo y Derecho*, núm. 78, 2021.

CONTRERAS HERNÁNDEZ, O.: *Desplazamiento de trabajadores en la Unión Europea. Estado actual y nuevos horizontes*, Bomarzo, Albacete, 2020.

CONTRERAS HERNÁNDEZ, O.: *La Directiva 2018/957: análisis de su efectividad a través del método Delphi*, 1ª ed., Círculo Rojo, 2020.

CREMERS, J., DOLVIK, J. E y BOSCH, G.: "Posting of workers in the single market: attempts to prevent social dumping and regime competition in the EU", *Industrial Relations Journal*, vol. 38:6, 2007, pág. 524-541.

CREMERS, J.: "Economic freedoms and labor standards in the European Union", Transfer: *European Review of Labour and Research*, vol. 22(2), 2016, pág. 149-162.

DÄUBLER, W.: "Posted workers and the freedom to supply services. Directive 96/71/EC and the German Courts", *Industrial Law Journal*, vol. 27, 1998, pág. 264-268.

DAVIES, A. C. L.: "One Step Forward, Two Steps Back? The Viking and Laval Cases in the ECJ", *Industrial Law Journal*, vol. 37, núm. 2, 2008, pág. 126-148.

DAVIES, P.: "Posted workers: Single Market or protection of national labour law systems", *Common Market Law Review*, núm. 34, 1997, pág. 571-602.

DAVIES, P.: "The Posted Workers Directive and the EC Treaty", *Industrial Law Journal*, vol. 31 3, 2002, pág. 298-306.

DE CARVALHO, S.: "The revision of the Posting of Workers Directive and the freedom to provide services in EU: towards a dead end?", *Juridical Tribune*, vol. 8, núm. 3, 2018, pág. 719-733.

DE CASTRO Y BRAVO, F.: *Derecho Civil de España*, Civitas, Madrid, 1984.

DE JUAN JUAN, A.: "Expatriados europeos: La imparable transnacionalización de las condiciones de trabajo en la Unión Europea. El caso del desarrollo de la Directiva 96/71 en España", *Revista del Ministerio de Trabajo y Asuntos Sociales*, núm. 27, 2000, pág. 167-178.

DE LA QUADRA-SALCEDO JANINI, T.: "TJCE —Sentencia de 18.12.2007, Laval, C-341/05— libre prestación de servicios-desplazamiento de trabajadores-la supuesta legalización del dumping social en el interior de la Unión Europea", *Revista de Derecho Comunitaria Europeo*, núm. 31, 2008, pág. 835-848.

DE WISPELAERE, F. y PACOLET, J.: "Posting of workers as stabilizing mechanism. An enlarged notion of labour mobility as a prerequisite for an optimal currency area" (paper), *KU Leuven - HIVA*, 2015.

DE WILESPEARE, F. y PACOLET, J.: "The benefits of posting. Facts and figures on the use of intra-EU posting" en ARNHOLTZ, J., (Ed.) y LILLIE, N., (Ed.), *Posted work in the European Union. The political economy of free movemen*t, Routledge, 2020, pág. 31-49.

DE WISPELAERE, F. *et* al.: Posting *of workers Report on A1 Portable Documents issued in 2021*, Comisión Europea, 2022.

DEFFOSEZ, A.: "La directive 2014/67/UE relative à l'exécution de la directive 96/71/CE concernant le détachement de travailleurs: un premier pas dans une bonne direction", *Revue trimestrelle de droit européen*, núm. 4, 2014.

DEN HEIJER, M., VAN DEN ABEELEN, T. y MASLYKA, A.: "On the use and misuse of recitals in European Union law", *Amsterdam Law School Legal Studies Research Paper*, núm. 31, 2019.

DESDENTADO BONETE, A.: "Trabajadores desplazados y trabajadores fronterizos en la Seguridad Social europea: del Reglamento 1408/1971 al Reglamento 883/2004", *Revista del Ministerio de Trabajo y Asuntos* Sociales, núm. 64, 2006, pág. 19-40.

DOLVIK, J. E. y VISSER, J.: "Free movement, equal treatment and workers' rights: can the European Union solve its trilemma of fundamental principles?", *Industrial Relations Journal*, vol. 40, 2009, pág. 513-531.

DOUBLET, J.: "Problèmes de Sécurité Sociale et Communauté Européenne du Charbon et de l'Acier", *Annuaire français de droit international*, vol. 3, 1957, pág. 568-585.

ERHARD, L.: *Economía social de mercado. Su valor permanente*, traducido por Ignacio Miralbell, Rialp, Madrid, 1994.

ESPINAR VICENTE, J. M. y PAREDES PÉREZ, J. I.: *Régimen jurídico de las obligaciones en Derecho Internacional Privado español y de la Unión Europea*, Dykinson, Madrid, 2019.

ESPLUGUES MOTA, C., IGLESIAS BUHIGUES, J. L. y PALAO MORENO, G.: *Derecho Internacional Privado*, 14ª ed., Tirant lo Blanch, Valencia, 2020.

ESTEVE SEGARRA, M. A.: "Un balance de la jurisprudencia del Tribunal de Justicia de la Unión Europea en materia de libertad de prestación de servicios y dumping social", *Revista de información laboral*, núm. 6, 2015.

FERIA BASILIO, I. R.: "La protección de la seguridad y salud de los trabajadores desplazados" en MARTÍNEZ-GIJÓN MACHUCA, M. A., (Coord.), PÉREZ GUERRERO, M. L., (Dir.) y QUINTERO LIMA, M. G., (Dir.), *La lucha contra la precariedad y las reformas en materia de desplazamientos de los trabajadores*, Laborum, Murcia, 2020, pág. 313-350.

FERNÁNDEZ AVELLO, N.: "Aplicación de las condiciones laborales del Estado de acogida a los trabajadores temporalmente desplazados y Reglamento Roma I Sentencias del TJ de 8 diciembre 2020, asuntos C-620/18 y C-626/18", *La Ley Unión Europea*, núm. 89, 2021.

FERNÁNDEZ ROZAS, J. C. y SÁNCHEZ LORENZO, S.: *Derecho Internacional Privado*, 10ª ed., Thomson Reuters-Civitas, Madrid, 2018.

FLYNN, C.: "The Protection of Workers' Rights and the Freedom of Movement: Compatible objectives in the EU Legal Order? A Critical Analysis of the Laval and Rüffert Judgments of the ECJ", *Irish Journal of European Law*, núm. 16, pág. 159-194.

FOTINOPOULOU BASURKO, O.: "Libertades económicas comunitarias y el Derecho del Trabajo", en NOGUEIRA GUASTAVINO, M., (Dir.), FOTINOPOULOU BASURKO, O., (Dir.) y MIRANDA BOTO, J. M., (Dir.), *Lecciones de Derecho Social de la Unión* Europea, Tirant lo Blanch, Valencia, 2012, pág. 237-266.

FOTINOPOLULOU BASURKO, O.: "Panorámica general de la Directiva 2014/67/UE de ejecución de la Directiva sobre desplazamiento de trabajadores en el marco de una prestación de servicios trasnacional", *Revista de Derecho Social*, núm. 70, 2015, pág. 129-153.

FOTINOPOULOU BASURKO, O.: "Reflexiones en torno al concepto de habitualidad Vs. Temporalidad en las normas de Derecho Internacional Privado del Trabajo europeas", en FOTINOPOULOU BASURKO, O., (Coord.), *El desplazamiento de trabajadores en el marco de la Unión Europea: presente y futuro*, Atelier, Barcelona, 2017, pág. 249-274.

FOTINOPOULOU BASURKO, O.: "¿Inaplicación de la Directiva de desplazamiento a los trabajadores del tren Eurostar?: Reflexiones a propósito de la Sentencia del Tribunal de Justicia de 19 de diciembre de 2019, Asunto C-16/18, caso Dobersberger", *Revista General de Derecho del Trabajo y de la Seguridad Social*, núm. 56, 2020, pág. 590 a 623.

FOTINOPOULOU BASURKO, O.: "O desprazamento de traballadores no transporte por estrada na Unión Europea", *Revista Galega de Dereito Social*, 2ª etapa, núm. 12, 2021, pág. 43-83.

GÁRATE CASTRO, F. J.: *Los desplazamientos de trabajadores en el marco de una prestación transnacional de servicios*, Tirant lo Blanch, Valencia, 2012.

GÁRATE CASTRO, F. J.: "La modificación de la Directiva 96/71/CE por la Directiva (UE) 2018/957: una mejor solución del conflicto entre la libre prestación de servicios y la protección sustantiva del trabajador desplazado en el marco de una prestación de servicios transnacional", *Derecho de las relaciones laborales*, núm. 11, 2019,

GÁRATE CASTRO, F. J.: "La protección de los trabajadores en los desplazamientos temporales transnacionales", en CASAS BAAMONDE, M. E. (Dir.) *et al.*, *Derecho Social de la Unión Europea. Aplicación por el Tribunal de Justicia*, Boletín Oficial del Estado, Madrid, 2023, pág. 803-884.

GARCÍA DE CORTÁZAR NEBREDA, C.: "El campo de aplicación del Reglamento 883/2004", *Revista del Ministerio de Trabajo y Asuntos Sociales*, núm. 64, 2006, pág. 51-62.

GARCÍA GESTOSO, N.: *La ampliación de la Unión Europea de 2004*, Escola Galega de Administración Pública, Santiago de Compostela, 2005.

GARCÍA NINET, J. A. y VICENTE PALACIO, A.: "La Ley 45/1999, de 29 de noviembre, relativa al desplazamiento (temporal y no permanente) de trabajadores en el marco de una prestación de servicios transnacional", *Revista del Ministerio de Trabajo y Asuntos Sociales*, núm. 27, 2000, pág. 13-42.

GARCÍA VALDECASAS, I., 2005: "El rechazo al proyecto de Constitución Europea: un análisis retrospectivo", en *realinstitutoelcano*.org [en línea], disponible en https://www.realinstitutoelcano.org/analisis/el-rechazo-al-proyecto-de-constitucion-europea-un-analisis-retrospectivo/ [consulta febrero 2024].

GARCÍA VIÑA, J.: "Algunas reflexiones sobre el campo de aplicación del Reglamento (CE) 883/2004, de 29 de abril", *Revista del Ministerio de Trabajo y Asuntos Sociales*, núm. 64, 2006, pág. 63-74.

GARDEÑES SANTIAGO, M.: "Derecho imperativo y contrato internacional de trabajo", *Revista del Ministerio de Empleo y Seguridad Social*, núm. 132, 2017, pág. 163-188.

GIUBONNI, S.: *Social rights and Market Freedom in the European Constitution*. Cambridge University Press, 2006.

GÓMEZ ABELLEIRA, F. J.: "Mercado interior de servicios y desplazamientos transnacionales de trabajadores en la Unión Europea", *Revista de Justicia Laboral*, núm. 32, 2007.

GÓMEZ ABELLEIRA, F. J.: "La seguridad social de los trabajadores desplazados al extranjero por sus empresas", en CORREA CARRASCO, M., (Coord.), *Protección social en las relaciones laborales extraterritoriales*, Boletín Oficial del Estado, Madrid, 2008, pág. 441-474.

GÓMEZ ABELLEIRA, F. J.: "Desplazamiento transnacional laboral genuino y ley aplicable al contrato de trabajo", *Cuadernos de Derecho Transnacional*, núm. 10(1), 2018, pág. 213-232.

GÓMEZ ABELLEIRA, F. J., 2020: "El lugar de trabajo en el teletrabajo transnacional" en *elforodelabos.es* [en línea], disponible en https://www.elforodelabos.es/2020/11/el-lugar-de-trabajo-en-el-teletrabajo-transnacional/ [consulta mayo 2024].

GÓMEZ POMAR, F.: "El arbitrio de parte en la determinación del contenido y elementos del contrato", *Actualidad jurídica Uría Menéndez*, núm. 49, 2018, pág. 243-254.

GUAMÁN HERNÁNDEZ, A.: "Desplazamiento trasnacional de trabajadores y convenios colectivos (Parte Tercera): el Caso Rüffert. Comentario a la Sentencia del Tribunal de Justicia de las Comunidades Europeas, de 3 de abril de 2008 (Rüffert, C 346/06)", *Aranzadi Social,* núm. 20, 2008.

GUAMÁN HERNÁNDEZ, A.: "Negociación colectiva, Derecho de la competencia y libertades de circulación en la Unión Europea", *Revista del Ministerio de Trabajo e Inmigración,* núm. 92, 2011, pág. 143-190.

GUAMAN HERNÁNDEZ, A.: "¿Normas internacionales versus Normas de la UE? De nuevo a propósito del caso Laval", *Relaciones Laborales,* núm. 11, noviembre 2014, pág. 105 a 131.

GUAMÁN HERNÁNDEZ, A.: "La internacionalización de las relaciones laborales: principales cuestiones procesales, laborales y fiscales" en LÓPEZ TERRADAS, E., (Dir.), *La internacionalización de las relaciones laborales. Principales cuestiones procesales, laborales y fiscales,* Valencia, Tirant lo Blanch, 2017, pág. 133-182.

GUTIÉRREZ-SOLAR CALVO, B.: *El desplazamiento temporal de trabajadores en la Unión Europea,* Aranzadi, Cizur Menor, 2000.

GUZMÁN ZAPATER, M. (Dir.): Lecciones de Derecho Internacional Privado, 1º ed., Tirant lo Blanch, Valencia, 2019.

HUMPHREYS, L., *et al.*: "Mapping Recitals to Normative Provisions in EU Legislation to Assist Legal Interpretation", en *28th Annual International Conference on Legal Knowledge and Information Systems, JURIX,* 2015.

INNERARITY, D.: *La democracia en Europa. Una filosofía política de la Unión Europea,* Galaxia Gutemberg, Barcelona, 2017.

IOSSA, A. y PERSDOTTER, M.: "Cross-Border Social Dumping as a 'Game of Jurisdiction' - Towards a Legal Geography of Labour Relations in the EU Internal Market", *Journal of Common Market Studies,* vol. 59, núm. 5, 2021, pág. 1086-1102.

JORENS, Y. y SCHULTE, B.: "The implementation of Regulation 1408/71 in the member States of the European Union", *European Journal of Social Security,* vol. 3/3, 2001, pág. 237-255.

JORENS, Y.: *Cross-border EU employment and its enforcement. An análisis of the Labour and Social Security Law aspects and a quest for solutions,* Springer, 2022.

JUÁREZ PÉREZ, P.: "Desplazamiento de trabajadores a través de empresas de trabajo temporal", en LLOBERA VILA, M., (Dir.), *El nuevo régimen jurídico del desplazamiento transnacional de trabajadores,* Aranzadi, Cizur Menor, 2023.

JUDT, T.: *¿Una gran ilusión? Un ensayo sobre Europa,* Taurus, Barcelona, 2014.

KARSTEN, S. G.: "The social market economy and the moral problem in modern capitalism", *International Journal of Social Economics,* vol. 17, núm. 3, 1990, pág. 27-35.

KELSEN, H.: *Teoría pura del Derecho,* traducido por Gregorio Robles Morchón, Trotta, Madrid, 2011.

KLIMAS, T. y VAICIUKAITE, J.: "The law of recitals in European Community legislation", *ILSA Journal of International & Comparative Studies,* vol. 15, 2008, pág. 61-93.

KOCHANOWSKI, M: “Rights of the Posted Workers - Directive 96/71/EC and the Evolution of Legislation Concerning Posted Workers”, *Adam Mickiewicz University Law Review*, vol. 8, 2018, pág. 251-263.

KYRIAZI, A.: “Making and breaking coalitions for a more ‘Social Europe’: The path towards the revision of the posted workers directive”, *European Journal of Industrial Relations*, vol. 0(0), 2023, pág. 1 a 21.

LALANNE, S.: “Desplazamiento de trabajadores, ampliaciones de la Unión Europea y mundialización de los servicios”, *Revista Internacional del Trabajo*, vol. 130, núm. 3-4, 2011

LANDA ZAPIARIN, J. P. y FOTINOPOULOU BASURKO, O.: “Breve comentario de la Ley 45/1999 sobre desplazamiento de trabajadores en el marco de una prestación de servicios transnacional, que incorpora al ordenamiento jurídico español la Directiva 96/71/CE”, *Relaciones Laborales*, núm. 1, 2000, pág. 10-30.

LENS, D., MUSSCHE, N. y MARX, I.: “The different faces of international posting: Why do companies use posting of workers?”, *European Journal of Industrial Relations*, vol. 28(1), 2022, pág. 27-45.

LHERNOULD, J. P.: “Directive (EU) 2018/957 of 28 June 2018 amending Directive 96/71/EC concerning the posting of workers in the framework of the provision of services. What will change in 2020?”, *ERA FORUM*, núm. 20, 2019, pág. 249-257.

LILLIE, N.: “The right not to have rights: posted worker acquiescence and the European Union Labor Rights Framework”, *Theoretical Inquiries in Law*, núm. 17, 2016, pág. 40-62.

LLOBERA VILA, M.: “La liberalización de los servicios en el mercado interior: directiva Bolkestein, subcontración y movilidad transnacional de trabajadores”, *Revista de Derecho Social*, núm. 36, 2007.

LLOBERA VILA, M.: *El desplazamiento transnacional de trabajadores. Libre prestación de servicios, Constitución económica y principio de proporcionalidad*, Tirant lo Blanch, Valencia, 2013.

LLOBERA VILA, M.: “Las medidas estatales de prevención del dumping social en la jurisprudencia del TJUE: la senda abierta hacia la sentencia Bundesdruckerei”, *Lex Social. Revista de los derechos sociales*, vol. 5. 2015, pág. 89-105.

LLOBERA VILA, M.: “El desplazamiento temporal de trabajadores y normas de protección del Estado de prestación de servicios”, *Revista del Ministerio de Empleo y Seguridad Social*, núm. 132, 2017, pág. 189-216.

LLOBERA VILA, M.: “La reforma del régimen español de desplazamiento trasnacional de trabajadores: ¿qué ha cambiado tras el Real Decreto-ley 7/2021?”, *Revista del Ministerio de Trabajo y Economía Social*, núm. 151, 2021, pág. 111-151.

LLOBERA VILA, M.: “La Directiva 96/71/CE reformada y su conexión con otros instrumentos reguladores del desplazamiento de trabajadores” en LLOBERA VILA, M., (Dir.), *El nuevo régimen jurídico del desplazamiento transnacional de trabajadores*, Aranzadi, 2023, pág. 27-128.

LÓPEZ GANDÍA, J.: "El desplazamiento trasnacional de trabajadores: regulación aplicable en materia de Seguridad Social", *e-Revista Internacional de la Protección Social,* núm. extraordinario, 2022, pág. 15-41.

LOUSADA AROCHENA, J. F.: "El desplazamiento de trabajadores en el marco de una prestación trasnacional de servicios: el estado de la cuestión", *Ciudad del Trabajo,* núm. 2, 2018, pág. 85-95.

LOUSADA AROCHENA, J. F.: "La reforma de la Directiva 96/71/CE a través de la Directiva (UE) 2018/957", *Ciudad del Trabajo,* núm. 11, 2018, pág. 65-76.

LOY, G.: "La deriva antisocial en Europa", *Actum Social,* núm. 35, 2010.

LYON-CAEN, A.: "Le droit, la mobilité et les relations du travail: quelques perspectives", *Revue de Marché Commun et de l'Union Européenne,* núm. 344, 1991, pág. 108 a 123.

MALMERG, J.: *The Impact of the ECJ judgements on Viking, Laval, Rüffert and Luxembourg on the Practice of Collective Bargaining and the Effectiveness of Social Action,* Directorate General for Internal Policies - European Parliament, 2010.

MALMBERG, J.: The Impact of the ECJ judgements on Viking, Laval, Rüffert and Luxembourg on the Practice of Collective Bargaining and the Effectiveness of Social Action (IP/A/EMPL/ST/2009-11), Parlamento Europeo, 2010.

MANEIRO VÁZQUEZ, Y.: "Las normas conflictuales en el sistema de coordinación de regímenes de Seguridad Social", *Revista del Ministerio de Empleo y Seguridad Social,* núm. 132, 2017, pág. 249-282.

MARCHAL ESCALONA, N.: "El desplazamiento de trabajadores en el marco de una prestación transnacional de servicios: hacia un marco normativo europeo más seguro, justo y especializado", *Revista de Derecho Comunitario Europeo,* núm. 62, 2019, pág. 81-116.

MARTIN, D.: "Comments on Gottardo (Case C-55/00 of 15 January 2002), Finalarte (Case C-49/98 of 25 October 2001) and Portugaia Construçoes (Case C-164/99 of 24 January 2002)", *European Journal of Migration and Law,* núm. 4, 2002, pág. 369-375.

MARTÍN-POZUELO LÓPEZ, A.: "La prestación de servicios en varios Estados miembros en los Reglamentos comunitarios de coordinación: la gran olvidada en la lucha contra el dumping social… ¿hasta ahora?", *Labos, Revista de derecho del trabajo y protección social,* vol. 2 núm. 3, 2021, pág. 99-113.

MARTÍN-POZUELO LÓPEZ, A.: *La seguridad social de los trabajadores migrantes en la Unión Europea: ley aplicable a afiliación y cotización,* Tirant lo Blanch, Valencia, 2022.

MATYSKA, A.: "Ambiguous Mobility: Polish Transnational Workers Navigating and Changing the Institutional Landscape of Posting", en ARNHOLTZ, J. (Ed.) y LILLIE, N. (Ed.), *Posted work in the European Union. The political economy of free movement,* Routledge, 2020, pág. 70-88.

MENÉNDEZ MENÉNDEZ, A.: "Integración económica (el Derecho Constitucional económico de la UE)" en LÓPEZ CASTILLO, A., (Dir.), *Instituciones y Derecho de la Unión* Europea, 4ª ed., Tirant lo Blanch, Valencia, 2022.

MERCADER UGUINA, J.: *Los principios de aplicación del Derecho del Trabajo. Formación, decadencia y crisis*, Tirant lo Blanch, Valencia, 2015.

MERCADER UGUINA, J. (Dir.), DE LA PUEBLA PINILLA, A. y GÓMEZ ABELLEIRA, F. J.: *Lecciones de Derecho del Trabajo*, 12ª ed., Tirant lo Blanch, Valencia, 2019.

MIRANDA BOTO, J. M.: "Los humildes orígenes de la política social comunitaria", *Dereito: Revista Xuridica da Universidade de Santiago de Compostela*, vol. 17, núm. 2, 2008, pág. 155-170.

MIRANDA BOTO, J. M.: "Competencias, fuentes y papel de las instituciones de la UE en materia social", en CASAS BAAMONDE, M. E. (Dir.) *et al.*, *Derecho Social de la Unión Europea. Aplicación por el Tribunal de Justicia*, Boletín Oficial del Estado, Madrid, 2023, pág. 145-169.

MONTOYA MELGAR, A. y ALONSO OLEA, M.: *La buena fe en el Derecho del Trabajo. Discurso leído el día 18 de junio de 2001 en el acto de su recepción como académico de número por el Excmo. Sr. Don Alfredo Montoya Melgar y contestación del Excmo. Sr. D Manuel Alonso Olea*, Real Academia de Jurisprudencia y Legislación, Madrid, 2001.

MONTOYA MELGAR, A.: *Derecho del Trabajo*, 36ª ed., Tecnos, Madrid, 2015.

MOREAU, M. A.: "Le détachement de trávailleurs dans l'Union Européene: 20 ans après…", *Droit Social*, núm. 7-8, 2016, pág. 584-591.

MUSSHCE, N. y LENS, D.: "The ECJ's Construction of an EU Mobility Regime-Judicialization and the Posting of Third-country Nationals", *Journal of Common Market* Studies, vol. 57, núm. 6, pág. 1247-1261.

NOGUEIRA GUASTAVINO, M.: "Plena validez de la base competencial de la Directiva (UE) 2018/957, de modificación de la Directiva 96/71/CE sobre el desplazamiento de trabajadores efectuado en el marco de una prestación de servicios, así como de la ampliación de las condiciones de empleo de los trabajadores desplazados que lleva a cabo", *Revista de Jurisprudencia Laboral*, núm. 2, 2021.

NOVITZ, T. y ANDRIJASEVIC, R. "Reform of the Posting of Workers Regime - An Assessment of the Practical Impact on Unfree Labour Relations", *Journal of Common Market Studies*, núm. 58 5, 2020, pág. 1325-1341.

OJEDA AVILES, A.: "Negociación colectiva y trabajadores desplazados", *Aranzadi Social*, núm. 5, 1997, pág. 49-54.

OJEDA AVILÉS, A.: "Una Autoridad Laboral medio Europea. El Reglamento 2019/1149, de 20 de junio, sobre Autoridad Laboral Europea", *Trabajo y Derecho, nueva revista de actualidad y relaciones laborales*, núm. 62, 2020, pág. 58-66.

ORLANDINI, G.: "Desplazamiento transnacional y dumping salarial en la Unión Europea", *Revista de Derecho Social*, núm. 78, 2017, pág. 139-148.

ORTEGA Y GASSET, J.: *España invertebrada. Bosquejo de algunos pensamientos históricos*, 12ª ed., Espasa Calpe, Madrid, 2000.

PALAO MORENO, G.: "Directiva 96/71/CE del Parlamento Europeo y del Consejo, de 16 de diciembre de 1996, sobre el desplazamiento de trabajadores efectuado en el marco de una prestación de servicios", *Revista Española de Derecho Internacional*, vol. 49, núm 1, pág. 377-381.

PECINOVSKY, P.: "Evolutions in the social case law of the Court of Justice. The follow-up cases of the Laval Quartet: ESA and Regiopost", *European Labour Law Journal*, vol. 7, 2016, pág. 294-309.

PIIR, R.: "Safeguarding the posted worker. A private international law perspective", *European Labour Law Journal*, vol. 10(2), 2019, pág. 101-115.

QUINTERO LIMA, G.: "Desplazamientos de trabajadores fuera del ámbito de la Unión Europea. Aspectos laborales sensibles", en MARTÍNEZ-GIJÓN MACHUCA, M. A., (Coord.), PÉREZ GUERRERO, M. L., (Dir.) y QUINTERO LIMA, M. G., (Dir.), *La lucha contra la precariedad y las reformas en materia de desplazamientos de los trabajadores,* Laborum, Murcia, 2020, pág. 209-250.

QUIÑONES ESCÁMEZ, A.: "Otra lectura de la jurisprudencia del TJCE sobre desplazamiento de trabajadores (del asunto Arblade al Portugaia)", *Revista de Derecho Comunitario Europeo,* núm. 12, 2002, pág. 435-453.

RAMOS MORAGUES, F.: "El desplazamiento transnacional de trabajadores tras el "nuevo" equilibrio instaurado por la Directiva (UE) 2018/957 (a propósito de las SSTJUE 8 diciembre 2020, asuntos C-620/18 y C-626/18)", *Revista Internacional y Comparada de Relaciones Laborales y Derecho del Empleo,* vol. 10, núm. 2, 2022, pág. 275-294.

REFSLUND, B. *et al.*: "Moving in and out of the shadow of European case law: the dynamics of public procurement in the Post-Rüffert era", *Journal of Common Market Studies,* núm. 58, 2020, pág. 1165-1181.

REICH, N.: "Free Movement v. Social Rights in an Enlarged Union - the Laval and Viking Cases before the ECJ", *German Law Journal*, núm. 9, 2008, pág. 125-161.

RENNUY, N.: "Posting of workers: Enforcement, compliance, and reform", *European Journal of Social Security*, vol. 22(2), 2020, pág. 212-234.

RENNUY, N. "Shopping for Social Security law in the EU", *Common Market Law Review*, núm. 58, 2021, pág. 13-38.

RENTERO JOVER, J.: "Y ahora Rüffert (Comentario a la STJCE de 3 de abril de 2008)", *Revista de Derecho Social*, núm. 42, 2008, pág. 117-123.

RIBES MORENO, M. I.: "El concepto de trabajador temporalmente desplazado", en FOTINOPOULOU BASURKO, O., (Coord.), *El desplazamiento de trabajadores en el marco de la Unión Europea: presente y futuro,* Atelier, Barcelona, 2017, pág. 97-120.

ROBERTS, S.: "A short history of social security coordination", en JORENS, Y., (Dir.), *50 years of social security coordination. Past-present-future. Report of the conference celebrating the 50th Anniversary of the European Coordination of Social Security,* Comisión Europea, 2009, pág. 8-28.

ROCCA, M.: "Stepping stones over troubled waters. Recent legal evolutions and the reform of the Posting of Workers Directive", en ARNHOLTZ, J., (Ed.) y LILLIE, N., (Ed.), *Posted work in the European Union. The political economy of free movement,* Routledge, 2020, pág. 167-184.

RODRÍGUEZ-PIÑERO Y BRAVO FERRER, M.: "El desplazamiento temporal de trabajadores y la Directiva 96/71/CE", *Relaciones Laborales,* núm. 23, 1999, pág. 78-85.

RODRÍGUEZ-PIÑERO Y BRAVO-FERRER, M.: "Un nuevo enfoque de la Directiva 96/71 sobre la protección de los trabajadores desplazados", *Derecho de las relaciones laborales*, núm. 5, 2015.

RODRÍGUEZ PIÑERO Y BRAVO-FERRER, M.: "El desplazamiento temporal de trabajadores y la Directiva 2014/67 relativa a la garantía de cumplimiento de la Directiva 96/71/CEE", *Derecho de las Relaciones Laborales*, núm. 5, 2016.

RODRÍGUEZ-PIÑERO ROYO, M.: "A modo de conclusión: la Ley sobre el Desplazamiento de trabajadores en el marco de una prestación de servicios transnacional en la perspectiva comunitaria", en CASAS BAAMONDE, M. E., (Dir.) y DEL REY GUANTER, S., (Dir.), *Desplazamientos de trabajadores y prestaciones de servicios transnacionales*, 1ª ed., Consejo Económico y Social, Madrid, 2002, pág. 351-376.

RODRÍGUEZ-PIÑERO ROYO, M.: "La movilidad internacional de trabajadores: aspectos generales y distinción de supuestos de movilidad internacional", *Revista del Ministerio de Empleo y Seguridad Social*, núm. 132, 2017, pág. 17-48.

RODRÍGUEZ-PIÑERO ROYO, M.: "Regulación del mercado laboral y libre circulación de trabajadores" en MOREIRO GONZÁLEZ, C. J., (Dir,), SILVA DE LAPUERTA, R., (Dir.) y MONTEIRO RODRÍGUEZ, J., (Coord.), *La contribución de la jurisprudencia de la Gran Sala del Tribunal de Justicia de la Unión Europea a la integración europea"*, Tirant lo Blanch, Valencia, 2023, pág. 153-170.

ROJO BELADIEZ, M.: *Los principios jurídicos*, Civitas, Madrid, 2010.

RÖNMAR, M.: "Laval returns to Sweden: The Final Judgment of the Swedish Labour Court and Swedish Legislative Reforms", *Industrial Law Journal*, vol. 39, núm. 3, 2010, pág. 280-287.

RUBIN-OLIVIER, S.: "La révision de la directive sur le détachement des travailleurs. Premier succès de la France au service de «l'Europe qui protège»?", *Annuaire Français de Relations Internationales*, vol. XX, 2019, pág. 389-395.

RYZSKA, J.: "The new situation of posted workers in the framework of provision of services in the internal market of the European Union. Gloss to the Judgment of the Court of Justice of 8 December 2020 in Case C-626/18 Republic of Poland v Parliament and the Council of the European Union", *Opolskie Studia Administracyjno-Prawne*, vol. 19(2), 2021, pág. 131-142.

SALA FRANCO, T. y LALAGUNA HOLZWATH, E.: "Evolución y aspectos críticos del desplazamiento de trabajadores en el ámbito de la Unión Europea", Revista de Trabajo y Seguridad Social. CEF, 2016, p. 21-53.

SALA FRANCO, T.: "Las fuentes reguladoras de la determinación de la ley aplicable en material laboral individual", en SALA FRANCO, T., (Dir.) y LÓPEZ TERRADA, E. (Dir.), *Las relaciones laborales internacionales*, Tirant lo Blanch, Valencia, 2022, pág. 171-232.

SÁNCHEZ-URÁN AZAÑA, Y.: "Concepto de Trabajador en el derecho de la Unión Europea y en la jurisprudencia del TJUE", en SEMPERE NAVARRO A. V., (Dir.) y MALDONADO MONTOYA, J. P., (Coord.), *Las fronteras del contrato de trabajo en la jurisprudencia*, Boletín Oficial del Estado, Madrid, 2020, pág. 53-83.

SCHARPF, F. W.: "The European Social Model: Coping with the challenges of diversity", *MPIfG Working Paper*, núm. 02/8, 2002.

SCHÖFFMANN, P. C.: "The Case of Alpenrind - The posting of workers and the binding nature of Portable Document A1", *Zbornik Znanstvenih Razprav*, vol. LXXX, 2020, pág. 119-131.

SERRANO GARCÍA, M. J.: "La retribución de los trabajadores objeto de un desplazamiento transnacional en la jurisprudencia comunitaria", *Nueva época*, vol. 18, núm. 2, pág. 455-496.

SERRANO OLIVARES, R.: "Condiciones de trabajo relativas al tiempo de trabajo, cuantía salarial, trabajo de menores, prevención de riesgos laborales, igualdad de trato y no discriminación y otros derechos del trabajador" en CASAS BAAMONDE, M. E., (Dir.) y DEL REY GUANTER, S., (Dir.), *Desplazamientos de trabajadores y prestaciones de servicios transnacionales: comentarios a la Ley 45/1999, de 29 de noviembre, sobre desplazamiento de trabajadores en el marco de una prestación de servicios transnacional*, Consejo Económico y Social, Madrid, 2002, pág. 59-100.

SINDJBERG MARTINSEN, D.: *An ever more powerful Court? The Political Constraints of Legal Integration in the European Union*, Oxford Studies in European Law, 2015.

SINDBJERG MARTINSEN, D. y BLAUBERGER, M.: "The Court of Justice of the European Union and the megapolitics of posted workers", en *Law and Contemporary Problems*, vol. 84 4, 2022, pág. 29-57.

TORMOS PÉREZ, J. A.: "De nuevo sobre el desplazamiento temporal de trabajadores en el mercado único europeo: la Directiva 2014/67/UE", *Revista de información laboral*, núm. 5.

UGUR RIZZI, C.: "The impact of the Court of Justice of the European Union on the development of the European Union social policy", *International Journal of Social Inquiry*, vol. 13.2, 2020, pág. 791-810.

VAN HOEK, A.: "Private International Law: An Appropriate Means to Regulate Transnational Employment in the European Union?", *Erasmus Law Review*, núm. 3, 2014, pág. 157-169.

VAN NUFFEL, P. y AFANAJSEVA, S.: "The Revised Posting of Workers Directive: Curbing or Ensuring Free Movement?", en CAMBIEN, N., (Ed.), KOCHENOV, D., (Ed.) y MUIR, E., (Ed.), *European Citizenship under Stress, Social Justice, Brexit and Other Challenges*, Brill, 2020, pág. 271-302.

VAN PEIJPE, T.: "Collective Labour Law after Viking, Laval, Rüffert, and Commission v. Luxembourg", *The International Journal of Comparative Labour Law and Industrial Relations*, vol. 25, núm. 2, 2008, pág. 81-107.

VELÁZQUEZ FERNÁNDEZ, M.: "La transposición al ordenamiento español del artículo 1 de la Directiva 2020/1057 (lex specialis) sobre desplazamientos en el sector del transporte internacional por carretera", *Laborum. Revista de Derecho de la Seguridad Social*, núm. 31, 2022, pág. 243-264.

VERWILGHEN, M.: "Les règles de droit international privé européen régissant les conflits individuels du travail", *Revue générale de* droit, vol. 22, núm. 1, 1991, pág. 79-107.

VERSCHUEREN, H.: "Cross-Border Workers in the European Internal Market: Trojan Horses for Member States' Labour and Social Security Law?", *International Journal of Comparative Labour Law and Industrial Relations*, vol. 24 2, 2008, pág. 167-199.

VERSCHUEREN, H.: "The European Internal Market and the competition between workers", *European Labour Law Journal*, vol. 6(2), 2015, pág. 128-151.

VERSCHUEREN, H.: "The CJEU's case law on the role of posting certificates: A missed opportunity to combat social dumping", *Maastricht Journal of European and Comparative Law,* vol. 27(4), 2020, pág. 484-502.

VERSCHUEREN, H.: "The CJEU endorses the revision of the Posting of Workers Directive", *ERA FORUM*, núm. 22, 2021, pág. 557-567.

VILLA FOMBUENA, M.: *La prestación de servicios transnacional*, Comares, Granada, 2018.

VILLALBA SÁNCHEZ, A. "El caso Arblade y Leloup (STJCE de 23 de noviembre de 1999, asuntos acumulados C-369/96 y C-376/96)" en GÁRATE CASTRO, F. J., (Coord.), *Desplazamientos transnacionales de trabajadores: (Estudios sobre la Directiva 96/71/CE)*, Aranzadi, Cizur Menor, 2011, pág. 257-265.

VOLOSEVICI, D.: "Considerations on the Posting of Workers in the Framework of the Provision of Services", *Economic insights. Trends and challenges.* vol. VII (LXX) núm. 4/2018, pág. 25-33.

VOSS, E. *et al*: *Posting of Workers Directive. Current situation and challenges*, Directorate General for Internal Policies, European Parliament, 2016.

WENANDER, H.: "Sincere Cooperation, Mutual Trust, and Mutual Recognition in Social Security Coordination", *Review of European Administrative Law*, vol. 13, núm. 3, 2020, pág. 89-108.

ZACCARIA, M. L.: "To protect or not to protect? Analysis of some key factors of the amended Rules of posting at the intersection of free Movement of workers and the fundamental Rights of workers" (paper), *János Bolyai Research Scholarship of the Hungarian Academy of Sciences*, 2020.

ZIMMER, R. "Labour Market Politics through Jurisprudence: The Influence of the Judgements of the European Court of Justice (Viking, Laval, Rüffert, Luxembourg) on Labour Market Policies", *German Policy Studies*, vol. 7, núm. 1, 2011, pág. 211 a 234.

RECURSOS WEB

BARNARD. C., 2016: Intervención en el IV Congreso de Movilidad Laboral Europea, en *youtube.com* [archivo de vídeo], disponible en https://www.youtube.com/watch?v=NK2DfecARkc [consulta mayo 2024].

CHANCILLERIE FÉDÉRALE (Confederación Helvética), s.f.: "Votation populaire du 06.12.1992", en *bk.admin.ch* [en línea], disponible en https://www.bk.admin.ch/ch/f/pore/va/19921206/index.html [consulta mayo 2024].

CONFEDERACIÓN EUROPEA DE SINDICATOS, 2008: "Proposal for a social progress protocol", en *etuc*.org [en línea], disponible en https://www.etuc.org/en/proposal-social-progress-protocol [consulta mayo 2024].

COMISIÓN EUROPEA, s.f.: "Mecanismo de control de la subsidiariedad", en *commission.europa.eu* [en línea], disponible en https://commission.europa.eu/law/law-making-process/adopting-eu-law/relations-national-parliaments/subsidiarity-control-mechanism_es [consulta mayo 2024].

DELORS, J., s.f.: "Statement on the broad lines of Commission policy (Strasbourg, 17 January 1989)", en *cvce.eu* [en línea], disponible en https://www.cvce.eu/content/publication/2003/8/22/b9c06b95-db97-4774-a700-e8aea5172233/publishable_en.pdf [consulta mayo 2024].

EFTA, s.f.: "Luxembourg: Ministerial meeting between EFTA countries and the EC and its Member States", en *efta.int* [en línea], disponible en https://www.efta.int/sites/default/files/documents/about-efta/EFTA-EC-joint-declaration-1984.pdf [consulta mayo 2024].

EUROFOUND, 2020: "Mobility Package", en *eurofound.europa.eu* [en línea], disponible en https://www.eurofound.europa.eu/en/european-industrial-relations-dictionary/mobility-package [consulta mayo 2024].

ITN (27.9.1989): "Entrevista a la Comisaria Papandreu" [archivo de video] en *gettyimages.es*, disponible en Vasso Papandreou intvwd - feels thet Social Charter is important in… Vídeo de stock - Getty Images, [consulta mayo 2024]

JUNCKER, J. C. (2017): "Discurso sobre el estado de la Unión 2017", *ec.europa.eu* [en línea], disponible en http://europa.eu/rapid/press-release_SPEECH-17-3165_es.htm [consulta mayo 2024].

OTROS DOCUMENTOS

Carta a la Comisaria Thyssen de los Ministros de Austria, Bélgica, Francia, Alemania, Luxemburgo, Países Bajos y Suecia (2015) en *openoverheid.nl* [en línea], disponible en https://open.overheid.nl/documenten/ronl-archief-9ea56908-e1ce-497e-8a4f-45ee4c63cbe9/pdf [consulta mayo 2024].

Carta a la Comisaria Thyssen de los Ministros de Bulgaria, República Checa, Estonia, Hungría, Letonia, Lituania, Polonia, Rumanía y Eslovaquia (2015) en *europaportalen.se* [en línea], disponible en https://www.europaportalen.se/sites/default/files/dokument/nio_medlemsstater_utstationeriongsdirektivet_augusti_2015.pdf [consulta mayo 2024].

DOCUMENTOS DE LAS INSTITUCIONES COMUNITARIAS

COMISIÓN EUROPEA

COMISIÓN EUROPEA: Proposition de règlement (CEE) du Conseil relatif aux dispositions concernant les con— flits de lois en matière de relations de travail à l'intérieur de la Communauté, DO C 49, de 18.5.1972, pág. 26-28.

COMISIÓN EUROPEA: Proposition modifiée d'un règlement du Conseil relatif aux dispositions concertant les conflits de loi en matière de relations de travail a l'interieur de la Communauté, V-657/75-F, 1975.

COMISIÓN EUROPEA: Comunicación de la Comisión transmitida al Consejo *Llevar a buen término el Acta Única una nueva frontera para Europa Comunicación de la Comisión*, COM (87) 100, 18.2.1987, Boletín de las Comunidades Europeas, Suplemento 1/87.

COMISIÓN EUROPEA: Comunicación de la Comisión sobre el *Programa de Acción para la implementación de la Carta Comunitaria de derechos sociales fundamentales de los trabajadores*, COM 89 (568) final, 29.11.1989.

COMISIÓN EUROPEA: Propuesta de directiva del Consejo relativa al desplazamiento de trabajadores en el marco de la prestación de servicios, COM 91(230) FINAL - SYN 346. DO C 225, 30.8.1991.

COMISIÓN EUROPEA: Amended proposal for a Council Directive concerning the posting of workers in the framework of the provision of services, COM93(225) final - SYN 346, 15.6.1993.

COMISIÓN EUROPEA: Propuesta de directiva del Parlamento Europeo y del Consejo relativa a las condiciones de desplazamiento de los trabajadores asalariados, nacionales de un tercer Estado, en el marco de una prestación de servicios transfronterizos, DO C 67, de 10.3.1999, pág. 12-16.

COMISIÓN EUROPEA: *Report from the Commission services on the implementation of Directive 96/71/EC of the European Parliament and of the Council of 16 December 1996 concerning the posting of workers in the framework of the provision of services*, 2003.

COMISIÓN EUROPEA: Comunicación de la Comisión al Consejo, al Parlamento Europeo, al Comité Económico y Social y al Comité de las Regiones. *La aplicación de la Directiva 96/71/CE en los Estados miembros*, COM(2003) 458 final, 25.7.2003.

COMISIÓN EUROPEA: Propuesta de Directiva del Consejo y del Parlamento Europeo relativa a los servicios en el mercado interior, COM(2004) 2 final, 13.1.2004.

COMISIÓN EUROPEA: Retirada de propuestas obsoletas de la Comisión, (2005/C 75/04). DO C 75, de 24.3.2005, pág. 10

COMISIÓN EUROPEA: Comunicación de la Comisión. *Orientaciones en relación con el desplazamiento de trabajadores efectuado en el marco de una prestación de servicios*, COM(2006) 159 final, 4.4.2006.

COMISIÓN EUROPEA: Decisión de la Comisión Europea de 19 de diciembre de 2008 (2009/17/CE), DO L 8, de 13.1.2009, pág. 26-28.

COMISIÓN EUROPEA: Comunicación de la Comisión al Parlamento Europeo, al Consejo, al Comité Económico y Social Europeo y al Comité de las Regiones. *Hacia un Acta del Mercado Único. Por una economía social de mercado altamente competitiva Cincuenta propuestas para trabajar, emprender y comerciar mejor todos juntos*, COM(2010) 608 final, 27.10.2010.

COMISIÓN EUROPEA: Comunicación de la Comisión al Parlamento Europeo, al Consejo, al Comité Económico y Social Europeo y al Comité de las Regiones. *Acta del Mercado Único. Doce prioridades para estimular el crecimiento y reforzar la confianza. "Juntos por un nuevo crecimiento"*, COM(2011) 206 final, DO C 24, 28.1.2012, pág. 99-105.

COMISIÓN EUROPEA: Commission staff working document. Impact assessment. *Revision of the legislative framework on the posting of workers in the context of provision of services accompanying the document Proposal for a Directive of the European Parliament and the Council on the enforcement of Directive 96/71/EC concerning the posting of workers in the framework of the provision of services*, SWD(2012) 63 Final, Partie I y II, 21.3.2012.

COMISIÓN EUROPEA: Propuesta de Reglamento del Consejo sobre el ejercicio del derecho a adoptar medidas de conflicto colectivo en el contexto de la libertad de establecimiento y la libre de prestación de servicios, COM(2012) 130 final, 21.3.2012.

COMISIÓN EUROPEA: Propuesta de Directiva del Parlamento Europeo y del Consejo relativa a la garantía de cumplimiento de la Directiva 96/71/CE, sobre el desplazamiento de trabajadores efectuado en el marco de una prestación de servicios, COM(2012) 131 final, 21.3.2012.

COMISIÓN EUROPEA Comunicación de la Comisión al Parlamento Europeo, al Consejo, al Comité Económico y Social Europeo y al Comité de las Regiones. *Programa de trabajo de la Comisión para 2015. Un nuevo comienzo*, COM(2014) 910 final, 16.12.2014.

COMISIÓN EUROPEA Comunicación de la Comisión al Parlamento Europeo, al Consejo, al Comité Económico y Social Europeo y al Comité de las Regiones. *Programa de trabajo de 2016. No es momento de dejar las cosas como están*, COM(2015) 610 final, 27.10.2015.

COMISIÓN EUROPEA: Propuesta de Directiva del Parlamento Europeo y del Consejo que modifica la Directiva 96/71/CE del Parlamento Europeo y del Consejo, de 16 de diciembre de 1996, sobre el desplazamiento de trabajadores efectuado en el marco de una prestación de servicios, COM(2016) 128 final, 8.3.2016.

Decisión (UE) 2016/344 del Parlamento Europeo y el Consejo de 9 de marzo de 2016 relativa a la creación de una Plataforma europea para reforzar la cooperación en materia de lucha contra el trabajo no declarado, DO L 65, de 11.3.2016, pág. 12-19.

COMISIÓN EUROPEA Communication from the Commission to the European Parliament, the Council and the National Parliaments on the *Proposal for a Directive amending the Posting of Workers Directive, with regard to the principle of subsidiarity, in accordance with Protocol No* 2, COM(2016) 505 final, 20.7.2016.

COMISIÓN EUROPEA: Propuesta de Reglamento del Parlamento Europeo y del Consejo por el que se modifican el Reglamento (CE) n.º 883/2004, sobre la coordinación de los sistemas de seguridad social, y el Reglamento (CE) n.º 987/2009, por el que se adoptan las normas de aplicación del Reglamento (CE) n.º 883/2004, COM(2016) 815 final, 13.12.2016.

COMISIÓN EUROPEA: *Guía práctica sobre el desplazamiento de trabajadores*, Oficina de Publicaciones de la Unión Europea, 2019.

COMISIÓN EUROPEA: *Informe de la Comisión al Parlamento Europeo, al Consejo, al Comité Económico y Social Europeo y al Comité de las Regiones sobre la aplicación de la decisión (UE) 2016/344, relativa a la creación de una plataforma europea para reforzar la cooperación en materia de lucha contra el trabajo no declarado*, COM 2020(129) final, 2.4.2020.

COMISIÓN EUROPEA: *Notice to stakeholders. Withdrawal of the United Kingdom and EU rules on posting of workers*, 6.10.2020.

COMISIÓN EUROPEA: *Study supporting the Monitoring of the Posting of Workers Directive 2018/957/EU and of the Enforcement Directive 2014/67/EU. The situation of temporary cross-border mobile workers and workers in subcontracting chains*, Oficina de Publicaciones de la Unión Europea, 2024.

COMISIÓN EUROPEA: *Commission staff working document accompanying the document Report from the Commission to the European Parliament, the Council and the European Economic and Social Committee on the application and implementation of Directive (EU) 2018/957 of the European Parliament and of the Council of 28 June 2018 amending Directive 96/71/EC concerning the posting of workers in the framework of the provision of services*, COM(2024) SWD (2024) 320 final, 30.4.2024.

MONTI, M. A new strategy for the Single Market at the service of Europe's economy and society. Report to the President of the European Commission José Manuel Barroso, Ares(2016)841541, de 9.5.2010.

COMISIÓN ADMINISTRATIVA DE COORDINACIÓN DE LOS SISTEMAS DE SEGURIDAD SOCIAL

Decisión Nº 1, sobre los certificados E1 y E2, DO 3, de 16.1.1959, pág. 38-41.

Decisión Nº 12, de 18.9.1959, DO 64, de 17.12.1959, pág. 1245 (FR).

Decisión Nº A1 de 12 de junio de 2009, relativa al establecimiento de un procedimiento de diálogo y conciliación sobre la validez de los documentos, la determinación de la legislación aplicable y el abono de prestaciones de acuerdo con el Reglamento (CE) n o 883/2004 del Parlamento Europeo, DO C 106, de 24.04.2010, pág. 1-4.

Decisión Nº A2 de 12 de junio de 2009 relativa a la interpretación del artículo 12 del Reglamento (CE) n o 883/2004 del Parlamento Europeo y del Consejo, sobre la legislación aplicable a los trabajadores desplazados y a los trabajadores por cuenta propia que trabajen temporalmente fuera del Estado competente, DO C 106, de 24.4.2010, pág. 5-8.

COMISIÓN EUROPEA (CACSS): *Guidance note on Telework*, EMPL/1053-01/22 - EN, de 13.5.2022.

COMITÉ ECONÓMICO Y SOCIAL

COMITÉ ECONÓMICO Y SOCIAL EUROPEO: Dictamen sobre la propuesta de Directiva del Consejo relativa al desplaza miento de trabajadores en el marco de la prestación de servicios, DO C 49, de 24.02.92, pág. 41-42.

COMITÉ ECONÓMICO Y SOCIAL EUROPEO: Propuesta de Directiva del Parlamento Europeo y del Consejo que modifica la Directiva 96/71/CE del Parlamento Europeo y del Consejo, de 16 de diciembre de 1996, sobre el desplazamiento de trabajadores efectuado en el marco de una prestación de servicios [COM(2016) 128 final - 2016-70-COD], DO C 75, de 10.3.2017, pág. 81-96.

COMITÉ DE LAS REGIONES

COMITÉ DE LAS REGIONES: Dictamen del Comité de las Regiones - *El desplazamiento de trabajadores efectuado en el marco de una prestación de servicios,* DO C 17, de 19.1.2013, pág. 67-80.

COMUNIDAD EUROPEA DEL CARBÓN Y EL ACERO

COMUNIDAD EUROPEA DEL CARBÓN Y EL ACERO: *Boletín mensual de información,* núm. 8, 1957.

CONSEJO DE LA UNIÓN EUROPEA

CONSEJO: Programa general para la supresión de las restricciones a la libre prestación de servicios, DO 2 de 1962, pág. 32-35.

CONSEJO: Proposition de règlement (CEE) du Conseil relatif aux dispositions concernant les conflits de lois en matière de relations de travail à l'intérieur de la Communauté, DO C 49/26, 18.5.1972, pág. 26-28.

CONSEJO: 728 f/72, de 20.6.1972.

CONSEJO: 12570/80, de 8.1.1981.

CONSEJO: 4165/92, 21.1.1992.

CONSEJO: 5256/92, de 27.3.1992

CONSEJO: 7344/92, de 10.7.1992.

CONSEJO: 8146/92, de 28.7.1992.

CONSEJO 8255/92, de 9.10.1992.

CONSEJO: 9790/92, de 10.11.1992.

CONSEJO: 7484/93, de 21.6.1993.

CONSEJO: 9712/93, de 8.11.1993.

CONSEJO: 9854/93, de 8.11.1993.

CONSEJO: 11359/94, de 29.11.1994.

CONSEJO: 11745/94, de 5.12.1994.

CONSEJO: 12043/94, de 13.12.1994.

CONSEJO: 4743/95, de 7.2.1995.

CONSEJO: 5291/95, de 7.3.1995.

CONSEJO: 6689/96, de 20.51996.

CONSEJO: 10048/96, de 20.9.1996

CONSEJO: 7399/16, de 5.4.2016.

CONSEJO: 14368/16, de 25.11.2016.

CONSEJO: 7894/16, de 22.04.2016.

CONSEJO: 8740/16, de 10.05.2016.

CONSEJO: 8752/16, de 10.5.2016

CONSEJO: 9544/16, de 27.5.2016

CONSEJO: 9309/16, de 3.6.2016.
CONSEJO: 7823/17, de 16.5.2017.
CONSEJO: 12595/17, de 6.10.2017.
CONSEJO: 13612/17, 24.10.2017.
CONSEJO: 6783/18, de 9.3.2018.
CONSEJO: WK 3215/2018, de 14.3.2018.
CONSEJO 7350/18, de 28.3.2018.
CONSEJO: 9467/18, de 1.6.2018.
CONSEJO: 10422/18, de 22.6.2018.

FUNDACIÓN PARA LA MEJORA DE LAS CONDICIONES DE VIDA Y DE TRABAJO (EUROFOUND)

EUROFOUND. *Posted workers in the European Union.* Oficina de Publicaciones de la Unión Europea. 2010.

EUROFOUND: *Improving the monitoring of posted workers in the EU.* Oficina de Publicaciones de la Unión Europea, 2020.

PARLAMENTO EUROPEO

PARLAMENTO EUROPEO: Informe a la Propuesta de Directiva COM(91)0230-C3-0320/91-SYN 346. Propuesta de directiva del Consejo relativa al desplazamiento de trabajadores en el marco de la prestación de servicios, DO C 72, de 15.3.93, pág. 78 a 84.

PARLAMENTO EUROPEO: Resolución legislativa del Parlamento Europeo sobre la propuesta de Directiva del Parlamento Europeo y del Consejo relativa a los servicios en el mercado interior (COM(2004) 0002-C5-0069/2004-2004/0001(COD), DO C 290, de 29 de noviembre de 2006, pág. 343 a 378.

PARLAMENTO EUROPEO: Report on the proposal for a directive of the European Parliament and of the Council on the enforcement of directive 96/71/EC concerning the posting of workers in the framework of the provision of services (COM(2012)0131-C7-0086/2012-2012/0061(COD)), de 4.7.2013.

PARLAMENTO EUROPEO: *Informe sobre el dumping social en la Unión Europea,* (2015/2255(INI)), de 18.8.2016.

PARLAMENTO EUROPEO: Informe sobre la propuesta de Directiva del Parlamento Europeo y del Consejo que modifica la Directiva 96/71/CE del Parlamento Europeo y del Consejo, de 16 de diciembre de 1996, sobre el desplazamiento de trabajadores efectuado en el marco de una prestación de servicios, A8-0319/2017, de 19.10.2017.

PARLAMENTO EUROPEO: Resolución legislativa del Parlamento Europeo, de 29 de mayo de 2018, sobre la propuesta de Directiva del Parlamento Europeo y del Consejo que modifica la Directiva 96/71/CE del Parlamento Europeo y del Consejo, de 16 de diciembre de 1996, sobre el desplazamiento de trabajadores efectuado en el marco de una prestación de servicios (COM(2016)0128-C8-0114/2016-2016/0070(COD)), DO C 76, de 29.5.2018.

UNIÓN EUROPEA

UNIÓN EUROPEA. *Guía práctica común del Parlamento Europeo, del Consejo y de la Comisión para la redacción de textos legislativos de la Unión Europea*, Oficina de Publicaciones de la Unión Europea, 2015.

NORMAS COMUNITARIAS

HASTA 1980

Tratado constitutivo de la Comunidad Europea del Carbón y del Acero, firmado en París el 18 de abril de 1951.

Tratado constitutivo de la Comunidad Económica Europea, firmado en Roma el 25 de marzo de 1957.

Réglement N° 3 concernant la sécurité sociale des travailleurs migrants. DO 30, de 16.12.1958, pág. 561-596.

Règlement Nº 4 fixant les modalités d'application et complétant les dispositions du règlement n° 3 concernant la sécurité sociale des travailleurs migrants. DO 30, de 16.12.1958, pág. 597-664.

Reglamento 24/64/CEE del Consejo, de 10 de marzo, que modifica el artículo 13 del Reglamento 3 y del artículo 11 del reglamento 4. DO P 47, de 18.3.64, pág. 746-747 (FR).

Directiva 64/224/CEE del Consejo, de 25 de febrero de 1964, relativa a la realización de la libertad de establecimiento y de la libre prestación de servicios para las actividades de intermediario, del comercio, de industria y de artesanía. DO 56, de 4.4.1964, pág. 869-877 (FR).

Règlement Nº 38/64/CEE du Conseil du 25 mars 1964 Relatif à la libre circulation des travailleurs à l'intérieur de la Communauté. DO 64, de 17.4.64, pág. 965-980.

Reglamento (CEE) 1612/68 del Consejo, de 15 de octubre de 1968, relativo a la libre circulación de los trabajadores dentro de la Comunidad. DO L 257, de 19.10.1968, pág. 2-12.

Reglamento (CEE) N° 1408/71 del Consejo de 14 de junio de 1971 relativo a la aplicación de los regímenes de seguridad social a los trabajadores por cuenta ajena y a sus familias que se desplazan dentro de la Comunidad. DO Edición especial en español: Capítulo 05 Tomo 001 pág. 98-146.

Directiva 71/304/CEE del Consejo, de 26 de julio de 1971, relativa a la supresión de restricciones a la libre prestación de servicios en el sector de los contratos administrativos de obras y a la adjudicación de contratos administrativos de obras por medio de agencias o sucursales. DO Edición especial en español: Capítulo 06 Tomo 001 pág. 129-131.

Directiva 71/305/CEE del Consejo, de 26 de julio de 1971, sobre coordinación de los procedimientos de adjudicación de los contratos públicos de obras. DO L 185, 16.8.1971, pág. 5-14 (FR).

Directiva 73/148/CEE del Consejo, de 21 de mayo de 1973, relativa a la supresión de las restricciones al desplazamiento y a la estancia, dentro de la Comunidad, de los nacionales de los Estados Miembros en materia de establecimiento y de prestación de servicios. DO L 172, de 28.6.1973, pág. 14-16 (FR).

Convenio sobre la ley aplicable a las obligaciones contractuales abierto a la firma en Roma el 19 de junio de 1980. DO Edición especial en español: Capítulo 01 Tomo 003 pág. 36-54.

DESDE 1981 HASTA 2000

Tratado de Adhesión del Reino de España y la República de Portugal. DO L302, de 15.11.1985. pág. 1-497.

Acta Única Europea. DO L 169, de 29 de junio de 1987.

Directiva 89/391/CEE del Consejo, de 12 de junio de 1989, relativa a la aplicación de medidas para promover la mejora de la seguridad y de la salud de los trabajadores en el trabajo. DO L 183, de 29.6.1989, pág. 1-8.

Directiva del Consejo de 18 de julio de 1989, que modifica la Directiva 71/305/CEE sobre coordinación de los procedimientos de celebración de los contratos públicos de obras (89/440/CEE). DO L 210, 21.7.1989, pág. 1-21.

Directiva 89/654/CEE del Consejo, de 30 de noviembre de 1989, relativa a las disposiciones mínimas de seguridad y de salud en los lugares de trabajo. DO L 393, de 30.12.1989, pág. 1-12.

Directiva 89/656/CEE del Consejo, de 30 de noviembre de 1989, relativa a las disposiciones mínimas de seguridad y de salud para la utilización por los trabajadores en el trabajo de equipos de protección individual. DO L 393, de 30.12.1989, pág. 18-28.

Carta Comunitaria de los derechos sociales fundamentales de los Trabajadores, Oficina de Publicaciones de las Comunidades Europeas, 1990.

Directiva del Consejo de 17 de septiembre de 1990 relativa a los procedimientos de formalización de contratos en los sectores del agua, de la energía, de los transportes y de las telecomunicaciones (90/531/CEE). DO L 297 de 29.10.1990, pág. 1-48.

Directiva 92/57/CEE del Consejo, de 24 de junio de 1992, relativa a las disposiciones mínimas de seguridad y de salud que deben aplicarse en las obras de construcción temporales o móviles. DO L 245, de 26.08.1992, pág. 6-22.

Acuerdo sobre el Espacio Económico Europeo - Acta Final - Declaraciones conjuntas - Declaraciones de los Gobiernos de los Estados miembros de las CE y de los Estados de la AELC - Acuerdos - Acta aprobada - Declaraciones de una o varias partes contratantes del Acuerdo sobre el Espacio Económico Europeo. DO de 3 de enero de 1994, L1/1, pág. 3-522.

Directiva 96/71/CE del Parlamento Europeo y del Consejo de 16 de diciembre de 1996 sobre el desplazamiento de trabajadores efectuado en el marco de una prestación de servicios. DO L 18 de 21.1.1997, pág. 1-6.

Decisión del Comité Mixto del EEE no 37/98, de 30 de abril de 1998, por la que se modifica el anexo XVIII (Salud y seguridad en el trabajo, derecho laboral e igualdad de trato para hombres y mujeres) del Acuerdo EEE. DO L 310, de 19.11.1998, pág. 25-26.

Reglamento (CE) nº 2679/98 del Consejo de 7 de diciembre de 1998 sobre el funcionamiento del mercado interior en relación con la libre circulación de mercancías entre los Estados miembros. DO L 337, de 12.12.1998, pág. 8-9.

DESDE 2000 HASTA 2010

Convenio de aplicación del Acuerdo de Schengen de 14 de junio de 1985 entre los Gobiernos de los Estados de la Unión Económica Benelux, de la República Federal de Alemania y de la República Francesa relativo a la supresión gradual de los controles en las fronteras comunes. DO L 239, de 22.9.2000, pág. 19-62.

Acuerdo sobre la libre circulación de personas entre la Comunidad Europea y sus Estados miembros, por una parte, y, de otra parte, la Confederación Suiza de 4 de abril de 2002. DO L 114 de 30.4.2002, pág. 6-72.

Actas relativas a la adhesión de la República Checa, la República de Estonia, la República de Chipre, la República de Letonia, la República de Lituania, la República de Hungría, la República de Malta, la República de Polonia, la República de Eslovenia y la República Eslovaca a la Unión Europea. DO L 236, de 23 de septiembre de 2003. DO C 227E, de 23.9.2003, pág. 115-437.

Directiva 2004/38/CE del Parlamento Europeo y del Consejo, de 29 de abril de 2004, relativa al derecho de los ciudadanos de la Unión y de los miembros de sus familias a circular y residir libremente en el territorio de los Estados miembros. DO L 158, de 30.4.2004, pág. 77-123.

Reglamento (CE) nº 883/2004 del Parlamento Europeo y del Consejo, de 29 de abril de 2004 sobre la coordinación de los sistemas de seguridad social. DO L 166 de 30 de abril de 2004, pág. 1-123.

Directiva 2006/123/CE del Parlamento Europeo y del Consejo, de 12 de diciembre de 2006, relativa a los servicios en el mercado interior. DO L 376, de 27.12.2006, pág. 36-68.

Reglamento (CE) nº 593/2008 del Parlamento Europeo y del Consejo, de 17 de junio de 2008, sobre la ley aplicable a las obligaciones contractuales (Roma I). DO L177, de 4.7.2008, pág. 6-16.

Reglamento (CE) nº 987/2009 del Parlamento Europeo y del Consejo, de 16 de septiembre de 2009, por el que se adoptan las normas de aplicación del Reglamento (CE) n o 883/2004, sobre la coordinación de los sistemas de seguridad social. DO L 284 de 30.10.2009, pág. 1-42

Directiva 2008/104/CE del Parlamento Europeo y del Consejo, de 19 de noviembre de 2008, relativa al trabajo a través de empresas de trabajo temporal. DO L 327 de 5.12.2008, pág. 9-14.

DESDE 2010 HASTA 2024

Reglamento (UE) nº 492/2011 del Parlamento Europeo y del Consejo, de 5 de abril de 2011, relativo a la libre circulación de los trabajadores dentro de la Unión. DO L 141, de 27.5.2011, pág. 1-12.

Reglamento (UE) nº 1024/2012 del Parlamento Europeo y del Consejo, de 25 de octubre de 2012 relativo a la cooperación administrativa a través del Sistema de Información del Mercado Interior y por el que se deroga la Decisión 2008/49/CE de la Comisión ("Reglamento IMI") Texto pertinente a efectos del EEE. DO L 316, de 14.11.2012, pág. 1-11.

Directiva 2014/67/UE del Parlamento Europeo y del Consejo, de 15 de mayo de 2014, relativa a la garantía de cumplimiento de la Directiva 96/71/CE, sobre el desplazamiento de trabajadores efectuado en el marco de una prestación de servicios, y por la que se modifica el Reglamento (UE) n ° 1024/2012 relativo a la cooperación administrativa a través del Sistema de Información del Mercado Interior ("Reglamento IMI") Texto pertinente a efectos del EEE. DO L 159 de 28.5.2014, pág. 11-31.

Tratado de Funcionamiento de la Unión Europea. Versión consolidada. DO C 202, de 7.6.2016, pág. 1-366.

Directiva (UE) 2018/957 del Parlamento Europeo y del Consejo, de 28 de junio de 2018, que modifica la Directiva 96/71/CE sobre el desplazamiento de trabajadores efectuado en el marco de una prestación de servicios (Texto pertinente a efectos del EEE). DO L 173 de 9.7.2018, pág. 16-24.

Directiva (UE) 2019/1 del Parlamento Europeo y del Consejo, de 11 de diciembre de 2018, encaminada a dotar a las autoridades de competencia de los Estados miembros de medios para aplicar más eficazmente las normas sobre competencia y garantizar el correcto funcionamiento del mercado interior. DO L 11, de 14.1.19, pág. 3-33.

Reglamento (UE) 2019/1149 del Parlamento Europeo y del Consejo de 20 de junio de 2019 por el que se crea la Autoridad Laboral Europea, se modifican los Reglamentos (CE) nº. 883/2004, (UE) nº. 492/2011 y (UE) 2016/589 y se deroga la Decisión (UE) 2016/344. DO L 186 de 11.7.2019, pág. 21-56.

Directiva (UE) 2019/1152 del Parlamento Europeo y del Consejo, de 20 de junio de 2019, relativa a unas condiciones laborales transparentes y previsibles en la Unión Europea. DO L 186 de 11.7.2019, pág. 105-121.

Acuerdo sobre la retirada del Reino Unido de Gran Bretaña e Irlanda del Norte de la Unión Europea y de la Comunidad Europea de la Energía Atómica de 17 de octubre de 2019. DO C 384 I, de 12.11.2019, pág. 1-177.

Directiva (UE) 2020/1057 del Parlamento Europeo y del Consejo, de 15 de julio de 2020, por la que se fijan normas específicas con respecto a la Directiva 96/71/CE y la Directiva 2014/67/UE para el desplazamiento de los conductores en el sector del transporte por carretera, y por la que se modifican la Directiva 2006/22/CE en lo que respecta a los requisitos de control del cumplimiento y el Reglamento (UE) nº 1024/2012. DO L 249 de 31.7.2020, pág. 49-65.

Acuerdo de Comercio y Cooperación entre la Unión Europea y la Comunidad Europea de la Energía Atómica, por una parte, y el Reino Unido de Gran Bretaña e Irlanda del Norte, por otra, de 24 de diciembre de 2020. DO L 149 de 30.4.2021, pág. 10-2539.

SENTENCIAS DEL TRIBUNAL DE JUSTICIA DE LA UNIÓN EUROPEA

- Sentencia de 4 de julio de 1963, Alemania contra Comisión, C-24/62, EU:C:1963:14.
- Sentencia de 5 de diciembre de 1967, Van der Vecht, C-19/67, EU:C:1967:49.
- Sentencia de 17 de diciembre de 1970, Manpower, C-35/70, EU:C:1970:120.
- Sentencia de 1 de marzo de 1973, Bentzinger, C-73/72, EU:C:1973:26.
- Sentencia de 17 de diciembre de 1981, Webb, C-279/80, EU:C:1981:314.
- Sentencia de 3 de febrero de 1982, Seco Desquenne, C-62 y 63/81, EU:C:1982:34.
- Sentencia de 20 de septiembre de 1988, Bentjees, C-31/87, ECLI:EU:C:1988:422
- Sentencia de 27 de marzo de 1990, Rush Portuguesa, C-113/89, EU:C:1990:142.
- Sentencia de 25 de julio de 1991, Säger, C-76/90, EU:C:1991:331.
- Sentencia de 9 de agosto de 1994, Vander Elst, C-43/93, EU:C:1994:310.
- Sentencia de 30 de noviembre de 1995, Gebhard, C-55/94, EU:C:1995:411.
- Sentencia de 15 de diciembre de 1995, Bosman, C-415/93, EU:C:1995:463
- Sentencia de 28 de marzo de 1996, Guiot, C-272/94, EU:C:1996:147.
- Sentencia de 30 de enero de 1997, De Jaeck, C-340/94, EU:C:1997:43.
- Sentencia de 30 de enero de 1997, Hervein, C-221/95, EU:C:1997:47.
- Sentencia de 19 de noviembre de 1998, Nilsson, C-162/97, EU:C:1998:554
- Sentencia de 25 de noviembre de 1998, Manfredi, C-308/97, EU:C:1998:566.
- Sentencia de 23 de noviembre de 1999, Arblade, C-369 y 376/96, EU:C:1999:575.
- Sentencia de 10 de febrero de 2000, FTS, C-202/97, EU:C:2000:75.
- Sentencia de 30 de marzo de 2000, Banks, C-178/97, EU:C:2000:169.
- Sentencia de 9 de noviembre de 2000, Plum C-404/98, EU:C:2000:607.
- Sentencia de 15 de marzo de 2001, Mazzoleni, C-165/98, EU:C:2001:162.
- Sentencia de 25 de octubre de 2001, Finalarte, C-49/98, C-50/98, C-52/98 a C-54/98 y C-68/98 a C-71/98, EU:C:2001:564.
- Sentencia de 24 de enero de 2002, Portugaia, C-164/99, EU:C:2002:40.
- Sentencia de 12 de octubre de 2004, Wolff Müller, C-60/03, EU:C:2004:610.
- Sentencia de 2 de octubre de 2004, Comisión contra Luxemburgo (2004), C-445/03, EU:C:2004:655.
- Sentencia de 9 de septiembre de 2003, Jaeger, C-151/02, EU:C:2003:437.
- Sentencia de 10 de marzo de 2005, Tempelman, asuntos C-96 y 97/03, ECLI:EU:C:2005:145

- Sentencia de 14 de abril de 2005, Comisión contra Alemania (2005), C-341/02, EU:C:2007:809.
- Sentencia de 19 de enero de 2006, Comisión contra Alemania (2006), C-244/04, EU:C:2006:49.
- Sentencia de 25 de enero de 2006, Herbosch Kiere, C-2/05, EU:C:2006:69.
- Sentencia de 21 de septiembre de 2006, Comisión contra Austria (2006), C-168/04, EU:C:2006:595.
- Sentencia de 18 de julio de 2007, Comisión contra Alemania (2007), C-490/04, EU:C:2007:430.
- Sentencia de 11 de diciembre de 2007, Viking, C-438/07, EU:C:2007:772.
- Sentencia de 18 de diciembre de 2007, Laval, C-341/05, EU:C:2007:809.
- Sentencia de 3 de abril de 2008, Rüffert, C-346/06, EU:C:2008:189.
- Sentencia de 19 de junio de 2008, Comisión contra Luxemburgo (2008), C-319/06, EU:C:2008:350.
- Sentencia de 1 de octubre de 2009, Comisión contra Bélgica (2009), C-219/08, EU:C:2009:599.
- Sentencia de 10 de enero de 2010, Comisión contra Alemania (2010), C-546/07, EU:C:2010:25.
- Sentencia de 7 de octubre de 2010, Dos Santos Palhota, C-515/08, EU:C:2010:589.
- Sentencia de 10 de febrero de 2011, Vicoplus, C-307 a 309/09, EU:C:2011:64.
- Sentencia de 19 de diciembre de 2012, Comisión contra Bélgica (2012), C— EU:C:2012:814.
- Sentencia de 7 de noviembre de 2013, Isbir, C-522/12, EU:C:2013:711.
- Sentencia de 18 de septiembre de 2014, Bundesdruckerei, C-549/13, EU:C:2014:2235.
- Sentencia de 3 de diciembre de 2014, De Clercq, C-315/13, EU:C:2014:2408.
- Sentencia de 12 de febrero de 2015, ESA, C-396/13, EU:C:2015:86.
- Sentencia de 18 de junio de 2015, Martin Meat, C-586/13, EU:C:2015:405.
- Sentencia de 17 de noviembre de 2015, Regiopost, C-115/14, EU:C:2015:760.
- Sentencia de 27 de abril de 2017, A-Rosa, C-620/15, EU:C:2017:309.
- Sentencia de 14 de septiembre de 2017, C-168 y 169/16, Nogueira (también conocida como *Ryanair*), ECLI:EU:C:2017:688.
- Sentencia de 6 de febrero de 2018, Altun, C-359/16, EU:C:2018:63.
- Sentencia de 11 de julio de 2018, Comisión contra Bélgica (2018), C-356/15, EU:C:2018:555.
- Sentencia de 6 de septiembre de 2018, Alpenrind, C-527/16, EU:C:2018:669.
- Sentencia de 13 de noviembre de 2018, Cepelnik, C-33/17, EU:C:2018:1022.
- Sentencia de 14 de noviembre de 2018, Danieli, C-18/17, EU:C:2018:904.
- Sentencia de 3 de diciembre de 2019, República Checa contra Parlamento Europeo y Consejo de la Unión Europea, ("República Checa"), C-482/17, EU:C:2019:1035.
- Sentencia de 19 de diciembre de 2019, Dobersberger, C-16/18, EU:C:2019:1110.

- Sentencia de 2 de abril de 2020, CRPNPAC, C-370/17 y C-37/18, EU:C:2020:260.
- Sentencia de 16 de julio de 2020, AFMB, C-610/18, EU:C:2020:565.
- Sentencia de 1 de diciembre de 2020, FNV, C-815/18, EU:C:2020:976.
- Sentencia de 8 de diciembre de 2020, Hungría contra Parlamento Europeo y Consejo de la Unión Europea ("Hungría"), C-620/18, EU:C:2020:1001.
- Sentencia de 8 de diciembre de 2020, Polonia contra Parlamento Europeo y Consejo de la Unión Europea ("Polonia"), C-626/18, EU:C:2020:1000.
- Sentencia de 3 de junio de 2021, Team Power, C-784/19, EU:C:2021:427.
- Sentencia de 8 de julio de 2021, Rapidsped, C-428/19, EU:C:2021:548.
- Sentencia de 2 de marzo de 2023, IH, C-477/21, EU:C:2023:140.
- Sentencia de 11 de mayo de 2023, Sopra Steria, C-101/22 P, EU:C:2023:396.
- Sentencia de 16 de noviembre de 2023, Zaklad Ubezpieczen Spolecznych Oddzial w Toruniu, C-422/22, EU:C:2023:869.
- Sentencia de 20 de junio de 2024, SN, C-540/22, EU:C:2024:530.

CONCLUSIONES DEL ABOGADO GENERAL

Conclusiones del Abogado General, Sr. Dutheillet de Lamothe, presentadas el 8 de diciembre de 1970, Manpower.

Conclusiones del Abogado General Sr. Van der Gerven, presentadas el 7 de marzo de 1990. Asunto C-113/1989, Rush Portuguesa.

Conclusiones del Abogado General Sr. Paolo Mengozzi presentadas el 23 de mayo de 2007. Asunto 341/05, Laval.

Conclusiones del Abogado General Yves Bot, presentadas el 20 de septiembre de 2007. Asunto C-346/06, Rüffert.

Conclusiones del Abogado General, Sr. Nils Wahl, presentadas el 18 de septiembre de 2014 en el asunto 396/13, ESA.

Conclusiones del Abogado General M. Campos Sánchez-Bordona, presentadas el 28 de mayo de 2020. Asunto C-626/18, Hungría.

Conclusiones del Abogado General M. Campos Sánchez-Bordona, presentadas el 28 de mayo de 2020. Asunto C-620/18, Polonia.

SENTENCIAS DEL TRIBUNAL DE LA ASOCIACIÓN EUROPEA DE LIBRE COMERCIO

- Sentencia de 28 de junio de 2011, Islandia, asunto E-12/10.
- Sentencia de 23 de enero de 2012, STX, asunto E-2/11.

SENTENCIAS DEL TRIBUNAL CONSTITUCIONAL DE ESPAÑA

Sentencia 11/1981, de 8 de abril, de 25/4/1981. BOE de 25/04/1981.

OTROS INSTRUMENTOS INTERNACIONALES

Tratado de Colaboración en materia económica, social y cultural y de legítima defensa colectiva, firmado en Bruselas el 17 de marzo de 1948, por Francia, Reino Unido, Luxemburgo, Bélgica y Países Bajos.

Convention du 7 nov. 1949 tendant à étendre et à coordonner l'application des législations aux ressortissants des parties contractantes du traité de Bruxelles. Ratification. Diario Oficial de la República Francesa L. 51-5 du 3.1.1951.

Convenio Europeo de Seguridad Social de los trabajadores migrantes, celebrado en Roma el 9 de diciembre de 1957.

Acuerdo General sobre el Comercio de Servicios de la Organización Mundial del Comercio, aprobado en la Ronda de Uruguay, que entró en vigor el 1 de enero de 1995. Disponible en https://www.wto.org/spanish/docs_s/legal_s/26-gats_01_s.htm [consulta mayo 2024].

NORMAS ESPAÑOLAS

Código Civil, Real Decreto de 20 de julio de 1889.

Real Decreto-ley 17/1977, de 4 de marzo, sobre relaciones de trabajo. BOE de 9.3.1977.

Ley 45/1999, de 29 de noviembre, sobre el desplazamiento de trabajadores en el marco de una prestación de servicios transnacional. BOE de 30.11.1999.

Real Decreto-ley 9/2017, de 26 de mayo, por el que se transponen directivas de la Unión Europea en los ámbitos financiero, mercantil y sanitario, y sobre el desplazamiento de trabajadores. BOE de 27.5.2017.

Real Decreto-ley 7/2021, de 27 de abril, de transposición de directivas de la Unión Europea en las materias de competencia, prevención del blanqueo de capitales, entidades de crédito, telecomunicaciones, medidas tributarias, prevención y reparación de daños medioambientales, desplazamiento de trabajadores en la prestación de servicios transnacionales y defensa de los consumidores. BOE de 28.4.2021.

Ley 31/1995, de 8 de noviembre, de prevención de riesgos laborales. BOE de 10.11.1995.

Real Decreto 1109/2007, de 24 de agosto, por el que se desarrolla la Ley 32/2006, de 18 de octubre, reguladora de la subcontratación en el Sector de la Construcción. BOE de 25.8.2007.

Ley 23/2015, de 21 de julio, Ordenadora del Sistema de Inspección de Trabajo y Seguridad Social. BOE de 22.7.2015.

Real Decreto Legislativo 2/2015, de 23 de octubre, por el que se aprueba el texto refundido de la Ley del Estatuto de los Trabajadores. BOE de 24.10.2105.

VII Convenio colectivo general del sector de la construcción. BOE de 23.9.2023.

NORMAS DE OTROS PAÍSES

ALEMANIA: Ley sobre el desplazamiento de trabajadores a Alemania de 26 de febrero de 1996 (Arbeitnehmer-Entsendegesetz). Gaceta de las Leyes Federales, Parte I, nº 11, de 29.2.1996, pág. 227-229.

FRANCIA. Décret n° 2016-418 du 7 avril 2016 adaptant le titre VI du livre II de la première partie du code du travail aux entreprises de transport détachant des salariés roulants ou navigants sur le territoire national et modifiant le code des transports. Diario Oficial de la República Francesa, 84, de 9.4.2016. ("Ley Macron")

LUXEMBURGO. Loi du 20 décembre 2002 portant: 1. Transposition de la directive 96/71/CE du Parlement européen et du Conseil du 16 décembre 1996 concernant le détachement de travailleurs effectué dans le cadre d'une prestation de services; 2. Réglementation du contrôle de l'application du droit du travail. Diario Oficial del Gran Ducado de Luxemburgo de 31.12.2002.

SUIZA. Loi fédérale sur les mesures d'accompagnement applicables aux travailleurs détachés et aux contrôles des salaires minimaux prévus par les contrats-types de travail. Repertorio oficial 823.20.

OTROS

COMITÉ INTERGOUVERNEMENTAL CRÉÉ PAR LA CONFÉRENCE DE MESSINE: *Rapport des Chefs de Délégation aux Ministres des Affaires Etrangères*, 21 de abril de 1956 ("Informe Spaak"), disponible en *cvce.eu* [en línea], disponible en https://www.cvce.eu/en/education/unit-content/-/unit/1c8aa583-8ec5-41c4-9ad8-73674ea7f4a7/dee61d43-7dc3-4383-a3dc-eb1e9f2e78db/Resources#52a08e74-02f5-4912-a667-2ea34b9dcdea_en&overlay [consulta mayo 2024].

AELC: In commemoration of EFTA's 40th anniversary, EFTA, 2000.

ORGANIZACIÓN INTERNACIONAL DEL TRABAJO: Informe de la Comisión de Expertos en Aplicación de Convenios y Recomendaciones. Informe III (Parte 1A). Informe General y observaciones referidas a ciertos países. Conferencia Internacional del Trabajo, 99ª reunión, 2010.

DIRECCIÓN GENERAL DE TRABAJO. MINISTERIO DE TRABAJO E INMIGRACIÓN: Consulta de 2 de agosto de 2007 de la Dirección General de Trabajo. Validez de reconocimientos médicos realizados en Portugal, La Ley 4181/2007.

DIRECCIÓN GENERAL DE TRABAJO. MINISTERIO DE EMPLEO Y SEGURIDAD SOCIAL: Consulta de la Dirección General de Empleo, de 21 de noviembre de 2017 sobre formación en materia preventiva obligatoria de los trabajadores de una empresa danesa subcontratada por una empresa española, La Ley 3671/2017.

DIRECCIÓN GENERAL DE INMIGRACIÓN: Instrucción DGI/SGRJ/08/2008, de 14 de noviembre de 2008, relativa al régimen aplicable a los trabajadores no comunitarios desplazados a España en el marco de prestaciones de servicios por empresas establecidas en otro Estado miembro de la Unión Europea o en un Estado parte en el acuerdo sobre el Espacio Económico Europeo, en *migrarconderechos.es* [en línea], disponible http://www.migrarconderechos.es/legislationMastertable/legislacion/rinstruccion_DGI_SGRJ_08_2008 [consulta mayo 2024].